珍藏本
纪念版

汉译世界学术名著丛书

试谈另一个中世纪

西方的时间、劳动和文化

〔法〕雅克·勒高夫 著

周莽 译

2017年·北京

Jacques Le Goff
POUR UN AUTRE MOYEN ÂGE
Temps，travail et culture en Occident：18 essais

根据伽利玛出版社 1977 年版译出

汉译世界学术名著丛书
（120 年纪念版·珍藏本）
出 版 说 明

2017 年 2 月 11 日，商务印书馆迎来 120 岁的生日。120 年前，商务印书馆前贤怀揣文化救国的理想，抱持“昌明教育，开启民智”的使命，立足本土，放眼寰宇，以出版为津梁，沟通中西，为中国、为世界提供最富智慧的思想文化成果。无论世事白云苍狗，潮流左右激荡，甚至战火硝烟弥漫，始终践行学术报国之志，无改初心。

迻译世界各国学术名著，即其一端。早在 20 世纪初年便出版《原富》《天演论》等影响至今的代表性著作，1950 年代后更致力于外国哲学和社会科学经典的译介，及至 1980 年代，辑为“汉译世界学术名著丛书”，汇涓为流，蔚为大观。丛书自 1981 年开始出版，历时三十余年，迄今已推出七百种，是我国现代出版史上规模最大、最为重要的学术翻译工程。

丛书所选之书，立场观点不囿于一派，学科领域不限于一门，皆为文明开启以来，各时代、各国家、各民族的思想与文化精粹，代表着人类已经到达过的精神境界。丛书系统译介世界学术经典，引领时代思想，为本土原创学术的发展提供丰富的文化滋养，为推动中国现代学术和现代化进程做出了突出的贡献。

为纪念商务印书馆成立120周年，我们整体推出“汉译世界学术名著丛书”120年纪念版的珍藏本，寄望既利于文化积累，又便于研读查考，同时向长期支持丛书出版的译者、编者和读者致以敬意。

两甲子后的今天，商务印书馆又站在了一个新的历史时间节点上。我们不仅要铭记先辈的身影和足迹，更须让我们的步伐充满新的时代精神。这是商务人代代相传的事业，更是与国家和民族的命运始终紧密相连的事业。我们责无旁贷，必须做好我们这代人的传承与创造，让我们的努力和成果不仅凝聚成民族文化的记忆，还能成为后来人可以接续的事业。唯此，才能不负前贤，无愧来者。

商务印书馆编辑部

2017年10月

目　录

一　时间与劳动

二　劳动与价值体系

三　学者文化与民众文化

四　迈向历史人类学

前　言 7

集于本书的这些文章在我看来有着某种统一性，也许这只是一种回顾来路时的幻象。

这种统一性首先来自于二十多年前我所选择作为思考与考察领域的这个时代，那时候我尚未清楚地意识到促使我这样做的动机。如今，我会说中世纪吸引我有两个原因。首先是由于一些职业上的考虑。我那时决意成为职业的历史学者。不容置疑，多数科学实践都是由职业人士们进行的，是专家们的事情。历史学科并不那么具有排他性。虽然，我认为对于我们当前这个时代来说这是具有很大争议的，在我们的时代传媒将用形象或文字书写历史的可能性交到了几乎任何人的手中，在此我不去探讨历史创作(production)的质量问题。我并不要求属于学术界的历史学家的那种垄断权。业余历史研究者和通俗作家们自有他们的吸引力和用处；他们的成功证明了当今人们对参与集体记忆(mémoire collective)的需要。我希望历史在变得更加学术化的同时，仍旧能够保持为一门艺术。它滋养人们的记忆，它对品味、风格、激情的要求与它对严格和方法的要求同样多。

历史学是用文献和思想，用原始资料与想象力构成的。然而，我曾认为古代史专家(当然，我搞错了——至少夸大了)注定要始

终进行令人泄气的两难选择：要么他局限于史料不足的过去所遗留下来的微薄材料继续下去，并因此陷入纯粹书卷工作的残缺引
8 诱，要么投入贸然重构历史的魅惑。近代史学曾经（再一次，我对此的看法是夸大的，如果不说是错误的话）出于相反的原因让我忧虑。要么历史学家被史料的重负压垮，史料使他屈从于一种统计学与数目字的历史，这种历史同样是简化的（因为虽然计算史料中可计算的东西是必要的，但必须用所有那些超出数字掌握的并且往往属于本质性的东西来书写历史）；要么历史学家就放弃整体的视角。后者是片面的历史；前者是留有空白的历史。在古代与近代这两者之间的中世纪，人文学者们曾把它看作一个平庸的间断期而非一种过渡期和通道，他们将之看作伟大历史的幕间休息时间，看作时间波浪的低回处，我在那个时候觉得中世纪这个时期是进行必要的联合研究的最佳领域，将书卷的精深研究（学术意义的历史学岂非正是在17世纪中叶和19世纪中叶之间的时期才产生的吗？）与某种想象结合起来，这种想象所依据的基础为想象的飞跃提供了合理性，却又不斩断它的翅膀。那时，对我而言（并且始终如此）历史学家的典范不正是米什莱吗？他是具有想象力的人，就像人们通常说的那样，他是能起死回生的人，但人们忘记了，他还是以档案为依据的人，这些档案复活的并非是一些幽灵或幻影，而是一些被埋葬在史料中的真实的生命，就如同被凝结在大教堂建筑中的那些真正的思想，这位作为历史学家的米什莱，虽然他在事后觉得只有在写完了宗教改革和文艺复兴之后才能透过气来，但对于过去的时代而言，他最亲近的还是中世纪。

总的来说，米什莱作为历史学家，他意识到自己是时代的产

物，是与社会相一致的，这一社会同蒙昧与反动的不公正和黑暗进行斗争，同时它也在与那些对于进步的幻想进行斗争。这是一位通过自己的著作与教诲进行斗争的历史学家，或许如同罗兰·巴尔特所说的那样[1]，作为某种无法言说的话语的歌唱者，他感到焦虑，那就是人民的话语，但他懂得如何努力摆脱这种焦虑，他不是去将历史学家的话语与历史斗争之中的人民话语混同起来——我们知道这种混淆极有可能导致对历史和人民的最糟糕的奴役，虽然声称是在将话语赋予人民。

不久之后，一个更为深层的动因让我钟情于中世纪，但却并 9
不妨碍我到处流连。我属于受到“长时段”(longue durée)问题论影响的这一代历史学家。这一代人受到了三重影响，是既重视资料又现代化了的马克思主义的影响、费尔南·布罗代尔(Fernand Braudel)的影响[2]和人种学的影响。在被不恰当地称为人文科学(为何不简单称为社会科学)的各个学科中，历史学与人种学建立起最容易且最富成果的对话(尽管有着某些误解和来自于一些方面的某种排斥)。对于我这一代人而言，马塞尔·莫斯(Marcel Mauss)是迟来的启发者，就像涂尔干(Durkheim)可能是——同样是迟来的——两次大战之间那些最优秀的历史学家

1　罗兰·巴尔特：《由其本人所述的米什莱》，巴黎，1954，p. 161。“他也许是现代作家中首位能够仅仅靠歌唱来唱出人民的话语的。”罗兰·巴尔特所提到的是米什莱自己承认的：“我生而为民，我心中有民……但它的语言，它的语言，是我无法企及的。我未能够让它说话……”

2　F.布罗代尔：《历史与社会科学：长时段》，载于《年鉴》1958，p. 725—753，重新收入《论历史》(*Ecrits sur l'histoire*)，巴黎，1969，p. 41—83。

的启发者[3]。在一篇文章中，这篇文章是我思考与实践道路上的第一步，我尝试着告诉大家我想要深入并阐明历史学与人种学之间在过去维系着的并且当今重新建立起的关系[4]。虽然我所追随的那些学者和研究者，相对于“人种学”(ethnologie)这个与欧洲殖民主义的领域和时代过于纠结的词，他们更偏爱“人类学”这个词，后者可以适用于各个文化的人，而且我因此更乐于谈及历史人类学而不是人种历史学，但是我仍然要指出历史学家——某些历史学家——虽然曾经因为它突出差别的概念而受到人种学吸引，但与此同时人种学家却在走向对各种人类社会的统一概念，甚至走向当今和过去的历史学根本不了解的“人”的概念。这种位置的对换是值得关注的，同时也让人忧虑。被历史人类学所吸引的历史
10 学家，也即是说他们被与白人主导的历史不同而且比事件性的历史更加缓慢和深入的一种历史吸引，如果他会被人类学引向一种普世性的和恒久不变的历史，那么我会建议他退出重来。但就目前而言，定位于长时段的历史学在我看来创造力远未穷尽。民俗学虽然过分与历史隔绝，却为想要借助人类学来研究欧洲社会的

3　比如马塞尔·莫斯的关于《身体的技艺》(“Les techniques du corps”)的宏文，发表于《心理学报》(*Journal de Psychologie*)，XXXII，1936，重新收入《社会学与人类学》，1950，巴黎，第5版，1973，p. 363—386，似乎这篇文章在很长时间内没有受到重视。历史学家和人类学家们在近来《法国人种学》一期专号《身体的语言与形象》(*Ethnologie française*，6，n°3/4，1976)中的研究是出于一种略有不同的精神。马塞尔·莫斯这篇文字是“社会高等研究学院”的研讨课的起源，在研讨课上让-克劳德·施密特和我，我们从1975年以来都在研究中世纪西方的姿势动作系统。

4　重新收入《费尔南·布罗代尔纪念文集》(*Mélanges en l'honneur de Fernand Braudel*，t. II)，《历史与人文科学方法论》，图卢兹，1972，p. 233—243 以及本书 p. 335—348。

历史学家提供了材料、方法和著作的宝库，他可以先查询这些著作再转向欧洲之外的人种学研究。民俗学作为穷人的人种志而过于被人蔑视，但它是对我们所谓的“历史性”的社会进行历史人类学研究的主要材料。然而我们的历史中经得起推敲的长时段——对于我们这些作为专业人士而且是生活在历史之流中的人而言经得起推敲——在我看来就是这漫长的中世纪，它从公元 2 或 3 世纪以来一直持续着，在从 19 世纪到今天的产业革命的一次次打击下——几次产业革命——才缓慢死去。这漫长的中世纪便是前工业社会的历史。向前上溯，那是另一部历史，顺流而下则是一部——当代的——有待人去创造的历史，或者更确切地说是一部要从方法上去创新的历史。对于我而言，这漫长的中世纪正与“文艺复兴”时代的人文主义者和“启蒙运动”的哲学家们（鲜有例外）所认为的那种断裂期相反。这是现代社会的创造时刻，是一个垂死的文明或者已经以传统农民的形式逝去的文明，但是它却通过它所创造的那些属于我们社会和精神结构的本质性的东西而活着。它创造了城市、民族、国家、大学、磨坊和机器、钟点和时钟、书籍、餐叉、内衣、人格、意识以至革命。它处在新石器时代与近两个世纪的工业与政治革命之间，它——至少对于西方社会而言——不是一段空白也不是一座桥梁，而是一次伟大的创造性的推进——它中间混杂有危机，依照地区、社会等级、活动领域不同而略有差别，在进程上非常多样。

我们不必耽误时间去从事那些可笑的把戏，用对于中世纪的金色传奇来替代过去几个世纪关于中世纪的黑暗传说。另一个中

世纪并不是这些[5]。另一个中世纪，那是——在历史学家的努力
11 下——一个完整的中世纪，它既是从文学、考古、艺术、司法的材料出发建立起来的，同时也通过过去仅仅允许“纯粹的”中世纪研究者使用的那些材料建立起来。这是一个漫长的中世纪，我重复这样说，它所有的侧面都在这样一个系统中构建起来，这个系统主要从罗马帝国晚期运转到18—19世纪的工业革命。这是一种深层的中世纪，借助于人种学方法可以让我们从它的日常习惯[6]、信仰、行为举止、心态来到达它那里。这个时期最能够让我们从自己的根基和断裂中，从我们惶恐的现代性中，从我们对理解变化的需要中来认识自己，转变是作为学科和作为亲历经验的历史学的根基。这是进行建构的记忆所需要的距离：即祖先的时代。我认为，唯有职业历史学家才能实现的对过去的掌握，对于我们同时代的人来说，是与物理学家所提供的对于物质的掌握或者生物学家提供给他们的对于生命的掌握是同样具有本质性的。而中世纪——我不愿将它与我们置身其中的这种历史的延续性分离开来，我们必须通过它的长时段来把握它，而长时段却并不意味着对于历史进化

5　我曾在别处说过为什么我虽努力成为关于另一个中世纪，一个深层次的中世纪的历史学家，我却既不赞同传统的对中世纪的黑暗传说，也不赞同一些人想取而代之的那种金色传奇（雅克・勒高夫《中世纪西方文明》，巴黎，Arthaud，1965，《导言》，p. 13—24）。

6　我向埃米尔・苏维斯特（Emile Souvestre）借用了这一表述，在他的集子《布列塔尼之家》（1844）导言中，作为人种历史学的先驱者，他写道：“如果历史是对一个民族的存在进行的完整揭示，那么如何来书写历史却不了解这种存在中更加有特色的东西？你们向我展示公众生活中的这个民族；但谁来告诉我它的家庭生活？在了解了它的公众行为，这些总是属于少数人的行为之后，我从何处能够获悉它的日常习惯、倾向、幻想，这些属于所有人的东西？你们看不出对于一个民族的私密生活的这些揭示主要存在于民间传统中吗？”（新版，Marabout，“奇异书库”，Verviers，1975，p. 10）。

论的信仰——是这样一段至关重要的过去，我们的集体身份认同、当今社会所焦虑地追寻的东西都是从这一段过去中获得某些本质特征。

我出发——由夏尔-埃德蒙·佩兰（Charles-Edmond Perrin）引领着，他是严格而自由的老师，是一所如今几乎不复存在的大学的重要人物——迎向一种相对传统的思想史。但这些思想只有在思想从中起作用的那些社会的内部，化身为机构和人，才会让我感兴趣。在中世纪的创造中有那些大学和那些大学里的人。我觉得人们没有足够估价一种活动在西方社会中的新颖性，它是建立在直到此前都不为社会所知的体系之上的一种智力和社会地位的提

升：那就是考试，它低调地在抽签选拔（希腊的民主制曾在比较有 12
限的限度内使用过）与出身选拔之间开辟着道路。我很快发现，这些从城市兴起运动中诞生的大学学人却在城市中造成一些问题，这可以与他们同时代的那些商人所造成的问题相提并论。在传统人士的眼中，他们彼此都在出售一些只属于上帝的财富，前者出售科学，后者出售时间。“词语的贩卖者。”圣伯纳德是这样抨击这些新型知识分子的，他劝告他们重新归附唯一对于僧侣有价值的学校，即修院的学校。对于那些 12 和 13 世纪的教士来说，大学学人就如同商人一样，他们想要取悦上帝和得到救赎是很困难的。然而，我研究了一份那时候很少被人利用的史料即《忏悔师手册》，这类手册在 1215 年拉特兰第四次主教会议之后大为盛行，这次大会是中世纪史上一个重要日子，因为它规定每人至少每年必须进行告解忏悔，从而在每个基督徒身上开启了一道防线，即良心审视的

防线[7]，由此我注意到大学学人同商人一样，他的合法性在于他所完成的**劳动**。大学学人的新颖性在我看来归根结底就是**脑力劳动者**的新颖性。因此我的注意力转向两个概念，我努力追踪它们在各个具体社会条件中的变形，它们在这些具体条件中的发展，这就是劳动的概念与时间的概念。关于这两个问题，我保持着这两份调查案卷的开放性，集于本书中的一些文章是案卷中的一些部分，而我继续认为对于劳动和时间的态度是各个社会的结构与运作的具有本质性的侧面，对于它们的研究是审视这些社会的历史的一个绝好观察点。

为了将事情简化，我认为关于劳动，我观察到一种演化，从圣经和早期中世纪作为赎罪的劳动，向被恢复了名誉的劳动，到最终成为救赎手段的劳动的演变。但是这种提升是由 12 世纪那些新教派的修道院的劳动者，是由那个时代城市中的城镇劳动者以及最终那些大学中的脑力劳动者所促成并赋予合理性的，这种提升以辩证的方式造成一些新的发展：从 13 世纪开始，在比以往都更
13 加受人蔑视的体力劳动和脑力劳动（商人的劳动和大学学人的劳动）之间出现分离，而对劳动的褒扬通过让劳动者更加屈服于对其劳动的剥削而助长劳动者之间加剧的割裂。

至于时间，我主要探寻谁（并且如何）在转变中的西方中世纪社会中主宰着社会的新形态。对时间的掌握，对于时间的权力，在我看来是社会运作的一个主要部件[8]。我并非第一个对人们简短称

7　这个日子的重要性没有逃过米歇尔·福柯的注意。参见：《性史》1 卷《知识的意志》，巴黎，1976，p. 78。

8　乔治·杜梅齐尔（Georges Dumézil）这位伟大的思想启发者，中世纪研究者越来

作资产阶级时间(temps bourgeois)的东西感兴趣的人——伊夫·勒努阿尔(Yves Renouard)等人曾对于意大利商人的时间写出过光辉篇章。我尝试将那些占有时间的新形式与神学和知识的发展重新联系起来,这些新形式表现为时钟、划分每日为 24 小时以及不久之后——通过其个体化的形式——的手表。在 14 世纪的危机中,我重新发现了紧密联系在一起的劳动与时间。劳动的时间被证明是人们之间,各社会阶层之间围绕着计量问题进行的这场伟大斗争内部的一个关键——计量问题是维托尔德·库拉(Witold Kula)的宏伟之作的主题[9]。

然而,我那时的兴趣始终在于我此后倾向称作文化史而非思想史的内容。其间,我曾在“高等研究试验学院”的第六部听莫里斯·隆巴尔(Maurice Lombard)的讲课,他是我所知的最伟大的历史学家之一,我职业生涯中最主要的学术与智力上的触动要归功于他。不仅对文明的各大领域的揭示和兴趣(所以并不将时间与空间割裂,不将大的格局与长时段分开)要归功于他,西方中世纪研究者(即使谨守自己的领域,但专业化仍然是必须的)对于东方的必要的关注要归功于他(东方是商品、技术、神话和梦想的提供者),而且对于一种整体历史的要求也要归功于他,在这样一种

越多从他的著述中得到滋养,他写道:“事件的储库,威权与持久行动的发生地,神秘机缘的场所,时间框架有着一种特别意义,对于任何想要胜利、统治和建立基业的人都一样,不论是神、英雄还是领袖:这个人,不论他是谁,必须尝试在占有空间的同时占有时间。”(《时间与神话》,见《哲学研究》,第 5 卷,1935—1936)参见我撰写的词条 calendario(《历法》),将会载于《艾诺蒂百科》,都灵,1977。

9　W. 库拉:《计量与人》(*Miary i ludzie*),华沙,1970,法译本即将发表于《历史文库》丛书。

14 整体历史中，在对各社会的社会和经济分析中，物质文明与文化相互渗透。我感到通俗马克思主义关于经济基础与上层建筑的问题论中的粗糙和不适合之处。虽然我不看低理论在社会科学尤其是历史中的重要性（往往历史学家由于轻视理论而不自觉地被一些暗含着的简单化的理论所左右），但我却并未投身理论研究，我感觉自己对此没有天赋，担心在研究中会任由自己被引向历史哲学，它被我与古今许多历史学家视为历史最大的敌人。我探讨心态史的某些侧面，面对这一时髦的概念（它包含时尚所有的正面意义但也包含着时尚所有的风险），我尝试去揭示推动史学发展的心态历史这个概念的价值和这个模糊概念的暧昧不明之处——因其模糊本身，它是富有成果的，因为它忽视那些障碍，它同时是危险的，因为很容易滑入伪科学。

在这种文化史的探索中必须有一条主线，一种分析和探察的工具。我遇到了学者文化与大众文化之间的对立。对这一对立的利用并非没有困难之处。学者文化并非如同人们所想的那样容易定义，而大众文化也带有“大众”这个危险的形容词的暧昧性。我赞同卡洛·金茨伯格（Carlo Ginzburg）近期的很有见地的意见[10]。但是，如果谨慎地指明所使用的文献是哪些，说明把什么内容置于这些概念之下，那么我相信这种工具是有效的。

一系列的现象都被置于这一标签之下，书面与口头的重要对话呈现出来，这是历史学家所著述的历史中缺失的东西，至少话语

10　C.金茨伯格：《奶酪与蛆虫》，都灵，1976，p. XII—XV。另见 J.-Cl. 施密特《民间宗教与民俗文化》，载《年鉴》1976，p. 941—953。

言谈作为回声、喧哗和絮语而被人捕捉下来，社会阶层之间的冲突在文化场域中被揭示出来，与此同时言语借用、言语交流的复杂性促使人们将对结构与冲突的分析变得更加细致。所以，通过那些学术文字，那些如今我唯一懂得阅读的文字，我投身于对历史民俗学的发现。在走向故事与幻梦的同时，我并没有放弃劳动和时间的研究。为了尝试理解一个社会如何运作——这始终是历史学家 15
的任务——与变化和转化，对想象的关注是必要的。

现在我想要开展一些更具野心的任务，本书中展现的这些文章是其准备。我的雄心就是对后工业化时代西方的历史人类学的构成有所贡献，为对中世纪想象的研究带来一些坚实的元素。同时，从我作为中世纪专家的素养和经验出发，明确提出一种新的考据方法，这种新的考据适应于历史学的新的研究对象，并且忠实于历史特别是中世纪史的这种双重本性，即严格性与想象力。这种考据学定义了一种史料新观念的批评方法，那就是文献-文物(document-monument)的概念[11]，它奠定了一种崭新的编年科学的基础——它不再是线性的——，它阐发出进行合理比较的科学条件，即进行比较研究不是将随便什么东西与随便什么时间和什么地点的随便什么东西拿来比较。

我想用兰波(Rimbaud)的一句话来结束，不是像许多中世纪

11　皮埃尔·图贝尔(Pierre Toubert)和我最近谈到这个问题，见第100次学术团体大会的通讯(巴黎，1875)：《中世纪的全面历史是否可能?》，载于《第100次学术团体大会会报》，卷1，《中世纪史的倾向、视角和方法》，巴黎，1977，p. 31—44。

传统史学将文献，即书面材料作为主要史料，而将文物划为考古、博物馆学的对象。——译者知识分子以及其后许多知识分子那样将体力劳动与脑力劳动对立起来，而是相反将两者统一于所有劳动者的团结一致之中："捉羽毛笔的手与扶犁的手是平等的。"

雅克·勒高夫

附注：

在集于本书的这些论文的原版中，多数引文都是用原初文字给出的，即主要为拉丁文。为了方便读者，本书中这些引文被翻译成法文。但是拉丁文被保留在注解中，它们对于文章的理解是不可或缺的。

本书文章来源 16

《米什莱的几个中世纪》(见米什莱:《全集》,由 P. 维亚拉内编辑,卷 1、卷 4,《法国史》卷 1,巴黎,1974,45—63)。

《在中世纪:教会的时间与商人的时间》(见《年鉴》,1960,417—433)。

《14 世纪“危机”中的劳动的时间:从中世纪时间向现代时间的过渡》(见《中世纪》,LXIX,1963,597—613)。

《关于 9 世纪到 12 世纪基督教社会中的三等级社会、君权意识形态和经济复苏》(见《9 至 11 世纪的欧洲》,T. 万特菲尔和 A. 杰斯托尔编辑,华沙,1968,63—72)。

《中世纪西欧的合法职业与非法职业》(见《历史研究》,根特高等研究学院年鉴,卷 5,41—57)。

《中世纪早期(5—10 世纪)价值体系中的劳动、技术与工匠》(见《西方中世纪早期社会的手工业与技术》,意大利中世纪早期研究中心研讨周,XVIII,斯波莱托,1971,239—266)。

《中世纪早期文献中的农民与乡村世界》(见《中世纪早期的农业与乡村世界》,研讨周,XIII,1966,723—741)。

《15 世纪帕多瓦的大学花费》(见《考古与历史文集》,罗马法国学院,1956,377—395)。

《中世纪忏悔师手册所谈到的职业》(见《中世纪集刊》,卷 3,《中世纪早期人们的职业意识研究论文集》,柏林,1964,44—60)。

《中世纪大学对自身有怎样的意识?》(出处同前,15—29)。

《中世纪和文艺复兴时期的大学和公权力》(见《第十二届历史学国际大会》,维也纳,1965。《报告》三,委员会,189—206)。

《墨洛温王朝文明中的教士文化与民俗传统》(见《年鉴》,1967,780—791)。

《中世纪教会文化与民俗文化:巴黎的圣马塞尔和龙》(见《纪念克拉多·巴巴加罗历史与经济研究论文集》,L.德·罗萨编辑,那不勒斯,ESI,1970,卷 2,51—90)。

《中世纪西欧与印度洋:一方梦想天地》(见《地中海与印度洋》,《第 6 届海洋史国际研讨会论文集》,佛罗伦萨,奥尔施基出版社,1970,243—263)。

《中世纪西方的文化与集体心理中的梦》(见《附注》,卷 1,1971,123—130)。

《母性的和开辟世业的梅露西娜》(见《年鉴》,1971,587—603)。

《历史学家与日常的人》(见《费尔南·布罗代尔纪念文集》,卷 2,《历史与人文科学方法论》,图卢兹,1972,233—243)。

《臣属关系的象征仪式》(见《中世纪早期的象征与象征系统》,意大利中世纪早期研究中心研讨周,XXIII,斯波莱托,1976,679—788)。

一　时间与劳动

米什莱的几个中世纪 19

在许多中世纪研究者那里，如今米什莱并没有得到好的评价。他的《中世纪》被认为是其《法国史》中最过时的部分。这首先是与史学的发展相比较而言的。尽管有皮雷纳、赫伊津加、马克·布洛赫以及既他们之后将中世纪向心态历史、深度历史、整体历史开放的那些人，中世纪仍旧是最受19世纪考据方法影响的一个历史时期（从“巴黎文献学院”到“日耳曼历史文献”），也是最受19和20世纪之交实证主义学派影响的时期。让我们来读一读拉维斯（Lavisse）《法国史》关于中世纪的从未被人改动过的那几卷。米什莱与此相去甚远！米什莱的中世纪从表面上看是属于他最文学化而最不“学术”的一面。浪漫主义可能对他的中世纪破坏最甚。作为中世纪研究者的米什莱似乎并不比写作《巴黎圣母院》和《世纪传说》的维克多·雨果更加严谨。他们都是爱慕中世纪古风的。

中世纪成为了并且仍旧是考据学的堡垒。然而，米什莱与考据学的关系是暧昧的。当然，米什莱这位对历史胃口极大的人，这位历史的吞噬者，他表现出对于文献的无法餍足的饥饿。他曾经是满怀激情梳理档案的人，是档案馆里的劳动者，他不断地提及这一点。在1869年的《前言》中，他强调说其作品的一个新颖之处便是它的文献基础：“一直到1830年（甚至直到1836年），研究这一时期的那些出色的历史学家中尚未有人感到需要从那些已刊印的书籍之外寻求事实，去向那些多数尚未发表的原始材料，去向我们各个图书馆的手稿中，向档案馆的文献中去寻求事实。”而他强调
20 说：“据我所知没有任何历史学家在我的第三卷发表前（这是容易核实的事情）曾经使用过这些未发表过的文献……历史第一次拥有如此严谨的基础(1837)。”但是文献特别是档案文献对于米什莱而言只是给予想象力的一个跳板，是对于幻象的触发。关于国家档案馆的那几页著名的文字证明了文献的这种激发诗意的作用，在文字尚未被阅读之时，文献便开始施加档案库这个神圣空间的激发创造的作用。一种气氛的力量施加于历史学家。历史的这些巨大坟场同样是并且首先是让过去复活的场所。这几页文字的知名度有可能会减少其威力。但它们是从米什莱身上的某种比文学联想的天赋更为深刻的东西中迸发出来的。米什莱是个招魂的巫师：“我那时喜爱死亡……”但他踏遍了过去的墓园，就如同走遍了拉雪兹神父公墓的小径，为的是将死者，不论是从本义还是引申义上的死者，拽出他们的埋葬处，为的是“唤醒”他们，让他们“重生”。中世纪从壁画中，从教堂的门楣上，将最后审判号角的召唤一直延续到我们的时代，这些号角首先是唤醒死者之号，它们在米什莱身上找到了最懂得吹响它们的人：“在档案馆孤独的走廊里，我在这深沉的寂静中游走了二十个年头，一些轻声絮语到达我的耳际……”在结束《法国史》第二卷的长长的出版说明中他写道：“这一卷主要是我从国家档案馆中提炼出来的。我很快发现在这些走廊表面的寂静中有着一种运动，一种絮语声，那不是死亡……所有人都活着，在说着话……而随着我吹去他们的灰尘，我看着他们仰

起身。从坟墓中，他们有的伸出手有的探出头，就像米开朗琪罗的《末日审判》或者《死亡之舞》中那样……”是的，米什莱要胜过招魂师；按照他为自己创造出的那个在他之后人们不敢保留下来的新词，他就是“起死回生者”[1]。

米什莱是对自己职业尽心尽力的，满怀激情的档案馆员。他今天的继任者们了解这一点，并能通过展示他劳作的遗迹来加以证明。他用一些注解和证明文献丰富了他的《法国史》特别是中世纪部分，它们证明他对于考据的迷恋。他属于浪漫主义那几代人（维克多·雨果也是），他们懂得将旁征博引与诗意结合起来。梅 21
里美是第一位文物古迹总督察，他是这些人中又一个例证，尽管他把职业与作品分得更加清楚。米什莱的时代，是凯尔特学会变成法国国家博古学会的时代，是国家文献学院的时代，是列出法国文物清单的时代（这个计划起先流产，如今又重生），是维奥莱－勒－迪克的考据建筑学的时代……但是考据详实对于米什莱而言只是一个起始和准备阶段。历史学是在此之后开展的，是通过写作。于是，考据只是个脚手架，是艺术家即历史学家在作品实现后应当拆除掉的东西。考据是与科学和普及的某种不完美状态联系在一起的。时机成熟，考据将不再是历史科学看得见的拐杖，它将与历史作品成为一体，对此有深刻认识的读者才能从作品内部将之识别出来。1861 年《前言》中的那些主教教堂的建筑者们的形象表达出米什莱的这种观念：“证明文献，好比我们历史大厦的支柱和

1 “在他与我之间，在我即他的起死回生者与重新矗立起的古老时代之间，有过一次奇异的对话。”这是米什莱所谈论的中世纪，是在由保罗·维亚拉奈克斯出版的他生前未发表过的伟大文字中（《圆拱》，第 52 期，《米什莱》，1973，p. 9）。

扶壁，随着公众的教育越来越与批评与科学的进步本身同化合一，它们可能会消失。”在他身上，在他周围发展出一种历史直觉，就像他在晚年驯养的那些动物的直觉一样可靠，这便是作为历史学家的米什莱的伟大图谋。

有哪个中世纪研究者能够轻易放弃在脚注、附录和补编中炫耀博学？对历史的社会生产进行深入分析的一次论辩，很可能会将一些第一眼看来同样让人信服的论据相互对立起来。如果有些人将米什莱的态度推广到政治和意识形态方面，他们可能会拒绝这样一种考据的做法，这种考据的后果，如果不说是它的目的，就是延续一个具有权威的被神圣化了的种姓*的统治。另一些人，他们也可能会援引米什莱，他们会提出如果没有可验证的证据便没有科学，认为不需考据证明的历史的黄金时代只是个乌托邦空想而已。我们不要固执坚持了。事实在那里。今天，一个中世纪研究者只能在米什莱对于考据的概念的边缘后退或者迟疑。中世纪仍旧是学者的事情。对于中世纪研究者而言，放弃考据的那种主显节祭礼似的繁文缛节的时代还没有到来，忘记自己的拉丁语的时代还没有到来。即使人们认为米什莱作为中世纪研究者在这一首要问题上也许是超前的而不是过时，但必须承认他的中世纪
22 并非当今中世纪研究中的中世纪。

但是米什莱的中世纪与米什莱本人相比似乎也是过时的。不论将米什莱当作他那个时代即沸腾的19世纪的人来看待，还是把他当作我们时代即狂躁的20世纪的人来阅读，米什莱似乎都与中世纪相去甚远。如果像他要求我们做的那样，我们把他的作品当

* 原文为caste，此处指学者。——译者

作自传来解读——“给历史作传记，就像是给一个人，给我来立传一样”——，中世纪是恒常的，19 世纪是革命的，中世纪是服从的，20 世纪是进行质疑的，那么他似乎离中世纪就更远了。那么米什莱的中世纪是怎样的呢？是凄惨的，蒙昧的，腐臭的，贫瘠的。而米什莱却是个热爱热闹、光明、生命、奔放的人。之所以从 1833 到 1844 年米什莱长期驻足于中世纪，那是为了在那里进行长久的凭吊，就像是米什莱如小鸟一般无法摆脱一条幽深隧洞的盲目和窒息。它振动的翅膀碰撞在一座陷于黑暗之中的大教堂的墙壁上。只有到了文艺复兴和宗教改革时期，它才透过气来，飞起来，绽开花朵——既是鸟又是花。最后，路德到来了……

然而……

虽然人们所说的“年鉴学派”内部是一些“现代”史学的历史学家，但是昨日有吕西安·费弗尔，今日有费尔南·布罗代尔，他们最先从米什莱身上看到了新史学之父，整体历史之父，整体历史想要从过去的全部厚度中，从物质文化到心态来把握历史。如今不正是一些中世纪研究者比其他人更多向米什莱求助来启迪他们追寻——他曾在 1869 年《前言》中主张这种追寻——一种既“物质”又“精神”的历史吗？虽然罗兰·巴尔特曾在米什莱身上揭示出现代性的一个最初代表，这种现代性岂非首先表现在他对我们社会的童年、对中世纪的幻想？

为了说明这种表面上的矛盾，让我们尝试对米什莱的中世纪审视一番，这种审视同时回应双重要求，即现代科学的要求和米什莱本人的要求，也就是说从他的发展，从他的生活本身来重新复原出米什莱的中世纪。从 1833 年到 1862 年，米什莱的中世纪并非是一成不变的。它发生过转变。对它的变形的研究对于理解中世

纪对米什莱、对今日的中世纪研究者和人们意味着什么是必不可
23 少的。就像米什莱喜欢做的(不论是否依照维柯的做法)那样,像历史科学如今喜欢做的那样,让我们来给米什莱的中世纪进行分期断代,即便代价是简单化了一些。生命的运动——正如历史的运动——是更多由交叠的断裂构成,而不是平淡的接续。但是如果彼此嵌套在一起,演进中的这些变形却仍会具有一些相继延续的样子。

我认为可以区分出三个也许四个米什莱的中世纪。这一演进的关键就是米什莱比任何人都更多通过现时的历史来阅读和写作过去的历史。米什莱与中世纪之间的“历史”关系依照米什莱与他同时代历史的关系而改变。这一关系围绕着两个极点展开,它们在米什莱的发展中是本质性的:即1830年和1871年,这框定了这位历史学家的成年人生(他生于1798年,死于1874年)。在“七月闪电”与法国面对普鲁士失败的暮色苍茫之间,反对教权的斗争,对流产的1848年革命的失望,对第二帝国的唯利是图的厌恶,面对初生的工业社会的追求物质享受和没有公道而产生的幻灭,使得米什莱给予中世纪的形象产生变化。

从1833到1844年,在他的《法国史》的关于中世纪的六卷发表的过程中,米什莱的中世纪是一个正面的中世纪。从1845到1855年,这个正面的中世纪随着新版本的出版而衰败成为一个被颠倒过来的负面的中世纪,到了关于文艺复兴和宗教改革的《法国史》(1855)第七和第八卷的《前言》这个中世纪便落下帷幕。在《法国大革命史》这段伟大的幕间休息之后,突现出一个崭新的中世纪,我称之为1862年的中世纪,《女巫》在这时发表。所以这是《女

巫》的中世纪:通过某种奇特的辩证运动,从绝望的底层重新涌现出一个妖魔的中世纪,但是因为它是撒旦的,那么它也是恶魔的*,也就是承载光明和希望的。最后,也许显露出第四个中世纪,它作为现代社会的反例,作为第二部分所写的——这部分不太知名——那个“伟大工业革命”的世界的反面,重新找回对无法回归的童年的迷恋,在米什莱始终迷恋着的死亡的门槛上,这个中世纪就是向母亲的子宫这个温暖避难所的回归。

1833—1844 年的美好中世纪 24

如同罗伯特·卡萨诺瓦(Robert Casanova)详加论证的那样,米什莱《法国史》关于中世纪这部分有过三个版本,存在一些相异之处:第一版(称为 A 版)的六卷在 1833 到 1844 年间出版(第一和第二卷于 1833 年,第三卷于 1837 年,第四卷于 1840 年,第五卷于 1841 年,第六卷于 1844 年),还有阿歇特出版社的 1852 年版(B 版)和 1861 年的最终版(C 版)。其间,有过一些局部改动的新版面世,1835 年的第一二卷和 1845 年的第三卷(A’版),而第五和第六卷某些部分于 1853、1856 和 1860 年新版(第五卷的“圣女贞德”部分,第六卷的“路易十一”和“大胆的查理”部分,在阿歇特出版社的铁路文库里出版)。头三卷的 A’版与 A 版没有太多不同。大的变动只存在于 A－A’版与 B 版之间,尤其是第一二卷,而 B 版的第五六卷照抄了 A 版。C 版大体上只是一种对 B 版中那些倾向的加强,当然是程度很大的强化。

* lucifèrien 指恶魔的,其拉丁词源 lux 和 ferre 意为持火者。——译者

从1833到1844年，从一种正面意义的中世纪直至它的苦难与恐怖，米什莱受到了中世纪的魅惑。那时，中世纪吸引他的首先是他可以用它来写作他后来在1869年《前言》中所颂扬的那种整体历史。中世纪是整体历史的材料，因为它使人可能写作米什莱所梦想的既物质性又精神性的历史，因为档案与文物，羊皮纸与石刻的文字所提供的文献资料足够滋养这位历史学家的想象，使他能够整体地复活这个时代。

这是物质的中世纪，从中涌现出那么多“物质与面貌”的情境变迁，“土地”，“气候”，“食物”。这是物质性的中世纪法国，因为这是法兰西民族性随着法兰西语言出现的时候，但是同时封建的割据构成了一个外省的法国（对于米什莱而言，封建的法国与外省的法国是一个完整整体），它是“按照它的物质与自然的分化而形成的”。由此而来的天才想法便是将《法国的图画》这篇对于法国地
25 理的出色的描述性的思考不是放在《法国史》的卷首，作为对那些可能永远制约历史的物质“资料”的平板的开场白，而是放在千禧年前后的那个时代，那时候历史将欧亚大陆这块“尽头上的土地”（finistère）变成一个政治上的统一体，即于格·卡佩（Hugues Capet）王国的统一，同时又是一幅由领土上的各公侯国形成的马赛克拼图。法兰西诞生了。米什莱可以从它的摇篮期来预言它各个省份的命运，为它们进行各种配置。

这是气候、食物和生理的历史。它是显著存在于千禧年的各种谣言之中的历史：“似乎季节的次序被颠倒过来，各个元素在遵循着一些新的法则。一次可怕的鼠疫蹂躏阿基坦；患者的皮肉似乎是被火烧过，从骨头上脱离，陷入腐烂……”

是的，这个中世纪是由物质、交易产品、身体与精神的混乱构成的。1869 年的《前言》再次提到了这一点：“英国与弗兰德斯如何通过羊毛与呢绒业联合起来，英国如何吞下弗兰德斯，与它浸溶，不惜一切代价地吸引那些被勃艮第家族的暴行所赶走的呢绒商：这便是个大史实。”还有：“黑鼠疫，神圣槲寄生之舞，鞭笞派教徒和巫魔夜会，这些绝望的狂欢推动被抛弃的没有领袖的民众去为了自己行动……邪恶到达其最高点，即查理六世的暴怒的疯狂。”但这个中世纪同样是精神性的，首先是在米什莱所理解的意义上，即在中世纪之中完成了“民族灵魂的进步的、内在的运动”。

米什莱甚至从查理六世时代巴黎中心的两座教堂上看到物质性与精神性这两极的化身，按照他的观点，新的历史是在这两极之间摇摆的：“屠宰业圣雅各教堂是屠夫和伦巴第人的本堂，是金钱与肉食的本堂。名副其实地环绕着剥皮、鞣质的作坊和一些不良场所，这个肮脏却富有的堂区从牛臀街延伸到皮匠河沿……与圣雅各教堂的物质性相反，在咫尺之遥矗立着精神性的圣约翰教堂。两起悲惨事件将这间小礼拜堂变成一座大教堂，变成一座本区教堂：那就是比耶特街的神迹，在那里‘上帝被一个犹太人用开水烫’，然后就是神庙的废墟，从圣约翰本堂延伸到那个广阔寂静的街区……”

但是这个中世纪，同样是开始为他的考据和想象提供大量见证的时期，在这一阶段被罗兰·巴尔特称为“作为人声的文献”得以让人听见：“进入这些拥有丰富文书与真实原件的世纪，历史变 26
得成熟……”正是在这一时期，档案馆里的“絮语声”响起，那些羊皮纸、皇家敕令活起来并且说着话。从前，它是物质的，麻木不仁的，今后它变得具有灵性，并且活起来。这首对活过来的顽石的赞歌是那篇《作为中世纪艺术原则的基督受难》的著名文字的本质内容。“古代的，热爱物质的艺术，通过神殿的物质支持，通过柱子而被人分类。现代艺术作为灵魂与精神之子，其原则不是形式，而是样貌，是眼睛，不是柱子，而是十字交叉的甬道，不是圆满，而是空虚。”还有：“石头有了生命，在艺术家热烈而峻厉的手下变得精神化了。艺术家使生命从中迸发出来。”

“我曾将历史定义为复活(Résurrection)。如果说我曾这样做过的话，那是在第四卷(《查理六世》)”。这是米什莱所强调指出的。这些中世纪档案，可以让那些死人从里面复活过来，它们甚至可以让人来复活那些比其他人更加触动米什莱的人，将他们召唤回人间使这位唤醒者成为一位起死回生者，这些人比其他人死得更彻底，他们是那些渺小者，那些弱者，即民众。这些人有权说：“历史！同我们一同来数数吧。你的债主们在催逼你了！我们接受了死亡，而你却只写下一行而已。”于是米什莱能够“深潜到民众中。当奥利维耶·德·拉马尔什、夏特兰懒洋洋地坐在金羊毛骑士会的宴会上时，我却在探索那些岩窟，那里面弗兰德斯在发酵酝酿，它们便是工人们构成的神秘而强健的大众”。

也就是说1833年的那个中世纪对于米什莱而言是神奇事物涌现的时代。在他惊奇目光的注视下，它们从文献中现身。第一个还魂者便是蛮族，蛮族便是儿童，是自然，是生命。没有人比米什莱更好地表述出关于高贵野蛮人的浪漫神话：“野蛮人这个词我喜欢……我接受它，野蛮人。是的，就是说充满着一种崭新的、鲜活的和恢复青春的活力……我们，我们其他这些野蛮人，拥有一种自然优势;虽然上层阶级拥有文化,但我们拥有更多生命热力……”而后来他的中世纪中还会有些神奇的孩子,1869年《前言》向他们致意:“圣方济各,这个不知自己在说什么的孩子,他说得却更好……”当然还有圣女贞德:“这个场面是神圣的,在刑台上,这个被抛弃的孤独的孩子,对抗着神甫之国王,对抗着血腥杀戮的教会,她用熊熊之火维系着她内心的教会,飞升时说着:‘我听到的那些声音!’”但是中世纪本身岂非正是个孩子:“悲伤的孩子, 27
从基督教的肚肠里被人接生出来,他生于泪水之中,长在祈祷和梦想里,长在心灵的焦虑中,什么也没有成就便死去;但他为我们留下对他如此令人心碎的回忆,乃至于现代的所有快乐,所有伟大都不足以来抚慰我们。”千禧年前后,同样是从土地中,森林里,河流里,海岸边,这位如此为人热爱的女性站立起来:她就是法兰西,物质的、生物学意义的法兰西:“风带走了那虚无而千篇一律的雾气,德意志帝国曾用它将一切覆盖,使一切暗淡,如今这个国家出现了……”而名句便是:“法兰西是一个人。”接着,是人们有时忘记的:“只有模仿一种精妙的生理学的语言,我才能让人理解我的意思。”这一点没有逃过罗兰·巴尔特的眼睛:“作为地理学的祖宗,人们通常对法兰西的描绘实际上是对一种化学试验的表述:对各省份的列举在这一画卷中与其说是描写不如说是对法国普遍性的化学构建所必需的材料、物质的有条不紊的清点。”

法兰西在那里,人民将与之会合。民众第一次站立起来,那就是几次十字军东征。对于米什莱来说是多么好的机会,去将小人物的慷慨、随兴、冲动与大人物的算计、推诿对立起来:“民众毫不迟疑地出发了,留下君主们在那里辩论,武装起来,清点人数;这真是些信仰薄弱的人呢！小人物们却对这一切并不担心：他们确信着一个奇迹。”这一次，必须注意到米什莱的中世纪从一开始似乎就与“学术的”中世纪，与 20 世纪中世纪研究者们的中世纪那么遥远，他所宣示的这个中世纪正是当今那些最有创新性的历史学家们逐渐揭示出的那个中世纪，他们是在更好的文献工作的基础上来展现这个中世纪的。其证据便是这本伟大著作，它与其他三四本著作一同开启了集体心态史的时代：即保罗·阿尔方德里和阿方斯·迪普龙的《基督教社会与十字军东征思想》(1954)。两次十字军东征中的两重性、反差在书中得到证明与解释：即骑士的东征与民众的东征。这甚至成为一章的题目：《民众的十字军东征》。乌尔班二世教皇曾在克莱蒙向富人们布道。而出发的却是穷人们——不管怎样是他们首先出发的。“贵族们要花时间去变卖财产，而第一支队伍，这不计其数的一群乌合之众，是由一些农民和不太富有的贵族组成的。但是还有另一种差别，更为真实的差别，
28 精神上的差别，它很快就会将穷人们与老爷们分开。领主们出发是使用国内宗教日的神圣休战的闲暇去对付异教徒：这是一次有限度的远征，是一种军务时期(tempus militiae)。相反，在民众中间有着一种到圣地居留的想法……穷人们从冒险中来得到一切，他们是东征中真正受精神感召的人，是为了完成那些神圣预言的。”如果米什莱了解到最近对于 1212 年“孩子们”的东征的研究，如果他知道“孩子”这个词指的是什么，他会写些什么呢？阿尔方德里和迪普龙用这个词作为一章题目(《孩子们的东征》)，他们指出通过这个词“十字军东征思想本身的深层的生命力得以揭示，带着一股强烈力量，奇迹自然而然地从中爆发”。就像皮埃尔·

图贝尔后来证明的,“孩子们”是指一些穷人,一些卑微者,就像1251年的那些起义的牧人(“那些乡村最穷苦的居民,主要是牧羊人……”,米什莱曾经写道)。这样,童年与民众不可分离地结合为一,就像米什莱想要做的那样。

民众在中世纪的第二次现身是最让米什莱着迷的那一次。米什莱更多阅读的是编年史和档案而不是文学文本。似乎,他不知道1200年前后文学中的那些丑恶的野兽般的农民,《奥卡辛和妮科莱特》中的农民,特鲁瓦的克雷蒂安的《伊凡》中的农民。民众曾与十字军战士一起,成群地,集体地涌现出来。而今,突然从14世纪的文献中,涌现出一个人,那就是“雅克”*。米什莱这个巴黎人,手艺人的儿子,这个资产阶级时代的人,直到此前他所见过的都是城市和乡镇的民众。“但是乡村呢?谁又了解14世纪之前的乡村呢?[当然,这会让当今的中世纪研究者笑话,当今研究者拥有那么多关于鼠疫和“雅克”农民起义之前的农民的研究著作——其中有些伟大著作,比如乔治·杜比的那些作品]。这巨大的黑暗世界,这不计其数的被人无视的群众,开始露出曙光。在第三卷中(特别是考据部分),我不是很当心,没想到会有什么,这时候‘雅克’的形象矗立在田垄上,挡住我的去路;这丑怪而可怕的形象……”这是卡列班**的反抗,早在奥卡辛与年轻农夫相遇的时刻就可预见到了,这个农夫“高大,怪物般地丑陋而可怕,他是一块巨大的棕色粗呢,比麦子烧成的炭更黑,两眼间的距离超过一掌宽度,面颊巨大,庞大的扁平鼻子,巨大而宽阔的鼻孔,厚嘴唇比牛排

* 是人名,也是旧时对农民的别称。——译者

** 莎士比亚《暴风雨》中的造反奴隶。——译者

29 肉还要红，有丑陋的黄色长牙。他穿着绑腿和牛皮鞋，用椴树皮的绳子将鞋裹在腿上直绕到膝盖下。他穿着一件不分正反面的大氅，拄着一根长柄大头棒。奥卡辛冲向他。当他从近处看到这个人，他有多么害怕！”（让·迪富尔内翻译，1973）。

最后，民众在中世纪第三次出现，那就是圣女贞德。从一登场，米什莱就指定了她的本质特征：她属于民众。“圣女的独特之处，造成她的成功的东西，并非是她的勇敢或她的通灵幻觉，而是她的理智。通过她的热情，这个民间女子看到了问题，且懂得解决问题。”但是贞德不只是民众的一种显现。她是整个中世纪的终极成就，是对米什莱从民众身上所看到的几次神奇显现的诗意综合：孩子、民众、法兰西、圣女：“就让浪漫精神去企及它吧，如果它敢于这么做的话；诗歌永远做不到。唉！诗歌能增添什么呢？……在整个中世纪中，诗歌所具的想法由一个个传奇延续着，最终这个想法变成一个人；这个梦想，人们触及它了。骑士们向彼岸世界呼唤、期待的那个助战的圣女，她存在于此世……是谁？这是神奇之事。她存在于人们蔑视的，似乎是最卑微的事物中，在一个孩子身上，一个普通乡村女孩身上，法兰西穷苦民众的女儿身上……因为有民众，因为有法兰西……过去时代的这最后的形象同样也是正在开始的时代的最初形象。在她身上圣女第一次显现了……而祖国也已经现身。”但是贞德，她终归不仅是民众或者民族，她是女性。“我们应当从中看到另一件事，即圣女的殉难，纯洁的殉道……法兰西的拯救者应当是位女性。法兰西本身就是女性……”米什莱的另一个固执念头在此处得到了滋养。但是贞德标志着中世纪的结束。在此期间，出现了另一种神迹：即民族、

祖国。这是14世纪的伟大之处，对于米什莱而言这是中世纪时期
的伟大世纪，他后来认为这个世纪的内容配得上单独发表。在第
三卷的《前言》，1837年的前言里，他道出了对于这个世纪的惊叹，
法兰西在此时被造就，这时候她从孩子变成妇人，从体质的人变成
精神的人，她最终成为她自己："法兰西的民族纪元是14世纪。全
国三等级会议、议会、我们全部的伟大机构都已开始或者规范化。
资产阶级在马塞尔*的革命中现身，农民在雅克起义中亮相，法兰
西本身在与英国人的战争中出现。'地道的法国人'（bon 30
Français）这个表述始自14世纪。直到此前法国不像是法国而更
像是基督教社会。"

除了这些他钟爱的人物，作为孩童的野蛮人、作为女性和民族的法兰西、民众，米什莱看到两股热情的力量在中世纪涌现：即宗教与生命。宗教，是因为在那个时候，米什莱如同让-路易·科尔尼斯所指出的，他将基督教看作历史的一种正面力量。在保罗·维亚拉内刚刚揭示出来并且命名为《精神的英雄主义》这篇在一个世纪中都不为人知的华美文字中，米什莱解释说："有一个主要原因促使我去虔诚地关注我们所有的努力都在倾向于将它们从地球上抹去的那些时代，我应当说出来吗？那就是这种令人吃惊的抛弃，热爱它们的人将它们弃之不顾，那就是中世纪的爱戴者们的难以置信的无能，他们无力将这段他们声称是那么热爱的历史加以阐明，加以发扬……又有谁了解基督教呢？"对于他而言，基督教在那个时代是对等级的反转，是对谦卑者的抬举：贫寒者将承受显贵

* 艾蒂安·马塞尔（1316—1358）曾任巴黎市长，曾努力改革，取得类似弗兰德斯市民社会的民主，标志着资产阶级意识的形成。——译者

的座位。甚至于存在着一种自由的酵母，虽然它在物质领域已经部分地失去活力，它首先是对于那些最受压迫者、那些最不幸的人、那些奴隶的一种自由的酵母。在3世纪末的高卢，被压迫者起义了。“那时高卢所有的农奴都在‘巴高达’（高卢语战士——译注）的名义下拿起武器……并不奇怪，这种对人的自然权利的要求曾部分地由基督教平等教义所启发。”

在这个他自称不像历史学家而更像“作家和艺术家”的时期，米什莱从基督教中看到一种对艺术的神奇启迪。他写下了这篇绝妙文字：即《作为中世纪艺术原则的基督受难》，他后来在1852年版中进行了修改，在1861年版只在《说明》中保留下：“中世纪思想处于这道深渊中。那个时代被整个地包含在基督教中，基督教包含在受难中……这便是中世纪的全部奥秘，是它的永不枯竭的眼泪的秘密和它深沉的天才。宝贵的泪水，它们流成清澈的传奇，神奇的诗篇，堆积起来直到天空，这些泪水凝结成巨大的主教教堂，它们想要上升到天主那里去！坐在中世纪这条诗意大河之滨，我从中通过它们的水色辨出两个不同源泉：一条是骑士道的、战士的、爱情的源流；很早时候起这一源流就是贵族阶级的；另一条是宗教的和大众的……”而通过一种直觉，米什莱补充说：“第一条源
31 流在其诞生处同样是大众的……”当然，他相信“发源于凯尔特文化的一些诗篇”对于我们中世纪的文人文学的影响，那是在他的朋友埃德加·基内写作那本美妙却被人忽略的《巫师梅兰》的时候。如果在今天，他会醉心于这些研究的，它们阐明在武功歌、典雅传奇的背后不仅有着凯尔特口头文学，而且还有民间故事这股民众文学的长河。宗教与民众的这种统一，这便是那时让米什莱对中

世纪着迷的东西:“教堂那时是民众的居所……信仰是上帝、教会与民众之间的一种柔声的对话,表述着同一种思想……”

最后,中世纪便是生命。米什莱对古代文化没有感觉,对于他来说那是麻木不仁的。我们看到他将“现代艺术”即中世纪艺术置于“崇拜物质的古代艺术”的反面,中世纪艺术是“灵魂与灵性的儿子”。对于他如同对于其他伟大浪漫主义者一样,中世纪的这种深层的生命力,它让石头有了生命,它在哥特式艺术中达到顶峰。对于哥特式,他不仅仅是喜爱其初期,即 12 世纪“哥特尖形拱的眼睛”张开的时期,即 12 和 13 世纪“嵌入墙壁深处的十字形在沉思与梦想”的时代,他同样喜爱末期哥特式、火焰哥特式的张扬:“14 世纪刚刚结束,这些玫瑰窗就变形了;它们变成火焰形状;这些是火焰、心脏还是眼泪呢?……”

这些热情冲动的极致便是中世纪的节庆。米什莱曾极力颂扬过的节日的理想——特别是在《大学生》中——在其他任何时代都找不到像在中世纪那样好地得以实现的。这便是“中世纪漫长的节日”。中世纪就是一个节日。他预感到在中世纪那样一个社会和一种文明类型中节日所起到的——如今由社会学和人种学所阐明的——作用。

在 1833 年那篇重要文字《作为中世纪艺术原则的基督受难》中,米什莱最终达到了那些最深层、最内在的理由,它们让他着迷,将他吸引到中世纪。这是向起源的回归,向母腹的回归。克洛德·梅特拉(《圆拱》,第 52 期)曾极有灵感地评论过他 1845 年 2 月的一篇文章,在这篇文章中米什莱在完成他的中世纪法国史之后,将自己比作“多产的子宫”,比作“母亲”,比作“一切为了自己的果实

的怀孕的妇女”。对母腹，对它的形象、对它的王国的执著在中世纪中找到了它的营养，我们从中世纪中诞生，我们是从中走出来
32 的。“必须让旧世界过去，让中世纪的痕迹完全隐去，让我们看到我们所钟爱的一切死去，看到在幼小时哺乳我们的东西、如同是我们父母的东西、在摇篮里那么温柔地为我们歌唱的东西死去。”这句话在 1974 年要更加切合时代，在中世纪被创造出来的传统文明，随着工业革命它在米什莱的时代遭到第一次冲击，如今它正在淹没并扰乱了“我们已经失去的世界”（彼得·拉斯莱特）的那些转变中彻底销声匿迹。

1855 年的黑暗中世纪

1833 年的美好中世纪很快就变质了。从 1835 到 1845 年，在前三卷的再版中，米什莱开始疏远中世纪。在 1852 年版中看法的反转是清晰可辨的。1855 年在《法国史》第七卷和第八卷的前言和引论中这一决裂彻底完成。文艺复兴和宗教改革将中世纪抛入黑暗之中：“古怪而丑陋、极其做作的状态，那便是中世纪的状态……”

决裂是同路德一同到来的。中世纪现在除陷入黑暗的形象之外，真正显赫的便是路德了：“我来了！”“与这个对中世纪说不的拥有伟大心灵的人一起生活，这对于我是极为有益的。”

米什莱由于曾经过分热爱中世纪而有些尴尬，他努力与它，与他的中世纪保持距离：“我这部历史的开篇讨公众喜欢却不让我自己满意。”他努力进行改正而不加以否认。他肯定说自己揭示了中

世纪。他曾经相信了中世纪想让人们去相信的东西，却没有看到现实，现实是黑暗的。“我的坦诚不允许抹去任何已经写下来的东西……我那时所写下的东西作为中世纪为自己提出的理想来说是真实的。而我现在于此处给出的，是中世纪的现实，是为它自身所谴责的。”

是的，这便是艺术的不良诱惑，用他的话来说，在那个时候他更像是艺术家和作家而不是历史学家，是艺术的不良诱惑启发了米什莱对于这个时代的错误的宽容：“那时（1833 年）中世纪艺术的吸引使得我对于这种体制在整体上较少严厉批评……”然而，这
种艺术本身现在也遭到了贬低。那是“哥特式的溃败”。这种溃败 33
可见于浪漫主义时代新哥特式的滑稽可笑之中。有三位罪人。有夏多布里昂：“德·夏多布里昂先生……好早时候就冒险尝试一种非常怪诞的模仿……”有维克多·雨果：“1830 年，维克多·雨果带着天才的活力重新将它拾起来，并使它大大发展，不管怎样总是从奇异、古怪和畸形出发的，即是从偶然性出发的。”最终，还有米什莱自己：“1833 年……我尝试给出这种植被的生长法则……我过于盲目的热情可以解释为一句话：我是在猜测，我有着占卜的狂热……”正是在中世纪显得伟大的地方，它与它自己失之交臂。中世纪没有认出圣女贞德：“他们看到圣女贞德走过，而他们说：‘这个姑娘是谁？’”14 世纪会一直持续它的狂热吗？在“13 世纪的低落”之后，14 世纪可以那样做：“整个历史上最灾难性、最阴暗的日子对于我而言就是 1200 年，这是教会的 93 年*。”14 和 15 世纪被卷入中世纪的死亡之舞，这个中世纪迟迟不死：“它在 14 世纪结

* 1793 年是大革命的危急关头，雨果有小说《九三年》。——译者

束，那时候有一个俗家人囊括了地狱、炼狱和天堂三界，将它们放进他的《神曲》，将幻想的王国加以人性化，改变其面貌并且将之关闭。”自此米什莱只能惊异于“自己的天真，自己的善意的单纯，想去重新造出中世纪”，去恢复它，“一个世纪接一个世纪”。因为，在曾被爱慕随后被焚毁的这个时代之后就是“我的敌人中世纪（我，作为大革命的儿子，我在心底拥戴它）……”

1833 年的美好中世纪在历次再版中，米什莱对它进行修改、删除、涂抹。一连串的悔恨告诉我们什么呢？研究米什莱的专家们会解释这种疏远、这种几乎彻底的反转的原因。他自己将此解释为受到文艺复兴与宗教改革的冲击而出现的一种明悟。当他发现路德的时候，米什莱必然将中世纪同他自己一样抛弃于黑暗之中。但是人们可能提出，米什莱对教会和基督教的态度变化很大程度上解释了这种大转变。不应当忘记他对于过去的历史与当代历史同时进行的这种双重解读。米什莱的反教会思想随着七月王朝时期而得以确立。中世纪对他的重要启发由此受到触动。

米什莱曾指出他的优势在于他不带偏见地谈论基督教，没有宗教教育使他去无节制地崇拜或者由于反对而不加审视地抛弃。
34 但是他的时代的那些“骗子”向他揭示出他们祖先的害处：“我完全的孤独，我的孤立在这个时代的人们中间是如此难以置信，却如此真实，它们阻碍我感受到过去的那些恶鬼因为有这些声称是他们的自然继承人的骗子的存在而有多么可怕。”

一次次的修改，一个个版本的不同，我们可以分辨出围绕着米什莱对中世纪的态度大转变的那些关键点。在第一卷中，对教会和基督教进行颂扬或者辩解的内容在消失或者淡出。相对“亚细亚的隐修者”，西方的修道院制度曾经得到赞扬。米什莱删掉对这一赞同的比喻：“自由在东方消灭于神秘主义的宁静；它在西方受到纪律约束，为了赎罪而屈服于规则、法律、服从、劳作。”在蛮族中可能是过分的东西被基督教减弱了，它的诗意力量曾被他强调。“为了减弱，为了驯化这种狂躁的野蛮，基督教这一切宗教与诗意的力量并不为过。”这个段落现在也消失了。法兰克人的皈依曾被当作对基督教的这种诗意力量的承认而加以欢迎，这种力量与理性主义对立，理性主义不适合这些冲动的孩子。在重新说到“只有他们（法兰克人）通过拉丁教会接受了基督教”之后，米什莱删除了后面的内容：“即从其完整形式，从其高度诗意中接受它。理性主义可能在接受文明之后到来，但它只会让蛮野干涸，让它的生命力枯竭，使它软弱无力”。基督教曾被表现为所有社会阶层的庇护所。如今不再是这样，因为我们不再能读到：“小人物和大人物在耶稣基督身上相遇了。”米什莱曾经对教会乐于介入俗世，对教会与权势和财富的妥协是充满理解和宽容的：“事情不得不如此。作为庇护所，作为学校，教会必须是富有的。主教们必须与大人物们比肩而行，才能被他们听从。必须让教会成为物质的和野蛮的，才能让蛮族达到教会的高度，让教会化为肉身去赢得这些肉身的人。同附在孩子身上让他复活的先知一样，教会让自己变成孩子来孕育年幼的世界。”全部这些内容中，现在没有留下任何东西。有时候，某处轻微的改动却更能显出米什莱对于中世纪的热情减退。

帕斯卡兹·拉德伯特（Pascase Radbert）曾经是“首位以一种明晰 35
方式来传授上帝被包含在一块面包里这种神奇诗意的人”。如今**神奇**的诗意减弱为**出众**的。

1861 年，第二卷的修订更为重大。删节众多，许多引文被放进附录中，一些完整段落被放进《说明》里，例如我们已经看到的关于《作为中世纪艺术原则的基督受难》的偏离主题的评论。确实，1845 年在其《努瓦永教会专论》中，卢多维克·维韦曾支持说哥特式建筑是世俗的作品，这个想法曾吸引米什莱。现在宗教与教会却总是成为这些删节的主要牺牲品。对那些“勇敢的爱尔兰神甫”的一段颂歌消失了，同样还有对教会的教士独身制度的歌颂，米什莱早先曾称之为“神甫与教会的这首贞节赞歌”。教会如今不再与自由、民众、诗歌这些概念联系在一起。在评论托马斯·贝克特的故事时，米什莱曾经喊出：“教会的自由便是当时世界的自由。”而今却不再关系到这些自由了。

在圣伯纳德与拜伦之间的一处大胆比较消失了。对于骑士，米什莱过去说道：“骑士化身为人，化身为民众，将自己奉献给教会。那时候人类的智慧、它真正的生命、它的安宁只存在于教会中，教会看护着作为孩子的民众。教会便是民众本身。”所有这些都被抛弃进《说明》中。

如果说关于几次十字军东征的内容得以幸免（十字军“追求耶路撒冷，却遇到了自由”），却有些出乎意料的平反工作。在第一版中，教会的对手们经常被米什莱批评，因为教会是一股进步力量。而此后教会被贬低，它的敌人们被抬高。有两个主要的胜利者：即阿贝拉尔和阿尔比异端教派。阿贝拉尔关于意向的学说曾被形容为“让人滑倒的……危险的”，预示着耶稣会士的到来！如今阿贝拉尔变成文艺复兴的先驱，不再蒙受这种耻辱。阿尔比异端从前没有得到宽容。他们的文化被贬斥，奥克语文学被形容为“贫瘠的香精，短暂的花朵，在岩石上生长起来并自行枯萎……”阿尔比异端远非进步的承载者，他们是一些落后者，与西方基督教已经正确抛弃的这些神秘主义的东方人有瓜葛；他们并不比他们东方的前身更有价值：“人们总是假设在中世纪只有那些异端受到迫害，这是个错误。双方都一样，他们相信暴力是合法的，只要能将邻人带 36
到真正的信仰……中世纪的那些殉道者鲜有早期几个世纪那些殉道者的温和，早期殉道者们只懂得死。”过去让阿尔比异端形象有损的这一切如今都被抹去了。

我们猜到对于米什莱而言中世纪变成了一个可厌恶的对象。今后，中世纪在他看来是违反天性，它远不是产生那些曾让他炫目的神奇的显相，今后它只生出罗兰·巴尔特称作“不祥主题”的东西。所以，现在中世纪就是这种“古怪而丑陋、极其做作的状态”，1855 年版《前言》中：“继被禁止的天性之后的是反天性，从此自发地产生出怪物，它以两副面孔出现，即伪科学之怪、邪恶无知之怪。”

如今，所有自发的、良善的、多产的、慷慨的东西，童年、家庭、学校，中世纪无视它们，或者加以打击：“中世纪对家庭和教育与它对科学一样是无能的。”如同中世纪是反天性的，它也是反家庭和反教育的。中世纪原本可以成为欢乐节日，它却没有经历过，教会禁止它那样，“中世纪的如此感人的美好节日，教会却加以禁止，那是普通人的纯朴的节日”。

从中世纪的潘多拉之盒中，如今腐臭的疫气从中逃出，罗兰·巴尔特将它们归纳为对未明确事物的干涸、空洞和冗余三重划分。说说干涸的。那便是经院哲学家的贫瘠：“一切终止于 12 世纪；书卷阖上了;那种似乎用之不竭的多产的繁荣突然枯竭了。”经院哲学“以思想的机械而告终”。那只是模仿,是重复;“中世纪成为一种抄书匠的文明”(罗兰·巴尔特)。曾在片刻间得到活力,哥特艺术又沉落下去,石头重又变成麻木不仁的,中世纪回到无生命的矿物性。更糟的是,以中世纪最具象征性、最受尊崇的国王圣路易为代表,他不懂得也不会流泪。“眼泪的恩赐”被拒绝给予他。由此,这位历史学家对自己最初的解释进行反悔,他做出这一判断:“我穿越了中世纪的十个世纪,被那些传奇蒙蔽,被经院哲学变得迟钝,有时软弱得陷入年轻时对于这个世界的贫瘠的崇拜,在这个世纪里人类精神过分地斋戒以至于变得枯瘦。”而空洞的和冗余的世界便是:“从遭禁止的哲学中产生出无尽的诡辩者的大军,空虚与虚无的严肃的、激烈的争论……巨大的风神子孙的军队,他们从风中生出被词语吹胀……”是的,这个中世纪正是那些未明确之物的
37 让人忧虑而且可憎恨的时代。谈到农奴,这一“混杂的,暧昧不明的存在”,米什莱概括说:“一切都是暧昧的,没有什么是清楚可辨的。”中世纪是患病的,患了不明之物造成的疾病,不稳定的血液的疾病。这疾病标志着13世纪,那就是麻风病。它在14世纪肆虐,那就是鼠疫。

中世纪成为斋戒、悲伤、无聊的漫长隧洞。再次由罗兰·巴尔特道出了这一点:“中世纪在打哈欠,被维系在梦醒之间的一种中间状态。”但是中世纪实际存在过吗?“那里便是黑暗的深处。”不管怎样,在黑暗中,尽管有教会,但光明在闪耀,是撒旦,一位女性保持着火焰,她就是女巫。

朝向另一个中世纪:持恶魔之火的女巫*

是的,从这绝望的深处,一线光明将要出现,是撒旦的光明,是女巫的光明。一个崭新的中世纪出现了,我称之为1862年的中世纪,这一年的1月到10月米什莱写作《女巫》。这个中世纪是正面的。这重新成为一个吉祥时代。但是这是借助一种奇特的转折,一种惊人的翻覆。实际上挽救中世纪的正是它本身禁止、压抑、迫害的东西。这个反方向的中世纪(“女巫们进行的伟大革命,反对中世纪的精神而反方向迈出的最大一步……”),米什莱在1862年听凭它从自己笔下迸发出来,让人以为他心中是一直怀有这个中世纪。是明悟或者事后假想,他认为自己从一开始涉足历史就已经认出它来。在《精神的英雄主义》中,他让人回溯到他1831年的《普通历史导论》,回到他关于中世纪-撒旦这一对敌人的概念:“我批评的出发点,我的精神独立记述在《普通历史导论》中,书中我责难中世纪以撒旦的名义来追求自由,自由是在现代才最终还给它的名字。”它们已经存在于那里,是撒旦和他的造物即女巫的作用。这是一些有益的作用。因为它们在中世纪的内部确立起来,这就是自由,是多产。撒旦:“这是年纪尚幼的自由的古怪名字,它最初是进行斗争的,进行否定的,是创造性的,后来越来越多产。”女巫:“火热而多产的现实”。

---

* Sorcière luciférienne:Lucifer是恶魔的名字,来自拉丁文Lux(光明)和ferre(持有),即持火者。——译者

38 多产，令人吃惊的是，米什莱主要是从现代科学是通过女巫产生看出这一点的。当教士们、经院学者们陷入这个模仿、冗余、贫瘠、反自然的世界里，女巫在重新发现自然、身体、精神、医学、自然科学："你们再看看中世纪"，米什莱在《女性》中早已写道，"这是结束的时代，如果有过这个时代的话。是女性，以女巫的名义，维持着自然的有益科学的主流……"

1862 年的中世纪最终不但完全满足了米什莱那些有关存在意义的困扰，而且满足了他的那些历史理论。这是一个身体能够在其中伸展开的中世纪，不管它是好是坏。这是疾病与瘟疫的时代，生命血性的时代，也是爱情与回归生命的时代。让娜·法夫雷看到了这一点，她说道："谈论撒旦或许是一种方式，说出一种处于意识与社会之外的'别处'的不适感，而它首先是身体上的不适感。米什莱预感到这一点——要比他的后继者，那些历史学家、民族学家和民俗学家更加强烈地感到——他说出女巫的三个职能都与身体相关：'治疗、使人爱、让死者回归"（《批评》，1971 年 4 月）。女巫的伟大革命实际上"就是人们可能会称作给肚子与消化功能平反的东西。她们迟来地宣扬：'没有任何东西是不纯净的，没有任何东西是污秽的'。对物质的研究从那时起便不受限制，得到解放。医学成为可能。"而女巫们的主人撒旦，他才是**世界的君主**。关于米什莱，保罗·维亚拉内正确指出："撒旦成为他晚年的普罗米修斯。"14 世纪的特殊的、神圣显现的特征被重新找回。但是他没有宣告民族、人民、农民，他揭示出撒旦、巫魔夜会、鼠疫："这只在 14 世纪才发生……"

中世纪最后三个世纪的这病态三部曲中，14 世纪标志着身体

的绝望的顶点，这种绝望与精神的绝望会合，产生出女巫："三个世
纪中有三次可怕打击。第一次打击是外部让人震惊的变形，是皮
肤的疾病，麻风病。第二次打击，是内部的病痛，奇怪的神经刺激，
是癫痫症的舞蹈。一切平静下来，但是血液败坏了，溃疡症在为梅
毒这 15 世纪的灾祸做准备。"还有："14 世纪在三次灾祸间摇摆，
癫痫症的抽动、鼠疫、溃疡……"这就是大的结合部，是历史的绳
结，米什莱在其中看到自己的历史概念的化身，物质性与精神性在
一起，肉体与社会肌体做同一运动，同一摆动。"图卢兹的一次诉 39
讼在 1353 年第一次提及巫魔夜会的轮舞，使我能指出确切的日
期。有什么比这更自然的？黑鼠疫在全球肆虐，'杀死世上三分之
一的人'。教皇被贬黜。领主们被打败，成为战俘，从农奴身上榨
取他们的赎金，甚至将衬衣都剥去。那时代的大癫痫病开始了，以
农奴的战争，农民起义开始……人们是那么地狂怒，以至于跳起
舞来。"

被 14 世纪这种崭新的现代性，被撒旦的现代性所迷惑，米什莱将被妖魔化的基督教社会从其历史与地理联系中剥离。它不再延续古代文明。女巫不是"懂魔法的老妇也不是凯尔特和日耳曼的灵媒"。那些纵酒狂欢，"小型的乡村巫魔夜会"，并非"14 世纪的黑暗弥撒，不是对耶稣的正式的大挑战"。然而，当米什莱来到妖魔之火的黎明，他似乎不再以为自己是处于中世纪。当那些大瘟疫即将爆发的时候，他却转向从前几个世纪的软弱病态，将它们等同于中世纪："中世纪的那些疾病，……是不太明确的，它们主要是饥饿、倦怠和血性的贫乏……"

同样，它与其他世界也是剥离的，与阿拉伯世界，或者更广泛

地说，与东方。巫魔夜会是基督教的西方的发明创造："来自西班牙或者东方的萨拉逊人的迷信只有次要的影响，罗马人对魔法女神海克提或狄安娜的古老崇拜也一样。表明巫魔夜会真正意义的这一声狂怒的大叫向我们揭示出其他东西……"

那是西方的绝望。现在米什莱向我们提出了我们后来在学科术语中称作一种新的断代的东西。即鼠疫前和鼠疫后。当然今天的中世纪研究者不以同样方式来标记有这次灾难巅峰所确立的历史的这两个坡面。之前，并非一个干涸与停滞的世界，相反那是一个运动中的世界，是人类的一次跃进，是耕种空间的扩大，是城市的涌现，是文物的繁盛，是思想的沸腾，是增长中的美好中世纪。之后，便是一种抑郁的平衡的开始，人口较少，较少侵略性，较少果敢，如果我们忽略向欧洲之外的扩张的话。但是即使人们想要改弦更张，14 世纪中期的大断裂也越来越显著，将两个世界区分开来，一个世界停泊着它古代的起源，与欧亚大陆甚至非洲大陆结合在一起，一个世界通过阵阵痉挛在走向现代，这是一种从女巫时代
40 开始的现代性，是由一场巨大肉体与精神的危机的焚烧异端的火堆来点亮的。

向一种童年中世纪的回归

米什莱在 1862 年达到的那个中世纪变成深渊的底部，是"精神磨难的底层"，"大约在圣路易、美男子菲利普"那时达到的。但人们或许会觉察晚年的米什莱，即保罗·维亚拉内所指出的那个米什莱，他并非是个衰退的老人，他被他的第二任妻子主宰，被变

得老迈的一些固执念头主宰，他反而对曾经萦绕他心头的爱情、和谐和统一的哲理领悟更深。难道人们觉察不到这后一个米什莱在准备“收复”中世纪吗？

在对中世纪并不客气的 1869 年版《前言》中，他回顾发生在“七月革命”之后的一则趣闻，他表示准备针对某些中世纪的诋毁者来捍卫它，他更加讨厌的是那些圣西门的门徒：“在我们被邀请去的一次郑重的集会上，基内和我，我们惊叹地看到在这种银行的宗教里有一种对一种据说已经废除的东西的奇特回归。我们看到一位教士和一位教皇……对据说要打倒的旧宗教，他们将它最坏的地方加以恢复；忏悔、领导，什么都不缺。嘉布遣会狂热的信徒又回来了，他们是银行家、实业家……让他们消灭中世纪好了，早早的。但他们在偷窃中世纪。这让我觉得过分。在回家的时候，出于一种盲目的和正义的冲动，我为这位人们在他弥留之际进行劫夺的垂死者写下了一段话……”那是因为米什莱越来越逃避这个在他眼前演进着的世界。在工业革命这个“世界的新女王”的上升中，他越来越看到物质的大潮，这种物质不是与精神结合，而是消灭精神，“制服人类的活力”。当《全集》的这一版出到《19 世纪史》(1870—1873)，人们可以更好地看出米什莱虽然如同在《女巫》的结论中那样在努力继续做拥护黎明、进步、希望的人，始终期待神奇与改天换地，但这个倾向于将一切淹没的变得机械的世界使他非常焦虑：“我出生于那场伟大的领土革命之中，而我已看到这 41
场伟大工业革命在萌芽。”这场工业革命是真正的恐怖。

有可能，米什莱不是向未来逃逸，他被吸引转回他青年时的那个中世纪，那个他在 1833 年提到的几乎是作为母腹的中世纪，是

他曾梦想回到那里去的中世纪。这是后来的人们想要重新找回的童年的世界，那时候人类在一次新的撒旦的悸动中会向失去魅惑力的工业化算账，会起而反抗经济增长的压迫。

这个米什莱在《女性》(1859)中已经写下："我无法摆脱上帝。高处居于中央的意识，它短暂的日食让这个科学与发现的神奇的现代世界陷于黑暗"。对于他，保罗·维亚拉内说过："他走得越远，他就越无法摆脱上帝"，那么他最终又如何能摆脱中世纪呢？

米什莱的中世纪：现代和未来的中世纪？

我经常让米什莱自己说话。当他说话的时候，怎么能比他说得更好呢？

在提到今天多数中世纪研究者对米什莱的中世纪所感到的无动于衷或者疏远之后，我尝试了去展现米什莱的中世纪，或者说他的几个中世纪。在进行中，我提到这些中世纪的某个侧面可能在我们这个时代的中世纪研究者那里引起的共鸣。同样——这正是我的初衷——人们可能推测中世纪研究者们的蔑视或许来自于对米什莱的文字的无知，来自于实证主义的立场，来自于反文学的偏见。我不认为——正相反——已经到了对史学的无知、对想象与文笔的蔑视能够造就优秀历史学家的时代。

这并非否认历史话语已经改变，否认在米什莱死了一个世纪之后历史的缪斯克里奥有着米什莱无法满足的一些合理要求。对于历史学家，对于中世纪研究者来说，存在一种必要的技术水平，不论米什莱当时对文献有怎样的热情，他已不再是一个榜样。但

是如果我们置身于知识与科学的领域，米什莱的中世纪在我看来
是惊人地适合，我并不是说适合我们的潮流——那是可笑的—— 42
而是适合历史学家特别是中世纪研究者的那些最站得住脚的倾向，适合他们最深层的需要。我甚至认为在他的方法的教导之上还要加上他对某些潮流的解毒作用，再加上他的先驱、向导的角色，这不是从昨天的视角来看，而是对于今天和对于明天而言的。

有待于我们“创造”的中世纪，也就是说继他之后按照他的方法去发现的中世纪，是一个完整的中世纪，它是从所有可能的文献中，从法律和艺术中，从文书与诗歌中，从地下与图书馆中走出的，它使用各人文科学构成的武库——这是米什莱欠缺的，却是他的方法所召唤的——如今提供给中世纪研究者使用的一切东西。这些中世纪研究者仍然过于分化为某种特别史的专家（法律史、艺术史、文学史，人们简单地、过于简短地称作历史的其他东西）。完整的中世纪复活的不仅仅是鬼魂，它复活的是有肉体有精神的人，它了解社会学家、人种学家、经济学家、政治学家、符号学家可能为它的精神和科研工具带来的贡献。啊！让我们重新将话语交给米什莱，让我们重新拾起中世纪，“还给它血肉，它的服装与装饰……它所拥有过的美貌的饰品”，为何不同样还给它“它不曾有过的，而时代对它所预期的前景”——既然透过下面这个浪漫主义的表述，我们可以预测历史的这种新的维度：即历史的历史，史学的展望。

如今，历史是而且应当是越来越多摆弄数字、进行计算、进行测量了。中世纪在抗拒着——相对而言——这种数量化的进攻。中世纪在长时期内曾忽略计算，只将数字看作象征或禁忌。还好，统计、曲线、图表在中世纪研究者的著作中在增加，计算机这个怪

兽就像哥特式建筑门楣上的怪龙列维坦，总是能够吃下更多做成卡片、程序的中世纪，与列维坦不同的是，它将从其深处进行复原，让中世纪研究者对一个更为真实的中世纪拥有更加可靠的基础。但是他必须知道他手里掌握的仍然只是一具尸体。它仍然始终必须有一位“起死回生者”。中世纪研究者始终应当是，或者必须努力成为米什莱，他提醒我们数量化分析并不是一切，尽管是必须的，但它是低于历史的。虽然应当将科学最新的精密性应用于过
43 去，中世纪研究者却要懂得拆去数字的脚手架，去找回一个“原本样子的”中世纪，它是粗略的，巨大的，害怕由于过度算计而冒犯上帝，将度量衡这鬼发明归咎于该隐。

任何时代的历史都不局限于它以之为基础的文献工作。从希罗多德以来，从米什莱以来，文献丰富了，文献的批评细致了，对文献的使用也越来越力求谨慎了，这是一种进步。但是必须甘心于对中世纪不是全部了解，决不会全部了解。想要填补那些空虚，不讲方法地让那些空白说话将会是危险的。但是，在古代文明时期历史的沉默也许留了太多份额给了假设，而现代时期又被文献的重担压垮，在两者之间中世纪也许是最佳平衡的时代，是善加使用的文献与有根据的想象富有成果的合作的时代。对于历史学家，尤其是对于中世纪研究者而言，想象的权利始终是米什莱给我们上了最好的一课。如果不借助于想象的力量，如何解释、复活这个懂得通过想象来在自己的匮乏和软弱之上建立起一个如此伟大的梦想文明的时代呢？在一个想象的耶路撒冷的召唤下，十字军东征发动了。如果不从文字与文物之外想象着他们出发的样子又怎能使他们能被人理解？中世纪的人，中世纪的人们，即使是那些没

有任何神秘可言的人，那些朝圣者、赶路者，他们是旅途中人（homo viator）。那些进行考据的学术官僚，那些“中世纪研究”的办公文员式的人，他们能够理解这些总是在路途中的人吗？

从米什莱以来，对社会的分析进行得更加有方法。不论人们与马克思一同去寻求阶级与阶级斗争的机制，与现代社会学家一同追寻社会-职业划分的结构与运作，与某些历史学家一同去追寻一种秩序与状态的体系，人们会更加巧妙而且更加有效地分析那些米什莱使用单数集体名词称作贵族、教士、农奴、“雅克”的人，他们总是被通过一种整体把握来一股脑儿地放在一起，混合进十字军东征、市镇或巫魔夜会这些主题中。尤其是他们混合进人民这个概念中。这是个模糊的词，不太招历史学家们喜欢，甚至是与社会学最不沾边的。然而，如今我们将重新发现这些轮廓不清的社会行动元的现实性和历史重量：即青年、群众、公众舆论、人民。

在这一点上，米什莱是他那个世纪的儿子。“人民的儿子”：确实，44
这在19世纪是更为准确的。对于中世纪而言这个概念不是也一样准确吗？Populus（人民），是信教者的人民，是上帝的人民，是简而言之的人民。当然，我们不要放弃利用一种更为现代、更为“科学”的社会学分类表格来进行精细分析；但是我们不要忘记还必须用其自身的分类筛选网格来把握过去的社会。由于这一点，认为**人民**高于一切的米什莱在中世纪感觉惬意，虽然他没有帮助我们找回社会的现实，但至少找回这一现实的时代形象。但是探寻**民众性**的米什莱走得更远并且走得更近。他走向这个民众文化的世界，这个差异的世界，是当今的人种志学者教导我们的甚至在那些所谓“历史性的”的社会中也要关注的世界。让我们听听他的：“中

世纪因为它的那些抄写人，他们所有人都是教士，它不费心去承认民众精神的那些无言的、深层的改变。”在我们这些“温热着的”社会中，我们从哪个时代能比从中世纪更好地把握这种多元对话的最重要的现象？这对话是由压力与镇压，借鉴与拒绝构成的，由学者文化与大众文化维持了 10 个世纪，在这对话中交锋的是圣徒与恶龙，耶稣与巫师魔灵，圣女贞德与梅露西娜。如果基斯·托马斯所言正确的话，中世纪基督教的巨大成功之处就是将民间信仰部分地却成功地纳入教士的信仰之中。这种共生关系被打破的时候便是巫魔夜会与宗教裁判所。米什莱认为那是在后来作为群众现象在 14 世纪发生的。但是现在人们依据文献而做出的假设也是同样的内容。

米什莱那句著名的认输之语更让他像是一个现今的人，一位当代学者：“我在人民中出生，我心中怀有人民……但是它的语言却非我所能及。我没能做到让人们开口说话。”米什莱承认这一点，巴尔特认为是“现代作者中承认只能够歌唱出一种无法说出的话语的第一个人”。但他同样是警告我们说一种谈论人民的话语并非是人民的话语的人。他是邀请我们从研究他者的人种学家那里得到启发，去耐心寻求找到一种方法来让历史的沉默与默默无闻者说出话来的人。米什莱是第一位书写历史的沉默之处的历史学家。他是在一种预言性的有启示性的失败中进行的。

向着历史的沉默处前行，米什莱发现一个边缘的、周边的、远离中心的中世纪，它能够也必然启发今日的中世纪研究者。“总是让最高者与最低者面对面，这是中世纪的事实”，他曾经发出感慨。在这样做的时候，他遭遇了——并且自圆其说地做出了解释，即使

我们对他的解释并不采用——上帝与撒旦、女巫与圣女、尖形拱与 45
麻风病。如同那位米歇尔·德·塞尔托通过关于偏差的理论从被社会排斥者来深入到社会的核心，米什莱到达了中世纪的核心。我们不要忘记在1862年对于他来说形势反转过来，最低者显示出比最高者更加多产。一个反转的中世纪，在那样一个时代它会孕育出怎样的幻境，那是发明了无常命运之轮、科卡涅极乐之国，宣扬（虽然不是实行）“凡自高的，必降为卑；自卑的，必升为高”* 的时代！但他为人数越来越多的中世纪研究者开辟了怎样的道路！他们为了接近中世纪的现实而采用具有启示性的迂回方法，去研究异端或者麻风病。

在米什莱和中世纪之间还有最后一重关系，这个中世纪不仅让他与当今的中世纪研究者接近，而且与我们“发达”社会的许多人接近。中世纪吸引米什莱之处，是他从中找回自己的童年、母亲的子宫，同时却又感觉它是另外的、遥远的（甚至一度认为是敌对的）东西。然而如今那么多人对历史与人种学表现出兴趣，这种兴趣确切说来往往化为对于中世纪的一种爱好或激情，我觉得它属于对相同与相异的双重吸引。面对通常所说的历史的加速度，我们这个时代的人们害怕失去与自己起源的联系，害怕成为被过去抛弃的孤儿。但是过去中吸引他们的东西，既是一个已知的却正在逝去的世界的令人伤感的熟悉之处，又是一个世界的异国情调和古怪之处，这个世界正很快远离开我们，并提供给我们一种原始的童年。中世纪对米什莱和我们所施加的魅力在于它同时是“童年

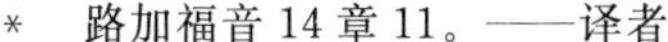

* 路加福音14章11。——译者

的我们”和“他者”，米什莱的一句名言使他的《法国史》成为一篇自传：“私人方法：将历史简化，为它作传，就像给一个人作传，为我作传。塔西佗从罗马帝国中只看到他自己，而那是真正的罗马。”如同福楼拜说“包法利夫人就是我”，米什莱可能会说：“《法国史》就是我。”在这部历史中，跨越爱与恨，最终最能体现他自己的就是中世纪，这个他终生与之为伴、与之斗争、与之生活的中世纪。这篇自传变成了我们的集体传记。这个中世纪，便是他，便是我们。

在中世纪：教会的时间与商人的时间 46

商人在中世纪并不如人们所说的那样普遍为人鄙视，特别是继亨利·皮雷纳的那些观点之后人们所以为的那样，在这一点上他过度相信一些主要是理论性的文字了[1]。无论如何，虽然教会很早就保护并优待商人，但是在长时期内教会曾深深怀疑商人行为一些主要侧面的合法性。这些侧面中的一些深刻体现着中世纪人所具有的世界观，为了不去迎合抽象的集体意义的“个人”的神话，我们不如说这是一些12到15世纪在西方拥有文化和足够精神工具来对职业问题及其社会、道德、宗教关系进行思考的人所具有的世界观。

对商人的责难中居于首位的就有这样的指责，他们的赢利意味着一种对时间的借贷，而时间只属于上帝。比如14世纪初年在一个辩论题中方济各会的一位总司铎写道：“问题：商人们可以因同一桩生意让无法立即付款者比立即付款者向自己支付更多钱吗？有论据的回答为：不，因为**这样一来他就会出售时间，并因出售不属于自己的东西**而犯下放高利贷的罪过”[2]。

1　见亨利·皮雷纳：《中世纪西方经济史》(作者死后出版的文集，1951)，p. 169。

2　抄本 Flor. Bibl. Laurent. S. Croce Plut. VII. sin. 8，f°351. 见欧塞尔的纪尧姆(1160—1229)：《黄金大全》(*Summa aurea*)，卷3，21，f° 351v：“放高利贷者的所

47　在引出隐藏在这个论据之后的关于时间的概念之前，应当强调这一问题的重要性。商业资本主义破晓时刻的整个经济生活都在此处受到质疑。拒绝以时间获利，从中看出放高利贷的一个根本罪恶，这不仅仅是从其原则上攻击牟利行为，而且毁灭信贷发展的所有可能。商人的时间首要是获利时机，因为有钱的那个人认为能够从等待那个当时没钱可用的人还钱中获得利润，因为商人将其活动建立在抵押贷款基础上，时间是这种行为本身的脉络——预备饥馑而进行囤积，在以对经济形势、粮食与金钱的市场常量的了解而推想出的有利时机买进和转卖，这意味着一个情报和邮件的网络[3]。与商人的时间相反的是教会的时间，它只属于上

为是违背普遍的自然法则的，因为他出售时间，时间是所有生灵共同的东西。奥古斯丁说每个造物都不得不将自己当作奉献；太阳不得不奉献自己来照明，同样土地不得不奉献它所能产出的一切，水也一样。但是没有任何东西以一种比时间更符合自然的方式奉献自己；不管怎样万物拥有时间。既然放高利贷者出售必然属于所有造物的东西，那么他就普遍损害到所有造物，甚至于石头，因而即使人们面对放贷者缄口，如果石头能喊叫，它也会喊的；这是教会追捕放高利贷者的一个理由。因此，上帝说下面的话是特别针对他们的："当我重掌时间，也就是说当时间掌握在我手中，使得高利贷者不能出售它，那时我将公正地进行审判。"引文见小 T. 努曼：《经院哲学对高利贷的分析》，1957，p. 43—44，他指出欧塞尔的纪尧姆是第一位使用这一论据的，它后来被教皇英诺森四世重新采用(《准备》*Apparatus*，V，39，48；V，19，6)。的作者在13世纪末加以发展："因为高利贷者只出售对金钱的期望，即时间，他们在出售白昼和黑夜。但白昼是光明的时间，黑夜是休息的时间；所以他们是在出售光明和永远的安宁。"另见邓斯·司各特《牛津论著》中《对四格言集的评论》(*In IV libros sententiarum*)，卷四，15，2，17。

3　最宝贵的资料见于乔瓦尼·迪·安东尼奥·达乌扎诺的《经商的实践》(*La pratica della mercatua*)，G. F. 帕格尼尼出版，是《论什一税》第4卷，1766年版，还有《各地商业与风俗之书》，F. 波朗第出版，1936。比如从中可以找到："在热那亚，白银在9月、1月和4月值钱，是由于船只出发……在罗马，那里有教皇，白银的价格根据空缺的圣职数量和教皇的出行次数而变化，教皇的出行让他所经的各处白银价格上涨……

帝，不可能成为牟利的对象。

的确，在西方历史这一最重要转折点上以非常尖锐的方式提 48
出关于教育的同样的问题：即能够出售知识吗？圣伯纳德带着他惯有的激烈曾提醒过这一点，知识也是只属于上帝的[4]。所以在这里，资本人力领域的世俗化的整个进程，人类活动的一些基础本身和一些框架都受到质疑：即劳动的时间、知识与经济生产的产出。

无疑，教会做出了让步。它先是接受，很快便支持经济与职业结构的历史性演变。但是，在教规或神学层面上，为这种采纳所进行的理论建设却进行得缓慢、困难。

于是教会的时间与商人的时间的冲突在中世纪的内部确立为这几个世纪心态历史的一个重大事件，这几个世纪中现代世界的意识形态在经济结构与实践逐渐转变的压力下建立起来。在此文中，我们想要明确出其中的主要情况。

一

人们经常认为基督教彻底地更新了时间与历史的问题。中世纪的教士们由圣经教育成长，习惯于将圣经当作他们思考的出发

由于小麦和稻米的原因在瓦伦西亚白银7月和8月是贵的……，在蒙彼利埃有三个集市，造成白银价格很贵。”引文见J.勒高夫《中世纪的商人和银行家》，1956，p. 30。关于从信息的迅捷来进行投机，见P.萨尔代拉《16世纪初威尼斯的新闻与投机》，1949。

4　见G.波斯特，K.乔卡里尼斯，R.凯：《中世纪遗留下的一个人文主义理想：“知识是上帝给的，所以不能买卖”》，见《传统》，二(1955)，p. 196—234和J.勒高夫：《中世纪知识分子》，1957，p. 104及以下。

点，他们从圣经文字出发，从圣经之外的由早期基督教、中世纪早期的教父和解经者们所留下的传统出发来思考时间。

圣经与早期基督教的时间首先是一种神学时间。它“随着上帝开始”并“由他主宰”。因而上帝的行为从其整体上如此自然地与时间联系起来，以至时间无法产生问题；相反，它是任何“神圣”行为的必要和自然的条件。我们所引用的奥斯卡·卡尔曼大概是正确的，他反对格哈特·德林而支持说早期基督教在这一点上是
49 与犹太教接近的，并没有带来“永恒在被因此‘战胜’的时间中的一次大举入侵”[5]。对于早期基督徒而言，永恒并不与时间对立，它并非如同对于柏拉图来说的那样是“时间的缺席”。对于他们而言永恒只是时间向无穷的扩张，如果借用《新约》中的一个词，它是“漫长时间(aiônes)无限的接续”，即是一些“准确限定的时间间隔”，是属于一种无限制的和不可计算的长度[6]。等到必须要将它与从古希腊文明继承下来的传统相对立的时候，我们将重新审视时间这个概念。所以在这一视角下，在时间与永恒之间有着量的差别，而非质的差别。

相对于犹太教思想，《新约》带来或者是明确了一种新的内容。基督的出现、诺言的实现、道成肉身赋予时间一种历史维度，或者更确切地说是一个中心。从此，“从创世记直到基督来临，整个过去的历史，按照在《旧约》中被讲述的样子，已经从属于人类得救的

5　O.卡尔曼:《早期基督教中的时间与历史》,1947,p. 35。格哈特·德林:《圣经新约中的时间观》,1940,引文出处同前书,p. 35,注解 2。

6　O.卡尔曼:出处同前,p. 32。

历史”[7]。

然而此处存在着含糊的承诺。对于基督徒如同对于犹太人一样，时间是一个目的地，一个“终点”(télos)。道成肉身对于这一点来说已经是一个决定性事件。“未来不再像在犹太教中那样是赋予整个历史以一种意义的‘终点’[8]。”末世论是处于一种新的视角中的，在某种意义上它是次要的，它同样也是矛盾地属于过去的，因为由基督在某种程度上通过救赎带来的得救的确信将它消灭了。但这正是在完成由基督一劳永逸地开创了的东西。基督再临人间的消息不仅是在五旬节那天得到预示，它已经开始了——但它必须在教会、教士与俗家人、使徒、圣徒与罪人的协作之下来完成。“教会传教的责任、福音书的预言赋予耶稣复活与耶稣再临之间这段时间在人类救赎史上的意义”[9]。基督带来了对救赎可能性的确信，但还有待于集体历史和个体历史来为了所有人以及为了每个人来实现它。因此，事实便是基督徒必须抛弃俗世，这里只是他临时的居所，同时他必须选择俗世并改变它，因为俗世是当前 50
正在进行的人类救赎史的建设场地。卡尔曼关于这一点提供了关于圣保罗的一个难懂的段落(《哥林多前书》，7—30 及以下)的非常令人信服的解释[10]。

在从具体的中世纪语境中来重新审视它之前，让我们强调指

7 同前书，p. 93。

8 同前书，p. 98。

9 同前书，p. 111。

10 同前书，p. 152。

“那有妻子的，要像没有妻子；哀哭的，要像不哀哭；快乐的，要像不快乐；置买的，要像无有所得；用世物的，要像不用世物；因为这世界的样子将要过去了。”——译注

出，在11—12世纪这个重大转折点上，世界终点的问题将会作为时间概念的一个主要侧面来提出，在这个时代某些社会群体中——包括商人——保证了一些末世论异端的复兴，这是千禧至福说的勃发，个人的命运与不自觉的阶级反应同时深深卷入其中。有待于写作历史来阐明约阿欣主义（joachimisme）和其他许多不论对于灵魂还是对于经济地位都具有革命性的运动。在这个时代，《启示录》不是一些不知所从的群体或个人的廉价安慰，而是那些被压迫群体和那些饥饿的人们的希望、食粮。圣约翰《启示录》中的骑马者，我们知道有四个：他们中三人代表着俗世的“伤口”、灾祸——饥饿、瘟疫、战争——但第一位骑者勇猛地出发去取得胜利。如果对于圣约翰来说，这位骑者就是圣言的传道者，那么对于中世纪的群众来说，他就是朝向尘世与彼岸双重胜利的向导[11]。

51 卸去了千禧至福说的这种过度重压，这种圣经里的时间被传给了那些正统派教徒，那是12世纪初的事。时间被安置在永恒之

11　关于千禧年说，雷·C.佩特里：《基督教末世说与社会思想：对于公元1500年的基督教末世说一些有选择侧面的社会意义的历史简论》，1956，仍然是有理论意义的。还可以参阅E.瓦尔德施泰因：《末世论思想集合：敌基督、世界的安息、世界末日和世界历史》，1896，还有托马索·马尔文达：《论敌基督》，罗马，1604，第3版，1647。戈登·莱夫曾将历史学家的问题（《寻找千禧年》，见《过去与现在》，1958，p. 89—95）与诺曼·柯恩的抽象著作对立起来，即《寻找千禧年》，1957，法译本《启示录的狂想》，巴黎，1962。——中世纪异端与社会各阶层之间的关系，众人意见不一。各社会侧面的重要性被P.伊拉里诺·达米拉诺降到最低，《西欧11世纪民间诸异端》（由G.B.波利纳编辑，第2卷，1947，p. 48—101）。还有A.博斯特：《纯洁派》，1953。相反方向上：G.沃尔佩：《意大利中世纪社会中的宗教运动和异端教派》，1922，还有马克思主义的解释，N.西多拉瓦：《11—12世纪法国民间各异端运动》（俄文），刊载于《中世纪》，1953。E.维尔纳：《11世纪修道院改革的社会基础》，1955，卷3，p. 333及以下。有启发性的论文，夏尔·P.布吕：《奥克语区纯洁派异端的社会学》，见《异端的精神性：纯洁派》，第1卷，R.内利主编。

中，它是永恒的片断。如同人们所言，“对于中世纪基督徒而言……感觉自己存在便是感觉自己活着，感觉自己活着便是感觉自己不变，便是感觉不到自我的更迭，而是感觉自己生命持续下去……其走向虚无的倾向（habitudo ad nihil）通过一种相反的倾向得到补偿，这是一种走向宇宙第一因的倾向（habitudo ad causam primam）”。并且这种时间是线性的，它有一个方向，一个指向，它是朝向上帝的。“时间最终将基督徒带向上帝那里去[12]。”

“12世纪的这次大断裂，是影响到欧洲社会演进的一个最深层的断裂[13]”，现在还不是时候在此处提及其复杂性和前后关联，它的前后关联是多重的。经济的加速发展是关键性的，当我们重新说到商人的时候将会被提到。现在让我们仅仅看一下精神结构的动摇如何在思想的传统形式中打开了裂缝：由此，与一些新的经济与社会处境联系在一起的那些精神需求将被引入并产生反响。

无疑罗马帝国的消失、西方的蛮族化以及加洛林帝国和之后奥托神圣罗马帝国的最低层次的复辟曾经引起过对历史的思考——基督教义被嵌入一次历史演进中，这一演进虽然对于其信徒而言是由上天所主宰的，是朝向人类救赎发展的，但为了自我阐明它却不得不借助那些第二因、结构因或影响因来解释。不幸的是，就对于历史的思考来说，那些奥古斯丁式的解释在早期中世纪中已经贫瘠和走样。在圣奥古斯丁那里，历史的时间，如果我们借用亨利·马鲁的一个恰当的词，它保留着一种“双重性”，人们处在

12　G.普莱：《关于人类时间的研究》，1949。

13　M.布洛赫在《经济与社会史年鉴》中所言，1936，p.582。

永恒的框架中并且从属于上天的行动，他们是在其中掌握自己的命运和人类的命运[14]。但是，如同伯恩海姆与阿基埃尔主教大人
52 所指出的[15]，《上帝之城》（*De Civitate Dei*）的主要思想中的历史分析在神学阐发中有所反响，但是伴随着从杰拉斯教皇到格列高利大教皇，到安克马尔大主教的政治上的奥古斯丁主义，这些思想被清空了历史性。教会在 9 世纪与 11 世纪间陷入封建社会之中，封建社会使对历史的思考停滞不前，似乎停止了历史时间，或者说是将它等同于教会史。在 12 世纪，红胡子腓特烈大帝的叔叔弗赖辛的奥托仍然这样写道："从那时（君士坦丁）起，鉴于所有人，甚至皇帝们，除了几个例外都是天主教徒，我觉得我写作的不是两座城市的历史，而是在写作唯一一座城市的历史，我叫它作教会。"封建社会对历史的另一种否定就是史诗、武功歌，对一些历史元素的使用只是为了在一种超越时间的理想中剥除它们的所有历史性[16]。

14 H.I.马鲁：《圣奥古斯丁思想中历史时间的双重性》，1950。关于圣奥古斯丁思想中的时间，参见文集《大师奥古斯丁》（*Augustinus Magister*），国际奥古斯丁大会，巴黎，1954 年 9 月 21—24，3 卷，1955：J.谢吕伊《上帝之城与圣奥古斯丁思想中的时间结构》，p. 923—931；圣本笃祝福会 R.吉莱《圣奥古斯丁思想中的时间与示范说教》，p. 933—941；J.于博《圣奥古斯丁与循环论危机》，p. 943—950。

15 E.伯恩海姆：《中世纪时间观对政治与史学的影响》，1918；H.X.阿基埃尔：《政治的奥古斯丁主义》，1934。

16 参见 P.鲁塞：《封建时代的历史观》，刊于《哈尔芬纪念文集》，p. 623—633。"时长、准确的概念是封建时代的人们所缺乏的"（p. 629）；"这种对过去的兴趣和这种将时代固定下来的需要伴随着一种无视时间的愿望"（p. 630）；"在十字军东征的发端，同样的感情爆发出来；骑士们想要在消灭时间和空间的同时打击基督的刽子手们"（p. 631）。作者回应 M.布洛赫，他揭示出在封建时代的"一种广泛的对时间的漠视"（《封建社会》，卷 1，p. 119）。——关于弗赖津的奥托，参见 H.M.克林肯贝格：《弗赖津的奥托的编年史的意义》，刊载于《关于中世纪与现代：献给格哈特·库伦 70 岁诞辰》，1957，63—76。

舍尼神甫刚刚明白地揭示出在12世纪基督教思想关于时间和历史的那些传统框架是如何被强烈动摇的[17]。

无疑那些城市中的学院在此处只起到次要作用,舍尼神甫指出“学院教师几乎不使用《上帝之城》中有关历史的重要文字,而这却是那些修道院中的作者们进行思考的东西”。

无疑《旧约》仍然主宰着精神,它用犹太教概念的双重障碍来 53
反对一种温和的时间观,即犹太教概念中一种凝固不动的永恒观和一种象征体系,这一象征体系变成系统化的研究和解释方法,它超越新旧约的对照关系,使得时间与历史全部的具体现实消失于无形[18]。

但是,在薄弱的基础上,历史学随着圣维克多的于格重新出发了,他在其《教育书》(*Didascalicon*)* 中给了“历史”(historia)较大的位置。按照他的定义,“历史便是讲述一系列建功立业的事情”(historia est rerum gestarum narratio),这只是借用塞维利亚的伊西多罗的定义,伊西多罗自己也是向那些拉丁语法学家、维吉尔的评论者借用的。但是,它是通过“叙事的系列”表达的,它是

17 M.-D. 舍尼:《历史意识与神学》,刊载于《中世纪教理与文学历史档案》,1954,p. 107—133;重新收录于《12世纪的神学》,1957,p. 62—89。我们还有回顾E. 吉尔森《中世纪哲学的精神》,第2版,1948,第19章《中世纪与历史》,p. 365—382。关于12世纪的两位“历史学家”,参见R. 戴利《彼得·科迈斯特:历史的大师》,刊载于《镜》,1957, p. 62—72和H. 沃尔特《奥德里克斯·维塔利斯:对克吕尼维新教团历史编纂的贡献》,1955。

18 M.-D. 舍尼:同前书,p. 210—220:《中世纪神学中的旧约》。B. 斯莫利的著作《中世纪的圣经研究》,1940,第2版,1952是奠基性的。12世纪基督教思想中的象征体系这方面有M.M. 戴维做了介绍,《论罗曼民族的象征体系》,1955,突现了12世纪神学最传统的侧面。

* 一本引人入门世俗与神圣学科的教材,百科全书式的著作。——译者

"一个系列，一个有组织的系列，一种前后关联的延续，其中的联系有着一种意义，那正是历史的可理解性的内容；历史并非柏拉图所说的理念的系列，而是上帝在人类时间中主动作为的系列，是那些拯救人类的事件的系列[19]"。

这种历史学向古人——并且向圣经——借鉴关于各个时代的理论，时代的分期对于多数书写历史的教士来说再现了创世纪的那六天——这是另一个事件，12 世纪的神学家们以之为基础来束缚思考，对此进行考察会让我们离题太远。但是人类已经进入第六个时代，这构成了问题：在通常进行的与人类生命六个阶段的类比中，这是老年的时代。然而有那么多人，那么多教士却在 12 世纪的时候感觉自己是"现代的"。"现代在延展，似乎并未临近结束，如何将之纳入其中[20]？"分类法是确定秩序和前后关联的可能性的工具，这种历史的视角已经成为人们关心与探寻的一个主题。

同样，这样的想法产生了，即历史是由转移构成的。各文明的历史是一系列的"转移"（translationes）。对于"转移"（translatio）这一概念，有两个侧面是人们非常熟悉的：有这样的理论，在智识上，科学从雅典传到罗马，然后到法国，最后到巴黎，在这里从那些
54 城市学院中将诞生出大学：即阿尔昆在加洛林时代[21]已经认为能够觉察到的"知识的转移"（translatio studii）——而现在，历史学家们更加普遍地认为正亲临一种文明从东方向西方的运动。各国

19　M.-D. 舍尼：同前书，p. 66—67。

20　同前书，p. 76。

21　参见 E. 吉尔森：《思想与文学》，p. 183 及以下，和 P. 勒努奇：《中世纪欧洲人文主义的冒险》，p. 138 及以下，法国到意大利的"知识转移"。

初生的民族主义会令这种转移停留在某个特定国家:弗赖辛的奥托让它停在日耳曼人的帝国,奥尔德里克·维塔利斯让它停留在诺曼人那里,在14世纪理查德·德·伯里让它停留在英国[22]。所有这些所谓解释(从斯本格勒到汤因比,我们这个世纪看到过其他的例子)是意味深长的。不管怎样,它们确保时间意义与空间意义的联系,这是比初看起来更具革命性的新颖之处,对于商人而言其重要性是巨大的。

一种实证政治经济学的雏形通过索尔兹伯里的约翰的《波利克拉替库斯》(*Polycraticus*)得以确立:“他使人预感到演变……它将要求自然形式、精神方法、社会法则的自主……他超越‘君主之镜鉴’的道德论来开展一种权力的科学,是在一个被设想为客观对象的国家里,是在超过封建效忠关系的职能基础之上的一种行政体系中的[23]。”这是说明问题的事实:在他对国家的有机论的设想中,他赋予国家乡村劳动者与各种手艺人来作为支撑它整个躯体并使它能够行走的双脚[24]。

二

那么商人呢?他成为一个进行复杂且广泛行动的人物,在汉萨同盟内,更有甚者在地中海地区内,那里由意大利商人主宰,他

22 M.-D. 舍尼:前引书,p. 79—80。

23 同前,p. 86。

24 见 H. 利贝舒茨:《索尔兹伯里的约翰的生活与作品中的中世纪人文主义》,1950。

们的技术变得精确，他们触手伸到的地方从马可波罗所去的中国到布鲁日和伦敦，他们在那里定居或者设立代理人[25]。

55 同农民一样，最初商人在其职业活动中也屈服于气象学的天时，屈服于气候的循环，屈服于坏天气和自然灾害的不可预测。在长时间中，在这一领域只有向自然和上帝的秩序屈服的必然性，作为行动手段的只有祈祷和那些迷信做法。但是，当一个商业网络组织起来，时间便成为计量的对象。从一个地方到另一个地方的一次海上或陆上旅行的时长，价格的问题，价格在同一次商业行动中或涨或落，如果流程复杂便幅度更大，从而增加或者减少利润，对于商人同时也是提供工作的人而言所有这一切都让他更多关注，工匠或工人的劳动时间便成为越来越精确的规范化的对象。打制金币的恢复，货币种类的增多，这种复本位货币制与真实钱币的多样以及开始出现的币值波动造成的兑换操作的复杂化，波动不仅是由金钱交易过程的多变性造成，也已经成为最早的货币“浮动”，也就是说最早的通货膨胀措施和更为罕见的通货紧缩措施——对货币领域的这一拓宽要求一种被更好地计量的时间[26]。在钱币兑换商贵族接替早期中世纪铸造货币的贵族的时刻，兑换领域预示着交易所的时间，在交易所的时间中分分秒秒都会成就和毁掉财富。

25　关于中世纪商人，整体的把握见 Y. 勒努阿尔：《中世纪的意大利商人》，1949；A. 萨波利：《中世纪意大利商人》，1952；J. 勒高夫：《中世纪的商人和银行家》，1956。

26　关于中世纪货币问题，见 M. 布洛赫：《欧洲货币史提纲》（遗著，1954）；C. M. 奇波拉：《5—17 世纪地中海世界的货币、价格与文明》，1956。T. 蔡尔比：《经济史会计史料中实际货币与记账货币》，1955；R. S. 洛佩兹：《700 年前：13 世纪西方回归黄金》，1955。

合作章程同那些纯粹商业的文献——会计账目、旅行报告、贸易操作[27]，以及那些汇票[28]，它们在香槟省的市集开始传播，那些市集在12—13世纪成为国际贸易的“票据结算所”[29]——一起，一切都显示出正确计量时间对于商业的良好运行越来越重要。 56

对于商人而言，技术环境将一种新的可计量的时间，即设定方向的且可预测的时间叠加在自然环境的永远重新开始且永远无法预测的时间之上。

这里有一段能说明问题的文字[30]。阿图瓦省王家总督在1355年准许里斯河畔埃尔的人们建造一个钟塔，上面的钟为商业交易和织毯工人的工作报时。为一些职业目的来使用一种新的时间计量在其中被明白指出。这是某个阶级的工具，“因为所述城市是由呢绒业控制的”，这是把握心态结构及其物质表现的演变如何深刻渗透在阶级斗争机制之中的机会，市镇时钟是管理市镇的商人们进行经济、社会和政治统治的一种工具。而为了服务于他们，出现了一种严格计量时间的必要性，因为在呢绒业中“多数按日工作的工人——纺织业的无产阶级——应当在固定钟点上下班”。这是劳动组织的开端，是对泰勒工作制的遥远预告，乔治·弗里德

27　见J.默弗莱：《在现代初期供贸易商使用的指南和专论》，刊载于《现当代历史研究》，卷5，1953。

28　见R.德·罗佛：《汇票的演变》，1953。

29　见R.H.博捷：《香槟省的市集：对于一种历史演进的研究》，刊载于《让·博丹学会文集：市集》，1953，p. 97—147。

30　由J.鲁耶发表，《埃尔钟塔两口钟历史一览：市镇钟与葡萄钟》，附件1，p. 253—254；G.埃斯皮纳斯和H.皮雷纳：《弗兰德斯呢绒业历史相关资料集》，卷1，1906，p. 5—6。

曼指出泰勒制是怎样的阶级工具[31]。而“地狱般的节奏”也已露出雏形。

开始被理性化的这种时间同时也在被世俗化。教会的具体的时间，更多出于实践的必要，而非一些神学的理由，虽然这些神学理由是基础性的，它是从古代文明那里采用的，是教士们的时间，由那些宗教日课划分节奏，由钟声宣告，必要时用日晷来指示，它是不准确的和多变的，有时是用那些粗糙的漏壶来计量的。对这种教会的时间，商人与手工业者代之以更准确计量的时间，可以使用于世俗的和非宗教的劳作，那就是钟表的时间。面对教堂钟楼而到处矗立起的这些时钟，它们是城镇崛起运动在时间方面的伟大革命。城市的时间比用土气的大钟计量的乡村的纯朴时间更加
57 复杂和精细，在 13 世纪初加尔兰德的约翰给我们对这些钟作了异想天开的却有启示性的词源解释：“钟的名字来源于居住在乡下的农民，如果没有钟他们就不知道什么时辰了”(Campane dicuntur a rusticis qui habitant in campo，qui nescient judicare horas nisi per campanas)[32]。

31　G.弗里德曼：《弗里德里克·温斯洛·泰勒：一位工程师的乐观》，刊载于《经济与社会史年鉴》，1935，p. 584—602。

32　关于时间计量和钟表，刘易斯·芒福德的想法是值得关注的，但在引用的时候需要提供更准确的信息，《技术与文明》，1934，法译本，1950，p. 22 及以下；Y.勒努阿尔的数值有出色的概览，见前引书，p. 190—192.但我们还要记得，同样在这一领域一些决定性的进步只是从 16 世纪开始才发生的。但是 A.P.厄舍却在相反意义上有所夸大，称：“16 世纪之前钟表的历史很大程度上是对主要是实验性的成就的记录”，见《机械发明史》，第 2 版，1954， p. 304。见 A.C.克龙比：《从奥古斯丁到伽利略：科学史。公元 400—1650》，第 2 版，1957，p. 150—151， 183，186—187。——广泛意义的文献，为了资料工作，让我们记住 F.A.B.沃德：《时间计量》，1937，以及为了解闷，F.勒里

同样重要的变化是：商人在开发空间的同时发现时间的价值，对于他而言最重要的时间长度就是路程的时长。然而，对于基督教传统而言，时间并非“一种与空间互为表里的东西，也不是思想的一种形式上的条件”。我们将重新审视基督教神学家们遇到的这一困难，正是在这个时代——12—13 世纪——亚里士多德思想的引入将向他们提出时间与空间关系的问题。

中世纪的商人征服时间，同时征服空间，这是值得引起艺术史和艺术社会学研究者更多注意的地方。皮埃尔·弗朗卡斯泰尔在一本已经成为经典的书里揭示了绘画与社会的联系，说明在怎样的技术、经济和社会压力下，一种“造型艺术空间”得以被摧毁[33]。与透视法同时，中世纪绘画发现了画幅中的时间。前几个世纪曾将不同元素表现在同一平面，所遵照的观念是从对时间与空间的役使中阐发的，排除景深与先后次序。身材的差异只表达社会地位和宗教地位的等级。人们不顾时间上的切分，将连续的时间阶 58
段叠加在一起，其整体构成一个不受时间左右的故事，它从其开端到各个阶段都是由上帝的意志决定的。从此后，透视法即使只是一种新的图解化，即使它意味着一种视觉，并非是“自然”的而是符合对一只抽象眼睛的设定，透视法却反映出一种科学经验的结果，

奥内的值得关注的普及作品《时间》，1959。加尔兰德的约翰的句子时从他的《词典》中抽出的，热罗出版，p. 590。——我们知道那些心理学家强调时间和空间概念由儿童伴随在一起习得的（J.皮亚杰：《儿童时间概念的发展》，1946，p. 181—203；P.弗雷斯：《时间的心理学》，1957，p. 277—299；Ph.马尔里厄：《儿童时间建构的社会侧面》，见《心理学刊》，1956，p. 315—332）。

33 P.弗朗卡斯泰尔：《绘画与社会：一个造型艺术空间的诞生与毁灭，从文艺复兴到立体主义》，1951。

是对于空间的实际知识的表达，在这个空间里人与物是被人的活动依次所及的——按照数量上可测量的阶段。同样，画家将他的画布或者壁画缩小到一个孤立时刻的时间单位，专注于瞬间性（至少后来的摄影将它凝固下来），而时间，也许可以说是传奇故事的时间，被放进系列壁画，正是由商业贵族赞助的佛罗伦萨绘画在这方面表现出最辉煌的进步。肖像获胜了，它不再是被一些象征物、一些将上帝指定给他的位置和地位物质化的符号所代表的某个人物的抽象形象，而是使得个体从时间中，从具体的空间时间关系中得到把握，不再是从其永恒本质来把握，而是从其短暂的存在中来把握，艺术在其新职能中的目的正是让这短暂的存在不朽。但是同样，后来的时代仍然如此，有多少追寻、犹豫、妥协、惬意的狂想，如同在保罗·乌切洛的作品乌尔比诺的《圣体饼的奇迹》中那样，对祭坛底边组画空间的独特处理同时为画家提供了切分叙述时间的机会，既保留了故事的延续又保持了各片断的统一[34]。

商人的时间即可计量的甚至于被机械化的时间，但同时也是断续的，是被一些停顿、一些死亡时刻切分的，受到加速与减速影响的时间——减速经常与技术的落后和自然因素的重要影响有关：下雨或者干旱，平静或者风暴对于价格有着重大影响。时间的这种可塑性，它并不排除付款限期的不可变更，赢利与损失，盈余或赤字的额度都定位在其中；商人的智慧、机智、经验、狡猾在这中间起着作用。

34　关于戏剧表现与乌切洛的绘画，见 P. 弗朗卡斯泰尔：《由乌切洛所画的一出巴黎神秘剧：乌尔比诺的圣体饼奇迹》，刊载于《考古学报》，1952，p. 180—191。

三 59

那么教会的时间呢？基督徒商人将它保留为自己存在的另一重天地。他以职业方式在其中行动的时间并不是他以宗教方式在其中生活的时间。从灵魂得救的角度看，他满足于接受教会的教导和指示。从一个世界到另一个世界，双方的交集只是外部接触。商人从他的获利中抽取年贡金给上帝，以此来资助慈善事业。作为持久的存在，他知道正在将他带向上帝与永恒而去的时间也可能停顿、跌落、加速。教会的时间是罪过的时间和恩典的时间。是复活之前的在俗世中死亡的时间。有时它通过在某个修道院中归隐来提早离开俗世，有时而且更常见的是它在人们受到这种始终令人恐惧的去往彼世的威胁的时候，屡屡见到弥补罪过、慈善功德、虔诚捐赠的行为[35]。

所以在自然界的时间、职业的时间、超自然的时间之间，既有本质上的分隔也有偶然的相交。洪水变成有理智的投机的内容，不公正的财富开启天堂的大门。因而必须从中世纪商人的心理中消除对伪善的怀疑。同样对于他来说在从不同角度追求的那些目的都分别地具有合理性：即从获利的角度和灵魂得救的角度。正是这种分隔本身使人们能够为了生意的成功来向上帝祈祷。因而，

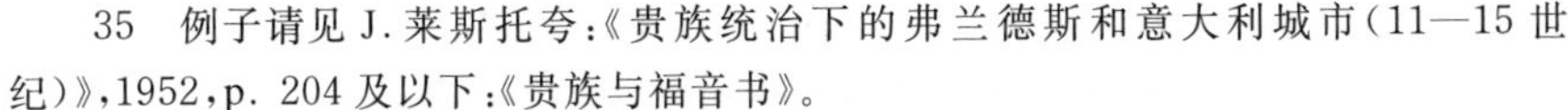

35　例子请见J.莱斯托夸：《贵族统治下的弗兰德斯和意大利城市（11—15世纪）》，1952，p. 204及以下：《贵族与福音书》。

在16世纪以及后来，新教徒商人们从圣经中获得滋养，尤其关注旧约的教益，他们将继续乐于将上天的意图与自己财富的繁荣混为一谈，不过他们是在一个大家已经习惯于将两者区分开来的世界里[36]。

60 莫里斯·哈布瓦赫在数页精辟的文字中[37]，肯定说在一个社会中有多少分离的群体便有多少集体时间，否认一种统一的时间能够强加于所有群体，将个人的时间简化为仅仅是在意识中的各种集体时间的交点。我们衷心期待一种详尽的调查去揭示出在有时间存在的俗世所有时代中的某个历史上既定的社会中在那些客观结构与精神架构之间的，在集体冒险与个人命运之间的相互作用。从而，历史的实质本身将开始得到阐明，人们作为历史学家的猎物将能在他们存在的轨迹中复活[38]。现在让我们满足于在这一相互作用内部勾勒出中世纪商人的活动。

习惯于在“一些某种程度上是彼此叠加的时限中”行动的商人[39]，还不习惯于通过对自己思想与行为的合理化或者一种内省分析来让自己协调一致，让自己感觉或者想要自己成为一致的统一体。教会正是通过忏悔的演变为他开辟一种意识统一的道路；通过发展一种教理上的合法化和对于高利贷的一种神学-道德思

36　我们也了解最近对于细节的研究使人们对马克斯·韦伯《新教伦理与资本主义精神》(1920)和R.H.托尼《宗教与资本主义的兴起》(1926)的经典命题做出一些细分并大为修改。

37　《集体记忆与时间》，刊载于《国际社会学手册》，1947，p. 3—31。

38　R.芒德鲁提醒我们(《年鉴》，1960，p. 172)面对最近的哲学家们一些不太考虑具体历史的著作历史学家们的苛求和M.布洛赫曾经的提议。

39　G.布莱：前引书，p. VI，引述邓斯·司各特的《问题论丛》，p. 12。

考而让他的行为获得前后一致性。

西方人精神结构中这一决定性转变是在12世纪开始的。正是阿贝拉尔通过一种既定形式将以外部惩罚赎罪为中心转向内心的忏悔，通过对动机的分析向人开启了现代心理学的领域。但却是13世纪赋予这一运动一种不可抗拒的力量。同时，那些托钵僧教团在非洲和亚洲发现了传教空间——商人已经在同样的地方找到拓宽自己活动的天地——和向人类意识开拓的前线。对中世纪早期的悔罪规条，这些外倾性的以惩罚的代价为基础的教士修行方法，他们代之以忏悔师手册，这些内倾性的传道工具，倾向寻求罪孽与救赎的内心格局，它们本身是定位于具体职业与社会情境中的。对于他们来说，魔鬼较少以七宗大罪的样子出现，而更多采用不计其数的冒犯上帝的形式，分别是由职业和群体的环境促成 61
的。随着他们的到来，对于商人来说不再有脱身之计：灵魂得救的时间与生意的时间会合于个人生活与集体生活的统一之中。

我们没有能力从细节上审视在这一情势下辗转而来的希腊思想的贡献如何影响到研究时间问题的一种新手段的形成[40]。阿拉伯语抄本对希腊思想起到关键的传递作用。

舍尼神甫出色地揭示出从12世纪始在柏拉图主义和已经出现的亚里士多德主义之外，希腊神学如何随着大马士革的约翰带给西方神学一次重大的震荡[41]。

40　除了关于哲学与科学史的那些概括性论述之外，关于阿拉伯人的作用可参阅A.米耶利：《科学史概览》，卷2，《伊斯兰世界与中世纪基督教的西方》，1946；和F.凡·施滕贝格亨：《亚里士多德在西方》，1956。关于一个具体问题：E.威德曼《关于伊斯兰文化区域的时辰》，1915。

41　M.-D.舍尼：前引书，第12和13章：《希腊与东方神学的进入》，p. 274—322。

我们提醒一点，传统上人们将古希腊的时间概念与基督教的时间概念对立起来。引用O.卡尔曼的话，“因为希腊人不是将时间设想为一条直线，上苍行动的领域无法从整体上成为历史，而只是个人的命运。历史不服从于一个‘终点’(télos)。为了满足自己觉悟与解脱的需要，只能求助于一种神秘主义，时间在其中是不存在的，这种神秘主义借助于一些空间概念得到表述”[42]。我们知道文艺复兴时代还有尼采(让我们举这位现代的受希腊影响的思想家为例)重新发现了循环的时间、永恒的回归的这重古希腊意义——或者说是赫拉克里特的时间，或者甚至于柏拉图的时间，即“纯粹运动性的时间”。让我们只记取亚里士多德对于时间的著名定义：“时间是运动之数”，这句话被圣托马斯借用，但有些人认为是用作不同意义上，因为“从潜能走到行动必然没有任何时间性的东西”。这一对立在我们看来应该已经减弱了。无疑，如同艾蒂安·吉尔森明白指出的，“在上帝之外且没有上帝而持续着的亚里
62 士多德的永恒世界里，基督教哲学引入了本质与存在的区别[43]”。就像我们不确定伯格森有理由指责亚里士多德将运动“物化”，不确定笛卡尔嘲笑的是亚里士多德对运动的定义，因为他们只是根据对后期的经院哲学进行丑化的一些东西来做出判断的，我们也不确定圣托马斯不忠实于亚里士多德，在运动中看到“某种存在方式”，同时恢复了时间的偶然却可计量的可塑性和时间根本

42　O.卡尔曼：前引书，p. 36；见L.拉贝托尼埃：《基督教现实主义和希腊理想主义》，1904和J.吉东：《柏罗丁与奥古斯丁思想中的时间与永恒》，1933。

43　E.吉尔森：《中世纪哲学的精神》，第2版，1948，p. 66。见第4章开始处：《存在及其偶然性》，p. 63及以下。

的本质。

不管怎样,此中存在着理论的基础——神学的、形而上学的和科学的基础——让教会的时间与那些在俗世中、在历史中而首先是在他们职业中行动的人的时间有相交之处。

即使一位方济各会的修士,如同我们在卷首引用的那位作者,不用给出理论上的理由他也明白人们无法接受“时间不可以被出售”的传统的看法。13世纪所有的忏悔实践及其教理建设都在寻求对商人的活动的真正的合理化解释——同时努力将之封闭在一种规范的限度之内,在这种规范中宗教往往已经变质为决疑论的道德,另外努力将商人的活动维持在一种必须遵从的传统的框架内。因而,在遇到两难抉择的时候和遇到那些轻微却具体而典型的问题的时候,旧约和犹太教思想的恒定不变的时间粉碎了。对所有那些冠以高利贷之名的东西的谴责趋缓,一些明显世俗特征的东西[44]重新得到宽容——“需要审视商人们由于在合适时机出售货品而面对的而且经常遇到的责难”(“consideranda sunt dampna quibus mercatores se exponent et que frequenter occurunt ex hoc quod vendunt ad tempus”)——斋戒、禁欲、礼拜日休息的时间不再是明显的命令,而是面对职业必要而根据精神要求提出的一些建议[45]。

44 见G.勒布拉的文章《天主教神学词典中的“高利贷”》,卷15,第2部分,1950,2336—2372栏;B.N.纳尔逊:《高利贷的概念:从部落兄弟会到普遍的他人业务》,1949和前面引用的小约翰·T.努南的著作。

45 约安内斯·安德雷埃(1270—1348),博洛尼亚大学教会法教授,在他的论著《论法律的规定》(*De regulis Juris*)的“罪行”(Peccatum)条目12(引文见小约翰·T.努南前引书,p. 66),称支持时间不能出售的论据是“无意义的”,因为许多合同包含时限,

63 等到基督教神学对时间的传统概念的破产，它将会在14—15世纪将13世纪神学家、经学家和道德论者在托钵僧教团重要影响下开始建立起的这一新的平衡随之打破——是在实践技术的新的社会与经济处境所强加的对“工匠人”(homo faber)概念更宽泛的重新审视中——这一问题超出我们的谈论范围。

在那些司各特主义者和奥康姆主义者那里，时间被抛入无所不能的上帝的不可预知的决定的领域。在那些神秘主义者那里，在埃克哈特大师和约翰·陶勒那里[46]，任何时间长度都被混同在同一个运动中，在这一运动中每个造物都“被剥夺了得到属于他自己的时间的能力”。

这也正是从这里戈登·莱夫[47]看出14世纪经院哲学如何助长了后来15—16世纪文艺复兴的爆发：那既是放纵又是解放。被解放并且成为暴君，文艺复兴的人——占据足够的经济、政治或知识强势的人——他顺应命运女神的法力(virtu)来使用她，随着她的意愿他可以去任何他想去的地方。他是自己的时间的主人就像他拥有其他东西一样。只有死亡是他的极限，但对死亡的把握——活着的人努力在被它摄去之前把握死亡——是通过一种崭新的视角，在这一视角下死亡终点变成思考的起点，尸体的分解引发时间的意义，就像在一些新分析中，透过那些“死亡艺术”(artes

却不能说它们意味着出售时间。商业运作的机制在此后被学者们更好地了解，并从纯粹技术角度得到把握。

46　M.德·冈迪亚克：《约翰·陶勒的精神教学法中的时间价值》，1955。

47　戈登·莱夫：《14世纪与经院哲学的衰落》，刊载于《过去与现在》，第9期，1956年4月，p. 30—41。同一作者：《布拉德沃丁与白拉奇教派信仰者们》，1957。

moriendi 指墓葬艺术——译者)和那些法国意大利人文主义者的思想,阿尔贝托·泰南蒂刚刚指出的那样[48]。

这样一来商人在今后——在一个无须经济结构被根本改变,数量上的飞跃拓展领域并扩大行动的时代——可以使用并滥用时间。商人仍旧是基督徒,今后他只能以一种精神扭曲和一些实践
上的花招为代价来避免在他生意的时间与宗教的时间之间的那些 64
强烈的碰撞——因为教会固守那些旧规定,即使是它在本质上向初生的资本主义让步而且自身渗透其中的时候。

四

这篇文章力图促进对这一段历史的深入研究。在这段历史所引起许多问题中,我觉得探究 13 世纪向 14 世纪转折时期那些学者的著作对时间概念的发展可能有怎样的影响非常重要。关于这一点,以默顿学院学派领军的英国学派没有道出其奥秘,同样巴黎大学那些讲授古典的教师也没有做到,对于他们我们只能瞥见奥特库的尼古拉、米尔库的约翰、让·布里丹、尼高勒·奥雷斯姆以及最近才由孔布修道院长发掘出的那位里帕的约翰[49]他们背后耸动的人群,这些人本身也不太为人所知。在这一圈子中,对亚里士多德物理学与形而上学的批判,同时还有数学思辨和具体科学研究,应当催生对于时间及空间的一些新看法。人们大体上知道运

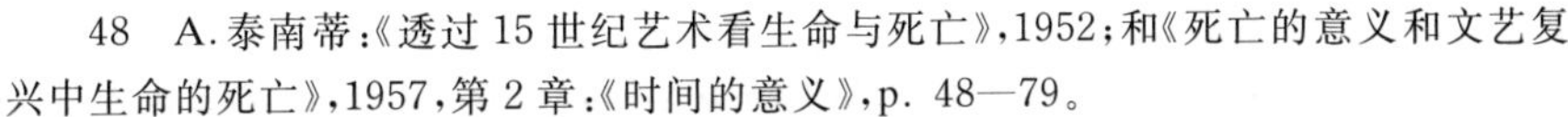

48 A.泰南蒂:《透过 15 世纪艺术看生命与死亡》,1952;和《死亡的意义和文艺复兴中生命的死亡》,1957,第 2 章:《时间的意义》,p. 48—79。

49 A.孔布:《里帕的约翰的结论》,校勘本带有引论和注解,1956。

动学由于对匀加速运动的研究而得以转变[50]。难道这不足以让人怀疑，随着运动，时间被从一种新的视角来把握？早在阿拉伯人那里，科学领域与哲学领域相结合的研究通过重新探讨从古代文化原子论者那里继承来的关于非延续性的关键概念，已经更新了时间的观念[51]。

在中世纪衰落时牛津和巴黎大学教师的那些讲授与热那亚、
65 威尼斯、卢卑克那些商人的经营之间也许有着一种比人们所认为的更为紧密的联系，无疑比他们自己所认为的更为紧密。也许是在他们的共同作用下，时间破碎了，商人的时间从圣经的时间中解放出来，教会无法将圣经的时间维持在其根本的矛盾双重性之中。

50　既A.C.克龙比：前引书，第2版，1957，p. 414—416之后的书目，请参看M.克拉格特、A.科伊雷、A.梅尔、C.米哈尔斯基的著作。加上G.博茹昂的研究及他在《科学通史》中的提纲，卷1《古代与中世纪科学》，R.塔东主编，1957。关于这一潮流的起源见H.夏皮罗：《威廉·奥卡姆认为的运动、时间和位置》，刊载于《方济各会研究》，1956。

51　S.皮内斯：《关于伊斯兰原子论的教益》，1936；同一作者《理论的穆斯林先驱》，刊载于《古代》(*Archeion*)，1938。

14 世纪“危机”中的劳动的时间：从中世纪时间向现代时间的过渡[1] 66

处在古老环城之内的佛罗伦萨，
从那旧城之上，曾经震响第三时和第九时的钟声，
那时的佛罗伦萨还曾是和平、简朴和廉政。

（但丁：《神曲》，《天堂篇》，第 15 首，97—99 行）

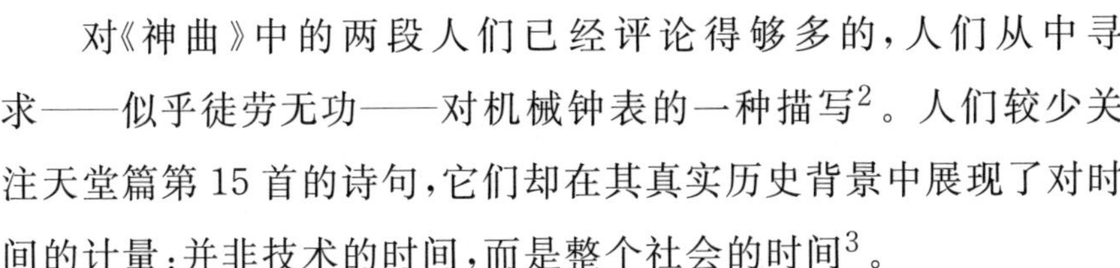

对《神曲》中的两段人们已经评论得够多的，人们从中寻求——似乎徒劳无功——对机械钟表的一种描写[2]。人们较少关注天堂篇第 15 首的诗句，它们却在其真实历史背景中展现了对时间的计量：并非技术的时间，而是整个社会的时间[3]。

1　这篇文章在圣托马斯学会一次《中世纪人所经历的时间》讨论会中进行的一次发言的提纲。我感谢尊敬的于贝尔神父准许我在此处发表，感谢所有那些在讨论期间对我提出宝贵意见的人，特别是德·孔唐松神父、博杰、博茹昂、迪费伊、格莱尼松、勒菲弗先生。关于从中世纪时间向现代时间的过渡，见最近的研究，S. 施特林-米肖：《中世纪时间问题的几个侧面》，刊载于《通史瑞士研究》，卷 17，1959；勒高夫：《在中世纪：教会的时间和商人的时间》，见前文，p. 46；Ph. 沃尔夫：《中世纪的时间及其计量》，前引书，1962。

2　《神曲》《天堂篇》，第 10 首和第 24 首。

3　不管怎样，仍请参见 E. M. 卡萨利尼，OSM：《1286—1289 年间佛罗伦萨的经济条件》，刊载于《OSM 历史研究》，1960。

通过加齐亚吉达之口，但丁这位“行动时间的歌颂者”（拉丁文 laudator temporis acti）[4]将过去敲响第三时和第九时标志着佛罗
67 伦萨工作日的开始与结束的11—12世纪“旧城”（意大利文 mura vecchie）上的巴迪亚古钟[5]，变成对一个时代、一个社会——从其经济、社会、精神结构中——的象征、表述本身。

然而，从1284年起在“新城墙”（mura nuove）内变化与膨胀的佛罗伦萨城里，古老的钟，这来自一个垂死世界的声音，将把说话权交给一个新的声音——1354年的钟表。从前者到后者，究竟是什么在发生改变呢？

70年前古斯塔夫·比尔芬格在一本具有开拓意义的著作中[6]指出技术史无力独自解释中世纪时间向现代时间的过渡：“除了技术史的视角，还必须重视社会史、文化史的视角。因为这一过渡不仅仅是从古代时辰向现代钟点的过渡，而且也是从教会对时间的分割向一种世俗的时间分割的过渡[7]。”

那么在世俗社会中究竟是哪个阶层需要这种改变？这一改变是根本性的，因为伴随着时间框架和节奏的转变，是整个社会在蜕变。

古斯塔夫·比尔芬格已经给了答案：那就是城市社会。我只是想通过几点意见，通过回顾一些事实与文献，在此引起大家去注

4 关于但丁的反潮流性，见H.巴伦：《佛罗伦萨早期文艺复兴的社会学解释》，刊载于《南大西洋季刊》，卷38，p. 432。

5 见《神曲》，由托马索·卡西尼出版和评论，第5版，1907，p. 682。

6 《中世纪的时辰和现代的小时：关于文化史的论文》，1892。

7 同前书，p. 142。

意那些主要需求中的一个，那些需求在 14 世纪促使城市社会改变了时间计量，即时间本身：这个需求就是适应经济发展的必要性，更确切地说是适应城市劳动条件的必要性。

在中世纪西欧，劳动时间的单位就是白日，最初是乡村劳动的“日”，同样可以在计量术语中找到——劳作一天的（journal）土地——，仿照于此，城市劳动的“日”是通过参照一年中不断变化的即从日出到日落的自然时间，它被宗教的时间在大体上加以强调，即宗教典仪时间（horae canonicae），是向古罗马借鉴的[8]。

在这一背景中，围绕劳动时间很少有冲突，除了一个特别点： 68
即夜间劳动。在这一自然和乡村背景中，夜间劳动是一种城市异端，通常受到禁令与罚款制裁的。尽管这一问题的复杂性，但如同贡纳尔・米克维茨所认识的那样[9]，这也是马尔萨斯主义的行会体系的一个侧面。

大致说来，劳动时间就是一种仍然被农耕节奏主宰的经济的时间，它是不紧不慢的，不考虑准确性，不担忧生产率——属于一个同它如出一辙的社会，**有节制而且有廉耻**，没有多大胃口，不太苛求，不太有能力在数目字上做出努力。

也许有唯一一个发展，是极少被人注意到的。人们注意到，从 10 世纪到 13 世纪末，白昼时辰顺序的一个元素在演变：即第九时

8 关于教会时间与农民时间的联系，我们提醒大家加尔兰德的约翰在 13 世纪初给出的异想天开的词源（《词典》，热罗出版，p. 590）：*Campane dicuntur a rusticis qui habitant in campo, qui nescient judicare horas nisi per campanas*［“钟的名字来源于居住在乡下的农民，如果没有钟他们就不知道什么时辰了”］。

9 《行会的卡特尔垄断功能和行会产生时的意义》，刊载于《芬兰科学学会文化人文评论》，VIII，3，1946，p. 88—90。

(none)，它最初是处于我们当今的午后 2 时前后，它慢慢向前推而最终确定在正午前后[10]。人们曾认为这一变化是由于修道院僧侣们的某种舞弊行为，一天从黎明前便开始，他们不耐烦等那么迟才到进食和休息的时刻。故而巧妙地将第九时提前或许是修道院制衰败的一个侧面。我认为这一解释并没有文献来证实，在我看来是过于随意的。虽然据我所知没有更多文献证明，但另一种假设似乎更加合理。第九时，这也是城镇工地上的劳动者中间休息的时间，工地是服从于教会钟声所指时间的[11]。基于此，可以想见一种更为真实可信的压力，它通过第九时的迁移来创造一种重要的对劳动时间的进一步细分：即半日，它将在 14 世纪得以确立[12]。

然而，从 13 世纪末开始，这种劳动的时间受到质疑，陷入危机。有夜间劳动的冲击，工作日的定义、计量、实践上的严酷，还有围绕着工作时长的社会冲突。因此 14 世纪的整体危机在这一领域中显现出来——跨越一些严重的适应期困难取得整体的进
69 步[13]。如同其他方面，劳动时间在转变，在明确，变得更加有效，却也不无困难。

奇怪的是，首先我们看到工人们自己要求延长工作日。这实际上是增加工资的手段，也许我们今天会说是主动请求加班。

1315 年 1 月阿拉斯城的一则法令很好说明了这一点，在法令

10 英文的中午 noon 便由此而来。

11 见 E.M.卡萨利尼，前引书。

12 见 D.努普和 G.P.琼斯：《中世纪的泥瓦工》，1949，p. 117。

13 我不相信 14 世纪是一种绝对的衰退。参见 E.A.科斯敏斯基：《能够将 14 和 15 世纪看作欧洲经济衰退的时代吗？》，刊载于《纪念阿尔曼多·萨波里研究论文集》，卷 1，1957。

中我们看到有一个织毯师傅与制毡雇工的混合委员会满足雇工们的要求,这些雇工希望更长的工作日和更高的工资[14]。

无疑这里给出了这种要求的一个技术上的理由:即增加织物的重量和幅宽。但是人们可以合理地推测,这中间普遍地存在着工人们为补救工资危机所要求的一种最初的权宜之计——工资危机无疑是与最初的货币变革所产生的价格上涨与真实工资的减少联系在一起的。因此,我们看到国王美男子菲利普批准夜间劳动,他的法令在 1322 年 1 月 19 日由巴黎市长吉勒·阿坎重申并批准[15]。

但是很快便出现一种相反的要求。老板们——提供工作的人——面对危机,他们一方实际上在寻求更直接地规定工作日,与工人们在这一方面的舞弊行为进行斗争。于是比尔芬格早已发现的这些工作钟增多起来[16]。对于这些工作钟(*Werkglocken*)我们回顾其中几个例子。

1324 年在根特,圣皮埃尔修道院的院长准许制毡匠用他们在圣约翰郊区靠近霍依泊特之处新建的济贫院里的一座钟报时[17]。

1335 年 4 月 24 日在亚眠市,菲利普六世满足市长和市政官们的请求,他们向他要求让他们制定一个法令,规定这座城市和郊区的工人在允许工作的日子在早晨什么时候上工,什么时候应该

14　G.埃斯皮纳斯和 H.皮雷纳:《弗兰德斯呢绒工业史相关史料集》,卷 1,1906,p. 200。

15　R.德·莱斯皮纳斯《巴黎的手工业和行会》,1886,第一部分,p. 1。

16　前引书,p. 163—164。

17　G.埃斯皮纳斯和 H.皮雷纳:前引书,卷 2,p. 411—412。

去吃饭，什么时候应该在饭后返回工作；同样在晚上，什么时候他们应该放下一天的活计；另外通过他们制定的这个法令，他们可以
70 敲响他们让人挂在这座城市钟塔上的一口钟，这口钟与其他钟有所区别……[18]

同年即1355年末，亚眠市的大法官准许市长所愿，新钟的钟声用于对三个呢绒行业的一种新的管理——如一份调查所显示，这已经存在于杜埃、圣奥迈尔、蒙特勒伊和阿博韦尔——因为旧有的对于劳动钟点的法令已遭败坏[19]。

1335年8月15日，在里斯河畔埃尔，阿图瓦伯爵领地的总督让·德·皮基尼准许市长、法官和城市团体建造一座钟塔，有一口专门的钟服务于呢绒业和其他按日工作的工人必须在某些钟点上工下工的行业……[20]

我们的研究当然并非穷尽所有资料的，但却足以指明工作日长度的问题在纺织行业尤其尖锐，在这个行业中危机更为显著，工资在成本和老板利润中所占份额很大。因而中世纪经济中这一领先行业面对危机的脆弱性[21]使之成为劳动组织的某种进步的首选领域。

关于埃尔的那段文字说得很清楚，解释了新钟的必要性，因为

18　《第三等级的历史的未出版文献集》，卷1，由A.蒂埃里出版，1850，p. 456—457。

19　G.埃斯皮纳斯和H.皮雷纳，前引书，卷2，p.230—233。

20　同前，卷1，p. 6。

21　我在此只想到纺织工业在中世纪经济组织的某些精细技术的进步中所起的作用。像某些人那样将此作为中世纪经济飞跃的推动力，我觉得这是夸大其词的。中世纪经济的起飞(take off)在两个基础行业产生——并非领先的：即土地与建筑。

这座城市是被呢绒业主导的……反过来这证实：在呢绒业没有主导地位的地方，人们看不到工作钟出现。法涅在谈到巴黎的时候已经指出过这一点[22]。

因此，至少在那些呢绒业城市，一种新的时间在城市中得到加强，即呢绒商人们的时间。因为这种时间便是一个社会阶层占主导的时间。这是新主人们的时间[23]。这是一个群体的时间，它遭 71
遇危机的打击却处于社会地位上升的情势中。

而且这种新的时间很快成为激烈的社会冲突中的关键因素。从此后，工人的罢工（takehans）和情绪波动都是为了让工作钟息声。

1349 年 12 月 6 日在根特，一份市长公告命令织工在一周后回到城里，但允许他们此后可以在他们希望的钟点开始和停止工作[24]。

1367 年 3 月 16 日在泰卢阿纳，教区教长和教士会议不得不许诺给工人、制毡匠和其他机工，让人永远停止敲工人们的钟，为的是不会因为敲响一口此种类型的钟而在城市和教会产生丑闻与冲突[25]。

面对这些反抗，呢绒业资产者通过一些比较严厉的措施来保护工作钟。首先是通过罚款。在根特，1358 与 1362 年之间，那些

22　G. 法涅：《关于 13 和 14 世纪巴黎工业与工厂主阶级的研究》，1877，p. 84。

23　关于度量衡与社会史，请参见 W. 库拉的经典文章《历史计量学与阶级斗争：18 世纪波兰的例子》，载于《纪念阿明托雷·范范尼研究论文集》，1962，卷 5。

24　G. 埃斯皮纳斯和 H. 皮雷纳，前引书，卷 2，p. 471。

25　同前，卷 3，p. 395。

不服从工作钟指令的剪毛工被处以罚款[26]。1361 年在科米纳，所有在晨钟敲响后上工的织工，每人罚款 5 个巴黎苏……但是此处钟所代表的关键问题已经被很好说明了。如果工人们夺取这口钟来作为他们反抗的信号，将会受到最重的处罚：对于那些敲钟来聚众的和那些武装前来的（携棍棒——这是民众的武器——和铠甲）罚以 60 巴黎里弗尔；对那些敲钟来号召反抗国王、市长或者负责这口钟的市政官员的人，处以死刑（将有丧命的危险……）[27]。

在这一世纪末和下世纪初，我们看到工作日长度——并非直接是工资——成为工人斗争的中心内容。

一些众所周知的文献向我们揭示出在那个城市与教区都种植葡萄的时代，一个崭新的工人阶层，一个在城镇与亚城镇环境中特别具有战斗性的阶级[28]即那些按日工作的葡萄农，他们如何反对
72 雇主、领主、教士、资产阶级来支持减短工作日的斗争，这一斗争最终发展到在巴黎高等法院上的一次诉讼[29]。

同样档案文献[30]也向我们证明曾经发生过真正的冲突，1395

26　同前，卷 2，p. 596。

27　《法国诸位国王的法令》，卷 4，p. 209。

28　关于这一阶层的革命作用，见 E. 拉布鲁斯《旧制度末年与大革命初年法国经济的危机》，卷 1，1943，p. 592 及下文。

29　参见爱德华·莫吉：《8 小时工作日与 1383—1393 年议会上桑斯与欧塞尔的葡萄农》，刊载于《历史学刊》卷 145，1924；I. M. 德拉福斯：《社会史纪事：欧塞尔葡萄农（14—15 世纪）》，刊载于《勃艮第年鉴》，1948。

30　对议会法令的参考，引文见 B. 热尔迈：《13—15 世纪巴黎手工业的工资：关于中世纪劳力市场的研究》，巴黎，1968。

年 5 月 12 日巴黎市长的法令为我们预示出这一点:因为……一些手艺人如纺织细麻布毛纺布的人、制毡匠、洗布工、泥瓦匠、粗木工和其他工人及停留在巴黎的人过去与现在都想争取在某些钟点上工和下工,尽管他们是让人按日付工资,而且他们是工作一整天的……市长提醒说工作日是确定在从日出时辰直到日落时辰之间,并在合理的钟点吃饭[31]。

欧塞尔和桑斯的文献,在承认此处我们所面对的是一个特别阶层的同时,使我们能够理解工人在斗争中的目的就是成为自己劳动时间的主人:其实这无疑就是面对老板在这一领域的专制想要得到保护的愿望,但更确切地说是需要在劳动时间之外定义一种休闲时间[32],在规定的有薪酬的工作之外的一种干私活或者打 73
黑工的时间[33]。

对社会时间转型中这种劳动时间的压力还应加以一些限制。

首先这更普遍地说是一种城市时间,符合比劳动组织的需要更为广泛的需要。无疑经济的需求在城市居民所关心问题中有着

31 R.德·莱斯皮纳斯,前引书,p. 52。

32 1393 年 7 月 26 日巴黎议会对欧塞尔做出的裁决宣布:suum opus relinguentesm quidam eorum ad proprias vineas excollendasm alii vero ad tabernas ac ludos palme vel alibi accedunt, residues horis diei ad laborem magis propiciis et habilioribus omnino pervagando[……放下工作,有些种他们自己的葡萄,另一些却去酒馆和赌博或者其他地方,工作日余下时间更乐意和更适合闲逛]引文见爱德华·莫吉,前引书,p. 217。

33 除了前面这段文字,还有查理六世 1383 年 7 月对桑斯下的敕令中:在正午与第九时或者九时左右之间,他们放下工作离开,在太阳落山前的大段时间里去种自己的葡萄或自己的活计,这段时间里他们所做的活儿与他们日间为那些付钱给他们干活的所干的活儿同样多或者更多;而且,在按日工作的时候,他们节省体力,不尽职责,为的是他们在下工后去的地方工作时更有力量和较少疲惫(同前,p. 210)。

重要位置：四下里人们看到出现一口市场钟、一口谷物钟等等[34]。对城市防卫的担心——一口城镇警钟——同样是占首要地位的：宵禁钟（ignitegium）、警戒钟。在被引用的关于1355年埃尔的文字中很清楚地说明市政长官们让人修建的并要求将工作钟安在上面的这座钟塔最初是为了这座城市的警戒哨敲响天亮和天黑，从那里警示由于意外或其他原因可能降临这一城市的危险和危害。

此外，是由市镇告示钟（campana bannalis，campana communitatis，bancloche）召唤市民进行防卫或者管理他们的城市，有时候是用誓言钟（杜拉赫的誓言钟 Eidglocke）或者建议钟（Ratsglocke）来做这件事[35]。

但是工作钟或者说使用市镇钟来为工作服务所带来的新东西，那显然不是一种只以断续和例外的方式得到表现的事件的时间，而是一种规则的标准的时间，是相对于教堂钟声的不可靠的教会时辰埃尔市民所谈到的确切的钟点。这并非是灾难或者节日的

34　G.比尔芬格，前引书，p. 163—164。但是不应总是从一种狭义经济学的意义来解释这些钟的名称。比如J.鲁耶在其研究论文《埃尔钟塔两口钟历史一览：市镇钟与葡萄钟》中曾认为应该可以从第二口钟的命名中看出对假设中的埃尔河地区葡萄种植的指涉。但这仅仅是代替葡萄酒叫卖者的钟，这些叫卖者的吆喝声有时标志着劳动日的结束：比如对于13世纪巴黎的制毡匠来说，在耶稣升天节夜里当叫卖者把葡萄酒带来的时候，他们停止工作，在某些节日前一天，等到最早的叫卖葡萄酒的人来到，他们就停工（《艾蒂安·布瓦洛的手工艺之书》，R.德·莱斯皮纳斯和F.博纳多出版，p. 108—109）。

35　市镇钟的拆毁或禁止，随同其象征意义，可能是对叛乱城市的惩罚，就像对那些被判刑的贵族或个人烧毁房屋或拆毁城堡。这大概就是阿尔萨斯的菲利普在黑斯丁所做的事情：弗兰德斯的菲利普猛烈进攻圣康坦和帕罗纳，长期用围困和追捕来羞辱那里的市民：打掉了黑斯丁市镇的尊严；他把市镇钟运到埃尔，命令将一些人从钟楼推下。（《德阿切里修院的安德烈编年史》，载于《拾荒》，卷2,817）。

时间,而是日常的时间,是框定和限制城市生活的时序网络。

要求工作更好地被计量——在这个量化在行政与精神结构中 74
初露端倪的世纪中[36]——是世俗化进程的一个重要因素,教会钟对时间计量的垄断地位的消除是它的一个主要标志。但是在这里,虽然这一变化有着重要意义,我们不要过于粗暴地将世俗时间与宗教时间加以对立。有时我们看到两种钟的共存,没有冲突也没有敌对。比如在约克郡,1352 到 1370 年间在大教堂的同一个工地上,一口工作钟出现,它免除了教堂的钟调节工作的职能[37]。我们不要忘记教会在此是主导者。修道院系统——我们后面将重新谈到这一点——更是时间安排的重要指导者。那些用罚款来处罚未及时响应市镇钟召唤的市议员、市政官的城市,只不过是在模仿那些惩罚迟到修士的修道院罢了。严厉的科隆班(Colomban)对于祈祷歌的迟到罚以 50 首赞美诗或者责打 50 下。圣本笃要更加宽容些,他只是让犯错者罚站[38]。

另外,工作钟无疑是用绳子即用手来振动的,它并不显示出任何技术革新。而向着确切的钟点的决定性的进步,那显然便是机械的发条擒纵机构的钟表的发明与传播,擒纵机构最终推动了数学意义的小时,即一天的 24 分之一。无疑,正是 14 世纪跨越了这至关重要的阶段。这一发明的原理在 13 世纪末就获得了,14 世纪

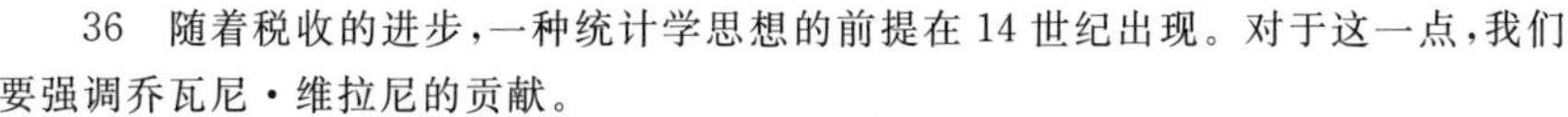

36 随着税收的进步,一种统计学思想的前提在 14 世纪出现。对于这一点,我们要强调乔瓦尼·维拉尼的贡献。

37 见 L.F.萨尔兹曼:《至 1540 年前的英格兰建筑》,1952, p. 61—62。

38 《圣本笃修道院规章》,菲利贝·施密茨修士编辑,1946,第 43 章:《对于出席天主事工或者膳食迟到者的处罚》,p. 64—66。

的第二个25年中看到这一原理运用到市镇钟，其地理范围就是那些大的城市区域：意大利北部、加泰罗尼亚、法国北部、英国南部、弗兰德斯、德国——更为深入的研究或许可以让我们看到陷入危机的纺织业地区与机械钟的传播区域多少是相互覆盖的[39]。正是
75 从诺曼底到伦巴第的区域里，60分钟的小时确立起来，在前工业化时代的黎明期，作为劳动时间的单位小时接替了日[40]。

对于这一点也不应加以夸大。与自然节律、农业活动、宗教实践联系在一起的时间仍然长期是首要的时间框架。文艺复兴时代的人们——不管对此感觉如何——仍继续生活在一种不确定的时间中[41]。未被统一的时间，仍然只是城市时间而非国家时间，相对于各种已经确立的国家体系而言是脱节的，它是一些城市孤岛(monades urbaines)的时间。新时间的起点即时钟零点的多种多样更突出了这一点：这里以正午为零点，那里以午夜为零点，这并不严重，但是往往仍是以日出或日落为起点，前工业化时代的时间仍然难以与自然时间脱离。继15世纪和16世纪许多旅行者之后，蒙田在《意大利游记》中记述从这种时间中产生的迷惑、混乱，它的起点是因各城市而变的[42]。

39　似乎主要划定在两大区域：意大利北部和中部和H.阿曼定义为欧洲西北部纺织工业区的区域(《欧洲西北部纺织工业》，刊载于《汉萨同盟历史学刊》，72，1954)。

40　关于时钟的出现，大家知道，参看书目是很多的。见A.P.厄舍：《机械发明的历史》，第2版，1954。关于布尔日大教堂那座著名时钟，请见E.普勒极为有益的著作《15世纪天文学器具的建造者：让·夫索利》，1963。

41　见R.芒德鲁：《走向现代法国》，1961，p. 95—98。

42　我们知道只有到了19世纪随着工业革命、运输革命(铁路车次和时刻表确立了统一时间)和时区的确立才有时间的统一。随后分钟的时代便很快到来，随后是秒钟、秒表的时代。这种统一时间的一个最初见证：儒勒·凡尔纳的《80天环游世界》(1873)。

然而新的机械直到惠更斯*之前，是脆弱的、多变的、不规律的。新时间有众多失败，市镇钟经常出故障[43]。钟表不仅是日常生活的工具，它还是城市引以为荣的一种神奇之物[44]、一种装饰、一种玩具。钟表更多属于城市装饰、声誉而非实用。

再者，这种新时间主要产生于一个作为提供工作者的资产阶
级的需要，他们面对危机关心更好地计量劳动时间及他们盈利的 76
时间[45]，很快新时间就被那些更强的势力攫取。作为统治工具，对于那些大领主和君主们来说它是消遣之物，但也是权力象征[46]。甚至它可能——在城市环境，首都的环境中——成为政府的有效标志：1370 年查理五世命令巴黎所有的钟都按照王宫的时钟调节，这个钟每小时和每刻钟都报时。因而新时间就变成国家的时间。这位国王是亚里士多德的读者，他驯服了被理性化的时间。

尽管这些变化有各种不完善和局限，14 世纪经历的时序结构的动摇同样也是心态的、精神的动摇。

也许应当从科学本身即经院派的科学中去寻找一种新的时间观念、一种时间的出现，它不再是一种本质而是一种观念形式，为

---

* 克里斯蒂安·惠更斯在 1657 年发明第一部摆钟。——译者

43 见 J. 维埃亚尔：《中世纪末期的加泰罗尼亚钟表和钟表匠》，刊载于《西班牙学刊》，卷 63，1961。但是作者谈到修理时，强调一些专业钟表匠的存在——也就是钟表一定程度的推广。

44 围绕着钟表建造者这些神奇人物的那些传奇，人们怀疑他们与魔鬼签订协定，而他们的科学也同样神秘。比如关于布拉格钟表建造者的传奇。

45 关于精于算计的实践与心态，见 U. 图奇的具启发性的文章《威尼斯资本主义精神的起源：经济的预测》，刊载于《纪念阿明托雷·范范尼研究论文集》，卷 3，1962。

46 从 14 世纪末开始，钟表几乎总是在细密画上表现君主们在宫殿中，尤其是勃艮第的公爵们。见 A. 沙皮伊：《工艺钟表》，1954。

精神服务的,精神按照自己需求来使用它,可以对它进行分割,计量——即一种不连贯的时间。对时间是否可以存在于精神之外这个问题,皮埃尔·奥里奥尔回答说时间仅仅是一种精神中的存在(即一个概念),他明确说:人们同时感知的时间各个部分,除了存在于精神中之外没有任何实证的合于理性的基础,精神洞察同时在行动中的时间的各个部分,并从中设想出接续、先前和在后。奥卡姆重拾亚里士多德的定义——是圣托马斯不曾阐发过的——即时间是运动之数,他强调说这不是按照物来定义,而是按照名来定义[47]。一种新的时间在经院哲学中现形,同时对于运动(impetus)的研究对力学进行着革命,现代的透视法开始打乱人们对事物的看法。钟表的世纪同样是大炮和景深法的世纪。时间与空间对于
77 学者和商人而言在共同发生转变。

这些神秘人物,这些最早出现于莱茵河畔的伟大的神秘人物,他们的时间也许是一种新方法,一种新的直觉的结果,新的直觉赋予灵魂生活一些新的时间维度[48]。现代的虔诚(devotio moderna)是按照苏索* 的《智慧之钟表》(Horologium Sapientiae)的节奏来发展的。

不管怎样,在一种更能为人所企及的,更为中庸的虔诚的层面上,这种动摇是清晰可辨的。关于时间流逝的永恒的古老的主题

47　引文见 A.迈尔:《经院哲学中时间的主观概念》,刊载于《自然哲学》,I,1954(p. 387 和 391)。在心理学层面,随着个人手表——个人意识形成的关键时刻——才会有对时间的真实而深刻的主观化。

48　从 M.德·冈迪亚克的研究中我们可以找到一个出发点,《约翰·陶勒的精神教学法中的时间价值》,1955。

*　即海因里希·佐伊泽,14 世纪多明我会修士,曾师从埃克哈特。——译者

重新出现在基督教中——由于转变为对永远死亡的恐惧[49],变为鼓励人们对世界得救做准备,这一主题在被激化的同时被平息下去。圣伯纳德大概说过没有什么比时间更宝贵,不管怎样这一主题是被他的弟子们重复并传播的[50]。

但是,早在 14 世纪上半叶,这一主题便得到明确,被戏剧化。浪费时间变成一种严重罪过,一种灵性意义的丑闻。一种精于算计的精神,一种吝啬的虔诚发展起来,是按照金钱的模式,是通过对商人的模仿,他们至少在意大利北部已经成为时间的出纳员。这种新精神的最重要的宣传者之一是 14 世纪初走红的一位传道家,比萨的多明我会修士多梅尼科·卡瓦尔卡,他死于 1342 年。在他的《灵性的纪律》中,他用两个章节来谈浪费时间和节省和重视时间的责任[51]。从传统的对于闲暇的思考出发,通过一套商人词汇(对他而言被浪费的时间就是福音书中被浪费的金塔兰[52]——时间就是金钱),他达到了精于计算地使用时间中具有的灵性。浪费时间、不计量时间的无所事事者与禽兽无异,不值得作为人来看重:他几乎陷入这种境地,比禽兽更卑贱(egli si pone in tale stato che e piu vile che quelle delle bestie)。因而产生了一种以精确计算的时间为基础的人文主义。

49 关于中世纪末期的死亡的意义,时间概念波动的这个侧面,有 A.泰南蒂成果卓著的新研究《透过 15 世纪艺术看生命与死亡》,1952 和《死亡的意义和文艺复兴中生命的死亡》,1957。

50 主要文献见《圣伯纳多布道的有关高福里德的演说》还有伊尼的盖里的布道文(PL,185,90)。

51 即第 19 章(p. 127—133)和第 20 章(p. 133—137),由 G.博塔利出版,1838。

52 同前,p. 132。

78 新时间的人，实际就是人文主义者——首先是1400年前后第一代意大利人文主义者——即商人自己或者与商业阶层接近的人——他将生意中的组织移植到生活中，他所依照的时间组织是对修道院时间组织的重要的世俗化。在15世纪初重新校订的《阐明集》(*Elucidarium*)手稿的结尾处，伊夫·勒菲弗找到带有资产阶级人文主义的好基督徒行为与心态特点的一种时间安排[53]。对于劳动时间，它只留取上午——这一切应当在早晨就绪——资产阶级商人与民间的劳动者不同，他只工作半天。饭后(aprez mengier)，是休息的时间(休息一小时 reposer un houre——一个新的时辰!)，消遣的时间，访客的时间。这是富裕人们的休闲与社交生活的时间……。

因此人文主义者的首要德行便是时间感和对时间善加利用。比如加诺奇·马内蒂的传记作者将这种对时间的敏感作为对他的赞誉[54]。

53　Y.勒菲弗:《阐明集与各启明答问书》,1954,p. 279,注解1。早在13世纪末,诺瓦尔的菲利普已经初步描述了与这些非常相近的日常时间安排。见E.法拉尔:《圣路易时代的日常生活》,1938,p. 23—24。(《阐明集》是探讨基督教义为人类带来的光明的,以师生问答形式总括基督教所有神学问题。——译者)

54　Pari racione dicebat, immortalem Deum praecepturum, atque ita, ut homines quot tempora vixissent, ipse Deus computaret quantum in dormiendo spatii, quantum in capiendo cibo ex necessitate posuissent, diligenter consideraturus annos, menses, dies, horas, atque momenta brevia... Ob hanc igitur causam, quod sibi datum erat, ad vivendum tempus ita dispensabat, ut ex eo nihil umquam perdidisse videretur [他有理有据地告诉同伴,不朽上帝的旨意,不论人类存在了多久,上帝自己计算人们花多少时间睡觉,多少时间吃东西,因为食物是必需的,年、月、日、时和短暂瞬间将得到仔细审视。因此由于这个原因,时间本身就是恩赐,上帝分配时间给生活,绝不应浪费](《加诺奇·马内蒂行传》,穆拉托里,20,582)。

更准确地得到计量的时间，小时的时间，钟表的时间——14世纪下半叶的一位人文主义者想要将钟表安置于所有的书房之中[55]——成为人类最首要的工具之一。

时间是上帝的一个恩赐，所以不能出售。中世纪曾用来反对商人的时间禁忌在文艺复兴露出曙光之时被解除了。只属于上帝的时间从今后成了人类的财产。在此必须认真重读莱昂·巴蒂斯塔·阿尔贝蒂的那段著名文字。

> 加诺佐：人类可以说完全属于自己的事物有三：即财富、身体……
>
> 利奥纳尔多：第三个是什么？
>
> 加诺佐：啊！一样绝对珍贵的东西。比这双手和这双眼睛更加属于自己的。
>
> 利奥纳尔多：神了！是什么？
>
> 加诺佐：时间，我亲爱的利奥纳尔多，时间，我的孩 79
> 子们[56]。

从此后，重要的是对生命的新的小时单位的计量：……**绝不要浪费一小时时间**[57]。

人文主义者的首要美德就是节制，对于这种美德从14世纪开

55 见H.巴伦：前引书，p. 437。

56 L.巴蒂斯塔·阿尔贝蒂：《家庭之书》，塞西尔·格雷森出版，《通俗作品》，卷1，1960，p. 168—169。

57 同前，p. 177。

始新的肖像画法便用时钟来表现[58]——从此它便是对任何事物的节制。

58　见 A.沙皮伊，前引书和 H.米歇尔：《智慧之钟和钟表历史》，刊载于《起源》，卷 2，1960。

关于9世纪到12世纪基督教社会中的三等级社会、君权意识形态和经济复苏 80

在9世纪末中世纪著作中出现一个主题，它在11世纪发展起来并在12世纪变成一句套话，它将社会分为三个阶层或等级来加以描绘。按照拉昂的阿达尔贝隆的经典表述，这个三等级社会的三个组成部分是：oratores，bellatores，laboratores，即教士、武士、劳动者。

在此我们并不重视找寻这一图式（schéma）的起源。不论这是各印欧民族中普遍的[1]或者凯尔特人或日耳曼人特有的一种传统描述，还是不论那个社会在其发展的一定阶段上都会出现的一

1　我们知道这是G.杜梅齐尔在诸多著作中所支持的观点。见H.菲吉耶：《40年关于印欧族意识形态的研究：乔治・杜梅齐尔先生的方法》，刊载于《历史与宗教哲学》1965，p 358—374。P.布瓦扬塞：《古罗马宗教的起源：新近的理论与研究》，刊载于《文学信息》，七，1955，p. 100—107，“只怕三分结构在拉丁人的思想如此明显，因为他们从未明白地加以描述”。在9—11世纪，我们同时看到对这一结构的明白表述和一些清晰准确的表达用语（见上文）。更多的印象是两种不同的精神结构的叠加而不是从一种模糊思想向一种清晰思想的演进。应该说一致而平行的两类思想，一方面是“原始”或“野蛮”的，另一方面是“历史性”的？

81 种图式[2]，不论这是以前文明的某个古老主题的复现还是中世纪基督教思想的一种原创，我们重视的东西在其他方面。

直到此前这一主题未见于基督教著作，之所以在 9 至 11 世纪之间出现，那是因为它符合一种新需求。社会的这种概念形象是与一些新的社会和政治结构相关联的。但是同任何概念工具一样，这种图式的目的不仅在于定义、描写、解释一种新形势。它同样是对这个新社会展开行动的一种工具，首先是在最显著的行动的层面，它是一种宣传工具。

我认为三等级社会这一主题的确立与传播应当与君权意识形态的进步和加洛林王朝之后基督教社会各民族君主制的形成联系起来。

为了尝试展开这一假设，我将取三个事例。

人们明确地遇到三等级社会主题的第一篇中世纪文字，是在 9 世纪后四分之一世纪由阿尔弗雷德大帝翻译成盎格鲁-撒克逊语的波爱修斯《哲学的慰藉》(*De Consolatione Philosophiae*)的一段[3]。耐人寻味的是，这段话是阿尔弗雷德原创的对波爱修斯文字

---

2 这是最近瓦西里耶·I.阿巴耶夫支持的观点，《特洛伊木马：一些高加索的平行故事》，刊载于《年鉴》，1963，p. 1041—1070。D.特雷斯蒂克使人注意到《创世记》文字在中世纪文学中队三等级社会这个主题的处理的重要性(《创世记》，9，18—27)，《捷克斯洛伐克历史学刊》，1964，p. 453。诺亚称许闪和雅弗两兄弟对他儿子含所发的诅咒("迦南当受咒诅，必给他弟兄作奴仆的奴仆")被中世纪作者们用来定义两个上层阶级和下属第三等级的关系。但是对这段文字的利用似乎相对较晚，我们在此不作讨论。

3 由 W.J.西德格弗里德出版的《阿尔弗雷德国王古英文版的波爱修斯的〈哲学的慰藉〉》，牛津，1899—1900。我使用了 M.M.迪布瓦的翻译，《中世纪英国文学》，巴黎，1962，p. 19—20。阿尔弗雷德的文字中说国王应当有"gebedmen & fyrdmen & we-

的一段补充。而且这是对理想的国王形象的一种阐发，由阿尔弗雷德所定义的社会三等级被他看作完成君主事业和“用美德和效率”来行使权力的必要的“工具和材料”。而且这段文字可以与阿尔弗雷德为了在王权庇佑下建立起一个牢固和繁荣的国家所做出的实际努力联系起来[4]。

第二个事例要重新联系到法国卡佩王朝的开端。拉昂的阿达 82
尔贝隆的那著名的一段话大概年代在1025—1027年间[5]，虽然它明白列举出三分图式的三个等级，但弗勒里的阿本另一段没有这么明确但时间更早的文字——约995年——可被看作三等级社会这一主题的近似形式[6]，更确切地说是从二分结构向三分结构过渡

orcmen”，“祈祷的人，作战的人和劳动的人”。见J.巴塔尼的具有启发性的文章《从“三职能”到“三等级”？》，刊载于《年鉴》，1963，p. 933—938和F.格劳斯在《捷克斯洛伐克历史学刊》中的文章，1959，p. 205—231。

4 关于阿尔弗雷德，除了F.M.斯滕顿的基础著作《盎格鲁-撒克逊人的英格兰》，牛津，1945，以及B.A.利斯的题目意味深长的著作《阿尔弗雷德大帝：说真话的人，英格兰的缔造者》，纽约，1919，我们还可以参阅更近期的研究，E.达克特：《阿尔弗雷德大帝和他的英国》，1957和P.J.赫尔姆：《阿尔弗雷德大帝，再评价》，1963。

5 我认为这一时间断代是由J.F.勒马里涅以令人信服的方式加以支持的，《卡佩王朝初期的王国政府(987—1108)》，巴黎，1965，p. 79，注解53。我们可以看到这段文字及其译文，G.A.赫克尔《阿巴尔贝隆的讽刺诗》，见巴黎大学文学系丛书，13，1901，还有一份译文见E.波尼翁：《公元千年》，巴黎，1947。

6 文字如下：“Sed his posthabitis, primo de virorum ordine, id est de laicis, dicendum est, quod alii sunt agricole, alii agonistae: et agricolae quidem insudant agriculturae et diversis artibus in opera rusctico, unde sustentatur totius Ecclesiae multitudo; agonistae vero, contenti stipendiis militiae, non se collidunt in utero matris suae, verum omni sagacitate expugnant adversarios sanctae Dei Ecclesiae. Sequitur clericorum ordo...”[然而那些臣服的，首先是普通人即世俗人，也就是说，一些是农人，一些是武人：农民流汗受苦进行耕作和各种乡村的手艺活儿，整个教会由他们供养；武人实际是为了战利品的战士，他们并不是在母亲肚子里就互相争斗，实际上他们明智地战胜

的一个见证[7]。构成社会的两个主要等级，按照基督教文献的一种常套话，即教士与世俗人，后者按照阿本的说法分为两个亚等级，农人的等级——agricolae——和武人的等级——agonistae。无疑不论弗勒里的阿本的《针对奥尔良主教阿尔努尔夫斯向法国国王于格和罗伯特进行的辩护》(*Apologeticus adversus Arnulphum Episcopum Aurelianensem ad Hugonem et Robertum reges Francorum*)，还是拉昂的阿达尔贝隆的《致罗伯特国王的颂歌》(*Carmen ad Robertum regem*)都是应景之作，除了个人利益之外，前者旨在支持依誓约入会修士的地位，后者旨在支持俗间神职，但是两部作品都旨在向某一方保证国王的支持，自然会确定和加强王权意识形态[8]。而且，由于它们的地理位置处于卡佩国王领地的北端
83 和南端，弗勒里修道院同拉昂的主教教堂一样在11世纪在卡佩王朝的确立中，在有利于西法兰克土地(Francia Occidentalis)卡佩王朝的王权意识形态的发展中都起过重要的政治和精神作用[9]。

神圣上帝的教会的敌人。接下来是教士等级……](PL，139，464)。关于阿本，参见P.E.施拉姆：《法国国王：9—16世纪王权的性质》，第二版，达姆施塔特，1960，卷1。A.维迪耶在巴黎文献学院的博士论文在其死后出版，《卢瓦尔河畔圣本笃修院的历史文献与圣本笃圣迹》，巴黎，1965。

7　关于这一过渡，从人类学观点看，列维-斯特劳斯的卓越见解(《结构人类学》，巴黎，1958，第8章《两元对立的组织存在吗》)澄清里村庄的同心圆组织的第三环，即开荒、征服土地、工作场所。

8　阿本针对奥尔良的阿尔努，捍卫修道院的特权。阿达尔贝隆却相反，在对克鲁尼的猛烈抨击中，惋惜修士们对王国政府的控制。

9　关于弗勒里(卢瓦尔河畔的圣本笃修院)在有利于卡佩王朝的法国王权理想的形成中的作用(圣德尼修院从12世纪开始将独自并有效地担负起这一角色)，除了A.维迪耶死后出版的著作(见前文注解)，请参见R.H.博捷为弗勒里的埃尔戈《虔诚者罗伯特国王传》[*Epitoma Vitae Regis Roberti Pii*]的校勘本的引论，巴黎，1965。弗勒里

第三个事例将我们带到 12 世纪罗马基督教世界的东部边界，带到歪嘴波列斯瓦夫的波兰。在写作于 1113—1116 年间的著名的《波兰诸公爵或君主的编年史和功绩》(*Cronica et Gesta Ducum sive Principum Polonorum*)中，被称作匿名高卢人(Gallus Anonymus)的匿名编年史作者在其开篇中描述波兰国家各元素时，将人口分为好战的战士(milites bellicosi)和勤劳的农夫(rustici laboriosi)。同弗勒里的阿本的文字中一样，教士等级被放在一旁，这两个表达指的是两个世俗人等级，应当被看作一种对三等级社会结构的表述[10]。这段文字与阿本的文字在词汇上的差别，而这些词汇与阿达尔贝隆文字中好斗的战士与勤劳的农民这些词汇的相似，比完全相同的表述更好地突出了这三段文字的趋同以及它们与阿尔弗列德大王那段文字的趋同性。远胜于前面的文字，匿名高卢人的文字更多与王权的宣传联系在一起。在启发了这位编年史作者的歪嘴波列斯瓦夫的周围的人确实想让这部作品成为勇敢者波列斯瓦夫(992—1025)统治下的波兰国家的一首颂 84

的文献的刊本的出版已由 R.H.博捷宣告，在国家科研中心的文献历史与研究学院主持下进行，应该可以让人们对这一主题进行更精确的研究。另见 J.F.勒马里涅的重要文章《围绕着 9—13 世纪的法国王权谈起》，载于巴黎文献学院丛书，卷 113，1956，p. 5—36。

10 《波兰历史文献新系列》[*Monumenta Poloniae Historica*, nova series]，卷 2，K.马莱克钦斯基编辑，克拉科夫，1952，p. 8。在其出色著作中(《斯拉夫人国家形成的经济基础》[*Podstawy gospodarcze formowania sie panstw slowianskich*]，华沙，1953，《波兰早期封建国家的经济问题》，载于《波兰史刊》，3，1960，p. 7—32 和《早期中世纪的皮雅斯特王朝》["Dynastia Piastow we wczesnym sredniowieczu"]，载于《波兰国家的起源》，K.提米尼耶基编辑，卷 1，波兹南，1962)中，H.洛夫米亚斯基强调这种划分，并给出其社会经济的意义："高卢人的定义：好斗的战士，勤劳的农夫包含着对于社会分为消费者和生产者的可观事实的一种思考，从编年史作者所想来看并不是有意的思考。"(《波兰史刊》，前引书，p. 2)。

歌，并成为在波兰复辟君主的权力和尊严的一种宣传工具[11]。

因此，不论这些努力是否成功，这三篇文字表明从9世纪末到12世纪初，从罗马基督教世界的一端到另一端，三等级社会结构要与某些俗世的和教会的群体为了从意识形态上巩固各民族君权的形成所做出的努力联系起来。

为了尝试着理解这一主题如何能够为君权的和民族的理想服务，必须首先尝试明确出有哪些社会和精神现实与这一结构的三个等级相对应，特别是哪些现实与第三等级对应，我觉得第三等级赋予这一结构最独特最有意义的特征。

描述后两个等级的特征并不是很困难，虽然指出每个等级的内在定义中或者它们与包含于这一结构之内的王权的关系的性质中的某些独特之处也是不无意义的。

教士等级的特征是祈祷，这也许意味着赋予某种首要地位给修道院理想或者说某种修道院制度的理想[12]，但祈祷尤其关系到教士权力的本质属性，它来自于教士通过专司祈祷来获得神灵帮助的专门能力。教士们(oratores)的国王，这位君主以某种方式具

11 参见前注所引用的校勘本K.马拉克钦斯基的引论。M.普莱齐亚：《12世纪历史背景下的高卢人编年史》，克拉科夫，1947。J.阿达姆斯：《高卢人记述的君主制》，华沙，1952。T.格鲁德钦斯基：《对高卢人所作编年史的研究》，载于《历史记录》，1957。J.巴尔达赫：《波兰国家与法律的历史》，华沙，1965，卷1，p. 125—127。B.科比索夫娜：《古代波兰历史学与国家的关系》，载于《波兰国家的起源》，波兹南，1962，卷2，和J.卡尔瓦辛斯卡：《圣徒传记记载中的波兰国家》，出处同前，p. 233—244。D.波拉夫斯卡(《历史概览》，1964)关于匿名高卢人的编年史的威尼斯源头的假设即使得到验证，似乎也不会改变我们的阐释。

12 如果认为是阿达尔贝隆选择或采用oratores这个词，旨在让他的克吕尼派对手们回归到他们唯一的职责即侍奉天主的工作(Opus Dei)，他指责他们过分卷入俗间事务，那就是把我们的解释过度发挥了。

有教士和僧侣的性质和特权[13]，另一方面他与教士等级维系着捍卫教会者与受教会庇护者的双重关系，这是加洛林王朝的教士在 85
9世纪建立起来的[14]。

武士等级或许也并不如初看起来那么容易把握。它的统一、它具体的一致性无疑要比教士等级的统一和一致性更加与现实远离。Milites（武人）这个词从12世纪开始倾向于指称三等级结构中的武士等级，无疑对应着世俗贵族内部骑士阶层的崛起，但却给社会现实与那些企图表述社会现实的主题之间的关系带来更多迷惑而不是澄清。而且从9世纪到12世纪，bellatores（武士）在三等级结构中的出现对应着一个新的贵族阶层的形成[15]，对应着那个军事技术发生深刻转变的时代，对应着在这个新贵族阶层中武士职责的优先地位。至于武士们的国王，他同样首先是位军事首

13 这里并不是要说起那些有治病神力的国王的事迹也不是谈论那位圣徒国王的问题（关于这一主题，见R.福尔兹的文章《关于圣王问题：勃良第王国历史上的健康与生活》，载于《德意志档案》，14，1958和《圣徒传的传统和法兰克人国王圣达格伯特》，载于《中世纪》，五十年纪念刊，1963，p. 17—35和K.戈尔斯基在《年鉴》1966刊上关于中世纪欧洲北部与东部圣王的文章）。关于中世纪君权意识形态，奠基之作是集体论文集《王国：其思想与法律基础》，载于《阅读与研究》，Th.迈尔编辑，3，1956。关于弗勒里的阿本所说的王国在829年巴黎主教会议与奥尔良的乔纳斯的《论王国的体制》的传统中的教会特征，见J.F.勒马里涅，前引书，p. 25—27。

14 见前注。关于对应于经济发展教士等级的统一和11—12世纪将僧侣们纳入这个等级，见G.康斯特布尔的有益见解，《修道院的什一税》，1964，p. 147及以下内容。

15 关于这一新贵族阶级，见L.热尼科（《古法兰西中世纪的贵族》，载于《年鉴》，1961和《古法兰西中世纪的贵族：延续、断裂还是演变？》载于《社会与历史比较研究》，1962），G.杜比（《有待继续的调查：中世纪法国的贵族》载于《历史学刊》，1961）和O.福斯特·德·巴塔利亚（《中世纪欧洲贵族》载于《社会和历史比较研究》，1962）的论述。关于《10与11世纪的王国与贵族》的研讨会由德国历史学会在巴黎组织，1966年4月在班贝克举行。

领，他与武士等级维持着与“封建”国王相同的双重关系，既是这一军事贵族阶级的首领又被置于这一阶级之外并高于这一阶级。

虽然有这种复杂性我们仍可轻易看出三等级社会结构的头两项指的是谁，但第三项就不一样了。这些劳动者（laboratores）是
86 谁呢[16]？如果说如同我们所遇到的 agricolae（农夫）或 rustici（农民）这些对等词所证明的，在我们所审视的这个时代和这些文字写作的那些地区[17]这个词所指的显然是乡村人，但是此处所指称的是怎样的社会整体却是难以确定的。人们通常认为这个词指的是社会的其余成员，那些进行劳动的人的整体，实际上主要就是农民大众。在 10 与 12 世纪之间基督教世界广大区域内所观察到的农民处境相对统一的现象[18]鼓励人们同意这一诠释。确实，从 12 世纪起，无疑在乡村与城市经济和社会演变的双重影响下，第三等级通常包含着劳动力的整体，即我们后来所谓的第一产业。同样，从我们研究的这个时代开始，在某些作者中确实存在着将这种广泛意义赋予 laboratores（劳动者）的倾向[19]。

但我认为，在这一图式的作者们中间，在其最早的使用者与传

16 不需要指出 M. 大卫的那些有益的文章，《11—12 世纪经济更新前的劳动者》载于《纪念皮埃尔·珀托私法历史研究文集》，1959，p. 107—119，《从 12 世纪到 14 世纪末经济更新时的“劳动者”》载于《法国及国外法律史学刊》，1959，p. 174—195 和 295—325。

17 由于一些古老传统的延续和城市萌芽的早熟，在意大利至少意大利北部情况也许不同。对于这样主题，应当参考维罗纳的拉特里乌斯。

18 比如 G. 杜比：《马孔地区 11 和 12 世纪社会》，巴黎，1953，在他看来这种真实的演进在马孔地区在 12 世纪出才完成（p. 245—261），然而在 11 世纪初农民阶级的在教会著作中的统一来自于拉乌尔·格拉贝这样的作者们的无知与蔑视（p. 130—131）。

19 拉昂的阿达尔贝隆便是如此，他用这个词来为捍卫农奴的利益，显然他内心想法是贬斥那些拥有许多农奴的修道士，特别是克吕尼派修道士。

播者中间，这个词有着更为有限的意义，更加明确的意义，可以通过一些经济与社会意义的革新来解释它，这种解释明显改变着 9—12 世纪之间作为民族君权意识形态工具的三等级社会结构的意涵。

至少从 8 世纪末开始，词根 labor（劳作，辛劳）的词族中的词倾向于指称一些乡村劳作的形式，包括着一种对农业开发的重视、改善、质与量的进步的想法。Labor，labores（劳作、活计）更多是指劳动的结果、成果、收益，而不是劳动本身。似乎正是围绕着这一词族凝聚着指称农业进步的词汇，从 9 世纪开始这些进步在许多地区是明显的，不论是通过开垦获得的耕作面积的扩展（labores 可以是 novalia“新垦地”的同义词，是对新开垦的土地征收的什一税）[20]还是技术的改进（耕地的增加、“手段”的改进、肥料的 87

20 最清楚的文字来自 1164 年挪威国家主教会议的一份教谕：Monachi vel clerici communem vitam professi de laboribus et propriis nutrimentis suis episcopis vel quibuslibet personis decimas reddere minime compellentur［“宣布修士或教士靠新垦地和自己食物过集体生活，不被迫向主教或任何人交什一税”］，在大英博物馆手稿 Harley 3405 中对以上 laboribus 一词配有释义：“id est novalibus”［等于新垦地］。这段文字由 J. F. 尼尔迈尔引用，《写在新杜康热词典的边上》，载于《中世纪》，1957，从中可以找到一些很好地得到选择和注解的 labor 的例子用于“农业劳动成果或新开垦土地收益”的意思。作者正确地提到在加洛林王朝敕令中 labor 指称“与继承遗产相对立的所有收益活动的成果”（比如在《萨克森的租地公约》［Capitulatio de partibus Saxoniae］中：ut omnes decimam partem substantiae et laboris suis escclesiis et sacerdotibus donent［“交给教士和神甫全部地产和劳动收获的十分之一作什一税”］，豪克作了很好的解释，《德国教会史》，二，1912，p. 398，将 substantia 译作地产 Grundbesitz，将 labor 译作全部所得 alles Erwerb），laborare 指“通过开垦来获利”（比如 812 年对西班牙人的敕令中“为自己开垦的农场”villas quas ipsi laboraverunt，这可能是光复西班牙战争中的民众契约中与此类似的一系列用法的开端）。同样的词汇可以从一系列向福尔达修道院（8—10 世纪）的捐赠文书中找到。还可以参阅 G. 克尔《Laborare 和 Operari：表示“劳使用、铁制工具的完善——等待着不对称犁铧的推广和马匹的使用的同时[21]）。

因此 laboratores 最终专门指称农业劳动者中那些缔造这一进步并从中受益的人，是一个精英阶层，一种较好的（meliorat）农民，是 10 世纪一段文字很好地下了定义的那些人："那些，最好的，他们是自耕农（laboratores）……[22]"。

88 所以这是一个经济上的精英阶层，它处于 9 到 12 世纪间基督教世界农业飞跃的领导地位，构成三等级结构中的第三等级。三等级图式表达社会的一种神圣的升华的形象，它并不包含全部社会阶层，而只是包含了那些配得上表达那些社会根本价值的阶层：

动"的两个词在拉丁与高卢罗曼语中的使用和重要性的历史》，圣加仑 s. d.（1942）。关于 novalia 和 labor 的意义，另见 G. 康斯特布尔：《修道院的什一税》，p. 236，258，280 和 296—297。

21　关于这一切，可参考 G. 杜比的奠基之作《中世纪西方农村经济与乡村生活》，巴黎，1962。关于加洛林王朝时期农业的进步及其在制度与文化方面的影响，见 H. 斯特恩的出色文章《加洛林王朝和拜占庭帝国关于月份的诗歌和表现》，载于《考古学刊》，1955。

22　这一定义见于 926 年马孔的圣文森特教堂文件集中的一则文书，由 C. 拉居编辑，马孔，1864，501。它被 A. 德莱亚热引用，《11 世纪初之前的勃艮第乡村生活》，马孔，1942，卷 1，p. 249，注解 1 和 M. 大卫：《历史研究》，p. 108。我们知道这个词仍存在于古代法语中（laboureur）指富裕的农民，他拥有耕畜和工具，与那些 manouvrier（雇工）或 brassier（雇农）不同，他们只有自己的双手来劳动。关于 laboureur（自耕农）在中世纪末期的这一意义的用法，见 R. 布特吕什：《一个社会的危机：百年战争期间波尔多地区的领主与农民》，斯特拉斯堡，1947（再版，巴黎，1963），书中有多处，尤其是 p. 95—96。在马孔的圣文森特教堂契约登记簿 476 页 1031—1060 年间一段文字中已经遇到这一意义及其相反含义：illi... qui cum bobus laborant et pauperiores vero qui minibus laborant vel cum fossoribus suis vivant ［"那些用牛耕种的人和更穷的用双手来种田的甚至靠他们的掘地工来生活的人"］，引文见 G. 杜比《马孔地区 11 和 12 世纪社会》，p. 130，注解 1。关于整个 laboratores 的问题，允许我在此仅仅粗略介绍，我将在后面进行更详尽和深入的介绍。

即宗教价值、军事价值以及中世纪基督教社会中新兴的经济价值。中世纪社会在文化与意识形态层面上甚至在劳动领域都仍旧是一个贵族社会。

同样这些“劳动者”(laboratores)的国王也是经济秩序、物质繁荣的领袖和保证者。这尤其是因为他让和平持久，和平是经济进步不可或缺的[23]。三等级结构的意识形态目的就是表达各阶级、各等级间的和谐、相互依赖。三个等级构成每个国家的社会结构，如果相互需要的这三个群体之间的平衡得不到遵守，那么国家就会垮掉。这一平衡只能由一位领袖、一位仲裁者来确保。这位仲裁者，便是国王。使得此后君权变得更加必要的，就是经济的功 89

能列为意识形态价值，即一个经济精英阶层的崛起。教皇-皇帝的二元性从此后受到责难，它对应的是教士-俗人的二元划分，而不

23 见B.特普费尔:《法国教规停战时期的民众和教会》,1951;让·博丹学会论文集，卷14;《和平》,1962和G.杜比的研究《在俗教徒与教规停战》,收入《第三次中世纪研究国际周》(帕索·德拉·曼多拉1965)关于《11和12世纪宗教社会中的在俗教徒》,米兰，1968。传统上王权通过武装的保卫确保繁荣。见G.杜梅齐尔《关于各印欧民族中第三功能的神祇们的武器》,SMSR,28,1957。此处加洛林王朝的传递是重要的。我们虔诚者罗伯特去世时(1031)他的圣徒传作者记述的民间的那些哀歌中还能找到其影响:In cujus morte, heu! Pro dolor! Ingeminatis vocibus adclamatum est :“Rotberto imperante et regente, securi viximus, neminem timuimus[“唉！为谁的死这样的哀伤！大声的叫喊不断增强:‘罗伯特领导和统治时，我们安全的生活，我们不畏惧任何人’”](R.H.博捷可赞美的版本，p. 136)。但是在11世纪，并不是一种被神圣化的繁荣，如同人们在国王的保护中所欢迎的形而上的繁荣，而是一些明确的机构，它们将劳动者、工程、耕畜、工具至于王权的监护之下。如果这一经济精英的代表们出现在国王周围的话，这丝毫不让人惊奇(见J.F.勒马里涅:菲利普一世“周围接待的不仅仅是一些资产者……而且越来越经常接待一些不明人物，他们使人难以明了身份，他们仅仅出现一次:这是些教士或僧侣;或者在俗教徒:身份足够高的种田者，尤其是村镇的市长”,载于《王国政府》,p. 135)。

是灵性与世俗之间的困难的无法实现的区分。

国王们将成为上帝在俗世真正的摄政者。古代神话中的诸神构成三个群体，包含着三个根本的功能[24]。在变成一神教的社会中，君王在其身上集中了三个功能[25]，表述一个三位一体的民族社会的统一。

但是作为三等级图式结构的受益者，中世纪王权同样可能成
90 为牺牲品，如果各阶级间无法消除的斗争的运作将三个阶级转向

24　见杜梅齐尔的朱庇特、玛尔斯、基林努斯系列，关于第三功能在古希腊的某些侧面，见J.P.韦尔南的出色研究《普罗米修斯和技术功能》，载于《心理学刊》，1952，p. 419—429(再版载于《古希腊人的神话与思想》，巴黎，1965，p. 185—195)。我们知道在斯基泰人那里三组象征物对应三个功能：杯、斧、犁和轭。我们倾向于将这一象征体系于中世纪传奇作比较，在斯拉夫人那里这些传奇将犁与皮雅斯特王朝在波兰的建国，与普勒兹米斯里德斯王朝在波希米亚建国联系起来。同样值得关注的是看到经济功能出现在我们所研究时代法国君主圣徒传的宣传中。最重要的文字见于《达戈伯特传》，其中国王应农民们的请求亲手播种，从而产生“谷物的丰收”(frugum abundantia)(MGH，SRM，二，p. 515)。F.格劳斯：《墨洛温王朝的民众、领袖与圣徒》，布拉格，1965，p. 403，格劳斯将这段10世纪末的文字的时代确定为更早，我们可以读R.福尔兹的见解独到的评论，载于《中世纪》，前引文，p. 27，对11世纪后三分之一的评论(同前，p. 29)。这一年代划分巩固了我们的论点。我们不可忘记关于王权传奇性一面的经典之作J.C.弗雷泽：《金枝》1《巫术与国王们的演变》，伦敦，1911和他的《关于早期王国的讲课》，伦敦，1905；法译本《王权的巫术起源》，1920。虽然我们强调这些属于意识形态领域的侧面，这是我们研究的领域，但我们不会忘记应该按照过去实际的情况将它们与所考察现象的经济背景联系起来。比如，不应忘记弗勒里修道院处于巴黎－奥尔良道路的南端，卡佩王朝11和12世纪在那里增加了开垦和新的居民点，马克·布洛赫称此路为“君权的轴心”(《法国乡村史的独特性》，新版，巴黎，1952，p. 16和图2)。

25　在这一点上加洛林王朝的影响很强。H.费希特瑙提到一位加洛林朝诗人的这几句：“唯一一位统治天上，即那发出雷霆者。当然随他之后只有一人统治于地上，只有一个人是所有人的榜样”(《加洛林帝国》，法译本，巴黎，1958，p. 72)。尽管加洛林时代君权意识形态从本质上是仪礼性的，但我们或许能将《加洛林之书》(*Libri Carolini*)中给予皇帝的“最高地位的农夫”(Summus agricola)这一形容词看作这第三功能的一种形式。

反对仲裁者-国王的话。这便是英国国王亨利一世那个噩梦的含义,他在1130年梦见那些劳动者(laboratores),接着那些武士(bellatores),接着那些教士(oratores),他们攻击他,劳动者用他们的工具,武士用武器,教士用他们的符号[26]。而那时那些劳动者不再具有一个与之合作的精英阶级的形象,而是一种敌对的群众、危险阶级的形象。

26 这一噩梦是由编年史作者伍斯特的约翰记述的,在牛津圣体学院手稿中被配以意义明确的细密画插图,157,382—383对开页。可以在J.勒高夫《中世纪西方文明》中找到复制品,巴黎,1964,p. 117—118。

91 中世纪西欧的合法职业与非法职业

任何社会都有自身的社会等级——是其结构与心态的显现。在此我无意勾勒中世纪基督教社会及其各个变形的社会学图式(schéma)[1]。以这种或那种方式，各行业在其中找到自己的位置，这个位置因时代不同而或宽或窄。我的意图是研究各行业在中世纪西欧社会中的等级。高贵的职业、低贱的职业、合法职业、非法职业，这些类别覆盖着一些经济与社会现实——还有心态的现实。这里尤其让我感兴趣的是心态——当然具体的情境与精神中形象之间的关系也不容忽视。无疑心态是在诸社会与文明中改变最缓慢的东西——但是尽管它的抗拒、延迟、滞后，它却能够跟上、适应基础结构的转变。所以这里展现的不是一幅静态图画，而是一种演进，我们将寻找它的激发因素、行动因素、发生模式。在公元千年时遭鄙视的东西却在文艺复兴前夕占据至高地位。跟随着中世纪各行业的命运之轮的运动，这就是本文的意图。

在这些行业中，有些是被无限制地加以禁止的——比如高利贷或卖淫——，另一些行业只在某些情况下才遭到禁止[2]——视乎

1　这是我们将尝试着在一部正在准备中的著作中进行的事情：《中世纪西方劳动的形象》。

2　从格拉蒂安法令开始，即从12世纪中期开始这些情境系统建立起来，在那些受歧视的职业的历史上代表着一个重要阶段，我们稍后将重新回过头来看这个问题。

时机（比如星期日遭禁的所有“卑贱工作”——opera servilia），视 92
乎动机（商业，当它为了牟利——lucri causa——而进行时就被禁止，当它是为了服务邻人或者共同用途就受到允许），视乎人员——主要涉及一些禁止教士从事的活动[3]。但显然在后几种情况下，那些临时被禁止的行业实际上是受歧视的——或者是它们习惯上受到的歧视使它们被列入黑名单，或者相反因为它们在黑名单上，是已被遗忘的歧视的遗存，促使人们出于这唯一原因来歧视它们。在像中世纪西欧社会这样一个宗教的和“教士的”社会中禁止一位教士从事某种职业，这不是对这一职业的一种推荐，而是相反使它失去信任，会波及从事这个职业的在俗教徒。外科医生和公证人以及其他一些职业就曾经体验到这些。

无疑在非法经商（“negotia illicita”）和仅仅是不道德或低贱的职业（“inhonesta mercimonia”[4]不名誉的生意、“actes indecorae”[5]不光彩行为、“vilia officia”[6]低贱职务）之间存在着一些法律或实践上的细微差别。但是两者共同构成我们在此作为心态现实来研究的受歧视职业这个类别。要列出其详尽清单，那可能要列举出几乎所有中世纪职业——这一事实是耐人寻味的[7]——，因

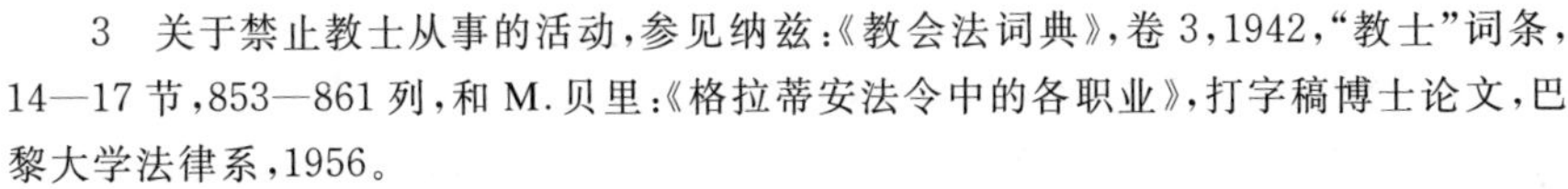

3 关于禁止教士从事的活动，参见纳兹：《教会法词典》，卷3，1942，“教士”词条，14—17节，853—861列，和M.贝里：《格拉蒂安法令中的各职业》，打字稿博士论文，巴黎大学法律系，1956。

4 这是阿拉斯的教区会议章程（约1275年）中的表述，J.莱斯托夸的文章以此为题目《不正当生意》，载于《纪念哈尔芬研究论文集》，1951，p. 411—415。

5 是在纳兹前引书中的用语。

6 这一表述同样见于阿拉斯的章程。同一时代列日的教区会议章程谈到“可耻职业和不名誉的职务”（negotia turpia et official inhonesta）。

7 出处很多，比如圣保罗的文字禁止教士从事所有俗家职业：“凡上帝的士兵不将

为它们随文献、地区、时代而有所不同，有时候会数目增加。让我们举出那些最经常出现的：旅店主、屠夫、江湖艺人、小丑、魔术师、
93 炼金术士、医生、外科医生、士兵[8]、皮条客、妓女、公证人、商人[9]首当其冲。但是制毡匠、织工、马具皮件商、染匠、糕点师、鞋匠[10]；园丁、油漆匠、渔夫、理发匠[11]；执法官、乡警、海关人员、兑换钱币者、裁缝、香水商、卖动物下水者、磨坊主等[12]都榜上有名[13]。

在这些禁令的背景中，我们看到在中世纪思想中非常顽强的一些原始心态的残余：即原始社会的古老禁忌。

首先是血的禁忌。虽然这一禁忌主要针对屠夫和刽子手，但也触及外科医生和理发师或从事放血治疗的药剂师——他们所有人都受到比医生更严酷的对待；最终这一禁忌涉及士兵。西方中世纪这样的嗜血社会似乎在抛洒献血的喜悦与厌恶之间摇摆。

世务缠身”（Nemo militans Deo implicat se negotiis saecularibus）（《保罗达提摩太后书》，二章，4）。

8　士兵列入这一清单可能让人吃惊：中世纪西方社会不是既是“军人的”又是“教士的”吗？关于中世纪的反军国主义，我们后面将重新谈到。

9　关于商人，见 J. 勒高夫：《中世纪的商人和银行家》，巴黎，1956。

10　这些职业与刽子手一起列入 1275 年前后阿拉斯市教区会议章程（见戈斯修士：《阿拉斯地区史》，1783）和 E. 富尼耶《阿拉斯宗教周》中的文章，1910，p. 1149—1153。

11　这些职业列在 1361 年图尔奈主教管区章程第二行（见 E. 德·莫罗：《比利时教会史》，卷 3，1945，p. 588），章程尤其禁止教士从事旅店主、屠夫、小丑、织工职业。

12　我们在 13 世纪后半期列日教区会议章程（见 E. 德·莫罗，前引书，p. 343 和 J. 勒热纳：《列日及其地区》，p. 277）中遇到它们，章程还提到江湖艺人、旅店主、刽子手、淫媒、高利贷者、弩弓手、决斗者、铸币者（?）、铁匠、木工、鞣革工、面包师。在 14 世纪初一份手稿中（Vat. Lat. 2036）中还看到：商人、送信人（?）、厨师、司酒、渔夫。

13　在由查理曼 789 年发布的《公告》（*Admonitio Generalis*）中，我们将看到星期天被禁止的低贱工作的清单（art. 81, ap. Boretius, Capitul. I, p. 61）。

对不洁、肮脏的禁忌落在制毡匠、染匠、厨师身上。对于纺织业工人，对14世纪骚乱中这些“蓝指甲”的歧视，加兰德的约翰在13世纪初向我们指出他们受到同类的敌视，尤其是女性的敌视，她们觉得他们让人恶心[14]。对于厨师与洗衣工的歧视，我们看到它由拉昂的阿达尔贝隆主教在公元千年前后以天真的方式表达出 94
来，他赞扬那些免于低贱劳务的教士，宣布：“他们既不是屠夫，也不是旅店主……他们不知道油腻的锅里烤人的热气……他们也不是洗衣工，不屑于去煮衣物……”[15]。有些让人吃惊，我们在圣托马斯·阿奎那那里又看到这种反感，通过哲学和神学的论证，他最终因为他们与污秽的接触而令人奇怪地将洗餐具者列在职业等级的底层[16]！

金钱的禁忌曾经在生活于自然经济的社会对货币经济入侵的斗争中起过重要作用。这种面对稀有金属钱币的恐慌退却推动着中世纪神学家们对金钱的诅咒——比如圣伯纳德——而且引起对商人们的敌视，他们主要作为高利贷者或货币兑换商而受到批评，通常是被所有金钱使用者批评[17]，比如集中于佣工名称下的所有工薪雇员；这些文字对于代人决斗者尤为严厉，他们代替当事人去

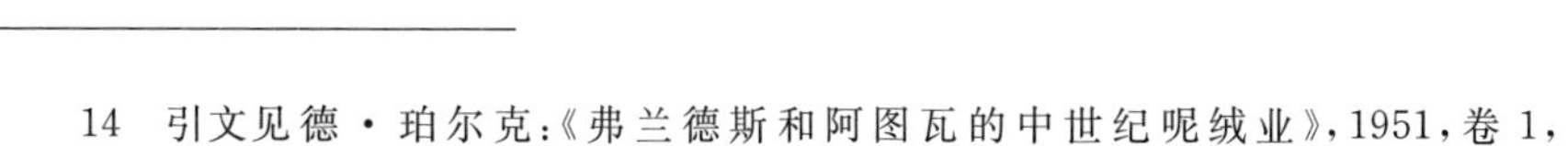

14　引文见德·珀尔克：《弗兰德斯和阿图瓦的中世纪呢绒业》，1951，卷1，p. 316—317。

15　献给罗伯特国王的诗，见E.波尼翁：《公元千年》，1947，p. 225。

16　I Pol. lect. 9。

17　原始心态不能免除矛盾之处。最显著的矛盾是早期中世纪让铸币者称为最有权势最被看重的人。见R.洛佩斯：《中世纪早期的货币贵族》，载*Speculum*，1953。13世纪一部抄本（Ottob. lat. 518）列举5个职业“难以不犯罪过地从事”。除了军事职业，4个职业主要是操弄金钱：会计（“cura rei familiaris”财产的管理）、贸易（“mercatio”）、收税官职业（“procuratio”）和管家的职业（“administration”）。

面对神意裁判，还有那些妓女，她们是可耻盈利（turpe lucrum）的极端例子。

在这一远古的古老的基础上，基督教义又增加了自己的谴责对象。

首先让我们注意，基督教经常用自己新的意识形态来包装这些原始禁忌。军人们遭到谴责，比如《格拉蒂安法令》23论题问题1所做的那样，他们不是直接作为倾洒鲜血者被谴责，而是间接作为“你不可杀人”之诫的违反者而落入圣马太的裁决（《马太福音》，26:52）：“凡动刀的，必死在刀下。”

另外让我们注意，此处基督教义经常依据它在文化和心态上
95 的双重继承：犹太遗产与希腊罗马遗产，在意识形态上是由祖先们原初活动中的道德至上占据主导的。那些非农业的职业很难在这些农人与牧人的后代那里得到垂青，教会经常重提柏拉图与西塞罗们[18]的那些谴责，他们是古代土地贵族的代言者。

但是按照其独特视角，基督教尤其丰富了即拉长了遭禁止或歧视的职业的名单。

因而，那些从事起来很难不堕入七宗大罪中某一宗的职业遭到谴责。

比如好色淫荡成为谴责旅店主和经营浴室者的原因，他们的产业经常名声不好，谴责江湖艺人是因为他们唆使人进行淫荡下

18　普鲁塔克回顾柏拉图对机械技术的蔑视（《马凯洛斯》，14，5—6）。西塞罗在《论责任》（*De Officiis*，1142）中表达他的谴责。在古代心态与中世纪心态之间起传递作用的拉丁教会教父们的文字中，我们注意到圣奥古斯丁，《论修道士的工作》[*De opera monachorum*]，13，*PL*，40，559—560。

流的舞蹈(将之与莎乐美的渎神舞蹈相提并论强调了这一点),谴责开酒店的人是因为他们靠酒、赌博、跳舞这三重受诅咒的感官享乐来生活;甚至纺织女工也遭谴责,她们被指控为卖淫业提供许多临时人员[19],这在部分意义上是真的,如果我们想想她们微薄的工资。

吝啬——即贪婪——岂非正是商人们与法律人士——律师、公证人、法官们——的某种职业性的罪过?

对饕餮的谴责自然导致对厨师的谴责。

骄傲与吝啬不正是加强了对士兵的谴责,他们岂非已经由于流淌的鲜血而被认为是不法之徒?大阿尔伯特提到军人职业的三大危险:“杀死无辜者”、“更高收益的诱惑”、“无谓的炫耀力量”。

懒惰解释了为何将乞丐职业列入——更确切地说是那些健全的乞丐,那些“因为懒惰而不想工作”的人[20]。

更具深意的是那些与基督教义的某些最本质的倾向或教条相 96
对立的职业遭到谴责。

以任何基督徒都应当表现出来的“蔑视俗世”(contemptus mundi)的名义,这些谋求获利的职业遭到打击,司法业者也因此受到谴责,教会经常强调合法的教会法与有害的民法之间的对立[21]。更普遍的是,在基督教义中有着一种倾向,谴责任何职业

19 依据加兰德的约翰的说法,引文见德·珀尔克,前引书。

20 大阿尔伯图斯关于军人职业(militia)的看法和对健全人乞丐的谴责见于几部忏悔师手册,尤其是弗里堡的约翰的《大全》。

21 教皇亚历山大三世(1163 年 5 月 19 日都灵主教会议)禁止入修会教士离开修道院“去教授医学或俗世法律”(ad physicam legesve mundanas legendas),见 Mansi. t. XXI, 1179。教皇洪诺留三世集成的《瞭望》[*Super speculam* 原意为《论警戒》]禁止巴黎大学教授民法,同前,t. XXII, 373。

(negotium)、任何世俗活动,相反偏爱某种闲适(otium),一种对上天怀有信心的无所事事。

人类是上帝的孩子,他们分享他的神性,而身体是一部活的圣体柜。任何玷污身体的东西都是罪过。因而那些淫荡职业——或者所谓如此的职业——尤其受到痛斥。

人们之间——或者不管怎样基督徒之间——的博爱是对高利贷者进行谴责的基础,他们违背基督的教导:“借与别人不期收回”——“因此不要期待任何东西”(inde nihil sperantes)(《路加福音》,6:34—35)。

更深层意义上,人应当按照上帝那样来劳作[22]。而上帝的劳作,便是创世。故而任何不进行创造的职业都是恶劣的或者低等的。必须像农民一样创造丰收,或者至少像手艺人那样将原材料转变成物品。在不能创造的情况下,必须进行转变(mutare)、修改(emendare)、改善(meliorare)[23]。因此不创造任何东西的商人受到谴责。此中有基督教社会的一个主要精神结构,受到前资本主义的体制中盛行的神学与道德的滋养。中世纪意识形态在严格意义上是唯物论的。只有物质生产才是有价值的。由资本主义经济界定的绝对价值超出它的把握,让它厌恶,被它谴责。

草草勾勒出的这幅图景主要适用于中世纪早期。在这个本质
97 上属于乡村的时代,西欧社会几乎普遍蔑视多数那些不直接与土

22　基督教神学对于劳动的这一关键论点(通常是不言而喻的)最近被L.达洛加以阐发,《按照圣约翰·克里索斯托的观点看劳动》,1959。

23　这些明白地出现在几部忏悔师手册中,特别是科巴姆的托马斯的手册中,关于这一点他引用了亚里士多德。

地关联的活动。而且农民的卑微劳动也被加以羞辱，因为这是些低贱的活计（opera servilia），是些星期日禁止从事的低贱事务，因为统治阶级——军事与土地贵族、教士——远离任何体力劳动。无疑一些手工业者——或者说一些艺术家——披上一些特具威望的光环，巫术心态从中以正面的方式得到满足：尤其是金银匠、铁匠、铸剑者……。从数量上看，他们人数很少。对于研究心态的历史学家而言，他们更像是巫师而非匠人。这是在原始社会中奢侈或力量的技术具有的威望……。

然而，在 11 与 13 世纪之间这一背景发生着变化。一次经济与社会革命在基督教西欧发生，城市的飞跃发展是其最显著征兆，而劳动分工是其最重要侧面。许多新行业诞生或者得到发展，许多新的职业类别出现或者丰富，一些新的社会-职业群体由于其数量、作用的重大而要求并赢得尊重乃至于与它们实力相宜的威信。它们想要被人尊重，而且获得成功。歧视的时代已经一去不返。

在对于职业的态度中正在进行一次修正。被禁止或不被尊重的职业的数目在减少，作为从事此前被禁止的此种或彼种职业的借口的理由不断增加。

这次修正的重要知识工具就是经院学派。作为区分方法，它打乱了前经院学派心态的粗糙、善恶两元的、模糊的分类。它是持决疑论（casuistique）的——在 12 和 13 世纪曾是经院哲学的重要长处，后来成为它的重大缺陷——，将按照性质来说（ex natura）本身不合法的职业与那些依据情况、按照情节（ex occasione）来看可加谴责的职业区分开来。

首要的现象便是毫无宽恕的本质上(ex natura)受到谴责的职业的名单缩减到极点,不断在缩小。

比如高利贷,在12世纪中期在格拉蒂安法令中仍然不容辩驳地遭到诅咒,后来却不知不觉地被区分为多种业务,其中越来越多的一些业务将逐渐得到宽容[24]。

98 很快,只有江湖艺人和妓女被排除在基督教社会之外。他们实际上享有的宽容伴随着理论上对他们的纵容,甚至还有合理化解释的企图。

在13世纪,雷根斯堡的贝特霍尔德从基督教社会中抛弃的只有无业游民、流民、“vagi”(流浪汉)的乌合之众。他们构成魔鬼家族(familia diabolis),与之相对的是所有其他职业,所有其他“等级”,这些职业此后被接纳进基督家族(familia Christi)[25]。

因而只有那些出于贪婪(ex cupiditate)、出于对盈利的动机(lucri causa)而行动的商人因不良意图而导致谴责。这就给“良好”意图即所有伪饰行为很大的自由余地。对意图的追究是通向宽容之路的第一步。

除了这些由于动机(ex causa)、由于意图(ex intentione)而进行的谴责之外,还有由于人员、时间或地点原因而进行的禁止。

作为心态改变的征兆,出于人员的原因(ex personna)而对教士进行打击的禁令此后较少作为教士阶层的至上尊严的标志出现,

---

24　见G.勒布拉文章《高利贷》,载于《天主教神学词典》,144—145册,1948和约翰·T.努南:《经院学派对高利贷的分析》,1957。

25　见E.舍恩巴赫:《关于古德意志布道历史的研究》,《皇家科学院历史语文学部会议与报告》,卷154,1907,p. 44。

而更多作为对他们的侮辱出现，是对他们的统治权的一种限制。今后，在医学和民法领域他们让位给世俗人（教皇亚历山大三世1163年禁止入会修士离开修院“去传授医学和世俗法律”（ad physicam legesve mundanas legendas）和从事商业——并非没有引起他们的抗议，这证明这些禁令带给他们的收益的减少，但也是威信的减低。

某些禁令与时间有关：比如禁止夜间劳动，最终是保护这些行业，对仿造进行斗争。

禁令也有地点造成的，禁止在不良场所（ex loci vilitate）从事职业活动，或者相反禁止在教堂里，在崇高场所（ex loci eminen-
tia）从事职业活动，禁令确立了职业场所、专业作坊地位的提升， 99
同样那些对教士的禁令确保了专家们、俗家技术人员的垄断地位。

更为重要的是，辩护的动机、辩解的手段证明一种彻底的演变。

首先存在着——是传统上的，但扩展到更多情况——“必要”，给被迫从事某种职业的穷教士开脱，某几种职业除外，也是给面对下雨的威胁而在星期日抢收的农民开脱。

良好的意图、“recta intentio”（正确的意图）可以为武器制造者辩解，他只想着为了正义事业——为合法用途（ad usum licitum）——的战士提供装备，同样还有那些仅仅为了休闲作为对抗悲伤与忧郁的良药（ad recreationem vel remedium tristitiae vel noxiarum cogitationum）才被设计出来的游戏用品的生产者和商人。因此心理生活的主体化，用对内心倾向的判断代替仅仅考虑外在行为；职业禁忌随着对个人意识的肯定而退却。

另外，两大合理化解释从12世纪末开始得以确立。

第一个理由是对共同利益的考虑——随着公共、城镇或君主的行政管理的增强，这一概念进入首要位置，得到亚里士多德派哲学对它的肯定。因此“人们的需求所必要的那些使用机械的行业如纺织、制衣或类似行业”[26]获得了合法权利。因而，商人的合法性得到证明，多亏了商人那些在一个国家找不到的产品被从国外带来——共同利益的这一特例同样与广泛的“国际”贸易的恢复有关，与一种“世界”经济（“Weltwirtschaft”）的初步形成有关。

第二个理由是劳动，即工作。劳动并没有一直保持为蔑视的理由、劣等的标志，劳动成为业绩。所受的辛劳不仅证明从事某个职业的合理性，而且证明职业获利的合理性。因此教授们、新兴城市学院的教师们得到接纳，这些学校在12世纪繁荣起来的并且变成13世纪的那些大学。这些新的教学者——与修道院经院中的

100 僧侣相反——让人支付自己的授课，是以公共当局的工资、专业教师的薪俸或者更常见的有学生支付的款项的形式。这种知识的薪酬制——壮大了传统上被歧视的“受雇佣者”的阶层——遭遇一种激烈反对，它谴责出售知识，“上帝的恩赐不能出售”[27]。但是很快大学学人便认为自己的报酬可以因他为学生们所提供的劳动而获得合理性——是劳动的薪酬，而不是知识的价格。

我们可以通过三个案例，三个作为例子的职业，来跟踪对于职业活动的新态度的发展。这是三个特别微妙的案例——属于那些

26　一部未出版的忏悔师手册中（Ottob. lat. 518）这个句子可在弗里堡的约翰的《大全》中找到。

27　见G.波斯特等人的《传统》（*Traditio*），1955。

人们继续看作非常“危险”的职业，从事这样的职业很难不犯罪过。

首先是江湖艺人[28]。13 世纪初，我们看到区分了三类江湖艺人：杂技表演者，他们进行一些可耻的身体柔术，毫无廉耻地脱衣服或者披上一些丑恶的装扮；寄生于各个宫廷和大人物周围的，他们满口诽谤言论，四处游荡，没有用处，除了挑拨离间和造谣之外一无是处；乐手们，他们的目的是让听众喜爱。前两类遭到禁止，但是在第三类中人们再次将那些徘徊于公共舞会与酒馆唆使人们放任的与那些唱骑士武功歌和圣徒行传、慰藉悲伤者与焦虑者的加以分别。只有后者才具有合法的活动，但是这种许可是一道敞开的大门，从这扇门所有江湖艺人将巧妙地进入不断扩大的被允许职业的世界。

我们再看看这些新来者是怎样融入“规矩”人的社会的，这种融入不再是神学上的而是实际的：

首先是通过轶事为手段，轶事变成劝谕故事(exemplum)，在 101
布道文和道德教化作品中以套话的形式再次看到它们。比如人们讲述那位就灵魂得救问题询问亚历山大教皇(亚历山大三世)的江湖艺人的故事。教宗问他是否懂得做其他行业，听到艺人否定的回答，教宗让他放心他可以无畏地靠自己的职业生活，只要避免暧

28　这一问题在一些经典作品中得到一些表面化的探讨，朱比纳尔：《江湖艺人与游吟诗人》和法拉尔：《中世纪法国的江湖艺人》。出于为江湖艺人恢复名誉的考虑，我们回顾一下圣母的江湖艺人的主题以及圣方济各和方济各会所起的绰号：“基督的游方艺人”、“上帝的游方艺人”(见奥斯皮修斯・范・科尔斯坦基：《作为基督的江湖艺人的方济各》，载于《圣方济各》，卷 58，1956)。另外我们应注意对进行柔术表演的江湖艺人的谴责与圣伯纳德对古罗马雕塑的某些倾向的谴责结合在一起，但柔术演员却从罗马艺术走到哥特艺术中(特别是彩绘玻璃窗中)。

昧和下流的行为[29]。

商人的案例是最著名的，最富于后果的。对于这个长久遭贬斥的职业，进行开脱，然后加以合理化，最后加以尊重的理由不断增加。有些理由在经院派的言论中成为经典，它们是为人熟知的。它们来自于商人所冒的风险：实际遭受的损失（damnum emergens）、在长期经营中金钱的停滞（lucrum cessans）、偶然性造成的危险（periculum sortis）。比如商业活动的不确定性——不确定原因（ratio incertitudinis）——赋予商人的获利以合理性，甚至说明了他从投入某些操作的钱中赢得利润的合理性，在越来越宽的尺度下，证明了“高利贷”、受诅咒的高利贷的合理性。

但是证明商人的合理性的主要是他的劳动和共同功用。神学家们、经学家们、诗人们达成一致[30]。

科巴姆的托马斯在其13世纪初的忏悔师手册中写道：“如果商人们不将一个地方盛产的东西带到另一个这些东西短缺的地方，那么在许多国家会有很多的贫穷。因而，他们可以名正言顺地得到他们劳动的代价。”

圣托马斯·阿奎那说：“如果以公共利益为目的从事商业，如果想让生存必需品在一个地方不短缺，那么利润不应被视为目的而仅仅是作为他们劳动的报酬来索取。”

在14世纪初，图尔奈的议事司铎吉勒·勒密西在他的《商人的叙事诗》（Dit des Marchands）：

29　我们主要在科巴姆的托马斯的《大全》中见到这则轶事。

30　见J.勒高夫：《中世纪的商人与银行家》，p.77—81。

没有一个国家能自己应对；
因此商人们劳作和辛苦
把缺少的东西运到所有王国；
因此不应无故迫害他们。
因为商人跨越海洋 102
来给各国供货，让它们互相喜爱；
好商人无论如何不会被人责难
而是让人喜爱，称为忠诚正直。

他们在各地扶植慈善与爱心；
因此如果他们致富，人们应当高兴。
真让人怜悯，善良的商人在这世上受穷
但当他们辞世的时候上帝会保佑他们的灵魂。*

甚至我们看到——至少在一段令人吃惊的文字中——对妓女进行合法化的辩解。问题的提出是由于妓女盈利的合法性，妓女是为钱工作者群体中最下贱的等级，传统上是被负面评断，合法性问题在是否能够接受这些“疯女人”的施舍和捐赠的案例中起着实

* 原文中古法语：“Nul pays ne se poet de li seus gouvrener；/ Pour chou vont marchéant travillier et pener/ Chou qui faut ès pays, en tous règnes mener；/ Se ne les doit-on mie sans raison fourmener. / Chou que marchéant vont delà mer, dechà mer/ Pour pourvir les pays, che les font entr'amer；/Pour riensne se feroient boin marchéant blasmer/ Mais ils se font amer，loyal et bon clamer. //Carités et amours par les pays nourriscent；/Pour chou doit on moult goïr s'il enrikiscent. /C'est pités, quant en tière boin marchéant povriscent/ Or en ait Dieus les âmes quant dou siècle partiscent! ” ——译者

际作用。这种案例在 12 世纪末在巴黎突现出来。在建造巴黎圣母院的时候，据说一群妓女要求主教允许她们向圣母捐赠一面玻璃彩绘窗，作为行会捐赠彩绘窗中的一个特例，无论如何这幅彩绘窗应当是排除对这一行业活动的表现的。主教感到为难，咨询左右并最终拒绝了。我们保留下了忏悔师手册的作者之一科巴姆的托马斯发表的意见。然而这位博学的议事司铎的推理是奇怪的。他写道："妓女们应当算作为金钱受雇者。她们实际出租自己的身体并提供一种劳动……由此而来这一世俗公正的原则：身为妓女她的行为不当，但在接受自己劳动的代价的时候她并没有做错，既然她是个妓女。因此，可以对于卖淫感到悔恨，却同时保留下卖淫的收益来进行施舍。如果卖淫是出于愉悦，如果出租身体是为了让身体得到快感，那么便不是在出租自己的劳动，受益与行为同样可耻。同样如果妓女涂香水戴首饰来通过虚假的诱惑吸引人，让购买自己所见的东西的顾客相信一种她并不拥有的美丽和诱惑，在这种情况下这是谎言，那么妓女便由此犯下罪过，她不应当留下她所得到的收益。如果实际上顾客看到她本来的样子，那么他只会给她一个奥波尔，但是因为她显得光彩漂亮，他给她一个德尼，在这种情况下她只应留下一个奥波尔并把余钱还给她欺骗的顾
103 客，或者还给教会或穷人……"因此在 12 世纪末用劳动来证明合理性的权威性已经变得如此之大，以致我们这位作者竟然发展到为卖淫业描绘出一种职业道德。无疑科巴姆的托马斯最后改变了说法，似乎突然想起存在一些强制性理由从本质上（ex natura）谴责卖淫，他消除了他先前推论的可能影响。但是他的推理作为一个极端案例，一种近乎荒诞的推论，向我们显示出一个被禁止的职

业如何可能得到合法性。

此后，把世界当作一片广阔的工地——如同城市的工地上各个职业多种多样互相协作——，每个职业拥有自己的物质上的作用和精神上的价值。任何职业都不是灵魂得救的障碍，各自拥有自己的基督教使命，各自融入这个集中着所有优秀劳动者的“基督家族”(familia Christi)。社会学意义的图式越来越多，将古老与新兴的职业都纳入在内并赋予结构。在这一点上，七艺的传统的框架解体了，迎来崭新的知识与学院的专门化以及——更重要的事实——此前一直遭到歧视的机械技术[31]。索尔兹伯里的约翰重新采用共和国中国家的古老拟人化形象，其中每个职业——包括农民与手工业者——代表着躯体的一个部分，强调各种职业的活动的互补与和谐[32]。洪诺留·奥古斯托杜南西斯将科学变成人类的领地，并画出人类智性与精神的路线图，路上排列着一些城市，每个城市象征一个认知领域和一个行业集合。[33]

对此我们感觉有必要进行更加广泛，更加深入地探究关于各职业的这种心态与行为的根本演变的原因。

我们在各处看到经济的转型显露出来，决定了态度一些多少属于根本性的比较迅速的改变，以社会演进为中介，经济转型尤为 104

31　比如在13世纪罗伯特·基尔德瓦比受到龚迪萨里努斯和阿尔-法拉比的启发将机械技术按照对自由艺术的划分分成三艺与四艺。三艺包括农业、饮食、医学；四艺包括制造、武器生产、建筑和商业(论科学的兴起或划分[*De ortu sive divisione scientiarum*])。自由艺术与机械技术之间的这种类比已经在12世纪出现于圣维克多的于格的《大纲提要》(*Didascalion*，二，20—23栏)中，以古代作者为依据。

32　《波利克拉替库斯》[*Polycraticus*]，六，20栏。

33　《论灵魂的放逐与祖国》[*De animae exsilio et patria*]，*PL*，172，1241及其后内容。关于思想与心态这一重大转变的整体情况，参阅M.D.舍尼《12世纪神学》，1957。

有效率，这解释了合法与非法、受喜爱与受歧视的职业历史的演变。

开始时，一个乡村与军事的社会，自我封闭，由两个阶级占主导：军事与土地贵族、教士，后者同样是大土地拥有者。

那时，一种双重歧视加诸大多数职业。针对农奴工作的这种歧视是继承自对奴隶工作的歧视。“低贱工作”的长长名单加上那些乡村劳动——不管怎样还是享有围绕着乡村世界的那层光环——侮辱着那些卑贱的手工行业。

随后是对于为金钱而受雇佣者这个成员混杂的阶层的歧视，双重组织加诸这个阶层，是（在那个自由与高贵是同一回事的时代）对于丧失自由者的诅咒和对为金钱而劳动者的诅咒。

最终这种歧视涉及整个“laboratories”即劳动者阶级——与上层阶级（“oratores”与“bellatores”，祈祷者与作战者即教士和骑士）对立的下层阶级的乌合之众。

但是在两个统治阶级之间并没有平等。在这个僧侣统治的世界，教士让世俗贵族感到将两者分隔开来的距离。只有教士才是没有污点的。面对世俗领主，教士保持着对于军人职业、对抛洒鲜血者的某种蔑视，某种反军国主义。披着纯洁与天真的外衣，教士揭露那些双手沾满鲜血的人，他们既是同盟者又是竞争者。

然而随着11到13世纪经济的复苏，随着漫长进程中的商业觉醒、城市飞速发展的萌芽，社会景观发生改变。一些新的阶层出现，他们与新的活动相联系：手工匠人、商人、技术人员。这些阶层在物质层面上很快立住脚，他们想战胜对于劳动的偏见，劳动是他们职业的本质，是他们地位的基础。提升地位的各种手段中，让我们仅仅记住对宗教的利用，这是在中世纪世界中任何物质和精神上的提升的必要工具。因此每个行业都有自己的主保圣徒，有时拥有数位主保圣徒，而行会将自己的主保圣人表现为在从事自己的职业或者至少拿着该职业的工具作为职业的象征，歌颂自己的工作，远离歧视，今后对于一个由如此强大可敬的代表所表现的职业歧视变得不合时宜。

在整个基督教世界中这种演变却并不时以相同特征显现出来 105
的。在这里——主要在意大利——新阶层的胜利如此之大，以至于旧贵族阶级迅速采用了暴发户们的一部分生活方式。劳动、经商对于很早就城市化了的意大利贵族而言并非是一种不体面的事情。在12世纪中期弗赖辛的奥托主教陪同他的侄子红胡子腓特烈大帝去意大利时，在那里他吃惊地看到手艺人和商人在那里享有很大的尊敬[34]。如果看到意大利领主们屈尊于一些平民的工作，这位封建王公会说些什么呢？当我们看到4个世纪之后轮到米歇尔·德·蒙田这位自由思想者对经商的意大利贵族感到吃惊[35]，我们可以想象他的愤怒。在其他地方——尤其是法国——贵族对于劳动的敌视通过褫夺贵族身份的行为(dérogeance)这一

34 Ut etiam ad comprimendos vicinos materia non careant, inferioris conditionis iuvenes vel quoslibet contemptiblium etiam mechanicarum atrium opifices, quos ceterae gentes ab honestioribus et liberioribus studiis tamquam pestem propellant, militiae cingulum vel dignitatum gradus assumere non dedignantur ["为了让周围的人不缺少物资，驱使较低等级的年轻人或者任何卑贱的人如做手艺的人，还有其他人对更尊贵更自由的工作像传染病一样避之不及，人们不屑于佩戴军人的腰带或者担任尊贵的职位。"](《腓特烈一世皇帝的功绩》[*Gesta Friderici I Imperatoris*]，载于《日耳曼的编年史作者》[*Scriptores Rerum Germanicarum*]，二，1912，13，p. 116)。

35 见《意大利旅行日记》。

社会与精神现象得到强化和制度化[36]。路易十一世对之无能为力。今后两种蔑视相互对立：即贵族们对劳动者的蔑视、劳动者对于无所事事者的蔑视。

然而，面对祈祷阶级和战争阶级，劳动阶级的这种统一即使曾经存在过，也不曾长久持续。为反对旧有统治阶级而统一起来的这些社会阶层——手工业的底层渗透进城市社会上层取得的社会尊重的缺口，富裕资产者利用劳动群众的影响和力量来对付教会和贵族——很快在精神层面和物质层面上相互分化。一道分界产生，将城市社会上层——为方便起见我们称之为资产者——与下层分开：大商人、钱币兑换商、富人们在一边；小手艺人、伙计、穷人们在另一边。在意大利，比如在佛罗伦萨，反差在制度上得到确立——“大技艺”(arts majeurs)与“小技艺”(arts mineurs)对立，后者成员被排除在市镇公职之外。

106 歧视的新分界建立起来，从新兴阶级的中间划过，甚至各职业的中间划过。新的分界由各行业极端的条块分割助长——1292年在巴黎有130个有规章的行会：18个属于食品业，22个属于金属加工，22个属于纺织和皮革，36个属于服装等等——，这是水平方向的条块划分，但还有垂直方向的条块划分，行业歧视将织工以及制毡匠和染匠弃于纺织业的底层，将补鞋匠置于制鞋匠之下，外科医生和理发师-药剂师置于内科医生之下，医生们变得越来越纸上谈兵，将可鄙的医疗实践抛弃给那些低贱的做实际工作的

36　见拉里涅·德·维尔纳夫：《论褫夺贵族身份的理论》和G.泽勒发表于《年鉴》1946和《社会学国际论丛》1959。

医士。

佛罗伦萨人乔瓦尼·维拉尼是意大利商业大资产阶级的典型代表，他对于各低等行业的弗兰德斯的乌合之众只抱有蔑视[37]。

虽然劳动本身不再是受尊重阶层与受歧视阶层之间的分界线，但体力劳动却构成尊重与歧视的新界限。知识分子们——首先是大学学人——急忙站到有利的一边。“贫穷的”吕特博夫呼喊出“我不是用手劳动的工人”。面对出卖体力的雇工(“manouvrier”，“brassier”*)，贵族与新兴贵族阶层集中了那些不亲手工作的人：工作提供者和食利者。同样，在乡村，领主们变成土地食利者，他们压迫农民，农民被置于比任何时候都更低的地位，处于封建税收与歧视的压迫下。

新的歧视既承载着一些祖辈禁忌的遗存也承载着一些封建偏见。屠夫们属于一种特别情况，他们所有的财富——他们中某些人属于城中最富裕的市民——也无法克服歧视的障碍[38]。他们将是 14 和 15 世纪许多民众反抗的一个领导因素，用他们的金钱支

37 “因这次失败(库特赖，1302)，我大大看低了法兰克人的荣誉、地位和古代高贵勇敢的名声，世界上骑士的精英被打败遭贬低，被他们的手下，被更低贱者，织工、制毡匠、其他低贱的手艺人，被没打过仗的人打败，由于蔑视和他们的怯懦，被世界上所有民族称为满肚子黄油的胆小鬼……”(穆拉托里：《意大利的编年史作者》[*Scriptores Rerum Italicarum*]，13，388)；“在布鲁日从事一些小手艺，就像织工、制毯匠、屠夫、鞋匠……”(同前，382)。“最终在根特兴起一个低贱行业，他加工和出售苹果酒，用苹果做的啤酒，他名叫贾科波·达尔蒂维罗……”(同上，816)。

* 词干分别是 main(手)和 bras(臂)，两个词最初指雇工和短工，他们只有出卖劳力。——译者

38 见 E.佩鲁瓦：《尚邦一家：蒙布里松的屠夫》(约 1220—1314 年)，载于《南方年鉴》，卷 67，1955。

107 持，用他们的怨恨来激励“普通”起义者。卡博什* 始终是这些造反者的典型。

面对这一演变，教会紧跟其后。它最初深陷于封建主阶层并认可他们对各行业的蔑视，随后教会承认各新兴阶层的上升，往往助长这种上升，很早就在庇护商人，提供给这些新社会-职业群体理论和精神的合理化解释，解释他们的社会与心理地位和提升。但是教会也认可贵族与资产阶级的反应。实际上行业问题不属于教会关心的范围。虽然在中世纪期间教会承认并不存在愚蠢的职业，但它与领导阶层过多联系在一起，无法以决定性的方式影响对于各行业的态度，就如同教会在古代社会末期对奴隶制也无能为力。对于这一点，宗教改革也没有改变什么。即使在基督新教世界中比在天主教世界中劳动的价值更多得到确立[39]，这并没有得到证明，那也是为了让更多屈从于劳动法则的群众更紧密地依附于新教贵族阶级和资产阶级。在这一领域，宗教与意识形态更多表现为结果而非原因。对各行业的态度的历史，作为心态史的一张，归根结底首先是社会史的一章。

---

*　Caboche，即西蒙·卡博什，出身屠夫家庭，15 世纪初巴黎卡博什起义的领袖，支持勃艮第公爵无畏者让。——译者

39　这一想法的最新表述见 H.吕蒂的引论《法国新教徒银行》。

中世纪早期(5—10 世纪)价值体系中的劳动、技术与工匠[1] 108

作为引言的几点见解

1)研究中世纪早期心态史的困难

如果要努力超越思想史的上层,也就是表层,去尝试着达到由被歪曲的认识、心理定式、遗迹和残骸、精神的混沌星云和被组织成伪逻辑的种种无条理性所组成的心态世界,那么对于所有社会来说,在所有的时代,人们都会遭遇一些巨大困难,主要是由这些研究的新近的特点造成的,这些研究尚不具有足够的问题论和方法论。但是在研究中世纪早期西方社会的情况下这些困难尤为巨大。

比如,从文献方面看。心态史的研究:a)从对任意文献的某种阅读出发;b)从所侧重的文献类型出发,它们或多或少提供了通向集体心理的入口:某些文学类型、造型艺术、一些能使我们企及

---

1 这篇文章只是我已经宣布要出的《劳动在中世纪的形象》的研究大纲。

日常生活行为的文献等等。然而，在中世纪早期的西欧，文献稀少而且在逃避着这种旨在感知共同精神世界的解读。它的文化是发育不良的，抽象的，贵族的。我们几乎总是遇到文献中的社会上层
109 阶级，而教会对文化产品非常严格的框定也助长对现实的掩盖。虽然基督教将各种不同价值体系纳入在内或者任由它们继续存在，但是并没有价值体系在基督教教理之外被自觉地建立起来和有系统地进行表述。这多数是一些暗含着的价值体系，是由历史学家重新建构出的。而且，此处所研究的价值，还有那些体现这种价值的人，劳动和劳动者（尤其是手工业者），在那个时代超出了大师和文化生产者们的关注范围。劳动那时并非是一种“价值”，甚至没有词指称它。如果说心态史是在结结巴巴地说话，那么研究历史中的沉默、空缺、空白的历史仍然无声无息。

2）研究的合理化论证

中世纪早期文献对于劳动与劳动者的沉默已经意味着某种心态。但是既然在那个时代有人在劳动，属于我们现在平常所理解意义的劳动，那么他们自己和他们同时代那些不“劳动”者对于劳动、技术、手工业者必然有着一些态度，这些态度蕴含着一些价值判断。所以努力从一些我们拥有的文献出发去发现它们的踪迹，去进行强促分娩是合理的。如果心态史必然在心态史历史学家那里产生对研究主题的一种拜物教式的尊重，促使他沉浸在所研究时代的心态之中，拒绝把一些不同于这个时代所使用的概念应用到这一时代，那么历史学家在这中间便是放弃职责。努力去了解在查理曼和他同时代人的心中什么东西对应于我们对劳动的评

价,去将不为那个时代所知的费雪经济学公式运用于它身上同样是合理的。

3)合理折中与连环侧移(dérapage successifs)的方法

所使用的研究取径的多样(语文学、文学或法学文本分析、考古学或形象学资料等等)不仅符合鉴于文献贫乏而因陋就简的必要,也对应于心态研究领域多重取径的成果丰硕,这些取径全方位 110
透露全部历史信息,而且按照地区与时代不同分别显示出最适合这类或那类文献。所以这种历史研究必须通过一连串的侧移来进行,这带来一些额外的优势,提供一种历史分期,将注意力吸引到一些领域,在这些领域中所研究现象以问题形式呈现出来。

比如在 5 至 8 世纪之间对劳动的态度通过修道院戒律和圣徒传记作品更好地得到把握,因为那时劳动构成心理和理论问题的唯一领域就是教会领域,确切说就是修道院领域:一个僧侣能否,是否应该自己亲手劳动?在 8 至 10 世纪之间,无疑应当优先考虑法律、文学和图像的文献,因为正是在人们称作“加洛林王朝文艺复兴”的文化飞跃中劳动获得某种提升。从 11 世纪开始,最终——作为这一雏形的终点(terminus ad quem)——对于劳动的心态依据一种多少具有自觉性的意识形态,它的最佳表述是一些真正的价值体系,比如三等级社会——oratores(教士),bellatores(武士)、laboratores(劳动者)——的意识形态,图像表现的序列(各月份的劳作或有插图的技术百科),对学科的分类——自由艺术和机械技艺——,是一些建立于社会-职业地位(status)基础上而不是司法-宗教等级(ordo)基础上的具体的社会等级系统。

如果说这种方法尤其使人能够把握心态与态度的改变，它同样适于揭示传统与创新的延续、继承和各自份额以及它们的布局。在个人意义上和集体意义上，人类首先是通过他们的继承和他们对于继承所采取的态度来定义的。心态领域更是如此，我们可以说心态是在历史中改变最缓慢的东西。这种对于继承的研究在这里尤为重要，因为早期中世纪——首先是那些我们通过那个时代的作品所认识的“知识分子”——执着于需要在所有领域以过去的权威(autoritates)为依据，他们不是竭尽全力去发展或创造，而是竭力去保留和维持。

111 I. 遗产的暧昧性

遗留给中世纪早期人们的多种精神传统在对劳动的蔑视与褒奖之间摇摆不定。但是这一认定不应导致对于本文进行的历史研究的一种怀疑态度。即使劳动-不劳动这一对矛盾是与人类命运的永恒摇摆联系在一起，这些摇摆依赖于历史并要求一种历史方式的解释。同一文化遗产包含着对于劳动的相反态度，这一事实并不妨碍这些遗产通过它们内容的性质来影响中世纪早期的心态：不论古罗马人对闲适(otium)的赞颂是与一种社会概念(贵族阶级的“作为身份的闲适”otium cum dignitate)联系在一起，还是在蛮族异教思想中劳动-不劳动的对立对应着武士-体力劳动者的对立，还是基督教赞同劳动的主要参照是属于圣保罗教义的，都对中世纪早期人们对于劳动的态度的确定与演变具有无可否认的意义。

另一方面这些暧昧性——或者说两重性——不仅依据形成格局的条件在起作用(即使不谈底层-上层建筑的问题论,历史学家仍应承认某种历史格局有利于对劳动的褒扬或者不褒扬),而且依据一些结构性的局势在起作用。因而中世纪早期人们精神结构中的两个元素使得这些遗产能够更加自由地发挥作用:1)那个时代的整体心态与那些接受来的精神遗产更多是断裂的而不是延续的,这些遗产更多是一个人们随意挖掘的静止的宝库,而不是一种需要尊重的有生命力的传统(即便有些教士仍有所顾忌,对罗马传统而言这种态度是显而易见的,对于被基督教化和生活方式的深刻改变抛入已终结的过去中去的那些蛮族遗产也同样如此,但这同样适用于犹太教-基督教的遗产,它是非常庞杂的,其后君士坦丁时代的版本与早期基督教时期大为不同);2)中世纪早期的人们并不把过去的文化遗产设想为一些整体,设想这些整体的内在矛

盾应当得到解决,至少得到解释;对于他们而言这些遗产是没有上 112
下文的文本的叠加,是一些构不成话语的句子,一些没有行动的动作:比如,按照他们的需要或者愿望,他们从一边拿来那些劝告人们模仿田地里的百合和天空中飞鸟的闲适的福音书文字,从反面一边拿来圣保罗督促人们劳动的文字,并不将两方对峙起来。

而且我们不会忘记,对于一个社会对某种遗产的历史性使用的分析,应当尽可能区分将这种遗产作为经历过的经验来使用和作为有意识的精神传统来使用:比如蛮族的武士不事生产的传统在中世纪早期贵族阶级中作为生存状态维持下来,并不伴随有意识的合理化证明——或者至少在文字中留下一些明确的痕迹——而僧侣的体力劳动是依据圣经上的参照或者一种明确的基督教伦

理(无所事事是灵魂之敌,是通向魔鬼之门)。

a)古希腊-罗马的遗产

在希腊城邦中技术(technè)“介于劳动与技术知识之间”的处境。“技术水平与对劳动评价之间错位”的牺牲品(J.P.韦尔南)。普罗米修斯神话的影响力与局限。斯多葛派美德(ponos)的暧昧性,美德“适用于所有要求艰苦努力的行为,而不仅仅是在社会意义上具有实用价值的生产劳动”(J.P.韦尔南)。希腊哲学家们对于使用机械(machinisme)的暧昧立场(A.柯瓦雷)。

“ars”(技术、才具)与“artes”(前者复数,诸艺)的意义含混,受困于技术意义的灵巧与创造性的天才之间。*Manus-ingenium*(手工-智力)这一组对立(手的象征意义在中世纪的变形:是命令的象征还是劳动的象征?如何知道这些对于后世越来越多出现于图像表现中的上帝之手的异象还不了解的人们的心态反应?)。*negotium*(工作)与 *otium*(闲暇)之间的摇摆(由此产生 *otium monasticum*“修道院的不事生产”的问题和 12 世纪对于僧侣们 *otium negotiosum*“繁忙的不事生产”的定义)。

罗马帝国后期褒扬劳动的两重性:手工业者心态、行会的束缚和强制劳动。

维吉尔的唯能论,更多是与农村生活联系在一起,而不是手工业生活。

很早便成为阅读读本的《加图二行诗》(*Dicticha Catonis*)中
113 某些二行诗对于中世纪早期人们造成的意义问题(比如,第一节,39:首先保留你通过劳动得到的东西/当劳动被当作有害的,致死的贫困便会增长)。

传承下来的词汇的含混:*labor*(劳动)及其心理与道德上的扩展意义(苦痛、劳累、劳作的悲观意涵),*opus*(工作)更多指向劳动的成果而不是劳动者……

尤其还有劳动与奴役之间的联系的重压。*Opus servile*(低贱奴隶劳动)的概念。劳动与自由互为对照。在中世纪多次"复兴"中,从查理曼到文艺复兴,中间经过与罗马法的复兴联系在一起的法律复兴和随着托马斯主义的达到顶点的亚里士多德热,古代词汇(比如 *opus servile*)的唯一用途就是助长对劳动的蔑视,这往往是与社会的演进相矛盾的。

b)蛮族的遗产

大体上我们可以将没有被很好罗马化的(意大利的、伊比利亚的、凯尔特的)一些古老根基与入侵者的尤其是日耳曼入侵者的传统区别开来。

前面这种情况下,大概可以肯定的是,促进了罗马光彩外表的崩塌或者消退的东西是一些手工技术传统,是与某些社会-职业群体联系在一起的,而且被加上一些宗教信仰的光环。比如以高卢为例,工匠的重要性在艺术中被证明,并由宗教的万神殿加以肯定("高卢的墨丘利"、工艺之神卢格居于首位)。

后面一种情况下,我们重新看到对劳动与不事生产的相对立的褒扬中的暧昧性:一方面是武士对于经济活动和体力劳动的蔑视(塔西佗的著名见证,《日耳曼尼亚志》,14—15:人们不能像让他们挑衅敌人并赢得伤口那样轻易说服他们耕种土地和等待收成。

更有甚者，靠额头流汗来获取他们可以通过流血来取得的东西，对于他们来说这就是懒惰。当他们不去作战的时候，他们沉迷于狩猎，尤其是无所事事，花时间睡觉和吃饭，最勇敢最好战的人们什么也不做）。另一方面是技术和艺术的精巧，冶金工匠、神圣匠工（日耳曼神话中的铁匠和金银匠）的社会威望。

114 **c）犹太教-基督教的遗产**

从中我们再次看到原则与文本层面的也是社会和文化实践层面的同样的矛盾性、同样的暧昧性，它更加系统化，有时化身为象征意义的相互对照。

《创世记》中一种劳动神学的矛盾基础：勤劳的上帝是创世的“劳动者”（而且在第六日之后是“疲劳的”?），上帝创造出人类是为了在天堂中从事某种劳动（拉丁文《圣经》中的 operatio“工作”），这是在人类堕落之前（《创世记》，2 章 15 节：神将那人安置在伊甸园，使他修理看守），人类因为原罪而被判去劳动作为惩罚与赎罪（《创世记》，3 章 17—19：你必汗流满面才得糊口），这种矛盾被《创世记》3 章 23 节带到顶点，这一节将地上与《创世记》2 章 15 节天上的劳动相呼应：神便打发他出伊甸园去，耕种他所自出之土 * 。

《旧约》对于技术文明的矛盾：一种天意说的技术、工艺历史的雏形（土八该隐这个人物 ** ），但也是对城市工艺和经济生活的谴

* 译文引自中国基督教协会印发“神”版《圣经》。“自出之土”是自己开辟的土地。——译者

** Tubalcain，见《创世记》4 章 22 节：“洗拉又生了土八该隐，他是打造铜铁利器的。”篇中人名译法依据中国基督教协会印发“神”版《圣经》。——译者

责(该隐是第一座城市的创建者和度量衡的发明者),最后这一主题展开了基督教在劳动这一领域的另一道争论的前线:以亚伯-该隐兄弟为范本的乡村劳动-城镇劳动的对立。

忙碌生活与静修生活的根本对立:《新约》中的马大和马利亚姐妹(依据中世纪发展出的类型学象征体系,对应于《旧约》中的拉结和利亚姐妹的对立)。

对早期基督教吸收新社会成员的估算以及这种吸纳对于基督教义的社会-宗教阐释的影响这一困难问题:早期基督教中城市手工业阶层的重要性并不必然包含基督教对劳动与劳动者的褒扬。

早期基督教象征系统的含混性,通常这些象征是从劳动阶层中得来的,却具有主要是象征性和精神性的内涵(葡萄、压榨机、犁、镰刀、斧子、鱼、镘刀:见 J.达尼埃卢的著作)。在保存下来的
一幅最古老的基督教绘画中(3 世纪杜拉-奥罗波斯一座教堂的壁 115
画),人类被贬去劳动受苦这一节在失乐园系列中是没有的,而这却是中世纪图像表现中最偏爱的主题之一,我们能否从这一事实中得出结论呢?

如同其他遗产,犹太教-基督教遗产给中世纪的人们提供一套图像表现的武器库,包含着一些可以支持任何立场的武器,可以支持劳动也可以支持不事劳动。这些武器库中最丰富、最重要的就是《圣经》,更确切说就是《新约》。所有这些武器,所有与主题相关的文字并不是被中世纪的人们平均地进行使用的。对这两个极端立场的辩护各成一极,一方面是围绕着福音书文字,建议听从天意,效仿田野中的百合和天空的飞鸟(《马太福音》4,25—34 节和

《路加福音》12,27节),另一方面围绕着圣保罗的文字,在这些文字中这位使徒将自己当作劳动者和体力劳动者的典范(主要文字是《帖撒罗尼迦后书》3,10节:若有人不肯作工,就不可吃饭)。与经济与社会局势紧密相连,意识形态的格局使对于劳动、技术和手艺人的态度从一种蔑视与谴责的氛围向一种褒扬的倾向摇摆。但是心态相对物质上的演变的距离、意识形态的合理化辩解机制的特殊性使这一研究成为研究思想与心态历史与经济和社会历史之间关系的一个得天独厚的观察点。

II. 劳动与劳动者在社会中的隐退,中世纪早期心态与意识形态(5—8世纪)

A. 这种隐退的技术、经济和社会基础

a)技术的衰退,专业劳动的近乎消亡

b)劳动的概念缩减为体力劳动的概念,并从体力劳动缩减为乡村劳动。比如在6到8世纪间,动词 *laborare*(劳动)变得专一
116 于农业劳动的意义,要么作为及物动词(*laborare compum*, *terram*“耕种田地、土地”等)要么独立使用(laborare = labourer,法语“耕”)(见G.基尔)。多数工匠是农人、奴隶以及后来隶属领地的农奴。从心态的角度看,不可能在不提及体力劳动的情况下谈论对于任何形式的劳动的态度,即中世纪时期的农业劳动和在工业社会中的工人劳动。

c)社会的演变是对劳动者不利的:一方面手工匠人和自由农民的逐渐消失(由此 *opus servile*“卑贱奴隶劳动”概念的加强),另一方面“不事生产”者的优越地位:武士与教士。

B. 这种隐退的表现:史料的沉默与蔑视

a)圣徒传史料几乎对此缄口不提,除了关于某些圣徒的体力劳动,但(见下文)是作为一种赎罪苦行来呈现的。

b)对静修生活的赞颂。比如:裘力斯·波梅利乌斯的《论静修的生活》(*De vita contemplativa*)的成功(见莱斯特纳);大格列高利教皇在书信中抱怨被人从静修生活中拽出来投入到忙碌生活中,不得不为了利亚而抛弃拉结,为了马大而放弃马利亚(《书信集》,1:5;7:25);这个时代的稀有的一件人像雕塑,邓福里斯郡的鲁斯韦尔十字架表现抹大拉的马利亚跪在基督脚下,她被专家们诠释为静修生活的象征,可能是受到早期基督教一个主要宗教流派的苦行主义即爱尔兰苦行主义的影响。这种闲逸虔诚者的理想在早期中世纪曾有过信徒,阿尔城的塞泽尔的一篇布道文证实了这一点(布道文45,G.莫兰编辑,第二版,p. 205)。

c)蛮族法律中的劳动、技术和劳动者

除了一些例外(见下文),被杀赔偿金(wergeld)的数量估值系统可以使我们列出各种社会价值及其意识形态基础的一个等级,将劳动者排在等级的最低位置:比如在勃艮第人的法律中(6世纪末—7世纪中)耕田者(aratores)、养猪者(porcarii)、牧羊者(birbicarii)和“其他奴隶”(alii servi)处于30苏赔偿金的最低水平(如果他们被杀需要付给他们主人),而木匠(carpentarii)升到40苏,铁匠(fabri ferrarii)50苏,只有金银匠升到最高水平(aurifices 金匠150苏,argentarii 银匠100苏)。

d)艺术与考古材料的沉默

必须提醒大家对于心态史而言这些史料在诠释上的困难。艺术作品和考古文物构成一些自成一体的系列,它们与普通历史甚至意识形态历史的联系在界定与诠释上是微妙的。再者,对于这一时期,造型艺术几乎完全消失,同样碑铭学和对考古材料的诠释,尤其是对随葬品的诠释,对于心态史而言尤为微妙;一方面是墓葬的信仰与仪式,另一方面是社会-职业价值系统,两者间存在怎样的关系?比如约阿希姆·维尔纳指出,之所以日常生活用品、手工业工具和产品在墨洛温王国东部的墓葬中非常稀少,那或许既是因为它们保存不良,也是因为它们被从陪葬品中排除。然而同是这位考古学家指出,在哥特人的坟墓中没有武器,而他们却是与阿拉曼人、法兰克人、巴伐利亚人、图林根人、伦巴第人、盎格鲁-撒克逊人和斯堪的纳维亚人一样好战,这些人的随葬品通常包含武器。相反,工具出现在金银匠坟墓的随葬品中,他们是那个时代唯一受尊重的手艺人,使我们不能排除将墓葬当作对劳动在中世纪早期社会价值体系中地位的证明。

e)最后我们应注意,早期中世纪文化产品中劳动与劳动者的缺席只是那个时代对艺术与文学中抽象象征系统的热衷所造成后

果中的一个特例,这种热衷早已是古代社会晚期(tardo antico)的根本特征。但是也许这个时代劳动者在意识形态和社会中的无足轻重大大助长了这种审美倾向的成功。

III. 为恢复劳动价值所保留的领域和对接结构 118

这些世纪让劳动与技术的价值在社会、文化、精神价值体系中隐去,但它们仍然有过一些褒扬劳动的孤立领域,它们对于后来这些价值更广泛的崛起的形式与过程起了重要作用。

a)教士的劳动,尤其是僧侣的劳动。

对于这一点我们掌握的信息最多。弄明白教士是否能够以及是否应当投入体力劳动,确切说来即受歧视行为的最低形态,这个问题确实在那个时代的文本中留下的痕迹最多。而且关于这个问题的两个主要史料来源,我们对于其中之一即修道院戒律(另一个来源是圣徒传记作品)拥有艾蒂安·德拉吕埃勒的出色研究,由马克·布洛赫的高超注解加以丰富。

体力劳动被人提议给主教们(主教会议的证据,尤其是511年奥尔良主教会议)、神父们(《教会的古老规条》*Statuta Ecclesiae Antique* 的证据),而且各种规条要求僧侣体力劳动,这些戒律通行于西欧(卡西安、卡西奥多尔、导师戒律和圣本笃戒律的证据)。圣徒传记文献证实僧侣们实际上从事体力劳动(图尔的格雷瓜尔关于圣罗曼、圣吕西班在圣-瓦扬-德-茹修院劳动的证据,和关于圣克洛德、里昂主教圣尼塞、隐修在一个布列塔尼小岛上的圣弗里亚尔、隐修在洛什的圣乌尔斯的见证等等;阿尔的圣伊莱尔和热纳德关于莱兰斯修院僧侣们劳动的证据;大格列高利教皇在《对话集》中关于意大利的僧侣与隐修者的见证;波比奥的乔纳斯关于圣科隆邦的见证等等)。

当然不应当弄错导致僧侣们亲手劳动甚至制作"机械"(磨坊:根据图尔的格雷瓜尔在《诸教父行传》[*Liber Vitae Patrum*]中记载的圣乌尔斯的著名例子)的动机。如同马克·布洛赫所提醒的,求助于"机械化"对于僧侣们而言只是一种手段,使自己有时间去
119 做最重要的事,最基本的事,即侍奉上帝的工作(opus Dei)、祈祷、静修生活。磨坊并非一种常见设施,它是一种稀奇的,让人好奇的东西,有僧侣来建造磨坊在当时人们眼中更多被看作僧侣们具有几乎超自然的、近乎魔法的知识的证据,而不是看作他们技术能力的例证。那些《行传》(*Vitae*)将这些情节记述为一些奇迹(mirabilia)。菲利普·沃尔夫指出"在10世纪期间,有圣-贝尔坦修院院长在圣-奥梅尔附近建造一座水磨对于这座修道院的编年史作者来说仍然是'我们时代的了不起的景象'"。

这种修道院劳动的意义尤其是赎罪性的。因为体力劳动是与失乐园、上帝的诅咒和赎罪联系在一起的,所以僧侣作为专业的忏悔者,出于使命而赎罪的人,典型意义的赎罪者,他们应当做出这种忍受屈辱的范例。

但是,不论其动机如何,作为基督教的完美最高典范的僧侣投身劳动,这一事实本身使人们将从事这种活动者的一部分社会与精神权威扩展到这种活动。僧侣进行劳动的场景让同时代的人们

吃惊,有利于对劳动的评价。通过劳动降尊纡贵的僧侣们抬高了劳动的地位。

关于修道院劳动有两点见解:1)在修道院的缮写室(*scriptoria*)中,*scribere*,抄写手稿被看作一种体力劳动,因此是一种苦行形式,抄写者们在手稿结束处的那些表述由此而来。爱尔兰人赋予这种形式的赎罪一种特别重视,比如在吕克瑟伊修道院;2)修道院的劳动提出一些饮食和服装上的问题,苦修的饮食制度和赎罪服装都不便于从事体力劳动和劳动效率。由此产生在这些方面的有利于修道院"劳动者"的戒律的某些松动。这是一种决疑论的出发点,承认那些神圣价值面对劳动实践与伦理的发展在逐渐后退(A.德·沃居埃的出色研究《圣本笃戒律和导师戒律下的劳动与饮食》,载于《本笃派学刊》,1964,242—251,指出具有强制性的经济局势对两大戒律的影响:"是身份的必须或是贫穷"(*necessitas loci aut paupertas*),反对农业劳动而倾向手工艺和园艺劳动的导师戒律发展到圣本笃戒律,适应一个手工业与园艺的领域更加缩减的更加乡村化的社会)。

b)神圣的或者享有权威的工匠 120

教会的等级制度和世俗等级制度同样有助于继承和提升神圣的铁匠与金银匠的传统。工匠铸造武士贵族的武器(剑被人性化和神圣化,这一传统被汇集在《罗兰之歌》和各骑士武功歌里),金银匠装饰武器并制造这些骑士的妻子的首饰,创造出蛮族喜欢用金银宝石覆盖的教堂耀眼的饰物,这样的工匠是一位大人物,维持着精巧技术的威望。圣徒传记证实了这些非常受青睐的匠人的存在(比如鲁昂主教安斯贝尔让人从各地区罗致来加工圣乌旺遗骸盒的多位工艺家[*])。我们已经看到,蛮族法律通过高昂的被杀赔偿金(Wergeld)表现出这些工艺家的威望。考古学显示出这些异教信仰(铁匠威兰)和冶金魔力(奥宗鲸骨盒[**]上的图案)的遗存。最显著的例子是圣埃卢瓦的生平,这位皇家金银匠变成高级神职人员,随后成为主教(《埃卢瓦行传》[***]的见证,特别是第一章,5)。

对这些加工金属的能工巧匠,中世纪早期又加上一个阶层,即钱币铸造者(*monetarii*),R. S. 洛佩兹对此写过一篇可称典范的文章。但是他的文章题目本身(《货币贵族》)表明这些货币的主宰者利用贵金属的稀缺、货币流通的条块分割、经济和政治控制手段的消除(大格列高利教皇面对一些伪币制造者有一篇忧虑的文字!)、一种可能出现的与经济活动没有联系的权威货币来获利,他们是对手工业社会和技术世界的负面证人。

c)对工具与机械的关注

手工业原材料、技术装备、专业劳动力的消失或稀缺使得工具特别是工具的铁制部分成为稀少物品,珍贵物品。残存下来的或者用机械建造的东西同样像是神奇之物,我们已经从磨坊看到这一点。对于工具的关注得到发展,将成为以后几个世纪技术人员心态的一个基础。蛮族法律保护那些珍贵工具:撒利克法兰克人

---

* 原文拉丁文:plures artifices。——译者

** 又称法兰克人盒,8世纪英国北部的作品,盒上雕刻图案中有对日耳曼传说中铁匠威兰的表现。——译者。

*** 拉丁题名:*Vita Eligi*。——译者

的法律(二十一,12)对偷窃犁刀处以罚款 15 苏(从 10 世纪起诺曼 121
底公爵们就将领地上的犁刀“国有化”,这一举动让人想起在林木被砍伐的古埃及树木成为法老财产)。最说明问题的是圣本笃的见证,一方面表现在戒律中,另一方面是大格列高利教皇在《对话集》第二册中归功于他的那些奇迹,在中世纪期间广为流传。戒律将修道院的 *ferramenta*(工具或工具铁制部分)与神圣的器皿与陈设相提并论(三十一至三十二)。丢失或损毁它们是一种亵渎圣物行为。那些神迹显示圣本笃对一些手工艺物品(打碎的和面缸)施展法力,尤其在铁锹从修道院池塘底部神奇浮起的神迹中将工具作为崇拜物。我们注意到圣本笃的这一神迹根植于一个长期而深远的传统。《旧约》将一次类似的神迹归功于以利沙(《列王纪下》6,1 节及下文)。14 世纪的《佩塞福雷传奇》(*Roman de Perceforest*)谈到一个牧人泉,牧羊人们将他们破损的工具投到里面。

我们最后要注意到,我们已经提到过其多元象征意义的手,在蛮族法律中也受到法律保护。关于被砍断手指的被杀赔偿金(Wergeld)的不同,将与战争的关联(手指的价值取决于它在操弄武器中的作用)用在自由人身上,将与劳动的关联(工具在这里代替了武器,它在一个较低层次上是武器的等价物)用在工匠和奴隶身上。

IV. 劳动在加洛林王朝的复兴

加洛林王朝的文艺复兴包含一种真正的努力生产的意识形态,一种可以从经济、政治、文化层面解析出的唯能论。复兴似乎涉及贵族阶级，一个统治"精英阶层"。但由此产生一些物质与精神习惯，一些意识形态和文化主题，后世将对之进行发展。

这种唯能论的根本表述是属于乡村的。从第一次垦荒浪潮中
122 表现出来。进步更多以种植面积的扩大为标志，而不是技术的改进，但是在这些粗放农业的侧面之上还要加上一些集约化、数量化的侧面。人们增加耕地数量、"耕作"次数，存在着一种园艺的复兴和一些创新、提炼和相关产量的实验。劳动组织、人员配备的改进有着特别的重要性。这种劳动价值的觉醒或者至少说它的某些侧面在文化与文献上的表述越来越多样和丰富。

a)法律的见证

土地契约的增加主要是从8世纪开始，契约将人员处境的改善和他们对于土地的权利与他们劳动的效率挂钩。"改良"(ad meliorandum)契约、租种契约、长期租赁契约，一些不确定占有的类型将对租地的占有与增加和改善耕种面积的劳动联系起来(比如在福尔达修道院契约登记簿中775—795年间一系列不确定占有的文书里*laborare*"耕种"、*elaborare*"改进"、*acquirere*"增加"、*exquirere*"寻求发现"、*augmentare*"增加"、*meliorare*"改良"、*emeliorare*"改进"这些词)。也许这是一个要上溯到罗马帝国时期的传统(《哈德良未开垦土地法》*lex Hadriana de rudibus agris*)，主要由西哥特人重新采用(在西哥特法律中melioratio"改良"的概念，垦荒者"靠自己的劳动"* 变成土地主人)，但这一现象

* 原文拉丁文 *pro labore suo*。——译者

在加洛林王朝时期才成为大规模的。见P.格罗西:《意大利早期中世纪法律实验中土地契约的结构问题论》(*Problematica strutturale dei contratti agrari nella esperienza giuridica dell'alto Medioevo italiano*),第13届斯波莱托研讨周,1965。

b)劳动的规章管理

在世俗史料与教会史料中都看到对劳动制定规章。这见证着手工业的某种程度的恢复,特别是隶属领地的手工业,见证着对于劳动提出的问题的关注在增加。

前一种情况,主要史料来源由那些教会契约登记簿构成(特别是农庄的文书)。我们应强调教会文书的两个首要关注:1)礼拜日休息的规定比以往更加明确,不仅是宗教禁忌的至高地位的标志,也证明了对劳动阶级的劳逸结合进行组织的考虑(同时将这些"低贱劳动"系统化)。见W.罗道夫和J.安贝尔的研究。2)对无所事事

者和健全人乞丐的谴责,取自《查士丁尼法典》,预示了13世纪的 123
(纪尧姆·德·圣-阿穆尔、让·德·墨恩),尤其是中世纪末和宗教改革时期的某些观点(荷兰奈梅亨806年的对教皇信使的教谕)。

后一种情况,我们看到僧侣劳动问题的消除。一方面僧侣劳动不再是围绕着劳动的争论的优先领域。另一方面,除了例外情况,僧侣劳动不再对僧侣阶层构成问题:由阿尼亚那的伯努瓦进行改革的本笃派的胜利,面对侍奉天主的工作(opus Dei)的繁重,将体力劳动缩减为象征性的进行。除了可以使我们能追踪规章演变的那些修道院惯例(《修道院惯例汇编》*),一些修道院章程比如

* 拉丁文 *Corpus consuetudinum monasticarum*。——译者

阿达尔哈德在9世纪给科尔比修院制定的著名章程，一方面显示出在修道院领地上手工业活动和规章管理的进步，另一方面显示出面对不断增长的农奴和雇工劳动力，僧侣们退缩到一些更体面的不太劳累的专门工作（制作面包、园艺、酿啤酒等）。

c)文学与艺术的见证

一些图像研究者，特别是A.里格尔和后来的J.C.韦伯斯特，曾经指出在800年前后在对季节与月份的图形表现中存在一种断裂，那时开始了一个在中世纪非常流行的系列即各月的劳作系列。H.斯特恩对这一转折做出阐明，明确出在古代年历与加洛林王朝及中世纪对月份的图像表现之间意识形态断裂的内容，将（细密画的）图像资料与同时代的诗歌文本进行比较。

古代年历通常表现一些多个人物的场景，他们属于消极的、寓意性和宗教性的类型，人们从古代年历过渡到表现一个单独人物，他正在积极地完成唯一一项劳作活动，通常是农业活动，场景的处理方式更加写实（9世纪前三分之一世纪萨尔茨堡的两件抄本中的细密画和9世纪末普吕姆的万达尔伯特的《殉道者传》的细密画）。当我们看到如H.斯特恩所指出的那样，拜占庭世界继续古代的图形表现，各月份劳作的现实主义主题便显得愈发突显。这是绝好的例子，说明文化的转折与经济和社会的转折联系在一起。这种劳动的新意识形态也可以从同时代某些诗歌中找到，它们处
124 理各月份劳作的主题，尤其是在普吕姆的万达尔伯特的《论十二个月份的名字、符号、数字和品质》（*De duodecim mensium nominibus, signis, aerisque qualitatibus*，848年）这首诗里，这首诗曾由

K.Th.冯·伊纳马-斯特耐格研究过,关于它为9世纪莱茵河地区乡村生活和乡村技术进步提供的具体信息(对二三月份开始的春天复耕提供的见证)。依照埃因哈德的说法,查理曼曾经按照乡村劳动给各月份重新起名,他的见证与这些文献一起表明加洛林王朝一种新的劳动意识形态支持着经济的和规章上的努力。

d)劳动与技术中的科学和智性提升

加洛林王朝意识形态主要偏重农业劳动,它是一切的基础。但是加洛林王朝文艺复兴同样从古代时期以来第一次给予手工业活动以科学的地位。

这便是古代技术专论(韦格提乌斯)的抄本不断增多,以及中世纪首批论文的出现(见B.比朔夫的研究和教导)。

这尤其是在文化史中也许首次出现机械技术(artes mechanicae)的概念和表述,我们在约翰·司各特·埃里金纳在对马提亚努斯·卡佩拉的《论墨丘利与语文学的婚姻》的注解(约859年)中看到它。面对"自由七艺"(artes liberales),手工业与技术活动以平等地位得以确立(自由艺术自然来自于智力。但是机械技艺却不是自然天成的,而是来自于人类的思考。见P.施特纳格尔的著作)。

劳动的新的图像表现与优先考虑技术的新文献相会于1023年蒙卡森的一个抄本中,在这个抄本中拉邦·摩尔(Raban Maur)的加洛林王朝的百科全书被饰以一些细密画,其中首次以协调一致的写实方式出现手工业活动。

结　　论

一个"劳动者"阶层的兴起：laboratores（劳动者）。

9 世纪末在由阿尔弗雷德大王翻译成盎格鲁-撒克逊语的波
125 爱修斯的《哲学的慰藉》的译本注解中，随后从 10 世纪末开始持续地出现于中世纪西欧文献中的一种新的社会图式结构，是乔治·杜梅齐尔所定义的传统印欧族图式的重新涌现，即三功能或三部分社会的图式，由祈祷者、作战者和劳动者构成：oratores，bellatores，laboratores。不论从这些劳动者（laboratores）身上我们看到的是一个开垦荒地的精英阶层（J. 勒高夫以 10 世纪的文书为依据：马孔的圣文森特修院契约登记簿中"那些较好的他们是劳动者*"，由乔治·杜比加以阐明），还是在包含进城市手工业阶层之前主要由乡村劳动者构成的整体（M. 大卫依据 11 世纪的文学文本），新的图式肯定了早已在经济与社会中得到确立的劳动者阶层意识形态的突破进展。意识形态的突破，在语义上表明一个历程：从 8 世纪起 labor（劳动），它的那些派生词与合成词（尤其是 conlaboratus"协作；租种"）发展出一种新含义，核心为获取、盈利、战果的意义，它主要是在乡村背景中，确实在乡村这个词是与垦荒的概念联系在一起的。这种语义演变暴露出另一战果。即劳动与劳动者在意识形态和心态上的提升。这种褒奖仍旧是暧昧的，因为劳动到处受到颂扬是为了增加产量和增强劳动者的驯服。

* 拉丁文：illi meliores qui sunt laboratores。——译者

但是无疑这种褒奖也是劳动者对于中世纪意识形态和心态施压的结果。

简要参考书目

A. Sapori, "Il pensiero sul lavoro attraverso ai secoli", in *Rivista del diritto commerciale e del diritto generale delle obbligazioni*, 1946, 267—289, 367—379, 467—480.

A. Tilgher, *Homo Faber. Storia del concetto di lavoro nella civiltà occidentale*, 3e éd., Rome, 1944.

L. Mumford, *Technique et Civilisation*, 法译本, Paris, 1950.

A. Aymard, "Hiérarchie du travail et autarchie individuelle dans la Grèce archaïque", in *Revue d'Histoire de la Philosophie et d'Histoire générale de la civilization*, 1943, 124—146.

同上, "L'idée de travail dans la Grèce archaïque", in *Journal de Psychologie*, 1948, 29—45.

V. Tranquilli, "Il concetto di lavoro in Aristotele", in *La Rivista trimestrale*, I, 1962, 27—62.

J. P. Vernant, "Le Travail et la Pensée technique", in *Mythe et Pensée* 126
chez les Grecs, Paris, 1965, 183—248.

J. M. André, *L'Otium dans la vie morale et intellectuelle romaine des origins à l'époque augustéenne*, Paris, 1966.

B. Bilinski, "Elogio della mano e la concezione ciceroniana della società", in *Atti de 1°congresso internazionale di studi ciceroniani*, Rome, 1961.

N. Charbonnel, "La condition des ouvriers dans les ateliers impériaux aux IVe et Ve siècles", in *Aspects de l'Empire romain*, Paris, PUF, 1964, 61—93.

S. Mazzarino, "Aspetti sociali de quarto secolo", in *Ricerche di storia*

tardo romana, Rome, 1951.

L. Robert, "Noms de métier dans des documents byzantins", in *Mélanges A. Orlandos*, Athènes, 1964, I, 324—347.

E. Trocltsch, *The Social Teaching of the Christian churches*, 英译本, 1956.

W. Bienert, *Die Arbeit nach der Lehre der Bibel*, Stuttgart, 1954.

A. T. Geoghegan, *The Attitude towards labor in early Christianity and ancient culture*, Washington, 1945.

F. Gryglewicz, "La valeur morale du travail manuel dans la terminologie grecque de la Bible", in *Biblica*, 37, 1956, 314—337.

H. Holzapfel, *Die sittliche Wertung der körperlichen Arbeit in christlichen Altertum*, Würzbourg, 1941.

E. B. Allo, *Le Travail d'après saint Paul*, Paris, 1914.

L. Daloz, *Le Travail selon saint Paul*, Paris, 1914.

J. Danielou, *Les Symboles chrétiens primitives*, Paris, 1961.

M. D. Chenu, *Pour une théologie du travail*, Paris, 1955.

La Vie Spirituelle Ascétique et Mystique, 特别号, t. 52, n°3, 1937年9月1日.

Histoire générale du travail, éd. L. H. Parias, II. *L'âge de l'artisanat (Ve-XVIIIe siècle)*, Livre premier par Ph. Wolff, Paris, 1962, 13—85.

G. Keel, *Laborare und operari. Verwendungs und Bedeutungsgeschichte zweier Verben für "arbeiten" im Lateinischen und Galloromanischen*, Berne, 1962.

J. Neubner, *Die Heiligen Handwerker in der Darstellung der Acta Sanctorum*, Münsteriche Beiträge zur Theologie cahier 4, 1929.

E. Coornaert, "Les Ghildes médiévales (Ve—XIVe s.)", in *Revue historique*, 1948.

E. Delaruelle, "Le travail dans les règles monastiques occidentals du IVe au IXe siècle", in *Journal de Psychologie*, 1948（有马克·布洛赫的一篇文章）。

H. Dedler, "Vom Sinn der Arbeit nach der Regel des heiligen Benedikt" in *Benedictus, der Vater der Abendlandes, 547—1947, Weihegabe der Erzabtei St. Ottilien zum 1400ten Todesjahr*, éd. H. S. Brechter, Munich, 1947, 103—118.

A. de Vogüé, "Travail et alimentation dans les Règles de saint Benoît et du Maître", in *Revue bénédictine*, 74, 1964, 242—251.

J. O. Bodmer, *Der Krieger der Merowingerzeit und seine Welt*, Zurich, 1957.

E. Salin, *La Civilisation mérovingienne d'après les sépultures, les* 127
textes et le laboratoires, 4 vol., Paris, 1949—1959.

A. Solmi, *Le Corporazioni romane nelle città dell'Italia superiore nell'alto medioevo*, Padoue, 1929.

G. Monti, *Le Corporazioni nell'evo antico e nell'alto medioevo*, Bari, 1934.

P. S. Leicht, *Corporazioni romane e arti medievali*, Turin, 1937.

Ch. Munier, *Les Statuta Ecclesiae Antiqua*, Paris, 1960.

M. L. W. Laistner, « The Influence during the Middle Ages of the Treatise De Vita Contemplativa and Its Surviving Manuscripts », in *The Intellectual Heritage of the Early Middle Ages*, Ithaca, 1957, 40—56.

R. S. Lopez, « An Aristocracy of money in the Early middle ages » in *Speculum* 28, 1953, 1—53.

Lynn White Jr., *Technologie médiévale et transformations sociales*, 法译本, Paris, 1969.

J. Imbert, « Le repos dominical dans la législation franque », in *Album J. Balon*, Namur, 1968, 29-44.

La bonifica benedettina, Rome, s. d. (1965).

V. Fumagalli, « Storia agraria e luoghi comuni », in *Studi medievali*, 1968, 949—965.

V. Simoncelli, *Il principio del lavoro come elemento di sviluppo di alcuni istituti giuridici* (1888), réd. In *Scritti giuridici*, I, Rome, 1938.

R. Grand, « Le contrat de complant depuis les origines jusqu'à nos jours », in *Nouvelle Revue historique de Droit français et étranger*, 1916.

F. Maroi, *Il lavoro come base della riforma dei contratti agrari*, Scritti giuridici, II, Milan, 1956.

P. Grossi, « Prolematica strutturale dei contratti agrari nella esperienza giuridica dell'alto medioevo italiano », in *Agricoltura e mondo rurale in Occidente nell' alto medioevo*, Settimane di studio, XIII, Spolète, 1966, 487—539.

J. C. Webster, *The labors of the Months in Antique and Mediaeval Art to the end of the XIIth century*, Princeton, 1938.

H. Stern, « Poésie et représentations carolingiennes et byzantines des mois », in *Revue archéologique*, 6e série, 45—46, 1955.

K. Th. Von Inama-Sternegg, « Rheinisches Landleben im 9. Jahrhundert. Wandaberts Gedicht über die 12 Monate », in *Westdeutsche Zeitschrift für Geschichte und Kunst*, I, 1882.

J. Le Goff, « Note sur société tripartie, idéologie monarchique et renouveau économique dans la Chrétienté du IXe au XIIe siècle », in *L'Europe aux IXe—XIe siècles*, éd. T. Manteuffel et A. Gieysztor, Varsovie, 1968, 63—72.

R. S. Lopez, « Still another Renaissance ? » in *American Historical Review*, LVII, 1951—1952, 1 sqq.

Miniature sacre e profane dell' anno 1023 illustranti l' enciclopedia medioevale di Rabano Mauro, éd. A. M. Amelli, Montecassino, 1896.

C. Stephenson, « In Praise of Mediaeval Tinkers », in *Journal of Economic History*, VIII, 1948, 26—42.

M. David, « Les 'Laboratores' jusqu'au renouveau économique des
128 XIe—XIIe siècle », in *Études d'Histoire du Droit privé offertes à P. Petot*, Paris, 1959, 107—120.

C. Violante, *La società milanese nell'Età precomunale*, Bari, 1953.

其他用来辅助拉丁文解读的著作

A. Grabar, « Le thème religieux des fresques de la synagogue de Doura-Oropos » in *Revue de l'Histoire des Religions*, 123, 1941.

W. Seston, « L'Eglise et le baptistère de Doura-Europos », in *Annales de l'Ecole des Hautes Etudes de Gand*, I, 1937.

D. Savramis, «'Ora et labora' bei Basilios dem Groszen », in *Mittellateinisches Jahrbuch*, II, 1965 (Festchrift für K. Langosch).

H. Dörrie, « Spätantike Symbolik und Allegorie », in *Frühmittelalterliche Studien*, 3, 1969.

W. Rordorf, *Der Sonntag. Geschichte des Ruhe und Gottesdienstages im ältesten Christentum*, Zurich, 1961.

K. Bücher, *Arbeit und Rythmus*, 6e éd., Leipzig, 1924.

E. Castelli (éd.), *Tecnica e Casistica* (Convegno del Centro Internazionale di Studi Umanistici et dell'Istituto di Studi Filosofici), Rome, 1964 : E. Benz, *I fondamenti cristiani della tecnica occidentale* (p. 241—263) et M. De Gandillac, *Place et signification de la technique dans le monde médiéval* (p. 265—275).

G. Boas, *Primitivism and Related Ideas in the Middle Ages*, Baltimore, 1948.

J. Leclercq, « Otia monastica ». *Etudes sur le vocabulaire de la vie contemplative au Moyen Age*, Rome, 1963.

K. Weber, « Kulturgeschichtliche Probleme der Merowingerzeit im Spiegel des frühmittelalterlichen Heiligenleben », in *Mitteilungen und Studien zur Geschichte des Benedikterordens und seiner Zweige*, 48, 1930.

F. Graus, *Volk, Herrscher und Heiliger im Reich der Merowinger. Studien zur Hagiographie der Merowingerzeit*, Prague, 1965.

F. Prinz, *Frühes Mönchtum im Frankenreich. Kultur un Gesellschaft in Gallien, den Rheinlanden un Bayern am Beispiel der monastischen En-*

twicklung (4. *bis* 8. *Jahrhunder*), Munich, 1965.

J. Werner, « Waage und Geld in der Merowingerzeit », in *Sitzungsberichte der Bayerischen Akademie der Wissenschaften*, Phil.-Hist. Kl., 1954, I.

J. Werner, *Die archäologischen Zeugnisse der Goten in Sudrussland, Ungarn, Italien und Spanien*, 概要见 Settimane di Spoleto, III (*I Goti in Occidente*, 1955), Spolète, 1956, p. 128.

J. Werner, *Fernhandel und Naturalwirtschaft im östlichen Merowingerreich nach archäologischenund numismatischen Zeugnissen*, in Settimane di Spoleto, VIII (*Moneta e scambi nell' alto medioevo*, 1960), Spolète, 1961.

A. H. Krappe, « Zur Wielandsage », in *Archiv für das Studien der neueren Sprache und Literatur*, 158, 1930.

129 K. Hauck, « Vorbericht über das Kästchen von Auzon », in *Frühmittelalterlichen Studien*, 2, 1968.

H. R. Ellis Davidson, « The Smith and the Goddess. Two Figures on the Frank Casket from Auzon », in *Frühmittelalterlichen Studien*, 3, 1969.

H. R. Ellis Davidson, « Wieland the Smith », in *Folklore*, 69, 1958.

P. Buddenborg, « Zur Tagesordnung in der Benediktinerregel », in *Benediktinische Monastschrift*, 18, 1936.

G. Fasoli, *Aspetti di vita economica e sociale nell' Italia del secolo VII*, in Settimane di Spoleto, V (*Caratteri del secolo VII in Occidente*, 1957), Spolète, 1958.

F. L. Ganshof, *Quelques aspects principaux de la vie économique dans la monarchie franque au VIIe siècle*, *ibid*.

F. Vercauteren, *La vie urbaine entre Meuse et Loire du VIe au IXe siècle*, in Settimanedi Spoleto, VI (*La città nell' alto medioevo*, 1958), Spolète, 1959.

R. Latouche, *Les Origines de l' économie occidentale*, Paris, 1956.

U. Monneret de Villard, « L' organizzazione industriale nell' Italia longobarda », in *Archivo Storico Lombardo*, ser. 4, XLVI, 1919.

F. L. Ganshof, « Manorial organization in the Low Countries in the 7th, 8th and 9th centuries », in *Transactions of the Royal Historical Societies*, 4th ser., XXXI (1949).

A. Verhulst, « Karolingische Agrarpolitik. Das Capitulare de Villis und die Hungersnöte von 792/93 und 805/06 », in *Zeitschrift für Agrargeschichte und Agrarsoziologie*, 13/2, 1965 (单行本, *Studia Historica Gandensia* 38, Gand, 1965).

A. Verhulst et J. Semmler, « Les statuts d'Adalhard de Corbie de l'an 822 », in *Le Moyen Age*, 68, 1962.

原始材料

所使用和引用的文字根据当今通行的校勘本。我使用了：

a)关于撒利克法兰克人的法律

K. A. Eckhardt, *Die Gesetze des Merowinger-reiches*. 481—714, Weimar, 1935.

b)关于修道院的惯例

Corpus Consuetudinorum monasticarum, Dom C. Morgand 编辑, T. I, *Initia consuetudinis benedictinae. Consuetudines saeculi octavi et noni*, K. Hallinger 编辑, Siegburg, 1963.

c)关于福尔达修道院的文书

E. E. Stengel, *Urkundenbuch des Kosters Fulda*, I, *Die Zeit er Äbte Sturmi und Baugnef* (744—802), Marbourg, 1958.

d)关于农庄(*de villis*)契约集见 Benjamin Guérard 著名的 *Explication*, Paris, 1853。

e) Lawrence Stone, *Sculpture in Britain. The Middle Ages* (The Pelican History of Art), 1955, p. 10—11 及插图 2 的鲁特维尔十字架。

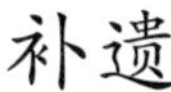

补遗 130

我利用再版这篇文字的机会读了两部我之前在解读时不知道的著作：

P. M. Arcari, *Idee e sentimenti politici dell' Alto Medioevo* (Pubbl. Della Facoltà di Giurisprudenza dell' Università di Cagliari, Ser. II, vol. I), Milan, 1968.

P. Sternagel, *Die Artes Mechanicae im Mittelalter. Begriffs und Bedeutungsgeschichte bis zum Ende des 13. Jahrhunderts* (Münchener Historische Studien. Abt. Mittelalterliche Geschichte, II), 1966, 蒙我的好朋友罗尔夫·施普兰德尔教授在斯波莱托研讨周上向我指出这本书。

但是我未来得及使用 Renée Doehaerd 的重要著作 *Le Haut Moyen Age Occidental. Economies et sociétés*, Paris, 1971。

中世纪早期(5—6世纪)文献中的农民与乡村世界 131

要确定这一提纲的界限，有三点预先的见解是必要的。

1. 提纲的时间框架是非常局限的。斯波莱托研讨周所探讨的中世纪早期阶段包含一个漫长的时间段，大致从5世纪到11世纪，有时超过11世纪。我知道文献的缺乏本身显示出这个时代延续历史的工具稀少而那时结构演进的缓慢，迫使我们去研究一段在长度上被拉伸的历史，使我们对于这几个世纪无法采用我们对其后历史采用的精细的编年。所以在此我很抱歉将我的研究局限于两个世纪——5和6世纪，有几处涉及7世纪，对于其他阶段的历史研究而言这可能会被看作逾越了。但是必须提醒大家，我们所研究的时期是个体生命短暂而集体生活缓慢的时期。

以下是这一选择的理由。首先我对这一时代文献的熟悉超过后面几个世纪。再者，在心态与敏感度层面，这个阶段是我们称作中世纪的这个时期的那些主要主题被提出来的时代。我们可以将E. K. 兰德使用的术语用于这个时代的几个显著特征，称这个时代为孵化中世纪的智性与精神的奠基、基础时期[1]。作为我发言的主

1 E. K. 兰德:《中世纪的奠基者们》，剑桥，1928。

132 要证据，我参考几部重要著作：5 世纪中期萨尔维安的《论上帝的指引》(*De gubernatione Dei*)中对于蛮族大入侵结束后社会的主要思考[2]，6 世纪两部布道文献的杰作，世纪初的阿尔的塞泽尔的布道文[3]，接近世纪末布拉加的马丁的《论对农民的训诫》(*De correctione rusticorum*)[4]，以及 6 世纪末唯一的当代编年史即图尔的格雷瓜尔的《法兰克人史》(*Historia Francorum*)[*]，一些圣徒行传的见证，首先仍是图尔的格雷瓜尔在《神迹》(*Miracula*)、《忏悔者的荣耀》(*Liber de Gloria Confessorum*)、《诸圣父行传》(*Vitae Patrum*)[5]中的见证，大格列高利教皇在其《对话集》中尤其是在第二卷关于圣本笃的见证，[6]还有最后关于作为诗人代表的圣浮图纳的见证[7]。

2. 我的发言并不是要描写农民们在 5 和 6 世纪文献中的样子。如果这样做的话，对此的陈述应当简短，稍后我们将知道为什么。我想通过我的主题至少提出文献与社会之间关系的问题。这一关系并不简单。出现在文献(或者图像表现，它们有时是以相似形式，有时以不同形式，因为文献与造型艺术往往有自身主题上的特性)中社会的形象与它来自于的整体社会、与领导社会的统治阶

2　MGH，AA，I 和 M. 佩莱格里诺：《马赛的萨尔维安：批评研究》，2 卷，罗马，1939—1940。

3　《布道文》，G. Morin 校勘，《圣塞泽尔全集》，一，1937；第 2 版，1953。《基督教文献汇编：拉丁语系列》，103。

4　《全集》，C. W. 巴洛编辑，《美国罗马学院的论文和专论》，12，1950。

*　商务印书馆译本为都尔主教格雷戈里《法兰克人史》，1983。——译者

5　MGH，SRM，1—2。

6　《对话集》，U. 莫里卡编辑：《意大利历史史料》，57，1924。

7　《颂歌》，见 MGH，AA，4—1。

层、与建立这形象的那些有限群体,与那些描绘它的那些作者维系着一些复杂的关系。为了简化问题和不耽搁于一些理论上的大道理,我们姑且说这一形象同时是对真实社会的一种表述、一种反映、一种升华或者说一种掩饰。如果略加修辞手法地说,文献可被定义为社会的镜子,当然这是一面依据照镜子的集体灵魂有意或无意的愿望,依据制造镜子并用它来鉴照社会——至少反映能够看清即能够进行解读的这部分社会,但它幸好也是我们的镜子,我们这些后世的人有更好的装备来看清和读解这种幻影机制——的社会群体的利益、偏见、敏感度、神经敏感点而多少有些变形的镜子。文献为社会和文明史研究者提供一些无意识的意象(imagos) 133
而非一些形象(images),因而迫使历史学家尝试成为集体性过去的心理分析师[8]。文献递给我们的这面社会的镜子有时可能是一面没有镀汞的镜子,影像透过它消失遁形,被镜子制造者隐去。早期中世纪文献中的农民和乡村世界便是如此。

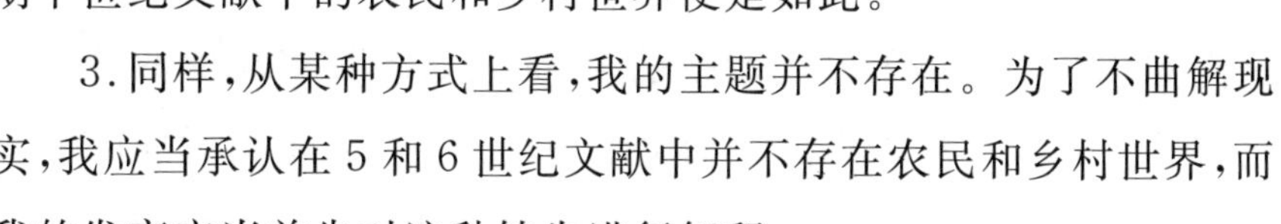

3.同样,从某种方式上看,我的主题并不存在。为了不曲解现实,我应当承认在5和6世纪文献中并不存在农民和乡村世界,而我的发言应当首先对这种缺失进行解释。

这种缺失是令人吃惊的,矛盾的。这次研讨周的所有发言都显示和证明西欧中世纪早期史的最深层现实便是经济与社会的乡村化。土地变成物资、财富、权力的主要来源。这一首要现象的参与者们并不出现于这一时代的文献中。甚至于他们在起了作用之

8 见A.杜邦:《集体心理历史的问题与方法》,载于《年鉴》,1961和A.贝桑松:《历史和心理分析》,同前,1964。

后就淡出了，即便没有起到他们在希腊语和拉丁语文献中的重要人物的首要作用。这一点不仅仅适用于广大农民。不论教会还是世俗的，主人（dominus）从 5 世纪开始首先是指土地拥有者，在那个时代文献中却从来不以这一形式出现。尝试去解释 5 和 6 世纪文学中这种对乡村社会的掩盖，更确切地说是对农民社会的掩盖，这是本次陈述的首要点。

接下来我将尝试找出以多种伪装形式消失于中世纪早期文献中的农民。

*

农民（agricola）是古代拉丁语文献的重要人物，我们可以说拉丁语就是一种农民的语言[9]，农民不但在共和国时期的经济－道德专论中出现（瓦罗的《论农事》*、加图的《论农业》**），也以一种
134 被理想化的形式出现于田园牧歌中（尤其是维吉尔和他的继承者的作品中），但却从中世纪早期文献中消失[10]。在帝国时期的乡村经济专论中，在科卢梅拉（Columelle）的以及帕拉迪乌斯（Palladius）的著作中，农民已经隐去。如同 E. R. 库尔提乌斯所指出的，田园牧歌（在此我对于农民与牧人之间的区别不多耽搁，这或许也是值得思索的）在基督教社会中迅速衰退[11]。

9　J. 马鲁佐：《语言学术语词汇表》，第 2 版，1943。

*　拉丁文：*De Re Rustica*。——译者

**　拉丁文：*De Agricultura*。——译者

10　见 W. E. 海特兰：《农民》（Agricola），剑桥，1921。

11　E. R. 库尔提乌斯：《欧洲文学与拉丁语的中世纪》，法译本，1956，p. 562。

但是在 4 世纪庞波尼乌斯(Pomponius)曾做此尝试,尤其是恩代莱丘斯(塞韦鲁斯·桑图斯)在关于 395 年发生的一场动物瘟疫、一场牛"瘟"的一首道德田园诗中表现两个农民,他们多少具有象征意义,一个是异教徒,一个是基督徒[12]。随后,要等到加洛林文艺复兴,泰奥迪勒的田园诗在 10 世纪取得成功[13],其证明便是该书列入 12 世纪出希尔索的康拉德的书目和拉伯雷著作中泰奥德莱这个人物,但似乎这成功主要属于人文主义学者的书面传统。浮图纳的诗里铺展开——确切地说是充斥过时的套语——古代晚期(*tardo antico*)的乡村,他的诗里空无一人,没有农民。他送去给拉德贡德的水果像是由上帝和自然生产的,而未经任何人力的介入。不仅乡村形象变成纯粹象征性和模式化的(比如主教获得"羊群的牧羊人"* 隐喻意义),而且在《圣经》中仍然那么普遍的、在阿尔的塞泽尔作品中仍然常见的那些形象在 6 世纪文学中越来越稀少。在中世纪前夕的文学中农民与乡村世界的这种缺失由何而来?

种植业者无疑不再有确保他在以前时代文献中成功的经济、社会和精神背景的支持。

1. 中世纪早期意识形态不赞同劳动,尤其不赞同旨在保证简单生存的卑微劳动,在中世纪社会艰难诞生的前夕,人类的劳动缩

12 塞韦鲁斯·恩代莱丘斯(Severus Endelechius):《圣徒教父大文库》[*Bibliotheca mamima Sanctorum Patrum*],VI,376。

13 关于泰奥迪勒及其命运,见格勒博:《罗曼语文学概要》,II,755 和 1067;G. L. 汉密尔顿的文章,见《现代语文学》,7,1909,169;P. 冯·温特费尔德:《中世纪德国拉丁语作家》,1922,480 页及以下。

* 拉丁文:pastor gregis。——译者

135 减为这种简单生存。匮乏本身无疑导致人们赋予某种价值由劳动所产生的改善[14]，但不利于劳动的三重遗产影响着对劳动的精神态度：

古希腊-罗马的遗产，是由一个依靠奴隶劳动生活并以悠闲(otium)为傲的阶级所塑造的；

蛮族的遗产，属于习惯从战利品中获得大部分生活来源和偏爱军事生活方式的武士集团；

更严重的是，在这个基督教化的社会中，犹太教－基督教的遗产强调静修生活的优先性[15]，认为不从上帝那里期待自己物质需要的满足是一种罪孽、一种人类对上帝的信心的缺乏。以致阿尔的塞泽尔要反驳一些人的反对[16]，他们提醒人类供给自己食物、衣服、住房的必要性，他们援引圣保罗的文字，尤其是《帖撒罗尼迦后书》中的句子，从11世纪起这句话是重新重视劳动的倡导者们的基础论据：若有人不肯作工，就不可吃饭。

无疑圣本笃在以他名字命名的戒律中要求从事体力劳动，但是那是一种赎罪形式，是对由于原罪而加诸人类的赎罪律法的一种服从。

2.虽然仍然有些自由农民、小地产主在各处得以保留，也许比

14　见P.格罗西的文章，载于《中世纪早期的农业与乡村世界》，意大利中世纪早期研究中心研讨周，XIII，斯波莱托，1971。

15　从8世纪中期以来的抄本证明波梅利乌斯的《论静修生活》[*De Vita Contemplativa*]的成功，他是阿尔的塞泽尔的老师（见M.L.W.莱斯特纳：《论静修生活及其后世抄本在中世纪的影响》，载于《乔瓦尼·梅尔卡蒂纪念论文集》，II，1946，344—358。这一专论更好表达了5世纪末西方精神导师们的心态）。

16　前引书，布道文45，p. 201。

人们所说的更加广泛地保留下来[17],但他们的经济与社会影响力变得几乎可以忽略。农民的社会与法律现实,便是奴隶(servi)、农奴(mancipia)、佃农(coloni)的现实,萨尔维安在中世纪前夕很好描写了他们在社会意义和意识形态意义上遭贬斥的处境。大概因为他认为罪孽中的蛮族要比基督徒更可以原谅,他认为老板或主人的错误比佃农(colonus)或奴隶(servus)更重[18]。但他承认奴隶们集体的罪责——可以肯定的是奴隶们是邪恶的和令人厌恶 136
的——并且认为这一阶层无一例外地都是有罪的,虽然他也同意在上层阶级中存在罪过[19]。他已经同意并推出农民阶级的无差别的丑恶面目,它将是中世纪西欧农民的面目。

3.然而农民在中世纪早期文献中的消失并非是这个社会阶层特有的。这种消失从属于现实主义尤其是社会与人文现实主义在文学和艺术中的全面衰退。让我们想想造型艺术尤其是艺术中人体造型几乎完全的消失。

现实主义并非是“自然的”,首先它不是一种新视角的产物,而是一种视觉、精神和文化征服的产物。原始艺术是抽象的,而中世纪早期便是各种原始风格的爆发。教会用一个象征、符号的世界代替异教的现实主义。教会否认人类相对于上帝和彼岸的实质性。将一些新的选择标准强加于对社会的表现。这或许是一种基本的两元论:教士-俗世、强权者-卑微者(后一种区分真的有厚重

17 见 Cl.桑切斯-阿尔伯诺斯的文章,见研讨周,XIII,1971。

18 见 M.佩莱格里诺:《马赛的萨尔维安》,p. 102 和 172—173 和 G.施特恩贝格:《马赛的萨尔维安的著作中反映的 5 世纪基督教世界》,载于《神学研究与批评》,82,1909。

19 M.佩莱格里诺,前引书,p. 167。

的社会内容，我们以后会再次谈到）。这主要是一些纯粹宗教性的图式结构，摧毁按照功能来组织的社会的那些传统形象，按照一些对应于宗教目的的誓愿来重新加以塑造。比如，公元 590 年罗马城的社会，无疑是一个城市社会，但那里的经济与职业阶层已经被清除。大格列高利教皇将那时被一场黑鼠疫消灭了十分之一人口的罗马人排成七支赎罪祭礼队列：俗间神职、男性修会教士、隐修院修女、儿童、男性世俗人、寡妇、已婚妇女[20]。或者说社会被等同于，被简化为一些罪孽的群体：卡西安说的 8 宗大罪，大格列高利教皇说的 7 宗大罪，7 世纪中期伪西普里安的 12 恶习[21]。虽然有
137 可能提前说出后文的结论，我们应注意在最后这份清单中我们的农民化身为穷人，是由一宗大罪代表的，即骄傲，不愿停留于自己卑微地位的渴望，这种社会意义的野心便是僵化于各个等级之中的社会中的大罪。

但是这种普遍的非造型的倾向尤其影响到农民，如同在萨尔维安的著作中，奴隶们（servi）的群体构成无名的罪孽群众，没有任何例外，没有可得到拯救的个体性。最近一篇关于墨洛温王朝

---

20 对场面的完整叙述和大格列高利教皇给图尔的格雷瓜尔的信件，见《法兰克人史》，X，I。

21 以下是伪西普里安中的清单：*sapiens sine operibus*，*senex sine religione*，*adolescens sine obedientia*，*dives sine elemosyma*，*femina sine pudicitia*，*dominus sine virtule*，*christianus contentiosus*，*pauper superbus*，*rex iniquus*，*episcopus neglegens*，*plebs sine disciplina*，*populus sine lege*[知而不行、老而无教、年少而无服从、为富不仁、女性无廉耻、主人无德、好争斗的基督徒、傲慢的穷人、不公正的君王、麻木不仁的主教、无纪律的平民、无法律的民众]。见黑尔曼：《关于 12 宗世俗恶习的伪西普里安：早期基督教文献的文本与研究》，34，1。

武士的研究的作者[22]写到唯有教士与武士可以作为墨洛温时代人类的类型得到把握。不论是自由的还是不自由的，早期中世纪农民深深受到蔑视。奴隶(servus)不可进入教团[23]，但即使是自由农民，仅仅因为他没有受过教育，只有很少机会进入教会，哪怕是仍然比较松散的有些无政府性的修道院修会，修会里招募的农民似乎少得可怜[24]。弗朗提谢克·格劳斯在他刚刚发表的研究墨洛温王朝社会的杰出著作[25]中提到，要等到13世纪教会才将一位农民封为圣徒，才有了一位农民圣徒。

*

然而对于这些似乎在中世纪最早期文献中缺失的被排挤的农民，一种新的关注视角可以在各种伪装下重新发现他们。

1. 在那个首先是福音传教和乡村传教的时代，农民首先作为乡下人(*pagani*)，作为异教徒* 重新出现[26]。

人们可能会对 *paganus*(乡下人;异教徒)这个词的意义与影响进行争论。

22 J.P.博德默尔:《墨洛温王朝的武士及其世界》,1957,p. 137。

23 C.M.菲格拉斯:《论格拉蒂安法令之前进入教团的障碍:作品与文献》[*De impedementis admissionis in religionem usque ad Decretum Gratiani, Scripta et Documenta*],9,蒙塞拉,1957。

24 G.彭科:《早期修道团体的社会构成》,见《修道院研究》,4,1962。

25 F.格劳斯:《墨洛温王朝的民众、领导者和圣徒:对于墨洛温时代圣徒行传的研究》,布拉格,1965。

* 法文异教徒(païens)来自拉丁文乡下人(pagani)。——译者

26 见J.F.勒马里涅文章,见斯波莱托研讨周,13。

人们可能与米歇尔·罗布兰[27]一样承认这个词仅仅具有拉丁文 *gentilis*(家人;国人)的意思,希腊文 ἐθνικός(民族)以及希伯来
138 文 *goy*(民族)的意思,“异教信仰不等于乡村性,这个词的使用仅仅归因于基督教词汇的希伯来语起源”。

但是,从5世纪开始,对于基督教作者们来说异教徒(*pagani*)主要是农民,农民便是异教徒。卡西奥多尔和塞维利亚的伊西多罗通过他们没有任何学术价值的词源游戏成为某种心态现实的担保。无人不知 pagani(异教徒农民们)的名称来自 villa(地产,农庄)取得名字,因为人们在希腊语中用 pagos 来称呼拉丁语的 villa,卡西奥多尔在《对雅歌的解释》(*Expositio in Canticum Canticorum*)中写道,而塞维利亚的伊西多罗在《词源》(Etymologiae,VIII,10)中说 pagani(异教徒农民们)的名称来自雅典人的 pagi,是他们出生的地方。的确在一些乡村地方和一些 pagi(农庄)那里,他们建立异教徒和偶像崇拜的圣地。在整部《圣马丁行传》(*Vita Martini*)中“严厉者”叙尔皮斯将 rustici(农民)等同于 gentiles(族人,乡下人)和 pagani(农民、异教徒)。浮图纳在他为同一位圣徒所作的行传中也同样处理。比如他写道,一群农民组织人们拆毁那些亵渎上帝的神庙,还有当他想要拆毁埃德昂斯人的神庙,乡下没文化的农夫们组织他这样做[28]。

异教徒农民(rusticus paganus)既留恋农民那些的古老迷信又留恋古罗马宗教制度化的有组织的异教信仰。阿尔的塞泽尔和

27　M.罗布兰:《异教信仰与乡村性》,《年鉴》,1953,p. 183。

28　“严厉者”叙尔皮斯:《圣马丁行传的书信与祈愿》,8章与14章;浮图纳:《圣马丁行传》MGH, AA, 4—1, p. 300, 321, 325, 326。

布拉加的马丁对此有见证[29]。对于《论对农民的训诫》(*De correctione rusticorum*)中揭露的农民的迷信,一些人种志研究可以证明直到伊比利亚半岛东北现当代农民社会的一种恒久性[30]。

这涉及民俗学的问题,所以也是从这一侧面提出的中世纪早期文献中农民文化的问题。但是在这一点上,除了农民对教士不自觉的反噬,似乎更多涉及的是将从农民文化背景中脱离和挪用的一些民俗元素简单地用于别的目的,即传教的目的[31]。

然而此外还有中世纪早期西欧乡村化的问题,中世纪早期被 139
看作原始的或称前罗马时代的技术、社会结构、心态重新出现的一个时代,看作潜在的对改变具有很大抗拒的传统的农民结构显露的时代[32]。

中世纪早期的农民就是重新出现的几乎还不算是人的怪物,后来中世纪文学继续让他出现于在森林中迷路的青年贵族和骑士们面前,农民-樵夫重新处于晦暗而粗犷的氛围中,他是长着野猪头两眼远离的贱民,目光如兽,出现在奥卡辛或者朗斯洛面前[33]。

---

29 见 P.波埃塞:《阿尔城居民的迷信与塞泽尔的收集》,马堡,1909。W.布德里奥特:《5—11 世纪教会官方文献中的古日耳曼宗教》,《普通宗教史研究》第 2 辑,波恩,1928。S.Mc.肯纳:《西哥特王国沦陷前西班牙的异教信仰与异教遗存》,美国天主教大学,华盛顿,1938。

30 路易·查韦斯:《6 世纪与当代仍有活力的习俗与传统:布拉加拉·奥古斯塔》,8,1957。

31 这是 F.格劳斯的观点,见前引书,p. 197 及其下内容。

32 见 A.瓦拉尼亚克:《传统文明与生活方式》,1948。

33 见 K.J.霍利曼:《在中世纪早期期间法国封建制词汇的发展(语义研究)》,1957,在 p. 164 注解 54 中引用"一些对农民的骇人描写",见 H.塞:《中世纪法国农村阶层和领地制》,1901,p. 554 和 J.卡尔梅特:《封建社会》,第 6 版,1947,p. 166—167。他将这些对农民的描写与武功歌中对异教徒的描写进行对比。见 J.福尔克:《关于武功因此,即使成了基督徒,农民仍是首选的罪人。我们甚至不用说奴隶(servus),他代表着人类对于罪恶的奴颜婢膝[34],他是罪孽的奴隶(servus peccati)。所有农民(rustici)都成为最典型的罪人,天生的本性使然的恶徒。阿尔的塞泽尔通常在他的布道中不作人物区别,不赋予罪人任何个性和任何社会特性,他却对三个阶层例外:教士们,他们的罪过因为他们的地位而更加严重,但此中涉及的却是极少数不称职的教士;商人们,但他们只代表6世纪初高卢南部的一个非常有限的群体;最后是农民们,他们似乎注定于某些罪孽,某些恶行。

比如农民们(rustici)是最典型的淫荡者和酒鬼[35]。还有更厉害的。认为那些性病是罪孽的标志和惩罚,在这种心态形成的时
140 代,农民们比其他人更多遭受营养不良、卫生缺乏、身体缺陷,因此他们显露出他们的根本上败坏的本性。儿童的麻风病是父母淫荡的征兆,按照塞泽尔的看法,麻风病人主要是农民,因为农民们是在淫荡中生子[36]。

歌的社会研究》,1899;S.L.加尔潘:《典雅与村鄙》,论文,纽黑文,1905。见1100前后"人文"诗人的表述,引文见E.R.库尔提乌斯,前引书,p. 142,注解1:"可被称作羊群的农民们"(*Rustici, qui pecudes possunt appellari*)。

34　见K.J.霍利曼的值得关注见解,前引书,p. 72"主人-奴隶的对立在拉丁词汇中是根本性的,宗教上的使用模仿这一对立;这些用法不改变这一对立,而是丰富它,通过对之补充一种特别用法"。

35　G.莫兰,前引书,布道文44,p. 199和布道文47,p. 215。

36　*Denique quicumque filii leprosy sunt, non de sapientibus hominibus, qui et in aliis diebus et in festivitatibus castitatem custodiunt, sed maxime de rusticis, qui se contenere non sapient, nasci solent*["实际任何麻风病儿童,他们通常不是有理性的人生出的,即那些在节日和其他日子都保持贞洁的人,他们多数是农民的孩子,这些人不懂得克制"],前引书,199。

2.农民,也是穷人,即 pauper,更常见的是以彼此越来越少差别的群众形式出现的 pauperes(复数穷人)。有时我们难以肯定说穷人等于农民,很难从文本中的穷人们中区分城市贫民和乡村贫民[37]。比如在图尔的格雷瓜尔的作品中,高卢似乎仍旧城市化程度很高,但同时城市人口与乡村人口实际上从不作分别。一种征兆?布拉加的马丁虽然观察着眼前的农民社会写作《论对农民的训诫》,但他也许除了阿尔的塞泽尔的那些布道文之外,还以圣奥古斯丁的《论给愚鲁人讲授教理》(*De catechizandis rudibus*)为样板[38]。然而圣奥古斯丁却将要进行教化的信徒区分为:"人数稀少的或人数众多的,有知识的或无知的,市民或农民"。无疑城里人(urbanus)和农民(rusticus)倾向于具有人们后来看到的文明人及无文化的人的引申意义,但是作为对城乡对立的指涉,在圣奥古斯丁思想中仍然清晰的这一区分在布拉加的马丁的作品中却不再出现。

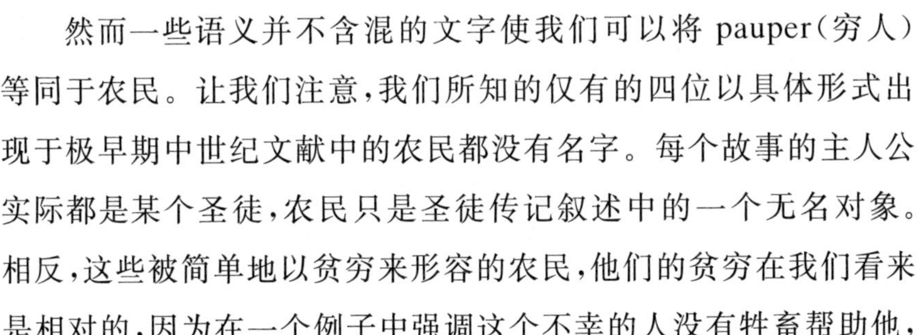

然而一些语义并不含混的文字使我们可以将 pauper(穷人)等同于农民。让我们注意,我们所知的仅有的四位以具体形式出现于极早期中世纪文献中的农民都没有名字。每个故事的主人公实际都是某个圣徒,农民只是圣徒传记叙述中的一个无名对象。相反,这些被简单地以贫穷来形容的农民,他们的贫穷在我们看来是相对的,因为在一个例子中强调这个不幸的人没有牲畜帮助他,

---

37 关于 pauper 在中世纪早期的意义,见 K.博斯尔:《权势者(potens)与穷人(pauper):纪念奥托·布伦纳》,1963,p. 60—80(再版收入《中世纪欧洲社会早期形式》,1964)和 F.格劳斯,前引书,p. 136—137。

38 米涅:PL,XL,310—347。

另外三个却拥有牛。但是除了 pauper 这个词表示他们的社会地位,在任何一例中他们的法律地位都没有被明确。

前三篇文字是图尔的格雷瓜尔的。

141 在第一例中,一个赶路的神父向利马涅的一个农民要求借宿一夜——ad hospitiolum cuiusdam pauperis Limanici mansionem expetit(请求在一个利马涅穷人家过夜)。这位农民在天亮前就起床去森林中砍柴,按照农民的习惯,即确定 pauper(穷人)= rusticus(农民)等同关系的东西,他向他妻子要面包作早餐。他请求神父为这块面包赐福,从神父身上得到一些圣体饼(eulogiae),他带在身上,这些饼可以使他战胜魔鬼的进攻,当他赶着牛和车过桥的时候魔鬼会试图将他推进水里去[39]。

在第二例中,一个穷人丢失了他用来耕作的牛(quos ad exercendam culturam habebat),在梦中他看到圣热内斯指给他通往森林道路上的地方,他在那里将找到牛,然后用它们神奇地运送一大块大理石到这位圣徒坟墓的地方,这座坟墓将成为一个有神迹的地方[40]。

第三个文本仍然展示给我们一个被称为穷人的农民,他的所有财产是两头牛(erat enim quidam pauper habens duos boves ad exercendam culturam suam, nec ei erat alia possessio...)*。一个窃贼偷走了他的牛,他通过去圣费利克斯的坟墓朝圣而找回

---

39 图尔的格雷瓜尔:《忏悔师的荣耀》[*Liber in Gloria confessorum*],MGH,SRM,1—2,766。

40 同前,p. 533。

* “是个拥有两头牛来种田的穷人,没有别的财产。”——译者

了牛[41]。

第四个文本是最优美的,实际上是加洛林王朝时期写作的一则墨洛温王朝圣徒传。它展现出一个矮子,一个没有牛的穷苦农民,圣西吉朗遇到他在独自拉一部粪车(accidit... ut quendam homunculum es ruricolis unum videlicet plaustrum fimo honustrum sine cuiuspiam animalis auxilio cum vi nimia trahentem conspiceret...)*。圣人动了怜悯心,召唤农民:“噢,可怜的穷人,你没有牛帮忙……”。他与农民一起拉车,工作完成后给了他三个金币买牛……。这段文字富于经济层面的信息,虽然这些信息难于确定和解释。这段文字提供给我们的是早期中世纪文献中几个少有的农民形象中最具体的最具人性的[42]。

但是这位穷人(pauper)在这些文本中是作为墨洛温王朝圣徒传中那些圣人的一个关心对象出现的,他是大格列高利教皇作品 142
中农民的同类,一个哥特人拷打这个农民想让他说出财产的隐藏处,他逃到圣本笃身边[43],他实际上被社会上层看作一个东西和一种危险。

他首先是富人或圣徒的简单陪衬。他的唯一存在理由是提供给他们一种灵魂得救的工具、机会。在这个精神得救最重要的社会里,在统治阶级也将此作为一种首要关注的这个社会里,穷人可

41 同前,p. 558。

* “他下来……这时看到一个矮子一个种田人竭尽全力地拉一部装粪的大车而没有任何牲畜协助”。——译者

42 MGH, SRM, III, p. 623。

43 《对话集》(*Dialogi*),II,31。

以使富人或圣徒向他施舍和自我救赎。他被大人物的慈善物化了，在“Gegenstand”（物件；对象）这个德文词的所有意义上他都是一件东西，稍后时代里他也只是能艰难地获得作为一个社会等级、一个阶层（Stand）的尊严[44]。阿尔的塞泽尔将之定于为仅仅因为富人才存在的：实际为了让所有人都拥有救赎自己罪行的手段，上帝才允许在这世界上存在穷人[45]。

但他也是一种危险。农民阶级便是中世纪早期的危险阶级。早在古代与中世纪交接之际，多纳教徒起义和巴高达起义很好证明了这一点[46]。这些半野蛮状态的农民，可以在丰特内尔修道院院长圣旺德里耶的传记中看到他们：“来到一些非常糟糕的农民中间，他们不畏上帝，没有任何像人的东西，一场冲突发生了[47]”。

那些伪先知（pseudoprophetae），民间的宗教领袖主要从农民大众中招收信徒。这些敌基督（Antéchrists）正是从农民阶层中出现，在这个灾祸与生存基本条件恶化滋养出一次启示录末世论和千禧至福说流行的时代，敌基督的形象与活动得到了明确。仍然是大格列高利教皇在6世纪大鼠疫的灾难氛围中[48]提到这些农民

44　J.赫夫纳：《中世纪德国的农民与教会》，帕德博恩，1939。

45　布道文25，G.莫兰编辑，p. 107。关于墨洛温王朝圣徒传对于社会地位的漠然，见F.格劳斯：《封建制初期的权力与墨洛温时代圣徒传中的“解救囚犯”》，《经济史年鉴》，I，1961。

46　关于“巴高达”见萨尔维安，前引书。

Circoncellion是对公元4世纪北非多纳派教徒的称呼，他们主张废奴和废除债权。Bagaudes是高卢语“战士”的意思。——译者

47　MGH，SRM，V，15。

48　J. N. 比拉本和J. 勒高夫：《中世纪早期的鼠疫》，载于《年鉴》，1969，p. 1484—1508。

鼓动家,他们甚至到城市里让主教和富人们心神不安。

比如,公元590年,当鼠疫和饥荒肆虐高卢的时候,贝里的一 143
个农民在森林里砍柴时被一群蜜蜂蜇疯[49]。他变成流浪的预言家,穿着兽皮,由一位他称作玛丽的女性陪同,而他自认为是基督。他预言未来,治愈病人。一群农民和贫民追随他,甚至于一些神父。他的行动很快便具有革命的一面。在他预言未来的道路上,他剥夺富人,把他们的财产分配给穷人(non habentibus)。数千信徒追随他。他让一些赤身裸体跳着舞的信使宣布他的到来(homines nudo corpore saltantes atque ludentes*),我们从他们身上重新看到农民民间故事和亚当主义裸体异端的一些人物。勒皮的主教让人刺杀他,并用酷刑从那位可怜的玛丽身上得到了所有想要的招供。但是这位去世领袖的信徒们并没有被领回正道(homines illi quos ad se credendum diabolica circumventione turbaverat, nunquam ad sensum integrum sunt reversi**)。另一些敌基督在整个高卢兴起,他们的表现是同样的,挑动和引领大众,即农民阶级[50]。

3.最后农民重新作为rusticus(农民;乡下人)出现,成为无知者、文盲的同义词,面对受教育的教会精英,他代表着没有任何文

49 人们将这一民间故事细节与11世纪香槟省农民异端勒塔尔相比,见拉乌尔·格拉贝《故事》,2,11。

* “一些人赤身裸体,跳着舞并嬉闹着。”——译者

** “他曾经用魔鬼欺诈迷惑相信他的那些人,没法恢复到完全的理智。”——译者

50 《法兰克人史》,10,25。关于另一位伪先知迪迪耶(戴西代里乌斯Desiderius),前书,9,6—7。

化的大众。无疑教士们出于一些传教动机而屈从用土语布道(sermo rusticus)[51],但是在这个时代技术仅限于精英(铁匠和金银匠手工业精英、武士的军事精英、铸币者经济精英、教士知识精英),与土地财富与力量一起成为社会尊重的基础,农民在这一层面上同样是输家。他只是个粗人。

无疑塞维利亚的伊西多尔将精神上的粗鲁与社会和职业的粗糙分别开来,即 rusticitas(村气,粗鲁)和 rusticatio(乡村风格,乡
144 村劳动)[52]。在实践中 rusticus(乡下人)、农民既属于粗鲁也属于乡村劳动。在同一个词中他既是一个农民也是一个粗人。

在圣帕特罗克洛斯传中[53],对这位象征性地选择成为农民(rusticus)、牧人(pastor)的圣徒,图尔的格雷瓜尔借他兄弟之口说:"走远点,农民。你的工作是牧羊,我的工作是从事文学,因此我的职责使我更加高贵,而你的奴役让你更加卑贱。"

*

因此农民变成一种无姓名无区分的存在,仅仅是军事与受教育精英的陪衬,是教会的主要分担。

---

51 见 E. 奥尔巴赫《拉丁古代晚期与中世纪的文学语言与公众》,意大利语译本,米兰,1960。Ch. 莫尔曼《拉丁俗语,基督徒的拉丁语,中世纪的拉丁语,拉丁语研究纵览》,1952 和《意大利早期中世纪研究中心研讨周》,卷 9,斯波莱托,1961。

52 塞维利亚的伊西多尔:《区分》[*Differentiae*],PL,83,59:inter rusticitatem et rusticationem. Rusticitas morum est, rustication operas ["在村气和乡村风格之间的区别。村气是精神的,乡村风格是劳作上的"]。

53 《诸教父行传》[*Vitae Patrum*],9,1,MGH,SRM,1—2,702。西杜瓦纳·阿波里耐对农民的歧视见《书信》,1,6。

随着经济复苏，当农民再次出现于文学中，他变成 vilain *(这个词的语义演变[54]本身是耐人寻味的)，将保留出自于早期中世纪的那些贬义特征。他是作恶的、危险的、不识字的，更接近于野兽而不是人。虽然在艺术中通过一些图形表现主题比如耶稣诞生或者各月周期性的劳作，农民进入中世纪人文主义之中，但是文学往往将他排除在外或者将他放进其畸形动物寓言里。当文学变成写实主义的时候，它赋予农民在中世纪早期曾经抽象地定义过的形象，按照库尔顿的话，即中世纪的卡列班的形象。

* 中世纪的农民，这个词也有丑恶，卑贱的意思。——译者

54 K.J.霍利曼：前引书，p. 72—78。作者注意到，前引书，p. 145："在文学词汇中不曾有过某种德行是用农民这类词指称的"。关于中世纪社会阶层与语言的关系，见 G.古根海姆：《古法语中的民众语言和学者语言》，载于《1945 纪念文集》五，斯特拉斯堡大学文学系，f. 108，1947。霍利曼也注意到"农村阶层术语使用于贬义并非古法语特有"(前引书，169)。见 L.R.帕尔默：《现代语言学导论》，1936，p. 102。F.马尔蒂尼的著作《从源头到 16 世纪德国文献中的农民》，1944，没有上溯到 11 世纪之前。

二　劳动与价值体系

15 世纪帕多瓦的大学花费 147

曾经尝试对一所中世纪大学里老师与学生的“预算”给出一个大致概念的那些历史学家和学者们，他们普遍地或多或少忽略了一个因素，它的重要性和价值是肯定的：即在考试时期向学生们索要的金钱和实物的礼金。

除了传统上由新博士们在获得授课准许证（licentia docen-
di）[1]之后的宴请，这些礼物代表着一些必要花销，其数额和性质很 148

---

1 这一习俗非常古老，意味着一笔重大开支。在 13 世纪英国国王们会向某些年轻博士的这类宴会上送去一些野味或葡萄酒作为礼物。比如，1256 年亨利三世的一封信中：Mandatum est custody foreste regis de Wiechewode quod in cadem foresta faciat habere Henrico de Wengh’, juniori, studenti Oxonie, IIII^or damos contra festum magistri Henrici de Sandwic’, qui in proximo incipiet in theologia apud Oxoniam... de dono nostro[命令王家维切伍德森林的守卫者给牛津的年轻学生温格的亨利 1 桶酒，4 只鹿去老师桑威奇的亨利的宴会，他刚刚被牛津接受做神学教师……作为我们的馈赠]((《卷轴年历，亨利三世 1254—1256》，p. 308)。这不只是一种荣誉标志，更多是一种真实的补贴，通过大学资助政策重新安置一些大人物或行政机构。除了宴请，有些人想要通过一些娱乐来显示他们的慷慨，比如骑士比武、舞会等等。在西班牙，一些大学甚至向新教师要求一次奔牛庆祝（见拉什代尔：《中世纪欧洲的大学》，波威克-埃姆登编辑，1936，1，p. 230）。——这些习俗与何相关？人们可能会想到古希腊罗马的法官们显示奢华的必要——虽没有历史上的继承关系，我们可以衡量教师社会地位从古代到中世纪的上升。此外与最早的同业公会、最早的行会那些纵酒聚会（potaciones）进行比较也很重要。虽然没有刻意模仿，这中间存在着一个社会团体的重要仪式、沟通，通过它意识到团体深层的团结一致。——关于喝酒(potus)与日耳曼群体中作为

快便记入章程中[2]。

我们在此文中刊出15世纪初帕多瓦大学一位法学学生在一个抄本(梵蒂冈拉丁语抄本11503)护封上记下的花费单,该抄本内容为一门教会法课程[3]。

这些花销的细节被指明,考试的费用(examen 考试,examen privatum 个人考试)[4],授职典礼的费用(conventus 大会,conven-

---

仪式表现的"礼物"之间的关系,见M.莫斯的文章的见解,《礼物,礼物》,《纪念阿德勒研究论文集》,1924,p. 246。不管怎样,对"大学地位"的社会学-历史研究应当考虑到这些人类学资料。

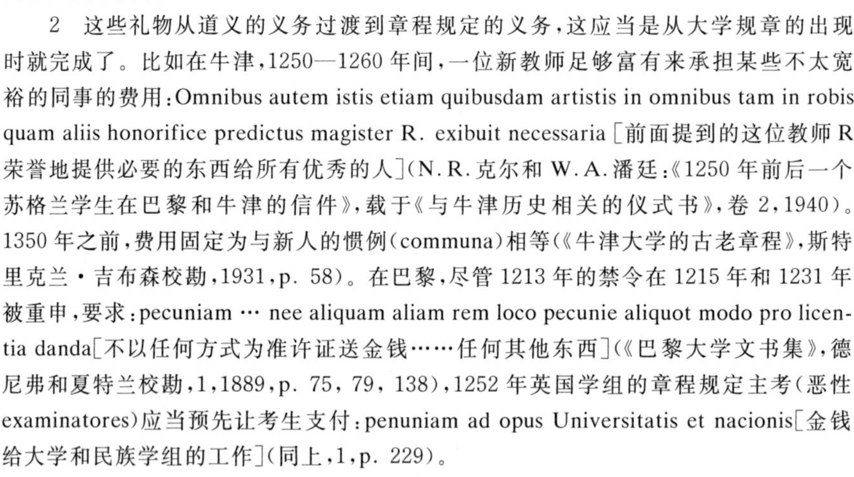

2　这些礼物从道义的义务过渡到章程规定的义务,这应当是从大学规章的出现时就完成了。比如在牛津,1250—1260年间,一位新教师足够富有来承担某些不太宽裕的同事的费用:Omnibus autem istis etiam quibusdam artistis in omnibus tam in robis quam aliis honorifice predictus magister R. exibuit necessaria[前面提到的这位教师R荣誉地提供必要的东西给所有优秀的人](N.R.克尔和W.A.潘廷:《1250年前后一个苏格兰学生在巴黎和牛津的信件》,载于《与牛津历史相关的仪式书》,卷2,1940)。1350年之前,费用固定为与新人的惯例(communa)相等(《牛津大学的古老章程》,斯特里克兰·吉布森校勘,1931,p. 58)。在巴黎,尽管1213年的禁令在1215年和1231年被重申,要求:pecuniam … nee aliquam aliam rem loco pecunie aliquot modo pro licentia danda[不以任何方式为准许证送金钱……任何其他东西](《巴黎大学文书集》,德尼弗和夏特兰校勘,1,1889,p. 75, 79, 138),1252年英国学组的章程规定主考(恶性examinatores)应当预先让考生支付:penuniam ad opus Universitatis et nacionis[金钱给大学和民族学组的工作](同上,1,p. 229)。

3　对该抄本的描述见梵蒂冈图书馆缮写员J.鲁伊舍特修士准备的目录卷,他向我指出这段文字,我们在此向他表示感谢。题目为《帕塔维尼的普罗斯多西姆和扎巴莱利斯的巴尔多洛玛对教皇教令集二卷20—30条的解读》[*Prosdocimi de Comitibus Patavini et Bartholomaci de Zabarellis lectura in libri II decretalium titulos XX—XXX*]。这些课程见folios 9—41背面(一个正反面为一个folio——译注),42背面—428背面是第一位的解读,418背面—442是第二人的。1—8包含目录和一些各类文字,我们引用的内容见f. 7。抄本作者和写作日期在f. 447。

4　关于博洛尼亚大学——帕多瓦大学也一样——的描述见拉什代尔,前引书,1,p. 224—228。

tus publicus 公众大会，doctoratus 授博士学位）[5]，这既是“大学学费”：收取的学费充实大学和学院财务[6]或者支付课堂费用[7]——也是给主考者、学校和教会当局[8]、大学职员[9]的赠礼。 149

为了更好认识这些礼物相对的重要性，我们应该提醒自己老师们生计在中世纪只是很不完善地得到保证[10]。虽然大学教师的薪金从 13 世纪起有些进步，但这些进步是困难的、缓慢的、不彻底的。这是因为大学薪金包含着对一些严重问题的解决。首先是将老师们归入继古代以来中世纪所蔑视的那些收取报酬的劳动

5　对典礼的描述见 14 世纪博洛尼亚的那些公证文书，出版于《博洛尼亚大学文书集》[*Chartularium Studii Bononiensis*]，L. 弗拉蒂校勘，1919，尤其是 p. 81。

6　这些财务机构，存入资金使用——从缴费、罚款、捐赠获得——，其作为辅助或信用组织对老师和学生所起的作用，这些研究仍待开展。这种研究对了解中世纪大学环境是非常重要的。至少有些文献存在于牛津和剑桥（见拉什代尔，前引书，p. 35—36，卷 3；斯特里克兰德·吉布森：前引书，书中各处，见索引中词条“chests”；E. F. 雅各布：《后期中世纪大学学人：生计的问题》，载于《约翰·赖兰兹图书馆刊》，卷 29，n°2，1946 年 2 月，p. 21—24）。

7　我们所研究文本提到听课者的支付的板凳的费用（pro bancalibus，pro bancis），还要新博士象征性地拥有的讲台费用（pro cathedra），敲钟的费用（pro campana），公证人办公桌的费用（pro disco），听课者支付初学者文凭的纸张费加盖图章的蜂蜡与丝绸费（pro carta，cera et scrico），付钱给乐师让他们在典礼时吹号和短笛（pro tubis et pifaris）。

8　主教颁发授课许可证（licentia docendi），严密监视大学（见拉什代尔：前引书，2，p. 15）。他的代表和主事在考试期收钱。但是教会当局没有在典礼大会（conventus）上被提及，这是一种纯粹行业性的典礼。

9　我们所研究文本中提到的公证人与教堂执事是大学世界里的重要人物，他们享有特权。在巴黎，1249 年，教师们抱怨发给这些人的钱使得大学预算赤字（《巴黎大学文书集》，德尼弗和夏特兰校勘，1，p. 376—377）。

10　见盖恩斯·波斯特：《中世纪大学中教师的工资与学生缴费》，载于《镜》，8（1932），p. 181—198。这篇有价值的文章有待补足、扩张、深化。我们在下面指出几个可以开展研究的方向。

者[11]。再者，同意将学者看作商人，哪怕是出售学问的商人[12]，同意将对于某些教会人士而言既是一种国家义务[13]也是一种高贵行

11　比如西塞罗：《论责任》[*De Officiis*]，1，42。L.格拉斯贝格的有益见解，《古代古典时期的教育》，1875，2，p. 176—180 和 H.I.马鲁：《古代教育史》，第 2 版，1950，p. 362。

12　当圣奥古斯丁放弃职业时，他说：Renuntiavi…ut scholasticis suis Mediolanenses venditorem verborum alium providerent[我通知米兰人，请他们为自己的学生另聘一位言语贩卖者]（《忏悔录》，卷 9，13 段）。我们了解圣伯纳德的句子：Et sunt item qui scire volunt ut scientiam suam vendant，verbi causa pro pecunia，pro honoribus；et turpis quaestus est[还有那些为了出售知识而想要求知的人，言语是为了金钱、荣誉；获利是可耻的]（布道文 36，见《圣歌》，注解 3）。但是圣奥古斯丁想到的是异教徒的废话，而圣伯纳德既不赞同城市教育的物质条件也不赞同其知识方法，如同他对阿贝拉尔的态度所证明的。洪诺留·奥古斯托杜南西斯却关心劳动的问题，他也写道：Talis igitur quaerendus est，qui docent：qui neque causa laudis，nec spe temporalis emolumenti，sed solo amore sapientie doceat[所以教书的人应该是这样的：既不为荣耀，也不为世俗愿望，而仅仅出于爱智慧而教书]（米涅：PL，177，99）。

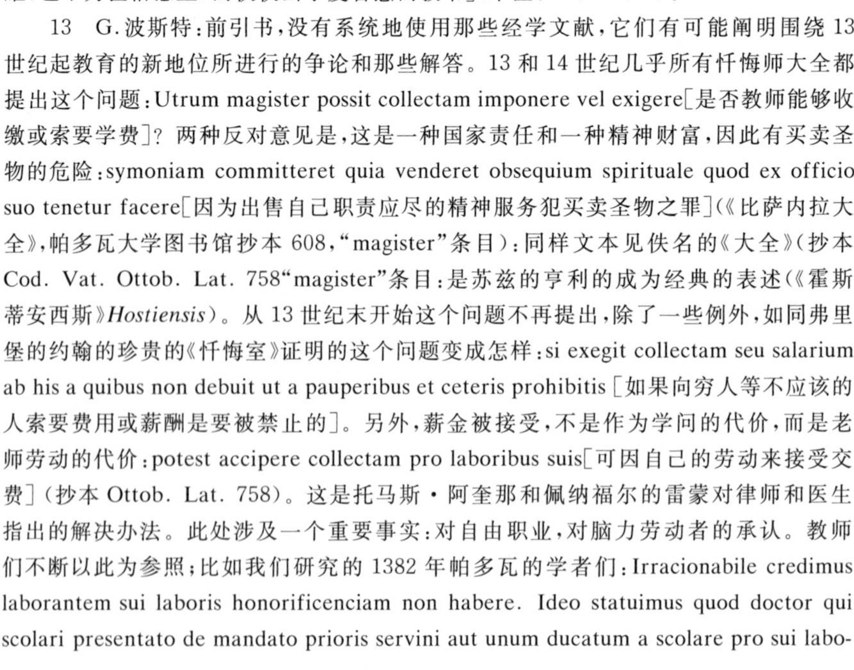

13　G.波斯特：前引书，没有系统地使用那些经学文献，它们有可能阐明围绕 13 世纪起教育的新地位所进行的争论和那些解答。13 和 14 世纪几乎所有忏悔师大全都提出这个问题：Utrum magister possit collectam imponere vel exigere[是否教师能够收缴或索要学费]？两种反对意见是，这是一种国家责任和一种精神财富，因此有买卖圣物的危险：symoniam committeret quia venderet obsequium spirituale quod ex officio suo tenetur facere[因为出售自己职责应尽的精神服务犯买卖圣物之罪]（《比萨内拉大全》，帕多瓦大学图书馆抄本 608，"magister"条目）：同样文本见佚名的《大全》（抄本 Cod. Vat. Ottob. Lat. 758"magister"条目：是苏兹的亨利的成为经典的表述（《霍斯蒂安西斯》*Hostiensis*）。从 13 世纪末开始这个问题不再提出，除了一些例外，如同弗里堡的约翰的珍贵的《忏悔室》证明的这个问题变成怎样：si exegit collectam seu salarium ab his a quibus non debuit ut a pauperibus et ceteris prohibitis[如果向穷人等不应该的人索要费用或薪酬是要被禁止的]。另外，薪金被接受，不是作为学问的代价，而是老师劳动的代价：potest accipere collectam pro laboribus suis[可因自己的劳动来接受交费]（抄本 Ottob. Lat. 758）。这是托马斯·阿奎那和佩纳福尔的雷蒙对律师和医生指出的解决办法。此处涉及一个重要事实：对自由职业，对脑力劳动者的承认。教师们不断以此为参照；比如我们研究的 1382 年帕多瓦的学者们：Irracionabile credimus laborantem sui laboris honorificenciam non habere. Ideo statuimus quod doctor qui scolari presentato de mandato prioris servini aut unum ducatum a scolare pro sui labo-

为[14]的教育看作一桩生意，哪怕是出售精神商品[15]。最后，即便同 150
意忽略这些神学或者心理的障碍，却仍需了解是谁来付钱给教师
和如何支付。鉴于权力被世俗政权[16]侵占和教育在其人员、方法、
精神、结果[17]上相对的世俗化在中世纪期间不断加剧，帕多瓦大学
是一个极好的例子。在两个多世纪里，它的活动根植于它与博洛
尼亚大学的竞争的框架中。在其成员数量和其教育的大部分依赖
于博洛尼亚的流动人员，它很早就得到帕多瓦市的支持，该市将大
学看作一个荣誉和盈利的源泉，因为一座大学意味着一个市场[18]、 151

---

ris honore percipiat [劳动却没有自己劳动的报酬我们认为不合理。因此我们认为受聘给学校授课的教师得到 3 磅糖果和 4 罐葡萄酒或 1 个金币作为劳动酬劳](见《法学院章程》，格洛里亚校勘，《威尼托大学学刊》，s. VI, VII—I, p. 393)。

14 教师们自己在要求劳动者工资的同时，要求声誉应得的尊重。哈斯金斯《中世纪文化研究》，p. 55 引用的一个抄本说：Nec magistri ad utilitatem audiunt, legunt, nec disputant, sed ut vocentur Rabbi [老师不听从、收取功利，也不争论，才被称为老师]。霍伊津哈的有益见解，《中世纪的衰落》，Payot，p. 77 关于"给予博士头衔与骑士相同权利的倾向"。"magister"(老师；师傅)这个词的语义研究(一极是劳动的领导者，工头，比如 magister officinae 作坊主，另一极是社会等级中的显要人物，神秘权力的"领导")有助于看清中世纪大学学人阶层如何矛盾地置身两种社会价值阶梯之间，一个是旧有的"封建"体系，另一个是"现代"的。

15 见本书 p. 149，注解 13。

16 在大学教育领域最早的重要的世俗化企图是 1224 年那不勒斯大学由腓特烈二世建立(见哈斯金斯：《中世纪科学史研究》，第 2 版，p. 250)。

17 学生的社会出身、大学人的知识工具、某些(多少?)人逃脱教会职责来进入收入更丰厚的世俗职业的努力(取得怎样成果?)的研究，可以使我们至少在一个领域对 G. 德. 拉加德的有些理论化的见解加以明确，《中世纪衰落时世俗精神的诞生》，I, Saint-Paul-Trois-Châteaux, [1934]。

18 这一点也有待研究。关于 13 世纪牛津数量相当的一个"生产者"社群与一个"消费者"(大学师生)社群的共存关系的独特性，见 A. B. 埃姆登的见解：《中世纪时代的一个牛津学院》，p. 7—8 和 H. E. 索尔特：《牛津的城防》[Munimenta Civitatis Oxonic], p. 15—16。

一个吸引外国人的中心，而且在那个构成城市经济与政治生活的各单元从与世界的不断增加的联系中获得滋养的时代，大学是一个发展联系的因素，世界的范围不断扩展，交流不断增加。所以从1260年起帕多瓦市就保证老师们学术(studium)的薪金[19]。

然而，在所有大学中这种薪酬却并不妨碍教师们从考生那里索要传统的礼物。从14世纪开始，大概是在经济危机及其对货币价值和生活费用的波及的影响下，老师们的要求变得越来越强烈，“考试费”的规定也越来越详细[20]。

首先被明确的是教师与大学员工之间对礼物的分配。帕多瓦法学院1382年的章程已经校勘出版[21]，还有一些后人补进和修改的短的片段。在帕多瓦大学档案馆[22]内对这些修改的研究使我们能够追踪这一演进过程。

教师们从这些考试中抽取的金钱利益似乎让他们感兴趣，以至于为了打击教师们缺席这些考试，人们用一些真正的“车马费”(jetons de présence 出场费)来吸引他们，是由学生支付的。

---

19 以下是由A.格洛里亚校勘《12世纪至1285年帕多瓦市法规》的文字，还有德尼弗《中世纪大学的诞生》，p. 805：Tractatores studii possint constituere salarium doctoribus legume usque ad summam tricentarum librarum et non ultra, magistris decretorum et decretalium librarum ducentarum et non ultra. Et dicti tractatores possint providere de utilitate communi super dictis salariis［学官可确定工资，教法律的教师不超过300里弗尔，教法令教师不超过200里弗尔。上述学官通常会准备超过上述薪酬］。

20 可惜我们未能参考G.卢扎托：《14世纪威尼斯生活费用》，载于《威尼托大学》，1934。

21 A.格洛里亚：《威尼托皇家学院学报》，s. VI, t. VII, p. 1。

22 我们请求帮助我们工作的大学校长及其助手和档案馆员在此接受我们诚挚的谢意。

1382年的章程承认了1355年的一个决定[23]，按照该决定那 152
些代课者(surnumerarii)拿不到钱，除非他们确实被召去代替12位正职教师中的某一位，1453年7月25日一个法令为那些到场的代课者分得考试时收到款项的一份，而在此前所有款项都归主教所有[24]。

而且，对那些未付清费用的学生所采取的制裁也得到明确。1441年11月18日颁布了一些措施，针对那些仅限于支付订金(brevia)的学生[25]。

这种对盈利的热衷有助于解释那些免予支付费用的学生数额逐渐稀少。教会传统上的庇护曾经保证贫穷学生在大学中有一席之地，同一时期在13世纪人口向城市的涌入使大学里集中了一群没有生活来源的年轻人，他们尤其是人文系科的催化剂[26]。随着人口的回流，大学生的数量减少，教师们趁机通过尽最大可能淘汰免费的穷学生来加速这种退缩；在1405到1409年之间，对章程的

23 格洛里亚：前引书，p. 395。

24 《1382年法学院章程》，帕多瓦大学档案馆，以下引用中作《章程》，f°31正面：Quoniam multociens evenit quod in examinibus privates pauci doctores ultra doctores numeriarios intervenerunt, ut examina plurium doctorum consursu venerentur statuimus et ordinamus quod collection que fieri consuevit in examine complete convertatur ad pecunias inter supernumeraries presentes qui tamen non fuerint promotores equaliter dividendas, iuribus tamen familie reverendisimi domini episcope reservatis[因为经常在个人考试中有正职教师之外几位教师参与，为了让考试有许多教师共同参加，我们规定考试惯例收费与到场的还未成为法律教师的代课者平分，过去按照法律是留给最可敬的主教团的]。

25 《章程》，f°29。

26 对13世纪文科系科的社会研究无疑会有助于我们理解这一时期的教理争斗(比如吕特博夫诗作的一部分)。我们遗憾未能参考A. L. 加布里埃尔的著作。

一次修改对整个法学院只允许录取两名贫穷学生：一个学教会法，一个学民法[27]。此后这只是一个实际是象征性的应当遵循的原则。穷人的时代在帕多瓦终结了。民主的录取彻底消失。而且
153 1428 年 2 月 25 日的一则规定要这两位“享有特权者”接受一次提前的附加考试，并提供他们贫穷的严格证据[28]。

然而在同一时期，一种反方向的演变免费将大学之门打开给某个年轻人阶层：即大学学人的孩子们。

1394 年的第一个决定准许属于某个教师男性后代的任何新教师免费进入法学院，即使中间相关的人本身没有当过教师[29]。1409 年 8 月 17 日明确了健在的或过世的教师的儿子应当免费接受考试，针对那些违反这一决定的人颁布一些规定[30]。

27 在之前的时期，教师们曾不得不更为慷慨，因为文本谴责 nimia liberalitas collegarum nostrorum（我们的同事们过于慷慨）。人们借口说想要避免那些假穷人的欺骗：importunitas scolarium falso paupertatem allegantium（借口贫穷欺骗学校）。

28 由格洛里亚校勘，前引书，p. 361。

29 文本针对任何 doctor canonici vel civilis paduanus originatus civis ac padue doctorates qui doctoris de collegio nostro sit vel fueri filius sive nepos ex filio etiam non doctore vel sit pronepos vel ulterior descendens per lineam masculinam[教会法或民法教师，他们是帕多瓦籍的而且是我们大学教师的儿子或者孙子，父亲是大学教师的儿子，其本人不是教师，或者他们是教师的曾孙或男性谱系的最后后代]（《章程》，f°5 背面）。

30 Lege civili sancitum esse cognoscentes ut juris doctorum filii pre ceteris in honoribus ex peritia juris consequendis honorentur, ordinamus ut natus doctoris nostril college ex legittimo matrimonio sive genitore diem functo sive in humanis agente etiam si desierit esse de nostro collegio liberaliter in examine private et publico per doctores nostri collegii promoveatur. Ita quod nec a suis promotoribus nec ab aliquot doctore collegii posit occasione dictorum examinum vel alterius eorum compelli ad solvendum stipendium ad quod ex hujusmodi causa secundum formam nostrorum statutorum promovendi noscuntur obligati. Et ne contingat aliquos ex doctoribus in talibus examini-

这些新教师要求的大学学人地位的提高的另一种条件：即帕多瓦的公民权。1418 年 1 月 13 日的一份章程甚至明确这一条件是绝对必要的，并限制此前规定的影响力——例外是普遍被看作已被吸收为帕多瓦人的一位著名教师[31]。1440 年 11 月 11 日的章程排斥任何外国教师进入考试委员会，总之否认外国人有权领 154
取支付给 12 位正职或参加考试的代课人员的一个金币[32]。

bus deesse volumus ut contra cos qui cessante justo impedimento defuerint procedatur secundum formam alterius statute quod incipit…［由民法规定法学教师的子嗣优先于其他人因法律知识获得公职，我们规定我们学院教师合法婚生的孩子，不论其父如今去世还是仍然在世，即便不再属于我们学院，他们在私下与公开考试中应免费晋级。因此主考者或学院任何教师不可趁考试之机让章程中可晋级的第二类强迫支付费用。我们希望在此类考试中没有任何教师违背，那些没有正当理由而延误的要面对法官，开始另一规定中的第二种形式］（《章程》，ff. 18 背面—19 正面）。

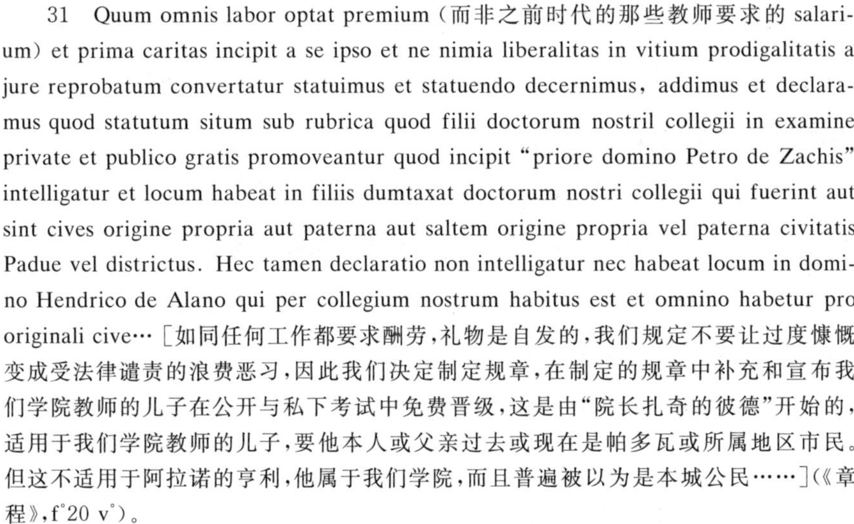

31 Quum omnis labor optat premium（而非之前时代的那些教师要求的 salarium）et prima caritas incipit a se ipso et ne nimia liberalitas in vitium prodigalitatis a jure reprobatum convertatur statuimus et statuendo decernimus, addimus et declaramus quod statutum situm sub rubrica quod filii doctorum nostril collegii in examine private et publico gratis promoveantur quod incipit "priore domino Petro de Zachis" intelligatur et locum habeat in filiis dumtaxat doctorum nostri collegii qui fuerint aut sint cives origine propria aut paterna aut saltem origine propria vel paterna civitatis Padue vel districtus. Hec tamen declaratio non intelligatur nec habeat locum in domino Hendrico de Alano qui per collegium nostrum habitus est et omnino habetur pro originali cive… ［如同任何工作都要求酬劳，礼物是自发的，我们规定不要让过度慷慨变成受法律谴责的浪费恶习，因此我们决定制定规章，在制定的规章中补充和宣布我们学院教师的儿子在公开与私下考试中免费晋级，这是由"院长扎奇的彼德"开始的，适用于我们学院教师的儿子，要他本人或父亲过去或现在是帕多瓦或所属地区市民。但这不适用于阿拉诺的亨利，他属于我们学院，而且普遍被以为是本城公民……］（《章程》，f°20 v°）。

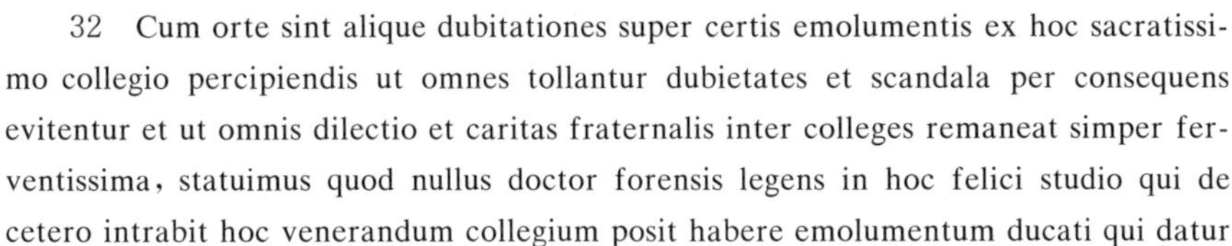

32 Cum orte sint alique dubitationes super certis emolumentis ex hoc sacratissimo collegio percipiendis ut omnes tollantur dubietates et scandala per consequens evitentur et ut omnis dilectio et caritas fraternalis inter colleges remaneat simper ferventissima, statuimus quod nullus doctor forensis legens in hoc felici studio qui de cetero intrabit hoc venerandum collegium posit habere emolumentum ducati qui datur

因此这些文字可以使我们确定14世纪末和15世纪上半叶帕多瓦大学在同一方向的三重演变。

排除贫穷学生、构成一个大学学人的家族和等级、民族化，即自我局限于在当地招募的倾向，至少对于教师是这样。从刚诞生的大学从欧洲各地接受各种社会出身的学生的时代，到最著名的人获得在各地（即所有大学）教书的权利的时代，在两个世纪中走过了怎样的道路！

然而，在他的法律书的护封上保留下在帕多瓦大学参加考试的花销的那位学生——无疑是他自己的花销——是刚从意大利的另一端来到这里的。

Cod. Vat. lat. 11503抄本的对开页7—8、9—41背面、42背面—447是同一人的笔迹，他在最后一个对开页（447）签名：*scripsit Matthaeus de Grandis Siracusanus*（锡拉库萨的格兰迪斯的马泰奥签名）并写下日期：1427。

然而这位西西里人是知名人物。1424年9月24日，他列席伯罗梅蒂斯的乔瓦尼修士的神学博士学位授予仪式[33]。我们知道在1426年他从锡拉库萨市接受一笔奖学金使他能够在帕多瓦继

---

duocecim numerariis vel supernumerariis aliquot numerariorum deficiente, non obstante aliquot statuto vel consuetudine in contrarium loquente［因为关于这一至高无上的学院获得的一些利益有些疑惑，为了消除怀疑，避免因此引起的丑闻，为了学院内的快乐与兄弟之爱永远保持，我们规定任何进入这所令人尊敬的学院进行快乐学习的外国教师不得拥有12名正职或候补正职的报酬，这不违反规定和与规定冲突的惯例］（《章程》，f°28）。

33　C.宗塔和G.布罗托：《帕多瓦哲学院的等级文书》［*Acta graduum academicorum gymnasii Patavini*］，612。这些生平细节引自F.马莱塔：《西西里历史档案》，1936—1937，p. 178。

续学业[34]。回到西西里后，他是锡拉库萨的主教代理，随后在1443 年被选为代理主教，此时正职是出缺的(sede vacante)[35]。在 1462 年我们重又看到他成为卡塔尼亚大学教师团的成员，随后直到 1466 年他是卡塔尼亚主教的代理主教和大学的副训导长[36]。

这是典范性的职业生涯。由于故乡没有大学[37]，15 世纪初这 155
些想要获得较深入的教育和头衔的年轻的西西里人前往大陆。是在博洛尼亚还是帕多瓦？他们偏爱这两所大学中哪一个，这个问题是有争议的[38]。但是博洛尼亚的衰落似乎伴随着帕多瓦鼎盛的开始[39]，是后者吸收的年轻西西里人最多。

在帕多瓦，如同许多同乡，格兰迪斯的马泰奥享有他出身城市的奖学金[40]。但是该城对于它补贴的学生[41]和它对所发金钱的使用行使某种控制：我们那份抄本中的文字是由于这种控制吗，列花

34 M. 卡塔拉诺-蒂里托：《文艺复兴时期西西里的公共教育》，载于《东西西里历史档案》，卷 8，p. 430，n°66。

35 皮罗：《神圣的西西里》，卷 1，p. 632。

36 卡塔拉诺：《卡塔尼亚大学历史》，p. 33。

37 见 V. 卡萨格兰迪：《在卡塔尼亚普通大学建立前西西里的民法私人高等学校》，载于《卡塔尼亚大学学刊》，卡塔尼亚，1903，卷 5，1—2 册，p. 46—53；L. 杰努阿尔迪：《卡塔尼亚大学开创前 14—15 世纪的西西里法学家》，载于《纪念费代里科 · 齐卡廖内历史与法学论文集》，1909；M. 卡塔拉诺：《公共教育》，p. 418。

38 倾向博洛尼亚的萨巴蒂尼：前引书，p. 8。倾向帕多瓦的 N. 罗多里科：《中世纪博洛尼亚大学中的西西里人》，载于《西西里历史档案》，20(1895)，和 F. 马莱塔：前引书，p. 150。

39 见拉什代尔：前引书，2，p. 19—20。

40 关于这些奖学金，见 M. 卡塔拉诺：前引书，p. 427—487，其中可以找到一份 1328 至 1529 年间 113 名西西里奖学金生的名单。

41 通常会要求他一旦成为博士后为自己故乡服务，捍卫其权利和特权，或者行使公职。见 M. 卡塔拉诺：前引书，p. 428。

费清单是为了向锡拉库萨市提供账目？不管怎样，之所以锡拉库萨市支付格兰迪斯的年轻人马泰奥的一部分教育费，那是因为他学习的东西可以使故乡受益。同大多数其他奖学金学生一样，我们看到他在获得博士学位后回到西西里，在该岛教会行政部门占据一些位置。随后，最后一步，当在 1444 年国王“宽宏的”阿尔方斯和教皇欧仁四世批准在卡塔尼亚建立一所大学，他跻身那些自然取得新大学领导权的帕多瓦大学毕业生之中[42]。

因此格兰迪斯的马泰奥在帕多瓦只是他故乡的一名奖学金生。可惜我们无法对他的社会出身了解更多，但是他职业的类型
156 已经确定：致力于教会的行政职位，他是一位最传统类型的学生。无疑对他而言在帕多瓦生存的问题已经解决。那他为何记录下自己的花销？我们猜是为了汇报账目。难道依据大学的章程尚不足够吗？而他确实在清单后面写到他刚刚记下的内容是符合这些规定的。但是这是些什么规定？他所指出的费用和实物或金钱礼品，实际上不总是与 1382 年章程的规定等值，而我们保留下来的另一份也许是 15 世纪中期的帕多瓦的考试的清单也给我们提供了一些不同数据[43]。在 15 世纪上半期有过章程的修改吗？通过检视帕多瓦大学档案馆的那份我们已引用的抄本，我们可以发现在对 1382 年章程的增补内容里 1400 年 5 月 12 日的一段极为值

42　虽然按照正式文件新大学是“仿照博洛尼亚大学”（ad instar Studii Bononiensis）组织的，但 F. 马莱塔：前引书，p. 151，“卡塔尼亚大学实际在其初年可以被看作帕多瓦大学的一个分部”。

43　这份清单在帕多瓦大学档案馆我们这个抄本的开头部分，由格洛里亚校勘，前引书，p. 358，注解 1。

得关注的文字[44]。

这一命令实际制定了大学学费的一种真正的灵活比例。在货币贬值时期由学生交给教师的钱款金额的这种自动的变动与整个时期颁发奖学金的固定数额，比如帕多瓦大学西西里学生的奖学金奇怪地形成反差。因此前面提到的一个越来越努力从职业中获利的大学垄断阶层的形成在这里被明确了。对赢利的热望是由于他们渴望利用各个机会确立自己面对学生的权威，也由于不想承受经济动荡的影响。即骄傲与利益[45]。

对于经济的不稳定，1400 年 5 月 12 日的明确提及货币汇率

44 Sacratissimus constitucionibus canonicis ac legalibus cautum esse cognoscentes ut variato cursu moneto condicio ejus quod est debitum non propter ea varietur decernimus ut solidi trigintaduo qui quondam statute fuerunt et sic hactenus persoluti pro singulo duodecim doctorum antiquorum nostri collegii qui publico conventui sive in canonibus sive in legibus adessent intelligantur esse et sint prout etiam tempore prime constitucionis fuere medietas unius ducati aurei ad cursum ducatorum venetorum boni auri et justi ponderis sic auoaue deinceps tantum monete aue ducati medietatem constituat secundum cursum qui tempore solucioniss esse reperietur sine ulla detractione persolatur [神圣的教会法和民法的法令规定，因为钱币汇率多变，和约不按相同汇率支付，我们决定从前规定的付给我们学院教师中参加教会法和民法考试的 12 个人每人的 32 个苏，按照过去的规定这等于按照上乘的足重的威尼斯金币的汇率的半个杜卡托，规定这半个杜卡托按照支付时的汇率以与此相当的钱支付]（《章程》，f°16 背面）。

45 我们可以将大学的这种演变重新置于 14 世纪西欧经济和社会潮流中。面对物价上涨：一方面是锁定，工资锁定，行政当局和雇主不接受生活费用与薪酬之间的联系，导致一种活动比例的建立（见 G. 埃斯皮纳斯：《中世纪杜埃的城市生活》，卷 2，p. 947及下；G. 德马雷：《15 世纪布鲁塞尔劳动的组织》，p. 252 及下；H. 范 · 沃尔维克文章，见《布鲁日竞争社会年鉴》，1931，卷 73，p. 1—15；H. 洛朗文章，见《经济和社会史年鉴》，1933，卷 5，p. 159）。比如我们看到大学学人们与那些靠封建和领主阶层——或资本阶层——的收入生存的社会阶层同流。除了经济与社会演变，必须追踪知识与意识形态领域的演变。文艺复兴的人文主义者诞生于一个与中世纪大学学人完全不同的环境。

157 变化的文本是一份珍贵见证。因此格拉迪斯的马泰奥在他的法律抄本上列出的花费清单就越发有价值：因为这个文本——以及我们可以看到的同类文本——向我们提供一种手段来估计汇率的变动、价格的演变、经济的趋势。在帕多瓦吗？是的，但通过帕多瓦，看到威尼斯。作为对 15 世纪上半期威尼斯与意大利大多数地区经历的货币不稳定的反映[46]，1400 年 5 月 12 日的决议也证明在 14 世纪货币与维罗纳[47]看齐的帕多瓦从这时起进入了威尼斯货币体系。

随着这一观察出现了帕多瓦大学历史的最后一个特点。如我们看到的，当大学倾向于退缩本地基地之时，它却在变成威尼斯大学。大学的地方化，就帕多瓦而言虽非发展和复兴的原因，却是其地位巩固的一个主要原因。威尼斯此后的确将禁止臣民去帕多瓦之外的地方学习，甚至要想在威尼斯行使某些公职就必须的帕多瓦大学学习一段。更有甚者，这里作为宗教宽容的中心，在宗教改革与反宗教改革的时代威尼斯使帕多瓦成为一座广泛向各种宗教
158 信仰的学生开放的大学，成为 16 和 17 世纪欧洲意识形态共存的伟大中心。

*

46　见 C. 奇波拉：《货币史研究》，一：《13 至 15 世纪意大利汇率的变化》（帕维亚大学出版社，29，1948）。作者认为能够说明 1395 年标志着货币危机期的开始。

47　见佩里尼：《维罗纳的货币》（p. 29—30），他认为帕多瓦抛弃维罗纳货币体系与威尼斯的征服同时。至少在某些领域，改变要更早些。

48　见拉什代尔：前引书，二，p. 21。

在附录二中我们可看到 1454 年所作的维护和更新帕多瓦法学院桌椅陈设的花费清单。这个文本是在插进章程抄本中的一个活页上被发现的,同样说明包含在这些章程中的一系列决议。一些 1365 和 1382 年的命令是关于将家具用于考场,其保养应当由考试的缴费来保证[49]——这是格兰迪斯的马泰奥记录的花费细节所证实的。这份清单保存下来是由于院长阿尔瓦罗蒂斯的弗朗西斯克曾经预付了 1454 年的花费,他让人列出清单是为了要求学院报销一部分。他甚至小心地在学院章程的一则补注中提到此事[50]。

这一文本可能会让研究 15 世纪工资与价格历史的人感兴趣[51],并对诸如使用水路对物资运输的重要性这类事情提供一些情况。最后,一些专家可能从中发现用来丰富行业技术词汇的内容[52]。

附录一

1427 年帕多瓦大学考生费用

(抄本 Cod. Vat. lat. 11503, f°8, pl. I)

Ihesus Christus 以耶稣基督之名

49 由格洛里亚校勘,前引书,p. 397 和 399。

50 《章程》,f°32。

51 这些珍贵的指示由 F. 福萨蒂收集,《1488 年米兰的劳动与劳动者》,载于《伦巴第历史档案》,s. VI, a. LV, fasc. III—IV, 1928, p. 225—258, 496—525。

52 我们未能找到词汇指称一种钉子,无知使我们无法读懂抄本中的一个词:and,aden°(?)。

Expense que fiunt in privato examine in studio paduano 帕多瓦大学个人考试的花费

In primis 首先

Pro XII doctoribus collegii (支付 12 名学院教师) duc. XII (12 杜卡托)

Item pro rectore studii(支付大学校长) duc. II (2 杜卡托)

Item pro vicario domini episcopi(主教的代理) duc. I (1 杜卡托)

159 Item pro priore collegii(教授会院长) duc. I(1 杜卡托)

Item pro cancellario domini episcopi(主教的主事) duc. III(3 杜卡托)

Item pro tribus promotoribus(考试团) duc. III(3 杜卡托)

Item pro utraque universitate(大学的人) libr. VII(7 里弗尔)

Item pro collegio doctorum(教授会) libr. I (1 里弗尔)

Item pro bidello generali(普通勤杂工) libr. I(1 里弗尔)

Item pro notario collegii(学院公证员) libr. I(1 里弗尔)

Item pro notario universitatis(大学公证员) libr. I(1 里弗尔)

Item pro bidellis specialibus(专门勤杂工) libr. III(3 里弗尔)

Item pro campana et disco(敲钟和鼓) libr. I(1 里弗尔)

Item pro bancalibus(板凳) solid. XII(12 苏)

Item pro quinque libris confeccionum(5 本忏悔书) libr. III et solid. X(3 里弗尔 10 苏)

Item pro octo fialis et triginta ciatis(8 瓶酒和 30 支蜡) solid. XIIII(14 苏)

Item pro quinque fialis malvaxie(5 瓶白葡萄酒) libr. II et solid. XII(2 里弗尔 12 苏)

Item pro quatuor fialis vini montani(4 瓶山区葡萄酒) solid. XVI(16 苏)

Item pro pifaris et tubis(短笛和小号) duc. I (1 杜卡托)

Expense que fiunt in conventu publico seu in doctoratu(集会和博士授予仪式的花费)

in primis 首先

pro quolibet promotore brachia XIIII de panno, vel duc. XII(给各位考官 14 尺布,或 12 杜卡托)

Item pro bidello generali brachia VIII de panno et duc. I (给勤杂工 8 尺布

和 1 杜卡托）

Item pro quolibet bidello speciali promotorum suorum brachia VIII panni（给各位考官的专门杂役 8 尺布）

Item pro XII doctoribus collegii（12 位学院教师） duc. VI（6 杜卡托）

Item pro priore collegii（学院院长） duc. 1/2（半杜卡托）

Item pro collegio doctorum（教师团） libr. I（1 里弗尔）

Item pro notario collegii（学院公证员） libr. I（1 里弗尔）

Item pro bancalibus（板凳） libr. I（1 里弗尔）

Item pro quinque paribus cirotecarum cum serico（5 双丝绸手套） libr. XII et 1/2（7 里弗尔半）

Item pro quinque duodenis cirotecarum caprieti（5 打山羊皮手套） libr. XXV（25 里弗尔）

Item pro septem duodenis cirotecarum mutonis（7 打绵羊皮手套） libr XVII（17 里弗尔）

Item pro sex anulis auri（6 金戒指） libr. XII（12 里弗尔）

Item pro septem biretis（7 顶四角帽） libr. V et solid. V（5 里弗尔 5 苏）

Item pro bancis cathedra et campana（椅子和钟） libr. II et solid. XVI（2 里弗尔 16 苏）

Item pro privilegio（特别费） duc. I（1 杜卡托）

Item pro une carta，cera et serico（羊皮纸、蜡和丝绸） solid. XIII（8 苏）

Item pro tubis et pifaris（小号与短笛） duc. I et 1/2（1 个半杜卡托）

He sunt expense taxate per statutum studii paduani tam in examine quam in conventu ibidem faciendis.（这些是帕多瓦大学章程规定的花费，用于考试和同时进行的典礼集会）。

附录二

1454 年帕多瓦法学院装备家具的开销（pl. II）

（帕多瓦大学档案馆《1382 年法学院章程》）

In Christi nomine 以基督之名

Racio expense facte per me Franciscum de Alvarotis priorem almi collegii
160 doctorum utriuque iuris padue pro branchis VI altis de novo factis pro sessione doctorum et pro reparacione VI banchorum antiquorum et cathedre magistralis de anno 1454 de mense Julii.（由本人阿尔瓦罗蒂斯的弗朗西斯克可敬的教授会和帕多瓦法学院的院长为教师会议新制的 6 张高板凳和维修 6 张旧板凳和扶手椅所做账目 1454 年 7 月）。

Primo die mercurei X Julii pro lignis octo de teullis emptis in aqua in racione l. 2 s. 16 pro quolibet ligno capit（首先 7 月 10 日星期三买 8 根木头从水路运来计入账目每根 2 里弗尔 16 苏） l. 32 s. 8（32 里弗尔 16 苏）

Item pro lignis octo de remis emptis in aqua in racione s. 4 pro ligno capit（8 根桨木从水路运来每根 4 苏） l. 9 s. 12（9 里弗尔 12 苏）

Item pro trabibus sex magnis emptis in aqua in racione l. 1 pro quolibet trabe（6 根大木水路运来计入账目每根 1 里弗尔） l. 6 s.0（6 里弗尔）

Item pro conductura a porta Sancti Johannis per aquam et pro extrahendo de aqua（经水路运到圣约翰门和运上岸运费） l. 3（3 里弗尔）

Item pro uno carizio a sancta croce s. 16，et pro fachinis qui exoneraverunt bancas de mea careta super qua feci conduci bancas ad ecclesiam l. 1，et pro conductura carete pro aliquibus vicibus l. 1 capit（一辆马车到圣十字架 16 苏和脚夫 1 里弗尔把凳子从我的手推车上卸下，曾用它运凳子到教堂 1 里弗尔，手推车往返 1 里弗尔） l. 2 s. 16（2 里弗尔 16 苏）

Item die mercurei ultimo Julii pro 36 cidellis cum suis cavillis et pro factura earum in racione s. 2 pro qualibet cidella com sua cavilla capit（7 月最后一个星期三 36 个 cidella 及其 cavilla，计入账目每个 cidella 和 cavilla 2

苏）　l. 3 s. 12(3 里弗尔 12 苏)

Item pro ligno de nogaria pro cidelis et pro disgrossando cidellas et pro ligno cavillarum l. 3 s. 12 capit(nogaria 木 3 里弗尔 12 苏)　l. 7 s. 4(7 里弗尔 4 苏)

Item pro medio linteamine veteri ad incollandum fixuras cathedre magistralis(教师扶手椅系的中等旧亚麻)　l. 2

Item pro tribus magistris qui laboraverunt diebus 10 pro l. 1 quolibet in die et ulterius feci sibi expensas(给 3 教师,他们工作了 10 天,1 里弗尔每天)　l. 30

Item pro clavis 1400 adn(?) in racione s. 9 pro cento capit l. 5s. 9 et pro clavis 500 a mezano in racione s. 18 pro cento l. 4 s. 10 in s.(1400 个钉子每 100 个 9 苏计 5 里弗尔 9 苏,500 中等钉子 18 苏,布头 4 里弗尔 10 苏)　l. 9 s. 10

Item pro pictura cathedre pro duobus diebus quibus laboraverunt duo pittores et pro incollatura telle super fixuris cathedre et pro coloribus duc. 1 capit(椅子油漆,两个漆匠工作 2 日,在安装好的椅子上刷漆还有颜料计 1 杜卡托)　l. 6(6 里弗尔)

Summa 总计　l. 109 s. 5(109 里弗尔 5 苏)

De qua summa et expensa l. 109 s. 5 secundum statuta et consuetudines observatas mediatas tangit collegio nostro iuristarum et alterius medietatis unus quartus tangit collegio artistarum et medicorum, alius quartus collegio theologorum qua teologi (sic) non utunturm et sic extractis l. 6 pro pictura catedre tangit collegio theologorum l. 25 s. 16 et collegio medicorum pro suo quarto l. 27 s. 5 d. 8, et legistis pro medietate l. 56 s. 4.

(总计花费 109 里弗尔 5 苏按照遵守的规定和惯例一半由我们法学院出,另一半中 4 分之一由文学院和医学院,另 4 分之一由神学院,因为神学的人不使用,故从椅子漆 6 里弗尔中排除,神学院出 25 里弗尔 16 苏,医学院的 4 分之一 27 里弗尔 5 苏,法学院一半 56 里弗尔 4 苏。)

Infra scripta est expensa facta per me Franciscum de Alvarotis priorem antedictum almi collegii Padue pro banchis XV pro sessione scolarium sumptibus pripriis quas dono predicto collegio.

（下面记录的是本人阿尔瓦罗蒂斯的弗朗西斯克前述帕多瓦学院院长自己为学院典礼支付 15 个凳子的花费）。

Primo pro piaguis XVI grossis a torculo empti ab apoteca in racione s. 22 pro quolibet capit（16 个大 piaguis，向杂货店购买每个 22 苏

l. 17 S. 12（17 里弗尔 12 苏）

Item pro tavolis squadratis VII et piaguis V acceptis ab apoteca M. Felipi pro s. 12 pro qualibet pro gantellis bancharum（7 张方桌和 5 个 piaguis，向菲利贝杂货店取得，12 苏）　l. 7 s. 4（7 里弗尔 4 苏）

161 Item pro clavis 300 a mezano pro s. 18 pro cento et pro clavis 500 aden°（？）pro s. 9 pro cento capit（中等钉子 300 每 100 个 18 苏，500aden 钉子每 100 个 9 苏）　l. 4 s. 19（4 里弗尔 19 苏）

Item pro manufactura trium magistrorum duobus diebus（3 个师傅 2 天劳动）

l. 6（6 里弗尔）

Item pro duobus scrinis（两个盒子）　l. 0 s. 10（10 苏）

Summa 总计　l. 36 s. 5（36 里弗尔 5 苏）

Expensa facta pro bancha, alta tabula tripedibus altis et scabello sub pedibus pro sessione doctorandorum et promotorum quam similiter dono predicto collegio ego Franciscus de Alvarotis supradictus.（前文提到的本人阿尔瓦罗蒂斯的弗朗西斯克同样为学院提供的教师和考官集会用的长凳、三腿高书板和脚凳费用）。

Primo pro piaguis duobus grossis a torculo acceptis ab apoteca pro s. 24 pro quolibet（首先向杂货店购 2 个大 piaguis，每个 24 苏）

l. 2 s. 8（2 里弗尔 8 苏）

Item pro galtellis piaguum 1. Item pro tabula piaguum 1.（1 个 galtellis piaguum. 一个 piaguum 桌）　l. 1（1 里弗尔）

Item pro piaguis tribus pro scabello sub pedibus（脚凳和 3piaguis，）

l. 1 s. 10（1 里弗尔 10 苏）

Item pro una ascia pro pedibus trepedium(三脚凳的 1 个钩子)
l. 0 s. 12(12 苏)

Item pro clavis aden°(?) et amezano et duplonis(aden 钉子和钱币)
l. 0 s. 10(10 苏)

Item pro ligno tripedium et manufactura predictorum(三脚凳木头和上述加工)
l. 2(2 里弗尔)

Summa 总计 l. 8(8 里弗尔)

Supradicta expensa bancarum et cetera capit l. 44 quam dono collegio(以上是交给学院的凳子等的费用计 44 里弗尔)

162 中世纪忏悔师手册所谈到的职业

像行业与职业研究这样具体的对于现实的研究，即便通过这些忏悔师手册我们给予与之相联系的那些属于心态的态度以特别的重视，这种研究仍然需要一种合理化证明，至少需要一种解释。

这些手册的作者们，一些教士，即便他们对职业生活世界不陌生，他们也是站在世俗世界之外的，他们如何能够成为这个世界那些问题的有效的见证人？

这个问题实际上与中世纪西欧历史的一个首要的问题是一致的。几乎所有提出这一问题的作品，不管年代早晚，都是一些宗教著作。在我们的世界中，几乎在所有层面上在宗教领域和世俗领域之间都有所区别，是否给予这些见证以价值便成为问题，这些见证初看起来似乎是在歪曲我们研究的这些现实的。

所以必须快速确定中世纪宗教文献的影响力。

首先必须记住，几乎在整个西欧中世纪期间，教育都是教士们的特权。Clericus（教士）= litteratus（识字的、文人）、laïcus（世俗人）= illeterus（文盲）的等值关系已经是耐人寻味的。无疑 litteratus 意味着：（多少）懂得拉丁文的人。但是拉丁文在中世纪长期是文化的主要承载工具[1]。在此我们并不否认某种初生的世俗文化

1　关于中世纪世俗人的教育，我们提请注意皮雷纳的关于商人的教育的那些经典

的重要性，而且我们无意维护书面文献——尤其文学文献——有 163
些滞后的特权，书面文献面对非书面的证据——考古的、民俗学的等等——是退居次位的，这些证据向我们揭示出一种比文人（litterati）世界的文化更广泛、更深层的文化[2]。但是在中世纪，对于大多数人而言，即使是世俗人，思想或感情的表达都是由宗教来传达，是服从于一些宗教目的的。而且所有的心态工具——词汇、思想框架、审美和道德规范——都属于宗教性质，而在这一点上的“进步”——这是另一个问题了——将正是对这些文化工具加以世俗化。

还有待了解，就物质现实而言——物质现实在很大程度上参与职业意识的取得，它是从工具、劳作活动、日常生活出发的——在多大程度上这种中世纪的宗教控制能够成为在身为工匠的人（homo faber）和我们之间，在具体现实与历史之间的一幅屏幕或一种有效的媒介。

我觉得文献，不仅教士的文献，还有宗教文献——还有那些首先属于宗教文献的忏悔师手册——可以成为心态历史学家关于物质活动的一个首要史料来源。

首先，历史学家可以在这些宗教反映的背后重新找到物质基层。仅以几种基础技术与经济装备的物件为例，无疑铧犁、磨坊、

文章，P.里谢关于圣伯纳德时代这一问题的研究见《圣伯纳德研究论文集》，1953，9－12世纪之间（《中世纪文明手册》，1962），H.格伦德曼：《文人-文盲》，载于《文化史档案》（1958）。

2　N.西多罗瓦所支持的对11和12世纪世俗文化诞生的假设，关于这一问题的保留意见请参阅《世界史手册》5和6卷（1959和1960年），还有M.德·冈迪亚克的文章：《关于最近对阿贝拉尔的几种诠释》（《中世纪文明手册》，1961）。

压榨机是作为象征物出现在中世纪的文献或图形表现中[3]。但是在这一描述列举的层面上，宗教作品的细节、物质内容具有极大的文献意义。我们知道中世纪的圣徒行传——尤其是中世纪早期——对于物质生活提供了丰富的信息：多菲内省开采煤炭的开
164 始、7 世纪摩泽尔省的盐从梅斯向特里尔的运输、刨子或者独轮车在柱头或细密画中的出现等等[4]。在中世纪技术进步被看作奇迹，看作对自然的主宰，它除了神的恩赐别无其他来源[5]。但在这一背景下，物质的细节已经是由心态构成，其作用多于描述或者轶闻。

在这一层面上，将书面的宗教史料用于技术史和技术心态史意味着对宗教主题的一种深度分析和将这些主题与整体历史局势建立联系。职业生活与静修生活——马大和马利亚、拉结和利亚——这一主题的发展可由 11 世纪开始的西欧工艺与商业活动的飞速发展来加以说明，在印章、彩绘窗、细密画、壁画上对城市的表现是与实际上城市的发展相关的，但是随着历史的改变：城市(Urbs)不再是指罗马城，这一古代城市理想的典范，而是指耶路撒冷城——不仅指承载着它所指代的天国耶路撒冷的所有权威的地上真正的耶路撒冷，而且也是所有城市的象征，是城市的象征

3　从众多文献中，我们引用阿洛伊斯·托马斯关于神秘的压榨机的著作(《压榨机上对基督的表现》，1936 和《压榨机上的基督》，载于《德国艺术史词汇》，1953)和 J. 达尼埃鲁的著作《早期基督教的象征》，1961。

4　关于圣徒行传或图形表现资料对技术史的贡献，请参考 B. 吉勒：《1100 至 1400 年欧洲技术的发展》，载于《世界史手册》，1945。

5　有一系列的神迹史与技术与经济发展相关：垦荒的神迹(圣伯纳德和落入水中的工具的铁制部分、隐士欧勒伊的戈谢从中救下劳动伙伴的倒伏树木)、建筑的神迹(劳动中遇难者神奇的病愈或者复活)。

物……。

除了尽管是外在的这些宗教世界与物质世界之间的关系,还必须想到中世纪任何意识的取得都是通过宗教进行的——在精神性的层面。我们几乎可以用这种不可能性来定义中世纪心态,它不可能在宗教参照之外来得到表述——如同吕西安·费弗尔出色地证明了的,一直到16世纪中期都是这样。当某个行业的行会让人来表现自己,为此而展示其职业活动的工具,那就是让这些工具成为某个圣徒的标记,将它们纳入某个圣徒传奇,而这是自然而然的,因为行会中人的意识的取得是通过某种宗教媒介来进行的。只有通过某种归属才能意识到一种处境,个人的或集体的处境,包括职业的处境,而在中世纪这种归属只能是归属某个宗教世界,更 165
确切说是归属教会提供或强加于他们的世界。但是教会的世界岂非是与职业互相排斥吗?

让我们首先注意,在中世纪的西欧,至少在14世纪前,当发生反对教会和反对其心态与精神世界的反抗的时候,这些反抗几乎总是具有某种超级宗教(hyperreligieuse)的姿态,即一种神秘宗教性的形式,它的一个根本侧面就是从宗教世界中排除任何对物质生活的融入——首先是职业生活。几乎所有这些反抗都表现为异端,而这些异端几乎全部有摩尼教的两元论特点。而物质生活在这些异端思想中被归为邪恶的世界。如异端们所完成并设想的,劳动的结果是为既定的由教会支持的秩序服务,所以劳动作为一种奴役甚至一种与丑恶事物的共谋而遭到禁止。中世纪异端具有某种基础,以及某种社会源头,我觉得这是可信的,而且异端运动的面貌与社会结构是复杂的。一些社会群体投入异端是因为他们不满于自己的经济和社会处境：羡慕教会财产的贵族、愤怒于在社会等级中没有拥有与自己经济实力相当的地位的商人、乡村的劳动者（农奴或雇工）或者城市劳动者（织工或制毡匠）起而反抗这个似乎由教会支持的体系。但是就意识形成而言，曾有过对一些不同劳动形式的彻底禁止。比如在“纯洁派”那里，劳动对于那些继续在世俗中过一种被邪恶玷污的生活的信众来说是得到宽容的，但是对于那些完人（parfaits）* 而言是绝对遭到禁止的。而且似乎 11 和 14 世纪之间中世纪异端对定义一种劳动的精神性和伦理的无能为力是它们失败的一个决定性原因。反之，对劳动的精神性和伦理的定义则是当今以马克思主义为首各种社会主义学说获得成功的原因之一[6]。

166 反过来说，这证明通过中世纪正统教派的赎罪忏悔文献来研究行业和职业意识的取得这一方法的合理性，中世纪教会懂得为那些与行业世界的职业活动相关的精神需求创造一些意识形态上的对接结构。

当然它必须为此而有所演变。无疑，从其源头以来，基督教就在提供一种劳动的精神性甚至神学[7]。其基础在于《圣经》，首先是圣保罗的作品（《帖撒罗尼迦后书》，三，10：“若有人不肯做工，就不可吃饭”）和诸教父的作品，尤其是在希腊诸教父的作品中，以圣巴

---

* Parfait 是法语“完善”的意思，纯洁派以此来称那些长老和修行者。——译者

6 关于异端对劳动的态度，见科斯马斯神父关于保加利亚两元论异端的专论，由普埃切和瓦扬校勘出版，还有 P. 东丹和图泽利耶关于伏多瓦教派-纯洁派论争问题的著作。

7 让我们回顾一下舍尼神甫的论文：《论劳动的神学》，1955 和 L. 达洛：《按照圣约翰·克里索斯托的观点看劳动》，1959。

西尔和圣约翰·克里索斯托为首。但是在4和12世纪之间，基督教的这一侧面仍旧处于隐含、潜在的状态，是作为一种未充分发展甚至被泯灭的可能性。中世纪早期的经济与社会状况确实最终从著名的社会三等级图式中找到对劳动的表述，如同乔治·杜梅齐尔和其他人证明的[8]，这是所有印欧族社会的一种共同观念的再生。教士(Oratores)、武士(bellatores)、劳动者(laboratores)，这一图式是对某种等级制度的图式。Oratores等级——教士们——最终承认bellatores等级——领主们——与之平起平坐，处于一种突出地位，两者达成一致对下层的劳动者等级(laboratores)极度蔑视。劳动也因而被看低，劳动被留给劳动者，它因这个阶级的不名誉而受到拖累。对于身为这个社会的替罪羊的农奴的状况，教会用对于罪孽的屈服和劳动的屈辱来加以解释，劳动的处境同样是由原罪决定的：《创世记》的文字提供了所需的评论。对于这一点，不可对圣本笃的立场和本笃派关于劳动的精神性抱有幻想[9]。本笃派戒律以两种方式将劳动加诸僧侣们——体力劳动和脑力劳动，按照那个时代的意识形态，劳动是一种赎罪行为。在早期中世纪本笃派精神中，仅仅作为赎罪工具的劳动的精神性，
还有作为原罪的纯粹后果的劳动的神学，在某种程度上只具有一 167
种否定价值[10]。将劳动当作对无所事事的逃避，当作拒绝魔鬼引

8 见《年鉴》，1959。

9 见H.德德勒细腻的文章：《圣本笃教派戒律所认为的劳动的意义》，载于《圣本笃：西方之父》，我觉得他过于依照本笃派历史来解释圣本笃的观念了。

10 此处显然不涉及本笃派——从一开始——在体力劳动和脑力劳动领域所起到的关键作用。在实践上，与圣本笃的想法相反，他们曾经是堪为模范的。在18世纪之后，如我们所知，人们会以谚语的方式来谈论“本笃派修士的劳动”。

诱的紧闭的门，这种伴生观念也并不更有正面意义。

如果教会维持这种态度，那么从业人士的行业意识形成无疑会跟所发生的情况非常不同。但教会在某种程度上对这种职业意识的形成不仅用屏幕来遮掩而且设障碍来反对。教会的这种敌对主要以两种方式表现出来。

首先这种敌对是针对行会。教会对行会的敌视并不仅仅是偶然性的，不仅因为行会为了赢得城镇的自由和一些首先是经济上的自由而领导斗争来反对统治城市的主教的世俗权力。教会是垄断的敌人，是公平价格（justum pretium）实际上即市场自由竞争价格的支持者[11]，它更是与行会的目的本身深深矛盾的，行会的目的就是要在城市市场上消灭竞争[12]。教会对于行会行为本身是怀疑的，因为教会只承认在其眼中从属上帝意愿和人类天性的那些群体是合法的：三等级划分被教会看作既是自然又是超自然的，是建立在纯粹宗教的或者教会的标准之上的：基督徒与非基督徒，教士与世俗人。教会只是在行业组织同时兼为宗教组织时才承认它：即同业兄弟会（confrérie 公会）。由此产生对于从业人士行业意识取得的一种特别处境，一种行会精神与兄弟会精神之间的辩证，我们必须意识到这一点，只要我们对兄弟会的历史没有很好了解就不能对之很好地把握[13]。

168 教会对职业世界的敌对的第二种表现形式，便是它对于许多职业行为的怀疑：此处涉及的是整个非法职业世界，其历史是极其

11　见 J. W. 鲍德温：《中世纪公平价格理论》，1959。

12　见 G. 米可维茨：《行会诞生时的垄断功能》，1936。

13　正如 G. 勒布拉令人敬服地阐明了的。

说明问题的[14]。这是许多中世纪人的心理斗争剧，他们经常焦虑地自问——我们自然想到那些商人——是否因为从事一个在教会眼中看来可疑的职业而走向天谴，这种心理斗争最终在职业意识的形成中起了首要作用。我们知道职业世界的压力最终使教会让步，使正面意义的关于劳动的神学萌芽，包含于基督教道统中并在夺取物质的力量之后取得精神的尊严。

所以宗教世界绝对是了解西欧中世纪对技术和职业世界在心态上的表现的首选领域，只要历史学家思想中认识到职业世界在宗教世界内部之存在的三个面目。它在其中处于：1.反映状态 2.表述状态 3.压力状态。

我们正是想通过这最后一个侧面，借助那些忏悔师手册来审视下面这个问题：教会如何将中世纪早期三等级社会的图式修改为一个更加灵活的向劳动、手艺、职业的多重世界开放的图式？由此产生了那些心态上的新表现？

忏悔师手册是对职业人士的职业意识形成的很好见证，因为它们反映了职业阶层对教会的压力，而反过来讲，它们是从 13 世纪始中世纪人们职业意识的形成的一个主要手段。

不仅这些手册的思想主张在忏悔时被提供给这些人，而且它们对那些获得它们并亲自阅读的人的作用更加直接和持久，因为与当今的情况相反，这些手册并非专门给忏悔师用，而是可以同样交给赎罪者。意味深长的是，最初的被翻译成俗语的（ad
usum laicorum）忏悔师手册恰好是最多涉及从事职业者的忏悔案 169

14　见前文《中世纪西欧的合法职业和非法职业》，p. 91。

例的——比如弗里堡的约翰的《大全》早在13世纪末就由多明我会修士贝特霍尔德·欣伦翻译成德语。显然它们主要是由商人们得到，他们拥有必要的财产和教育来购买和阅读，他们对于自己的职业活动提出最棘手的忏悔问题[15]。从15世纪末开始，印刷术将再度扩展这些手册中那些最重要作品的影响。

关于将忏悔师手册作为职业阶层意识形态的压力的反映的证据，应当首先明确几点。

必须上溯到12世纪[16]来把握行业与职业意识形成，它最终反映在忏悔师手册里。正是在那时初步显露出一种决定性的三重演变：1.在忏悔中可以感受到的精神生活的主体化；2.一种劳动的精神性和神学的萌生；3.社会三等级图式转变为一些更加复杂的图式，适应于在劳动分工不断增加的影响下经济和社会结构不断加剧的分化。

I.中世纪早期教会对之发挥作用并侵染其中的那个蛮族化的世界是一个外向的世界，朝向一些外在的使命，朝向一些物质的猎获或物质的目的：征服、食物、权力、彼岸的灵魂得救。这可说是一个原始的世界，是同一些态度、行为、举止来定义的。人们在其中只能按照行为来被裁断，而不是按照感情。这是我们从蛮族法律和所有中世纪早期律典中所观察到的。比如《被杀赔偿金法》(*Wehrgeld*)除了行为也将行为者考虑在内，但却是根据他们的客观处境——按照一种非常粗略的分类：是自由人或者非自由人，是

15　关于忏悔师手册出现于商人书籍中，见Ph.沃尔夫：《图卢兹的商业与商人(约1350—约1450)》，1954。

16　关于12世纪的精神背景，见舍尼神甫的著作：《12世纪的神学》，1957。

某个民族社群的成员——而不是根据他们的意图。教会也同样，几乎只能通过身体行为才能触及心灵。教会自身的律条就是那些悔罪规条，是精神刑罚的价目表，更多地考虑罪过而不是罪人[17]。170
充其量教会也只是划分两类罪人，即教士和世俗人，这里对教士的惩罚要比世俗人严厉。至于过错，它们的来源不是罪人，而是来自于邪恶，它是外在于罪人的，罪人成为它的俘虏，邪恶进入罪人就像是一种外来生命、一种魔鬼的物质化。这些邪行——整个中世纪早期都将精神生活设想为一场以普鲁当斯的《心灵交战》(*Psychomachie*)为样板的战斗——，按照最普及的标准就是七宗大罪[18]。它们是骄傲、饕餮、贪婪、淫荡、懒惰、嫉妒、虚妄，如果抵挡不住这些敌人，就要付出代价，悔罪规条几乎自动地给出罪行的价目。在这个屈服于一些外部的善良或者邪恶力量的世界里，如果裁决被交付给被称作天意的偶然性，那也没有什么好奇怪的：这是上帝的裁决，是神裁(ordalie)[19]。在这个世界上没有个体的位置，除非一些真正非凡的人：一些圣徒和英雄，前者是教士(oratores)阶层的杰出者，后者是武士(bellatores)阶层的杰出者。中世纪早期实际只有两个文类：即圣徒行传与武功歌。其他个体的存在只有通过从属于英雄或圣徒的存在：传记作者颂扬他，江湖艺人歌唱他，铁匠为他铸剑，金银匠镂刻他的财富与权力的外部标记。在家族姓氏尚不存在的这个时代，无名的群众只能从主保圣人的名字

17 见 G. 勒布拉：词条《悔罪规条》，载于《天主教神学词典》。C. 沃热尔：《高卢的悔罪戒律》，1952。

18 见 M. W. 布卢姆菲尔德：《七宗死罪》，1952。

19 见 J. W. 鲍德温：《1215 年反神裁法令的知识准备》，见《镜》，36(1961)。

中获得自己的一点点个性，主保圣人将精神之父的少许存在交给这个取了自己名字的人。

在12世纪，变化是可观的。忏悔与赎罪的发展历史已经完成[20]。在这一演变中一些伟大人物所起的作用是众所周知的，有圣安瑟伦，有阿贝拉尔。但是他们所做的只是表述或者完善一场普遍的运动。罗马法这方面，也只是奇怪地通过它对于教会法的影响而带来一种激励，一些方法，一些表述。从此以后，人们重视
171 罪过少于重视罪人，重视过错少于重视意图，寻求赎罪少于寻求悔过。精神生活的主体化、内心化是内省的起源，因此也是西欧现代所有心理学的起源。阿贝拉尔的理智主义，圣维克多的于格、宾根的希尔德加德、圣伯纳德的神秘主义——还有夏尔特尔派的语法与科学人文主义……，如果说12世纪所有重要精神学说都可以被定义为基督教苏格拉底主义，那并非偶然。

此前的西方自我退缩，甚至被更先进的拜占庭和伊斯兰文明殖民，此时它走向对外扩张，从斯堪的纳维亚直到耶路撒冷圣地，正是与此同时在西方人的内心中开辟出另一道拓殖的边疆，那就是意识的疆界。我们在此处正处于意识取得的边缘。

这里不可能去寻求这一关键演变的所有来龙去脉。但是我们提一提技术与经济演变的主要作用，技术与经济演变从公元千年前后开始，12世纪时在数与量上得以确立。以农业与人口的发展为保障的大宗贸易的恢复、城市的飞速发展，还有随后的手工业劳动的专门化，这一切造成一种社会流动性，最终发展到一种心态与精神

20　见P.安西奥:《12世纪关于悔罪圣事的神学》，1949。

的转变。从此以后，“人”从他深陷其中的混沌群众中摆脱出来。但是个体的时代、现代世界创立的时代、文艺复兴的时代尚未来临。人们称作“12 世纪文艺复兴”的这关键的一步只是一个中间步骤。每个人对于“人”所取得的意识，是通过自己所属的阶层（état），通过所属的职业群体，通过自己所从事的并身为其中一员的行业。人格化的进程是在一个更为广阔的社会化进程中内部进行的。由于这种意识只可能是宗教性的，它便呈现为一种使命（vocation）。

II. 但是这种意识的取得只有通过对劳动态度的改变才成为可能。在 11 于 12 世纪相交之际，这一变化就现出雏形。围绕着僧侣-世俗神职的论争，受到炙热现实的滋养，萌发出职业生活-静修生活的对抗。于是，在理论层面，马大被平反，而在实践中，体力劳动在查尔特勒修派、西斯廷教派和普莱蒙特莱修会重获名誉。

无疑传统仍然残存，仍然表现出一些强烈的抗拒。但是一些新教 172
派的建立突显出某些东西已经改变，在对本笃派精神的阐释中正在发生一种变迁，若非如此的话为何要有这些新戒律呢？德茨的鲁珀特不满于体力劳动的潮流，“可敬者”皮埃尔对圣伯纳德的攻击感到震惊，他们提醒说按照圣本笃的看法体力劳动是受到推荐的，而不是强制的，它只是一种手段，而非精神生活的目的。但是与此相对，见证越来越多，支持或者反对劳动的精神性——通过实践——得到决定性的发展。围绕着普莱蒙特莱修会展开一场关于“僧侣-农民”的辩论，很快随着谦卑派（Umiliati）的出现，“僧侣-工人”的问题被提出来[21]。其间，《论各不同修会》（*Liber de diversis*

21　关于普莱蒙特莱修会，见 P. 珀蒂著作《普莱蒙特莱修派的精神性》，1950。

ordinibus)见证了对劳动的价值的思索的酝酿过程[22]。替代“劳动-赎罪”概念的是劳动作为灵魂得救的正面手段的认识[23]。在这一新兴的修道院世界的萌发背后,如何能不感受到那些新的职业阶层的施压? 这是些商人、手艺人、劳动者,他们关心在宗教层面上为自身的活动、使命找到合理化解释,肯定自己的尊严,保证自身灵魂的得救,不是尽管由于自己的职业而仍然得救,而是由于自己的职业而得救。这些期望在圣徒行传中的反映是很说明问题的。13 世纪初,勤劳的圣徒的时代已经在让位给神圣的劳动者的时代[24]。

另外,很正常,这种新的劳动的精神性倾向于根植于一种关于劳动的神学。这种神学的根源要从对《创世记》的那些注解中找到其雏形,这些注解致力于证明劳动的正面的根源在于上帝,因为:1.造物主的工作(必须追踪“至高的工匠”或“至高的工人”* 这一主题的发展)是真正的劳动——一种至上的、升华的劳动,一种创
173 造,且伴随着劳动的所有艰难:因为这项劳动(labor)上帝第七日不得不休息。2.劳动,某种劳动(要视所谈意义而定)曾经被交付给人类,给亚当,作为失乐园前的使命,因为上帝曾将他安置在乐园,为的是让他“修理看守”(《创世记》,2:15—16)。在作为罪过和

22　关于《论各不同修会》的见证的重要性,见 M. D. 舍尼:《12 世纪的神学》,227 及其下内容。我们注意到散佚的第四卷应当是完全关于体力劳动问题的。

23　见 G. 勒弗朗:《从遭诅咒的劳动到至高无上的劳动?》,日内瓦国际研讨会,1959。

24　意味深长的是,在 12 世纪初年,克雷莫纳商人圣奥姆邦被封为圣人是与谦卑派有关的。

*　拉丁文:summus artifex 和 summus opifex。——译者

堕落的后果的赎罪劳动之前，有过一种幸福的受上帝庇佑的劳动，而俗世劳动保留了失乐园之前的天堂劳动的某种东西。

III.如果说在这一格局中社会的三分结果不再适应社会与心态现实，那是毫不为奇的。最值得关注的是，在印欧民族的原始社会中一个能够确立自己地位的经济阶层的出现只导致对三等级图式的有限修改，要么通过补加第四个阶层，要么通过将新兴阶层吸收进三个预先存在的等级中的某一个，而在西方中世纪社会中旧有的图式完全破裂了。当然这个三分图式仍会残存（不无某种转变，比如在法国它长期残存于1789年前的三级会议中），但它在退缩，而一些多重等级的图式得以确立，这来自于劳动意识形成，来自劳动分工和多样化的确立。

当然存在着——要让这些新的社会-职业阶层获得对于使命的权利，这甚至是关键的——基督教社会一元论概念的延续甚至加强。但是基督徒的整体被结构化，这种结构化是从功能、行业、职业出发的。整体不再像在中世纪早期神圣社会中那样由一些等级（ordres）组成，而是由一些职业（états）构成，在各种职业之间可以存在也确实存在一种等级秩序，但确实水平方向的等级秩序，而非垂直方向的。文学与艺术发展、确立“世界各行各业”的主题，衰落期的中世纪通过死亡之舞赋予这一主题一种至高的、可怖的表述。另一方面，模仿那些针对阶层的（ad status）布道文，忏悔师手册，至少某些忏悔师手册是与这种新文类联系在一起的。

通过所有影响和所有词汇，这种倾向几乎见于12世纪所有思想中，所有学说中。

索尔兹伯里的约翰将这一倾向纳入旧有的对于人类的机体论

概念之中，机体论认为人类如同一具人的机体，其中每个部分都是
174 一种职业、一个行业团体——农民、匠人和工人构成的国家（respublica）的双脚[25]。

通过或许是斯多葛派哲学的一套词汇，莱舍斯贝格的格罗赫提到“宇宙这个大工厂，这种囊括万物的工坊”。对于一个12世纪的人而言，不论是哪位神学家，有怎样的具体的物质现实世界隐现于这些词汇之后：fabrica（工厂），officina（作坊）……。而且格罗赫在题目已经具有启示性的《论上帝的建筑》（*Liber de aedificio Dei*）中肯定了所有人类境遇的基督教价值以及所有职业作为灵魂得救手段的有效性[26]。

洪诺留·奥古斯托杜南西斯肯定了人类的放逐就是无知而人类的祖国就是智慧，通过自由之艺，经过同样多的城市（让我们顺便注意一下这里对城市的指涉）才能达到，他随后列举出了十个：在传统的七艺之上，他加上物理学、机械学和经济学。这既是实践的世界也是知识的世界[27]……。

在对于一个新世界形成概念的这一进程中，一个概念起到了关键作用，即“共同福祉”（bien commun）。它成为任何职业的效用、合理性的试金石。

必须注意到随着三等级图式崩解的还有传统的七种自由之艺

---

25 《波利克拉替库斯》，六，20章。——原注

拉丁文“respublica”是指公众事务、国家，不只是共和国的意思。——译者

26 见M.D.舍尼：前引书，p. 239。

27 《论灵魂的放逐与祖国》（*De animae exsilio et patria*），载于：PL 172，1241。洪诺留是这个世纪的响亮回音，通过其固守传统和他的创新，表述了《阐明集》（*Elucidarium*）中关于职业阶层的一些古老观念。

和机械技术与自由之艺间的壁垒。当弗赖辛的奥托惊奇地看到在意大利甚至机械技术的匠人也受到尊重的时候，圣-维克多的于格在《大纲提要》(*Didascalion*)中在一套新的学科分类中将机械技术与自由之艺并列，我们在 13 世纪罗伯特·格罗斯泰斯特、托马斯·阿奎那的著作中重新看到这一分类[28]。

因此在 13 世纪初公众舆论在精神导师的层面造成反响，舆论将对有德行的英雄的敬意代之以对灵巧的技工的敬意。《吉奥讽刺诗》(Bible Guiot)* 宣布从此之后骑士们应当向弩弓手、矿工、石匠、工程师们让步。军事技术的演变危及封建骑士的职业最高地位。这是整体的演变……吉奥夸大其词，做出预言，但却显示出 175
一种舆论倾向。

所以，意识形态的条件已经聚齐，在 13 世纪初承接前后的心态结构已经存在，去让各种职业的使命感得到认可。在这种认可中，被忏悔师手册转变和引导的赎罪实践起着首要作用。

事实上是那时产生的两个关键事实使得这种三重演变达到完全的效果：忏悔的演变、劳动概念的演变和社会结构图式的演变。

第一个事实便是 1215 年第四次拉特兰公会议的第 21 教谕，让所有基督徒即实际上所有西方人必须进行年度忏悔。从此后所有忏悔师都定期地被一些问题包围，其中许多是让他们为难的：1. 因为许多人只具有不充足的教育程度，对教会法的所有最新发展一无所知，特别是从格拉蒂安《法令》以来的那些发展，2. 因为他们

28 关于“七艺体制的解体”，见 G. 帕雷、A. 布吕内、P. 特朗布莱：《12 世纪的文艺复兴：学校与教育》，1933，97 页及以下内容。

* 虽然题目为 Bible，却与《圣经》无关，是关于社会各阶层的讽刺诗。——译者

多数人是在传统精神的环境和状态中受到培训的，无法解决（有时甚至无法理解）悔过者向他们提出的问题，尤其是那些职业活动中出现的“良心的两难抉择”（cas de conscience）提出的问题（这是个说明问题的新词：那些忏悔师手册经常称之为“良心抉择的情况*”）：某种操作是否合法？工作的必要应该放在教会关于守斋和星期日休息的禁令之前还是之后？等等。忏悔师们需要指南，需要手册。而要写作这些手册，必须要有能力的作者。

而这正是第二个事实，这些作者们出现了：这是那些新兴托钵僧修会的成员，其中的某些成员。他们的能力首先是因为他们是受过教育的，除了他们自己的研习（studia）之外，他们很快便出入于大学，主要因为他们与12世纪那些教团不同，与多数本笃派不同，他们不是生活在独处状态或者乡村环境，而是生活在城市里，在城市环境的中心，这是分门别类的劳动、新的职业活动与精神好奇的世界，是提出问题的人们的世界，他们对自己提出问题，向他们的忏悔师提出问题。

忏悔师手册同样从两方面反映出从业者自身职业意识形成和
176 他们对教会的压力，让教会也对之加以考虑。首先因为这些手册包含了从业者提出的具体真实的问题。当我们读到：“选适宜时机出售是否合法？”或者“星期天下地干活或者在集市卖东西是否合法？”，这肯定是翻译成拉丁文的有悔罪者向忏悔师提出的问题，而不是经院辩论中的一个抽象主题。而且这些手册的作者们是一些职业良心的专家，他们很了解他们所指导的人们。在13世纪末，

* 拉丁文：*De casibus conscientiae*。——译者

皮埃尔·迪布瓦写道："小兄弟会和布道兄弟会比其他人更加了解社会的真实状况……小兄弟会和布道兄弟会了解每个人的行为……"。

这些手册中[29]，首先是那些最主要、最常用、最具影响的，从佩尼亚福特的雷蒙的《大全》(1222—1230年间)到由圣孔科迪奥的巴泰勒米1338年12月7日完成的《比萨内拉大全》(*Summa Pisanella*)，其间有方济各会的《大全》如《莫纳尔迪纳大全》和《阿斯特萨纳大全》和多明我会弗里堡的约翰的《大全》，有三个主题与我们相关：

1. 所有基督徒主要通过他的职业来定义：使命与灵魂得救。

2. 所有劳动都应得薪酬：使命与金钱。

3. 所有以劳动为基础的职业都是合理的：使命与劳动。

I. 直到此前，罪人是根据七宗大罪来分类的。这种传统分类仍见于忏悔师手册中。但是另一种分类倾向于取代这种分类，不再考虑罪孽的类别，而是考虑罪人的类别，这些类别是些职业类别：教士、大学学人、法官、农民、机械工人等的罪行。因此在忏悔领域如同在布道领域——由于那些托钵僧特别是布道兄弟会，13世纪是布道的伟大世纪——有了一个新类别：即针对各行业的(*ad status*)宗教教育。里尔的阿兰在《布道艺术大全》(*Summa de arte praedicatoria*)中，罗芒斯的于贝尔在《论布道的知识》(*De eruditione praedicatorum*)中，还有维特里的雅克等人，留下了一些针对职业的布道文(sermones ad status)的范例。因此这些关于

29 关于忏悔师手册的诞生，见P.米肖-康坦的著作。

177 赎罪规条的新文字强调那些依据职责(secundum officia)提出的问题[30]。

第四次拉特兰公会议第21条教谕明确说:“要使神父能够做到辨别和谨慎,如称职的医生将酒与油浇在伤者的伤口上,他仔细地了解与罪人和罪行相关的具体情境……”。

1317年的《阿斯特萨纳大全》(5卷,17章)更加明确:《一些在忏悔中要提出的问题》:“同样必须问询悔罪者同样地位的人惯常的罪行。的确不应当去问一个骑士那些教士的罪行,或者相反……为了更好了解应当向谁询问什么事情,要注意必须询问君主们关于公正的事情,向骑士们询问劫掠,向商人、官吏和工匠们询问伪誓、欺诈、谎言、偷窃等等……询问资产者和一般市民关于高利贷和典当的事情,询问农民关于嫉妒和偷窃的事,特别是与什一税有关的事等等。”

按照罪行的职业类别来忏悔的原则尤其启发了一本从13世纪末以后流传很广的手册的大纲,这是弗里堡的约翰从其《忏悔师大全》(*Summa Confessorum*)中抽出来的给那些教育水平不高和不太称职的忏悔师用的备忘纪要,人们给了它《忏悔书》(*Confessionale*)的题目,在第一部分关于人们在所有罪人身上都能遇到的罪行之后加上了第二部分,是关于各个不同社会职业类别的罪行:一、对于主教和其他高级教士。二、对于教士和领受教俸者。三、对于那些神父、副司铎和忏悔师。四、对于修会成员和僧侣。五、对

30　关于论述职责(de officiis)的文献的传播,见G.B.福勒:《阿德蒙特的恩格尔贝特的〈论职责及其滥用〉》,载于《纪念A.P.伊文思中世纪生活与思想论集》,1955。

于法官。六、对于诉讼代理人和检察官。七、对于医生。八、对于学院的博士和教师。九、对于君主和其他贵族。十、对于已婚的世俗人。十一、对于商人和资产者。十二、对于匠人和工人。十三、对于农民。十四、对于体力劳动者[31]。

在此处被缩减为目录的这一大纲可以从细节上加以发展和评论，它显示出所有职业类别都被考虑在内。原因是从这时起非法的、被禁止的行业数量已经变得很少，以至于仅仅将极少数边缘的 178
群体或反社会的个体置于社会之外[32]。在本质上(de sui natura)非法而因此绝对被禁止的行业与因动机(ex causa)、因时间(ex tempora)或因人员(ex personna)而可能受到歧视的行业之间的区分从此后将被受排斥者、遭诅咒者的世界缩减为极小。比如商人，先前时代的贱民，只有在从事某些活动的时候才被社会放逐，而这些活动的数量不断在减少[33]。对于商人和其他人而言，决疑论是个证明合法性的因素，是解放的因素。

因此，一些从前是禁忌的领域如今都被人承认。

II. 首先是金钱的世界。

在 13 世纪之前，在野蛮的西方，所有领受酬劳的活动都蒙受与所谓唯利是图的阶层联系在一起的耻辱。所有要付钱的、被购买的东西都是不名誉的。荣誉或者义务是通过职务来定义，由高

---

31 我们的引文是依据抄本 Ms Padova, Bibl. Antoniana, scaff. XVII cod. 367。这段文字曾由 B. 孔特根据巴黎国家图书馆两个抄本用于 1953 年在巴黎大学文学系答辩的 DES 论文，论文未出版。

32 关于对这些遭排斥者的处置，见 M. 福柯：《古典时代的疯狂史》，1961。

33 见 J. 勒高夫：《中世纪的商人与银行家》，第 2 版，1962。

至低地相互定义。金钱在经济上是处于边缘地位的，在道德上也同样如此。中世纪早期基督教社会在这种信仰中得到巩固，认为金钱领域是受到犹太人“毒害”的。不断取得进步的商业化和薪酬制却动摇了这些价值。

这中间有两个阶层、两个行业在起主导作用。

首先是教师。科学、文化在12世纪之前是教士的特权，教士获得并传播科学，不用花什么钱。修道院或者主教办的学校培养一些门徒来进行侍奉天主的工作，这是不要钱的。

12世纪那些城镇学校卷入城市的飞速发展中，它们是由教师们赋予活力的，这些教师同他们的学生们一样必须找到自己维持生计的东西[34]，于是知识的物质、社会与精神条件被彻底改变。这正是从12世纪中叶起围绕着一个表述而展开的辩论的意义所在：科学是上帝的恩赐，故而不可以出售。此处无需了解这些新教师们可能有哪些酬劳，哪种解决办法将占上风：公薪、顾客即学生的
179 酬劳、教会的收益。最主要的是，对“教师们能否合法地从学生们那里接受金钱？”这个问题，作为实践与舆论的反映的那些忏悔师手册做出肯定回答[35]。

与此同时，在信贷领域对于商人也提出了问题，在这一领域中货币经济的扩张将犹太人抛在次要地位，他们仅止于从事一些影响有限的接待活动。从此后存在了基督徒的高利贷问题。没有利息，前资本主义时期的货币经济便无法发展，用经院哲学的词汇来

34　见J.勒高夫：《中世纪的知识分子》，1957。

35　见G.波斯特、K.基奥卡里尼斯、R.凯：《一个人文主义理想的中世纪遗产：科学是上帝的恩赐，故而不可以出售》，载于《传统》，1955。

说，利息意味着一种直到此前都受到诅咒的行为：即出售时间。恰好与科学的商业化问题相对称，时间的商业化问题也被提出，与之对立的是同一个传统、同样的表述：时间是上帝的恩赐，故而不可以出售。而对于这种情况，我们在忏悔师手册中看到人们给出了支持的回答，当然是倍加谨慎的，附带着一套决疑论的[36]。

III. 在两种情况中，同一种合理化解释被提出，以一种富有深意的方式将福音书文字加以转变。在这段文字中，马太说："工人得饮食是应当的"（《马太福音》，10：10），而注释者们此后却说："工人得薪酬是应当的"，这见证着从自然经济向货币经济的过渡。重要的是，得到薪酬应具的条件是完成一件工作。工作的定义仍然是暧昧不明的，从中看出中世纪特有的在辛苦疲劳与从事现代意义的某项经济任务之间的混淆。工作便是辛劳。

让一个行业成为合法，让薪酬被合法收取，其充分必要条件便是付出劳动。

在这一点上，知识分子与商人同样是通过他们新的社会职业规则来获得合理性的。要让教师（magister），让商人能够合法地，不惧诅咒地收取薪酬或者利息，只要他们的报酬或利润——中世纪后期对两者不做明确区分——是补偿他们的劳动就够了，必要和充分条件就是他们曾经劳动。忏悔师手册接受了他们对于行业规则的确认：任何薪酬或利润只要是因为劳动（pro labore）便是合 180
法的[37]。劳动成为参照价值。

36　见文章《教会的时间与商人的时间》，前文，p. 46。

37　比如在许多文字中，对于"utrum negotiando liceat aliquid carius vendere quam emptum sit"［是否允许通过交易出售已经购买的贵重物品］的问题，《比萨内拉大对于这一纲要还有待于通过14世纪以来西方社会中劳动价值各种变形的历史来加以补充。尽管有在中世纪取得的成果，劳动仍旧是一种脆弱的价值，它是受到威胁的，是不断被经济和社会的发展重新质疑的。不论工业革命之前还是之后，通过劳动而发达起来的那些社会阶层都急于否认自己的劳动出身。劳动并非真的不再是一种“贱役”（macule servile）。从13世纪起，一种新的社会阶级分野已经在进行。虽然作为社会与伦理价值，悠闲已不再有前途，但在基础层面即体力劳动层面上，劳动重新受到质疑。“我不是用手劳动的工人”，穷苦的吕特博夫抗议说。弗里堡的约翰的《忏悔录》将普通劳动者（laboratores）置于末位。刚刚战胜那些“封建”价值，劳动者便分化了。这历史并未结束。

全》（引文根据抄本 Ms BN Paris Res. D 1193，f. L）根据圣托马斯 II a II e q. LXXVII 做出回答：“lucrum expetat non quasi finem sed quasi stipendium sui laboris et sic potest quis carius vendere quam emit”［不以获利为目的而是作为自己劳动的报酬，可以卖掉已经买的东西］。

中世纪大学对自身有怎样的意识？ 181

望大家谅解以下见解的片断的急就章的特点——对于中世纪大学学人对自身特殊性的意识的问题的提出与讨论，这只是我的微薄贡献。

这是些片断的见解：我们仅限于进行一系列的探究，是通过有限数目的作品与人物，只调查一个大学中心，即巴黎。12 世纪是通过《受难史》（*Historia Calamitatum*）的作者阿贝拉尔和《论教士的养成》（*De Institutione Clericorum*）的作者哈温格特的菲利普（由他的通信的一些片断来说明），13 世纪是几个与教理与教团的大论战有关的文献（尤其关注西热的圈子和 1277 年遭禁的提议），14 世纪初始用几篇热尔松的文字，这便是我们研究的基础，对应大学界特征明确的三个时代：即产生、中年危机、中世纪衰落期的麻木。

在这些选择之中存在着明显的局限：这些人物的强烈的甚至让人迷惑的人格，由论争的具体情境造成的曲解变形，这些都给见证的纯洁性带来杂质，而且由于借助于从更为宽广的思想与生活中选取的一些片断，这也造成了局限：阿贝拉尔、布拉邦的西热、热尔松都不仅仅限于我们所面对的他们作品的这一小部分。

这是些急就章的看法，不仅仅是因为通过这些时代的划分，大

学的深层的持续的生活可能被错过，因为我们此处无法彻底涉及
182 经济、政治、制度、知识、精神的整体，我们此处只是从中抽取这些
孤立的时刻[1]——13世纪的这些论辩会将我们引向何处呢？匆匆而就的原因更多是因为我们只能对此处涉及的重大理论问题的某些侧面加以说明——其问题论仍然是非常不确定的。

意识形成：是中心问题，又是何等困难的历史问题！必须通过多条殊途同归的道路来探寻，确定一些优先的观察领域——甚至是实验领域——，确定工具、方法并最终或许承认一种根本标准来把握这一本质现象：即决定性的时刻，此时基础结构被人们认识到，团体自我承认、肯定，通过对自身独特性的意识而最终第二次诞生。

这是个难得的主题——甚至其困难也是难能可贵的——尤其因为随着研究的深入和发展，它与1960年"中世纪学大会"(Mediävistentagung)的主题联系起来：即职业使命。

本文所处的层面——一种研究取径——主要是对相对于社会其他团体、其他阶层的大学学人的角色进行智性的表述的层面。正是通过这种对差异甚至对立的追求，我们尝试去标定出大学学人们对中世纪西方社会中自身地位及其发展取得意识的几个阶段。

*

1　要统观这些问题，可以参阅J.勒高夫：《中世纪的知识分子》，1957。H.格伦德曼：《论中世纪大学的起源》，莱比锡萨克森州科学院谈判的报告，卷103，2，1957和S.施特林-米肖在11届历史学国际大会上的报告，斯德哥尔摩，1960。

在阿贝拉尔和哈温格特的菲利普的时代,无疑尚没有大学学人。但是这些城市学院,阿贝拉尔是其最初的杰出代表,哈温格特的菲利浦是最早承认它们的存在、它们的新颖与功用的人之一,正是在那里一个崭新的职业和一些新的匠人正在诞生:即学校职业和经院学者(scolares)与教师(magistri)的等级,由此将产生大学 183
与大学学人[2]。

在《受难史》中,阿贝拉尔[3]对自己的界定——在个人性格层面的界定,但首次从职业性质上定义——首先是相对于他所出身的小贵族阶级。这是可贵的见解,他指出他的阶层的规矩似乎是某种智性文化与军事实践的联盟:即书本(litterae)与刀剑(arma)的联合[4]。对他而言,选择是必要的和悲剧性的。作为新的以扫*,在牺牲"武士的荣耀"(pompa militaris gloriae)给"书本的学问"

2 关于这一变形和诞生,我们认为最好的指南是 G.帕雷、A.布吕内和 P.特朗布莱:《12 世纪的文艺复兴:学院与教育》,1953 和 Ph.德莱:《12 世纪学院的组织》,载于《传统》,5(1947)。

3 此处并非要简述阿贝拉尔的生平。我们应记住 E.吉尔松的经典力作:《爱洛绮斯与阿贝拉尔》,第 2 版,1948。有启发性的著作还有 A.博斯特:《阿贝拉尔和伯恩哈德》,载于《历史期刊》,186/3,1958 年 12 月和 M.帕特罗尼埃·德·冈迪亚克:《关于对阿贝拉尔的最新的集中阐释》,载于《中世纪文明手册》,1961,293—301。此处我们使用J·蒙弗兰的杰出版本,《哲学著作文库》,1962。

4 Patrem autem habebam litteris aliquantulum imbutum antequam militari cingulo insigniretur; unde postmodum tanto litteras amore complexus est, ut quoscumque filios haberet, litteris antequam armis instrui disponeret [但是,我父亲那时还健在,他在佩戴军人的剑带之前受过教育,当他有了儿子,他让人先教他文化再学刀剑] p. 63, 13—17. 关于这一时期的世俗文化,参见 P.里谢文章,载于《纪念圣伯纳德论文集》,1953 和《中世纪文明手册》,1962,以及 H.格伦德曼的详实研究:《文人-文盲:从古代到中世纪教育标准的改变》,载于《文化史档案》(1958),1—65。

* 以扫《旧约》中雅各的孪生哥哥,兄弟相争,后和解。——译者

(studium litterarum)的同时,他应当同时放弃他作为长子的权利。因此,他选择即将变成一种职业的事业,这使他彻底出离了自己的社会群体,这一选择是对于某种生活方式、心态、理想、家族与社会结构的放弃。作为替代的是一种全面的投入:"你将永远是教师。"(Tu eris magister in aeternum.)

然而值得一提的是,阿贝拉尔——当然此处只是一种修辞的造作——通过一系列军事词汇来谈论自己的职业生涯。对他而言,辩证法是一所军械库,论据是一些武器,辩论则是战斗。他为了智慧女神密涅瓦而放弃战神玛尔斯,她是位戎装而好战的女神[5]。就如同一位年轻骑士,阿贝拉尔攻击他从前的老师们[6],他的学院传授是对一个新入伍者的传授——军事的入门(tirocinium)[7]。智力的争斗对于他来说就是骑士竞技[8]。因此这位帕莱
184 小贵族的子弟仍旧受到他出身的影响——如同他的那个世纪受到统治阶级生活风格与词汇的影响一样。这是圣伯纳德的世纪,这个时代里"天主的斗士们"(athletae Domini)构成"基督的军队"(militia Christi)[9]。

5　P. 63—64, 24—28。

6　P. 64, 37。

7　P. 64, 46。

8　P. 64, 58。

9　在《爱洛绮斯和阿贝拉尔》这篇文章中,载《人文科学杂志》(1958),P. 祖姆特认为可从阿贝拉尔和爱洛绮斯的关系中看出"典雅"爱情的类型。虽然可以找出某种表述风格上的接近,但我们觉得阿贝拉尔-爱洛绮斯这一对处于一种完全不同的氛围,如果不说是完全相反的话。我们不想脱离主题而在这里尝试解释为何我们认为他们是西方第一对"现代"的伴侣。只要我们记住让·德·默恩在《玫瑰传奇》第二部中将这一对当作楷模,他恰恰是写作了一部"反典雅"的传奇,正如 G. 帕雷在《13 世纪的思想与文学:玫瑰传奇》(1947)中所指出的。

从骑士阶级中超脱出来定义自己,阿贝拉尔不仅由于他人生的起伏,而且更深层意义上由于他那个时代教士的地位,他未能完全与另一个阶层区分开来:即修道士阶层。在那些他不得不闭修其中的修道院中,让他觉得这种流放状态无可忍受的并非猥琐的风气、粗钝、敌对,更多的是由于他无法在那里过追求知识与教学的生活,从那以后这些与修道院生活便不能相容[10]。

就像被移植到一片陌生土地,他被移植到修道院环境,他在那里变得枯萎,显得无创造力:“我哭泣着思考着我将过的生活之无益与苦难,我将要生活于其中的这种贫瘠对于我和其他人都一样,我以往对于知识人非常有用,而今却不得不因为一些僧侣而放弃他们,我对于这些知识人和那些僧侣都将没有任何用处,我会失去我所进行的追求和努力的成果[11]”。

这是与传统修道士阶层的敌对,同样也是与新修道制度的敌对——而后者在12世纪却开始缓慢发展——,即隐居者、托钵僧、入修会的教士和所有修道生活的改革者们的阶层——即那些他不屑地称作新使徒(novi apostoli)的人[12]。

他的环境是城市的环境:“回返城市”(ad urbem rediens)[13], 185
这是他、他的门徒、追随者们不断被推向的方向。在帕拉克莱修院

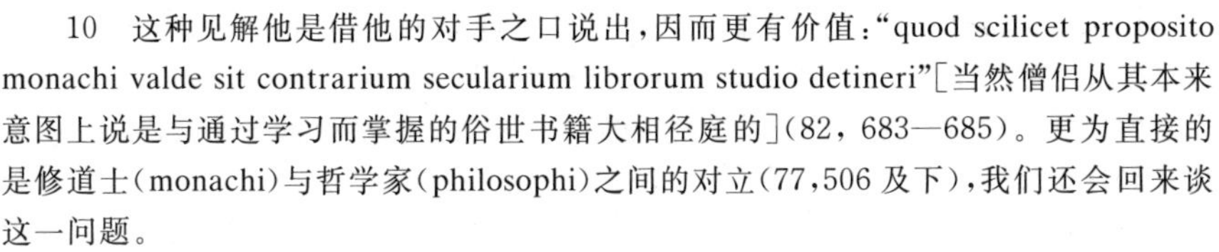

10 这种见解他是借他的对手之口说出,因而更有价值:“quod scilicet proposito monachi valde sit contrarium secularium librorum studio detineri”[当然僧侣从其本来意图上说是与通过学习而掌握的俗世书籍大相径庭的](82, 683—685)。更为直接的是修道士(monachi)与哲学家(philosophi)之间的对立(77,506 及下),我们还会回来谈这一问题。

11 P. 99, 1283—1289。

12 P. 97,1201。

13 在谈到尚博的纪尧姆时所说的话,67,133。

的“隐修”时期——“他们更像是些隐士而非大学生”[14]——学生们的热情迅速变为对城市的怀念。未来的大学学人们意识的形成只是新兴城市社会的意识形成的一个侧面。

这一新的学院社会群体除了其与修道院群体的差别，更普遍地确立了在其特定职业之外、其自身工作类型之外他们无力而且排斥做别的事情：“那时，无法容忍的贫穷迫使我走向学校，因为我不会种地，又羞于乞讨。于是回归我唯一了解的职业，我不得不避开体力劳动而去用我们的口舌去劳动[15]”。这段关键文字中对体力劳动和行乞的拒绝宣告了13世纪的那些巨大的冲突与选择：“我不是用手来劳动的工人”，吕特博夫后来这样说。

这些新学生和学者努力与追求的目的是金钱和荣耀（pecunia et laus）[16]：即某种形式的薪酬[17]和光荣。此处，我们涉及群体意识的另外两个元素：即其经济基础与职业道德。

道德首先是一种精神状态。阿贝拉尔——仍然囿于他那个时代的道德概念和传统的罪恶循环论中[18]——不讳言新兴群体的尊严[19]很容易变成荣耀——羞耻啊（dedecus），荣耀（gloria）[20]——而

14　P. 94，1092—1093。

15　P. 94，1109—1113。

16　P. 81，645。

17　让我们回顾这个著名的表述：“Scientia donum Dei est，ergo vendi non potest［学问是上帝赐予的，所以不能买卖］”，对此G.波斯特、K.乔卡里尼斯、R.雷写过一篇有益的文章，但却缺乏经济与社会背景研究，《一个人文主义理想的中世纪遗产》，见《传统》，2（1955）。

18　我们想趁着研究忏悔师手册之机研究心理与精神生活的转变，这主要表现为将一种社会道德（阶级道德）代替一种个体道德（七宗罪的道德）。

19　P. 78，533—535。

20　P. 75，428，431。

最终成为骄傲,这种“主要由文学在我身上产生的”傲慢(superbia)[21]。这罪恶只是职业意识的扭曲,通过亚里士多德理论的树 186
立,它将在13世纪西格尔派那里变成哲学家的崇高。

此处我们遇到的这个词标志着在阿贝拉尔思想中对他所从属的这个新兴群体的特殊性的意识所达到的最高级别。对于一个新兴群体来说,对一个新的类型来说,思考便是标志。

中世纪大学学人的局限也在于此,是几个意义上的局限。他们最终偏爱的哲学家的名号,其本身就值得详加分析,恕我们此处不做尝试。让我们仅仅注意这个词对古人、异教徒——对出身高贵者——的指涉意义,注意这个词的知性与形而上的内涵。伴随哲学的至上地位,理性对于权威的优先地位也同时被确立。哲学家这个词凝结着阿贝拉尔式的态度——“由于愤怒,我回答说照常规行事不是我的习惯,我习惯照理智行事[22]”——,凝结着对前人的辩证法和与前人的神学的对立[23]。

即使我们采取必要的谨慎——不去赋予12世纪的词汇以与时代不符的意涵和影响——却仍然必须在此处承认其创新、大胆、深远影响。我们将会在西格尔派中间再次看到“哲学家”这个词的新发展——那时我们将会强调历史的和谐与延续。“哲学家”。人们不仅用这个名称来取得意识,并且立身其中[24]。

---

21 P.71, 266—267。

22 P. 69, 208—210。

23 P. 82—83, 690—701,强调“相反”(a contrario)p. 84, 757—759。

24 有必要将这个词重新置于其潜在的领域,但E.R.库尔提乌斯的见解乏人重视,见《欧洲文学与拉丁语的中世纪》,11章,《诗歌与哲学》,248—260,法文版,1956。

在哈温格特的菲利普[25]身上，虽然时间相去不远，我们却看到一种在各方面都与阿贝拉尔不同的人格的可贵见证——这突出了他为这位巴黎教师做出的补充和肯定的价值。

哈温格特的菲利普是个温和派，在许多方面都是个传统主义者。他加入新的学院运动是极具意义的，因为这位好望修道院院
187 长属于一个更多致力于寂寞隐居而非流连城市和早期大学中心的教派。所以这是时代的标志，这位普赖蒙特莱修会会士承认对于教士们来说参与这场运动是必要的——预示着13世纪那些修道院的大学学院的建立，限制了托钵僧运动的发展。

当然，菲利普既谴责那些"流浪"[26]学生也谴责那些饥渴于纯粹科学、为科学而科学的人——这却是对这种科学主义潮流之存在的有益见证，还有那些仅仅追求出卖学问的人[27]。

当然对他而言科学的顶点便是圣经的研究——这是大学学历赋予神学的首要地位。[28]

但他不仅充分意识到已经为人所知的教士进行学习的必要性，而且他了解并接受获取学问的新条件。

首先必须前往某个有大学的城市，他将巴黎排在首位。他在致埃罗德的书信中对巴黎的称颂是有名的[29]。但是巴黎这个教育

25 关于哈温格特的菲利普，参见 Dom U. Berlière，载于 *Revue bénédictine*（1892，A. Ereus 编），*Dictionnaire de Théologie catholique*，12—1，1407—1411。

26 书信 XVIII 致 Richerum，载于 *PL*，203，158。

27 《论教士的养成》[*De Institutione Clericorum*]，III，XXXV，载于 *PL*，203，710。

28 同前，706。

29 *PL*，203，31。

和文化中心也被他在别处称颂过,比如在给恩格尔伯特的信里:“荣耀不仅仅在于曾经到过巴黎,而且在于曾在巴黎获得可敬的知识[30]”。

他知道学院生活是一种职业:学院行业(negotia scholaria)[31]。这个职业有其自身的经济与技术的要求。要成为一位学者,必须花费金钱,或者不如说必须面对贫穷,并非是后来托钵僧的那种自愿守贫(paupertas voluntaria),而是拮据的大学生不可避免的穷困[32]。学习者必须要有一些劳动工具:虽然教学大多仍然是口授的[33],但书本已经成为不可或缺的工具,他说:“巴黎这座快乐的城市,在那里神圣的抄写手卷被以如此大的热情翻阅
着[34]”,还有:“我认为对于一个教士而言没有什么比沉浸于文学, 188
手中持着书本更加惬意的了……[35]”。

最重要的是他意识到——虽然他的解决办法同往常一样是温和折中的——教士要在脑力劳动与体力劳动之间做出选择的必

30 同前,33。

31 书信 XVIII 致 Richerum,载于 *PL*,203,157。

32 《论教士的养成》,载于 *PL*,203,701。“Sicut autem isti a labore discendi nociva revocantur prosperitate, sic multi, ut aiunt, praepediuntur paupertate. Videntes enim sibi non ad votum suppetere pecuniariae subsidia facultatis, impariati suferre aliquantulae molestias paupertatis, malunt apud suos indocti remanere quam discendi gratia apud exteros indigere”[那些被有害的名利召回努力学习的,许多人说被贫穷困扰。看到自己没有足够金钱的帮助,没有准备好承受着贫穷的困扰的人,他们更愿意留在自己无知识的朋友们中间,而不是需要别人的恩惠去外国人那里学习]。

33 “non tam audiri appetens quam audire”[更愿意听别人说什么而不是被人听], *PL*, 203, 157。

34 *PL*,203,31。

35 同前,159。

要。他谈到这一问题的那个段落具有特别重要的意义[36]。确实，在12与13世纪激动修道院阶层的关于体力劳动的大辩论中，他采取了旧修道制度的态度——事实上是反对体力劳动的，尽管由于体力劳动而做出必要的牺牲是12世纪流行的口号——，但是他却是从与德茨的鲁珀特或可尊敬的彼得(Pierre le vénérable)截然不同的角度来看的(他们首要关注反对新的修道制度，捍卫后本笃派和克吕尼派的传统，修道生活致力于上帝的事工)——他是从一个崭新角度，是现代的视角，我们将会在13世纪看到这一视角随着托钵僧派而得以确立。这是知识教士的专业化意识，知识教士严格限制自己生活中体力劳动的份额。哈温格特同他以为一样，态度不是那么截然，他在这一点上与阿贝拉尔一致：用手来劳动不再是学院里的教士(clericus scolaris)的事务(negotium)。

36 《论教士的养成》，*PL*，203，706。"Possunt enim (clerici) et curas eccesiasticas licenter obtinere, et labori manuum aliquoties indulgere, si tamen ad haec eos non vitium levitatis illexerit, sed vel charitas vel necessitas quasi violenter impulerit. Apostolus quippe et sollicitudinem gerebat Ecclesiarum, quia eum charitas perurgebat, et laborabat manibus quando necessitas incumbebat. Denique cum Timotheum instrueret, non ab eo laborem relegavit penitus sed eum potius ordinavit, ut ostenderet non esse alienum a clerico aliquoties laborare, si tamen id loco suo noverit collacare. Debet enim studium praeponere scripturarum, et ei diligentius inhaerere, laborem vero manuum, non delectabliliter sed tolerabiliter sustinere, ut ad illud eum praecipue alliciat delectatio spiritalis, ad hunc quasi invitum compellat necessitas temporalis"[他们能够过于自由地获得教会的照顾，有时容忍体力劳动，让自己不限于无所事事，仁慈或者必要性驱使他们。当然，使徒是怀着对教会的关心，因为慈悲心驱使，在必要的时候进行体力劳动。如同提摩太告诉我们的，他不完全排除劳动，而是安排劳动，显示教士有时也干活，懂得自己的本分。应该将学习圣经置于优先位置，努力学习，不是愉悦地而是勉强接受真正的体力劳动，灵性的愉悦尤其鼓励他们进行学习，世俗的必要性让他们违心地劳动]。

最终，哈温格特的菲利普以他自己的方式进行调和，在修道院与学院之间，隐修禁院与工作室之间分出高下，同时他在一篇同样影响重大的文章中对它们进行了细致的区别：“头等地位的应当是教士们身边的修道院的禁院……二等重要的应当是出入于学院，对学校的爱应该会引导明智的教士去拒绝世俗的东西，才不会不携带足够的货物就登上修道院这条大船，才不会沉船，相反他能够抓住船或者身边的木筏……”[37]。

因此圣伯纳德与哈温格特的菲利普之间的对立大大超越那桩 189
让他们对立起来的日常琐事的框架[38]。伯纳德这位僧侣中的斗士来到巴黎试图带坏学生们，他将修道院变成唯一的“基督的学校”(schola Christi)，他诅咒巴比伦城似的巴黎[39]，菲利普这位开明的修道院长与之对立，不但努力想将隐修与学院调和，而且承认学院的益处、必要和专业化，他欢迎巴黎这座科学的圣城——它可谓名副其实的学问之城(merito dici posit civitas litterarum)[40]——这座耶路撒冷似的巴黎。

*

13 世纪托钵僧教团与俗间神职人员之间的大冲突暴露出巴黎

37　*PL*，203，159。

38　Ph. 德莱：《克莱沃修院的圣伯纳德与哈温格特的菲利普》，载于《朗格尔历史与考古学会刊》，12(1953)。

39　《对教士们谈皈依的布道文》(*De conversione ad clericos sermo*)，载于 *PL*，182，834—856。

40　《致希罗德信》(*Ep. ad Heroaldum*)，载于 *PL*，203，834—856。

大学学人们的团体职业意识所达到的鲜明程度[41]。毫无疑问世俗神职一方——虽然争论隐藏于一些教理问题背后，虽然在其他问题上行会组织起了首要的作用——攻击托钵僧教团的大学学人，因为他们坚信同时属于修道教团和大学行会这种双重所属是不可兼容的。

于此，我们仅关注两点。

关键的一点是某些人所尝试的努力，特别是布拉邦的西格尔及其友人，他们试图为自己的职业意识提供一种理论基础。但人们并不总是清楚托钵僧进入大学这件事对这些僧侣——尤其是方济各会僧侣——提出的那些问题，这些问题显露出大学学界意识的取得。

我们仅限于通过一个事例来阐明超越各修道会界限的这种内部的却能说明问题的冲突。

虽然这一问题在全体方济各修会成员中没有造成同样激烈的争论，也不像守贫问题那样对于这一教团是核心问题，但是学问，事实上即——这种等同关系揭示着13世纪知识分子处境——与各大学的来往，这是该教团在圣方济各死后所提出的关键问题之一。

190 圣方济各的立场是人所周知的。虽然他接受对圣典的深入认识，但他却反对小兄弟会从事科学。他的态度是基于这样的确信，即科学是与贫穷不相容的。不兼容性首先来自于圣方济各对于知

41　关于这场冲突的文献很多。其主要内容见于D.杜伊对于一种传统精神的界定，《13世纪巴黎大学中世俗神职人员与托钵僧教团的冲突》，载于《伦敦阿奎那学会会刊》，第23期，1954。

识抱有的一种传统看法,他深受那种中世纪早期的蓄积财富的概念的影响,将学问看作一种占有、一种财产、一种宝库。他的这种认识由科学在他那个时代取得的一些新侧面加强了:来往于大学之间、占有一些书籍是与奉守贫穷相悖的。

在他的弟子们——是他的弟子们中的一些人,但却是最重要的和最显赫的那些——戏剧化的努力之中,旨在适应13世纪生存的实际状况而同时不否认他们教团创始人的精神,对于知识的合理性的辩解占有重要地位。

此中的关键文字是《四导师关于小兄弟会戒律的陈述》[42]。被评论的戒律中的句子如下:"对于自己和弟兄们的工作的酬劳,他们仅仅接受金钱之外的维生所必需的东西。"

下面是老师们的评论:"关于这一点,问题是要知道不论是接受书籍和其他他们可能用到的东西,弟兄们是否能够接收他们职业特有的原材料并通过他们的工作来将其变成他们随后借之获取生存必需品的某种东西,比如羊皮纸用来做成书籍,皮革用来做成鞋子等等。他们是否同样可以接收金银和其他贵重金属用来制作钱币和其他珍贵物品,用来购买他们所必需的东西。对于一些人而言,不可以接收任何原材料作为财产,而只能将自己的劳动提供给其他拥有原材料的人来获取必需品。谈到这一点,因为财产是与以出售为目的来对收到的原材料进行占有联系在一起的。对于另一些人而言,必须对原材料进行区分。的确有一些原材料是没

42 *Expositio IV magistrorum super regulam fratrum minorum*(1241—1242),L.奥利热校勘,1950。

有价值的，所有的价值都来自于劳动，比如用灯心草或者类似材料制成的帘子和席子；这样的原材料不算个人财产，那些赞成这样看法的人说弟兄们可以接收这样的原材料……”

191 因此，透过属于修道院系统的一套传统论据，受到强调的是技艺（ars）、劳动、职业。因而作为物质的书籍被接受，而很快书籍的内容即书籍承载的脑力劳动便更加被接受。

圣伯纳文图拉（Saint Bonaventure）在《关于三重问题的书信》（*Epistola de tribus quaestionibus*）中*，他不满足于将书籍的使用和科学的实践加以合法化，他最大程度地限制了与劳动实践相关的那些义务——不惜有时与圣方济各的遗言有惊人的矛盾之处——明显是为了保有脑力劳动所必要的全部时间和专注[43]。

因此对体力劳动的反对既是对照托钵乞讨的主要实践也是对

* 即自由意志、命定和救赎的普遍性三重问题。——译者

43 K.埃塞尔：《论圣伯纳文图拉“关于三重问题的书信”》，载于《方济各会研究》，17(1940)，149—159，很好揭示了圣伯纳文图拉向约阿辛派的迪涅的于格借用了他的大部分评论（《戒律的解说》[*Expositio Regulae*]，载于 *Firmamenta trium ordinum beatissimi patris nostril Francisci*，巴黎，1512，第4部分）。关于圣方济各对于体力劳动的态度，伯纳文图拉比迪涅的于格有过之而无不及，提供了在13世纪方济各会文献中唯有他作品中才有的这个细节：“Ipse autem (Franciscus) de labore manuum parvam vim faciebat nisi propter otium declinandum, quia, cum ipse fuerit Regulae observator perfectissimus, non credo quod unquam lucratus fuerit de labore manuum duodecim denarios vel eorum valorem”[方济各本人只是为了排遣闲暇才从事一些省力的体力劳动，因为他非常严格遵守戒律，我不相信他曾经靠体力劳动赚到12个银币或者等值的东西]（前引书，153）。对比方济各《遗言》：“Et ego manibus meis laborabam, et volo laborare. Et omnes alii fratres firmiter volo, quod laborent de laboritio, quod pertinet ad honestatem”[我曾用我的双手劳动，而且愿意劳动。我强烈希望所有其他弟兄艰苦劳动，希望他们做到诚正]（H.伯默尔：《阿西西的圣方济各故事文选》，载于《教会与教理史资料选集》，4，1930，p. 37）。

照着脑力劳动提出的。由此一场关键的论争结束,曾有阿贝拉尔与哈温格特的文字为之划出路线,而圣托马斯·阿奎纳面对圣爱修院的纪尧姆及其友人弟子的攻击,将在《反驳》(*Contra Impugnantes*)中给予这场争论一个惊人结论[44]。

随着圣托马斯,脑力劳动者必要的专业化直言不讳地得以确立。大学学人有了自己的职业。他将体力劳动留给别人——体力劳动也有其精神价值——不浪费时间去做与不属于他工作的事
情。因而在理论层面上合理化了劳动分工的根本现象——这是大 192
学学人的专业性的基础。

*

但仍然要由那些世俗神职的教师,特别是那些掌握"完整亚里士多德学说"或者阿威罗伊主义的人来尝试为大学学人职业意识

44 《反驳对上帝的崇拜与宗教的攻击》[*Contra impugnantes Dei cultem et religionem*],一,四,第9:"Quando enim aliquis per laborem manuum non retrahitur ab aliquo utiliori opera, melius est manibus laborare, ut exinde possit sibi sufficere, et aliis ministrare… Quando autem per laborem manuum aliquis ab utiliori opera impeditur, tunc melius est a labore manuum abstinere... sicut patet per exemplum Apostoli, qui ab opere cessabat, quando praedicanci opportunitatem habebat. Facilius autem impedirentur moderni praedicatores a praedicatione per laborem manuum quam Apostoli, qui ex inspiratione scientiam praedicandi habebant; cum oporteat praedicatores moderni temporis ex continuo studio ad praedicandos paratos esse..."[当劳动的人没有因此受到功利的误导,那么最好劳动,他可以自给自足,供给他人……如果劳动的人被功利所累,那么最好避免劳动……如同从使徒的事例知道的,当他有机会传播福音的时候,他因劳动耽搁。而现代的布道者比使徒们更容易被体力劳动耽误,使徒们受到启示,他们拥有布道之学;而现代的布道者必须不懈努力才能准备好布道……]。

给出最不容妥协的表述。

这一表述，我们将首先从布拉邦的西格尔的《道德问题》(*Quaestiones morales*)[45]和达西的波爱提乌的《论至善》(*De Summo Bono*)[46]中找到它。如同戈蒂埃神父所指出的[47]，论战围绕着谦卑及其伦理学上的反命题即崇高展开。这实际上——由亚里士多德和《尼各马可伦理学》正好提供了依据——是在理论上建立大学学人的已经由阿贝拉尔强调的这种尊严(dignitas)、这种荣耀(gloria)。正是"亚里士多德伦理的异教徒的贵族制"提供了答案。大学学人意识高踞在对于一种被置于伦理顶峰的特殊德行的定义上，大学学人的地位以这种重要德行为特征，它为对优越性的要求充当着基础[48]。

比如西格尔的《问题》1a:"第一个问题:谦卑是一种美德吗?"对此他回答:"人们证明说不是。因为谦卑是与德行即崇高相反的，崇高即追求伟大的事物。谦卑却相反是驱除伟大的事物[49]。"这对于彰显与大学学人地位相关的那些智性美德是当然的出发点，如在《问题》4a 中所表述的:"另一问题:对于哲学家而言什么是更好的：单身还是结婚？必须回答说哲学家的目的就是认识真

---

45 F.施特格米勒(校勘):《新发现的"道德问题"》，载于 RThAM 3(1931)，172—177。

46 达西的波爱提乌:《论至善或哲学人生》[*De Summo Bono sive de vita philosophie*]，格拉布曼校勘，载于 AHD 6 (1931)，297—307。

47 戈蒂埃神父:《崇高:异教哲学与基督教神学中对高尚的理想》，1951。

48 见戈蒂埃神父所引文字，468，注解 2，他认为是杜埃的雅克所说:"Sicut tamen alias dixi, status philosophi perfectior est statu principis..."[如同他已经说过的，哲学家的地位高于君王……]

49 F.施特格米勒:前引书，172。

理……。道德上美德的目的是智性的美德。所以认识真理是人类的最终目的……”[50]。

此处我们看到的推理,导致某些在1277年遭禁止的命题。命 193
题40:“没有比哲学家更好的职业[51]”。命题104:“人类并非某种事物之形式,而是理性的形式[52]”——这是个出发点,藉此经院哲学得以达到某种大学学人的、知识分子的和“理性主义者”的“人文主义”。命题144:“人类可企及的全部的善在于智性的力量[53]”。命题154:“世上唯一的智者便是哲学家[54]。”命题211:“我们的智性可以通过其自然天赋来达到对第一因的认识[55]。”

这是极端的论点,是西拉布斯(Syllabus)在1277年加于他的,是论战中收集起来,可能被歪曲了的,加以夸张的论点。但这也是在13世纪后半叶巴黎大学学人中比较普遍的论点,可以在像杜埃的雅克这样“温和而消息灵通的同代人”那里几乎原封不动地找到[56]。

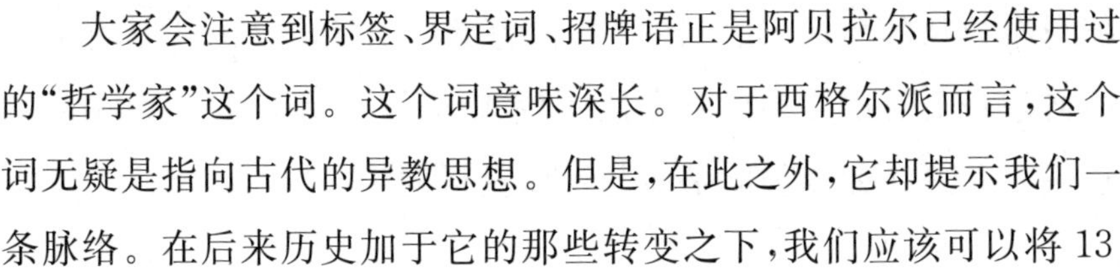

大家会注意到标签、界定词、招牌语正是阿贝拉尔已经使用过的“哲学家”这个词。这个词意味深长。对于西格尔派而言,这个词无疑是指向古代的异教思想。但是,在此之外,它却提示我们一条脉络。在后来历史加于它的那些转变之下,我们应该可以将13

50 同前,175。

51 H. 德尼福勒和A. E. 夏特兰:《巴黎大学档案》[*Chartularium Universitatis Parisiensis*],I,545。

52 同前,I,549。

53 同前,I,551。

54 同前,I,552。

55 同前,I,555。

56 R.-A. 戈蒂埃:前引书,469,见注解。

世纪的哲学家看作是16世纪哲学家——比如夏龙，他的理想便是作怀疑的虔信者——和18世纪哲人的流产的祖先。作为个体的典型，作为职业与知识群体，巴黎国家图书馆手稿Ms. Paris BN Lat. 14698中的“哲学人”（*viri philosophici*）正是“启蒙”（Aufklärung）哲人们的前身。

哲学家首先与神学家对立（这同样是“技艺人”、纯粹大学学人、典型大学学人与神学家的对立[57]），但也与“深邃人”（*homines profundi*）对立——后者是1277年命题91所质疑的伪学者、蒙昧
194 主义者：“哲学家的理性当它在证明天之运行为永恒时它不犯诡辩之错；很奇怪那些深沉人却看不到这一点[58]。”

当然，他们是富于理性的哲学家，或者不如说拥有自己知识力量的哲学家，知识之力将他们的地位抬升到他人之上——但他们也意识到自身的尊严或许陷于某些可证明的真理，而他们的使命或许满足于解释而非宣扬。在戈蒂埃神父谈到的圣托马斯·阿奎那与布拉邦的西格尔之间的“著名的辩证法回合”中[59]，是否能从西格尔身上看出一种对于这种“学术中立”（neutralité scolaire）的意识——这在如今仍旧是如此难以获得的？

*

57　见1277年命题153：Quod nichil plus scitur propter scire theologiam［由于懂得了神学而不懂任何东西的人］。德尼福勒和夏特兰，I，552。

58　同前，I，548。

59　R.-A. 戈蒂埃：《关于尼各马可伦理学的三则“阿威罗伊主义”评论》，载于AHD16（1948），224—229。

作为结语,我们要去15世纪初去寻找大学学人们赋予自身的形象,去向校长让·热尔松(Jean Gerson)询问这一形象[60]。无疑,在未经努力澄清他与“博学的无知”(docte ignorance)和“现代的虔信”(devotio moderna)这些新的根本性现实的关系的情况下而尝试定义热尔松式的大学学人以及他对于自身的认识,这在现在仍属自以为是。

就让我们仅限于看到——既不试图去分析这些智性与精神性现实的实际内容也不去分析导致中世纪衰落时期大学学人进行这些摒弃与转变的深层原因——从阿贝拉尔到布拉邦的西格尔曾经被定义为大学学人的特性与尊严的那些基础已经消失或者被彻底破坏。

无疑,热尔松在召回大学的那些纯粹智性的、科学的力量。大学是研究之母、科学之主、真理之师。热尔松多次(他的这种强调是因为指向发疯的国王和他周围的人)强调医学对于江湖骗术的优越。他颂赞医生而反对那些“巫师、魔法师、术士和这类疯 195
子[61]”,他将“曾经花全部时间来研习那些发现并发扬医学的人的著作的那些医师”置于所有那些虚假的治疗者之上。

但是医学所传授的真理,它所散布的光明——它是法兰西甚至整个基督教社会的明媚的阳光[62],是整个神圣教会和基督教社

60 关于热尔松,我们知道孔布主教与P. 格洛里厄阁下的著作的重要性。《热尔松的生平与著作》载于AHD(1950—1),卷25/26,p. 149—192。路易·穆兰:《让·热尔松,法国的先驱》,1952是有益的著作。我未能参阅G. H. M. 迈耶斯:《让·热尔松:教会学中的教会政治》,1963。

61 《国王万岁》[*Vivat Rex*],1951年版,f°IIr°和45v°。

62 同前,f°2r°。

会的光明[63]——是什么呢？

存在三种生命的方式：a）身体的、肉体的和个体的生命；b）公民的、政治的或普遍的生命；c）恩赐的、神圣的和灵性的生命。但是这些方式中“第一种方式是可衰退的，第二种是可持久的，第三种是永存的[64]”。无疑大学统宰着这三种生命，即统宰着一切：肉体的生命是由医学院来管理，政治的生命由经学与法律学院来控制，神性的生命由神学院来控制。但是在这些层面之间存在的等级关系给第二和第三层以特别的重视。

因而学校智性的作用让位给它的政治和精神的作用。政治作用被定义为隶属纯粹精神性的目的。大学“倾向法兰西人民的解放与自由，倾向于复辟，不是去复辟对物质的崇拜，而是复辟整个神圣教会的灵性与神秘的殿宇……[65]”。

其目的实际便是秩序与和平。但在此之上是当时的那些重大和解：被各教派撕裂的法兰西民族的和解，大分裂结束后的基督教社会的和解，一种更为深层的目标出现了，那就是保存现有秩序。在对那些民法学士们讲话时，热尔松清楚地说明了这一点[66]。当

63 同前，f°3r°。

64 同前，f°7v°。

65 同前，f°4v°。

66 《对民法学士们的建议》[*Recommendatio licentiandorum in Decretis*]，载于热尔松《全集》，巴黎，1906，卷2，828—838。Dominus ita vobis opus habet… et hoc ad regimen suae familiae grandis quietum et tranquillum… Ea enim demum vera pax erit, ea gubernatio idonea, ea servitus placens Domino, si manet unicuique debitus ordo. Ordo autem quid aliud est nisi parium dispariumque rerum sua unicuique tribuens collatio. Hunc ordinem docere habetis...［主将工作交给你们……他平静安宁，借这一制度来扩大他的家庭……每个人各就其位，这样民众将拥有真正的和平，得当的治理，主将被人侍奉而感到愉悦。如果分配给每个人与他同一等级与不同等级的事务，等级就

他有所保留地提到那些暴君,那是因为赞许他们使人尊重产权与秩序[67]。

12 和 13 世纪的大学学人们意识到他们作为发现者的使命,15 世纪的大学学人们满足于作为保管者。由此——我们面对的 196
并非是宽宏大度——产生对大学学人职业的智性与物质侧面的不断的诋毁。奇怪的是,面对这些未来的法学家,热尔松将法律的益处归于一种纯粹否定意义的功用,它只存在于罪恶之后;法律、公正只是恶的不可避免的后果:“在自然的原始状态,主原本既不需要法学家也不需要宗教法家,就如同他在人所赞颂的自然状态中不需要这些[68]”,因此,神学高于法学。

在这段简短文字中他宣称想要辞去校长之职[69],这段文字乍看起来像是俗套。但热尔松是真诚的。那是因为他蔑视大学学人职业的所有技术性的侧面。的确,他更愿意做弥撒,祈祷,静修,而不是做行政工作。

最后,他给予这些纳瓦尔学院的学生的是一份奇特的保守主义的宪章。他对于既定道路加以颂扬,即便这些路是人们走过的,这位宏辩却平庸的保守主义者让人吃惊[70]。如果我们重读他对医

会改变。你们有等级告诉你们做什么……](同前,829)。

67 “人们谈到由暴君统治的国度,他们的治理靠剥夺属民:但是居民却是有保障的,没有人敢于偷一只鸡雏或者母鸡……”(《国王万岁》,f°33v°)。

68 《建议》,载于《全集》,II, 832。

69 De onere et difficultate officii cancellariatus et causis cur eo se abdicare voluerit. 载于《全集》,1906,II,825—828。

70 Sequamur tritum iter commodius plane et ab errorum scandalorumque discrimine remotius (ut, posthabitis recentioribus, antiquiores legant) [让我们走坚实平坦的路,远离错误和堕落的决定(选择更老的路而非次要的更新的)]。载于《全集》,1906,I,558。

生的颂扬，我们会发现他欣赏他们只是因为他们对古人的书面知识。噢！希波克拉底！噢！盖伦！

在他眼中大学是什么？那是神圣法所具有的人格，是国王之女，尤其是亚当之女，通过希伯来人那里，它来自地上的乐园，它是亚伯拉罕的埃及，是雅典与罗马。学问的转移（translatio studii）通过上帝的恩惠而转变成继承的法则。大学从手艺人的行会变成具有血统的公主[71]。

他的骄傲由此而来，他带着这骄傲来排斥那些竟然提到大学职责的粗俗之人："如果有人说：大学想做些什么或参与何事？让他去看他的书吧：这太没有识见了，如果没有作为，知识有何价值[72]？"

因此吉尔松式的大学学人意识到一种新使命，总的说来是一种政治使命，但在更宽泛意义上是民族和国际的使命。在现代世

197 界的前夕，中世纪大学的职业意识转变为道德意识。大学学人在民族中，在整体社会中具有怎样的地位？他要求、鼓吹、捍卫怎样的价值？

这种新的意识产生于一种深层的撼动，那些同时代的大学学人们是否安全地意识到这一点？

不管怎样，吉尔松式的大学学人在否定职业意识的同时，拒绝了实现这些新特权的手段。大学仅是一个社会等级。这是一个仍然向暴发户开放的等级：吉尔松强调，巴黎大学是向各阶层开放的，通过其社会性的招生代表着整个社会。但从它的精神状态与

71 巴黎大学被称为"国王之女"，载于《国王万岁》，f°2r°，4v°。

72 《国王万岁》，f°9r°。

功能来说,它是一个社会等级。操纵书籍者的行会在变成一个饶舌的神学家的团体,他们成为精神与风俗的警察,成为焚毁书籍者。甚至他们将从烧死圣女贞德开始——不顾热尔松的意见。

他们听任——虽然有些值得称道的努力——科学的进步由于一些人文学者而得以完成,这些人文学者中多数都是他们的等级之外的,同时他们拒绝精神的职责,精神作用的合法性的基础只能通过他们职业作用来实现。他们脱离正轨的行会意识使他们无法彻底取得他们的公共意识。

198 # 中世纪和文艺复兴时期的大学和公权力

I. 综述

研究 12 至 17 世纪间大学与公权力的关系,其困难不仅仅在于文献的缺乏,特别是最早的那一段时期,在于专门研究著作的不足,在于量化资料和统计类研究的数量太少。其困难尤其来源于
248 这一主题本身。实际这是些自身固有的困难:

1. 由于各大学本身的多样性及其内在的矛盾

即便不是从“行会”的原初意义上来理解大学(通常是“教师们的”[magistrorum]和“学者们的”[scolarium]“行会”[universitas]),而是理解为“高等教育中心”(即“普遍研究”[studium generale],不去争论这一表述的确切含义,也不争论中世纪大学所施行教育的确切水平),我们仍旧面对着一些多样的、复杂的、模糊的机构:

a)在“职业组织”(通常掌握在组织成博士学院的教师手中)与“行会组织”尤其是“财务组织”之间并不总是重合的,在后者中并非所有大学中的教师与学生都扮演相同角色(至少对于 12 至 14

世纪之间一段来说，博洛尼亚大学的模式是学生占优势，而巴黎大学的模式是教师占优势的）。

b）不论是从所教授的“学科”的角度来看，还是从机构组织即“院系”的角度看，各大学并不展现出同一副学术样貌；鲜有一所大学包含所有学科，更少见所有系科具有同样的重要性（从与公共权 199
力的关系的角度看，占据统治地位的系科是神学院还是某个面向“盈利”或“实用”职业的系科——法律或医学——是具有关键性的问题，更就关键性的是大学是否包含一所民法及罗马法的学院：比如巴黎大学和1219年洪诺留三世的谕旨）。

c）大学学人的**法律地位**是没有被很好界定的。无疑他们所取得的特权倾向于定义大学学人的一种特别地位（“研习者的身份”[status studentium]或者“学者的地位”[ordo scholasticus]），但这一地位与教士的地位相近，适用于一些具体的社会地位各不相同的人，对于许多人而言这一身份是含糊的，既不完全是教士，也不完全是俗家人。“教士”（clericus）一词倾向于指称学者、文人，在一些语言中甚至发展向公务员的意思（英文的“clerk”，法文的“clerc”），这个词意义的演变反映出在大学学人的存在的压力下词汇适应现实的努力。但是大学的权限（for universitaire）仍旧难以界定，这是不断冲突的起源，而大学学人的地位也在教士与俗人两极之间摇摆。

d）地位从经济的角度作为职业人、技术人员、手艺人来界定，同时从社会的角度作为享有特权者来界定，在中世纪与文艺复兴时期的社会中不只有大学学人才如此，所有行会成员都是这样的。但是在大学学人这里，依据大学学人是领工资还是领教会俸禄，这

种含混可能会达到了彻底形成反差的一种样貌。这两类大学学人相对于公权力的经济与法律的依附关系截然不同，然而他们不仅可以相遇在同一所大学里，而且同一批大学学人往往是靠着混合型的报酬来维持生计。而且，对于大学学生来说往往是这样的，一所大学的特性可能按照组成这一大学的穷学生与富裕学生的比例不同而发生很大改变，这一比例可能从一所大学到另一所大学有显著的不同（主要根据其所在城市的社会构成：例如巴黎与剑桥几乎是这一比例的两个极端）。

200 e）大学接收各种社会出身的成员，这使得公权力面对着一些在中世纪与文艺复兴时期层级社会中独一无二的群体，同时大学还是向各个民族的人开放的。由此，不仅在当地或者国家当局与这一“国际群体”之间产生一种彻底的紧张关系，而且大学学人们组织为“民族学团”（nations），其成员和性质依各大学而不同，并不符合严格意义的民族或地理学的标准，这更加复杂化了各大学的结构以及它们相对于公权力的特性。

2.面对这一面目变化多端的合作者，**公权力本身也是多种多样的**。

a）即便是大学仅仅与某一个公共当局相对立时也一样，后者可能是：一个城市（必须将大学与统治城市的各政治实体即城市议会、市镇、镇长、行政官等等之间的关系同大学与主宰城市的那些社会群体以及与整个城市社会的关系区分开来），一个封建领地的权力，一个王公或者国王的权力，帝国的权力（后一情况提出大学所在地的帝国权力的性质问题：比如博洛尼亚大学与红胡子腓特烈或腓特烈二世的关系，或者布拉格大学的问题，它是所波希米亚的大学还是帝国的大学?)。

b)帝国权力的情况使我们认识到大学与之打交道的往往不是唯一一个公权力,而是多重公权力,在它们之间要么存在着某种通常难以界定和遵守的等级秩序,要么存在着一些相对明晰的利益与政治的对立(比如博洛尼亚与市镇和帝国之间的对立)。此处所涉及的是中世纪的一种典型情况,这多少让我们想到附庸向多个领主效忠的多重附庸关系。

3.大学与公权力这两个合作者,在12至17世纪之间不仅它们在发生改变,而且它们之间的关系也在发生变化。故而我们面对的是一种多重变量的演进过程。

a)最初的区别产生于出身的不同,其中最主要的反差存在于那些由公权力创立的大学与那些“自发”产生的大学之间,但这两种大学类型之间和两种关系类型之间的对立并不像初看起来那样截然分开。实际上那些“自发”产生的大学是在一些因素或者说情 201
境的作用下形成的,公权力的态度与需求以及公权力所代表的势力在这些情境中起到过或大或小的作用。另一方面,这些大学的产生要么是借助公权力,要么是不顾公权力或大或小的反对。

b)不论是被创立还是自发产生,大学与公权力的关系的界定与导向从其根源上就依产生年代的不同而有所不同。虽然整体的演进趋向于大学与公权力关系的性质的统一,但这些关系的性质按照这些大学是出现于12世纪、13世纪、14世纪、15世纪还是16世纪而不尽相同。

4.大学与公权力的关系曾经因为合作双方与教会的关系而异常复杂,这不仅因为教会与宗教所起的主导作用(宗教改革使得

16 世纪的情况更加复杂)，而且因为教会本身同时作为世俗权力和精神权力的暧昧立场，还有各大学的广义上的“教士”特征。要想区分大学与教会，就只能考察它们关系中世俗性的一面，教会的权力表现为一种公权力。

5.最后我们要强调与我们的问题相关的多数文献的性质中所蕴含的一种困难。这些文献往往是些章程、特许证、公约等等，即一些法律、行政、理论文献。大学与公权力的关系的具体现实应当是与这些原则相去甚远的。难于获取这些具体的关系，这使得我们的研究主题越发棘手。

*

考虑到这些困难，我们不得不做出如下选择：

202 a)我们所做的更多是在列举出问题，提出一个框架来着手这些我们试图去解决的问题。

b)我们排除了三种可能的研究方案类型：1.**按照大学的类型**来进行的方案：虽然一套大学类型学可能会对大学史研究有很大帮助，我们也希望对大学与公权力关系的讨论有助于大学史研究的形成，但就我们的主题而言我们不认为可以存在一种对大学分类的可操作的标准；2.按照**公权力**的类型来进行的方案，我们觉得这种方案是偷懒的，不太适合阐明我们的主题的那些最重要的侧面从而确定大学史研究对于整体历史研究和史学方法的贡献；3.**编年时序**的方案，有可能将本质性内容消解于事件性之中，本质内容是要突出结构与问题，尽管有本地的、民族的或地域的案例的多样性，但我们保留了处于**15世纪中期的一种时序上的分割**，这一分割将中世纪时期与文艺复兴时期分开，我们认为这一切分对于我们研究的问题和我们所致力的整体历史研究都具有根本性意义。

所以，我们选择了一个依据大学的各侧面与功能的方案。我们不讳言这一方案导致我们进行一些比较抽象的区别与分割，但我们觉得它是最适于阐明本质性内容的：即大学圈子在整体社会中的性质与角色，大学是投身在其中并在其中起作用的：即社会各阶层，不论其属于何种性质，城市的、领主封地的、民族的等等。

c）我们主要着意于通过紧张与冲突来阐明这些关系，紧张与冲突特别能揭示各社会群体及体现社会群体的那些机构的性质。但我们不会忘记，大学与公权力之间的关系并不仅仅由一些对立面来界定，并不归结为一系列的危机与斗争，大学与公权力还是相互依靠与支持的，不要忘记它们的关系同样由它们相互的效劳来定义的，它们互相的尊重往往胜过那些根本性的或者偶发性的对立。

II. 中世纪的大学与公权力（12世纪至15世纪中） 203

1. 作为**行会**的大学

a）作为行会，中世纪大学追求一种学院垄断，也就是说首先是对授予学位的垄断，这使得大学与教会的权威相冲突，尤其是在大学历史初期，但却与公权力没有冲突。

b)随后大学追求法律上的自治，也比较容易从公权力那里得到对其自治的承认，公权力通常遵从早在1158年由红胡子腓特烈为博洛尼亚大学开辟的传统(《完全居民权法》[Authentica Habita]，即“所有学院自由的源头”)。比如在巴黎，大学的法律的自治似乎早在1200年就得到法王菲利普·奥古斯特承认，在教廷的承认之前(教廷是在1215年，或者是到了1231年才承认)。

c)因为同任何行会一样，大学旨在控制学院行业，公权力通常只看到这种行业秩序的组织中好的方面，行业秩序是被纳入整体公共秩序中的。

d)从这一角度看，将大学行会置于享有某些特权的行会之列，公权力看不出这有何不利之处，比如免予值更和兵役的特权，是与大学师生的“教士”特性相一致的。

e)正如同一些城镇的、封建领地的或国王的官员确保对其他行会的监控(对质量、劳动条件、度量衡、集市与市场、规章的遵守等等的控制)是出于本行会与首领的利益本身，由一些市镇官员特别是在意大利的市镇对大学所实施的控制似乎没有引起重大的困难，但是这些市政官员(法规修订委员[reformatores]、市政官[gubernatores]、学政官[tractatores])的活动没有得到足够的研究。

f)大学行会的一个独特特征可能会导致与公权力的冲突。在
204 大多数其他行会中，行会成员，至少行会中的师傅们在经济上是独立于公权力的，他们靠(现代意义上的)利润和从业的收入生活。然而大学教师们虽然让人承认了自己让学生支付他们的劳动是合

法的，他们却无法靠这些学费或者他们向学生索取的物质利益来生活（学费和考试时的礼品，虽然在原则上授课许可证书[licentia docendi]的授予是免费的）。他们酬劳的主要部分，除了来自教会的收益，还来自于城镇、王公或国王给予他们的薪金和收入。作为交易，公权力要求与出资方相关联的继任者推荐权。因此大学行会不完全享有各行会的一个主要特权，即自主招募成员。大学似乎轻易顺从了这种对其独立性的限制，以交换物质利益，是由公权力支付讲席年俸所代表的（与这一问题相关的案例通常是较晚时期的，比如卢汶大学就这一主题向科隆大学进行的咨询以及1443—1469 年关于卢汶市对 1443 年欧仁四世教皇谕旨的解释所引发的事件，这一谕旨确定了受俸教师的任命方式）。

g）余下的问题是作为冲突原因和实际冲突的契机的大学辖区的市镇或王国官员频繁违约：不顾规章，不顾大学的司法权，学生与教师被投进监狱（在牛津、剑桥是常事，尤其是在巴黎，这里的市政官更经常是大学学人们的眼中钉）。但通常是官员的滥权，逮捕通常被更高的公共权力机构或多或少出于自愿地相对迅速地给予撤销。而且这些事件很少超越治安方面的司法冲突的框架。如果说这些事件有时转向激烈，那是由于大学学人团体的一些其他特性（见 4 和 5）。

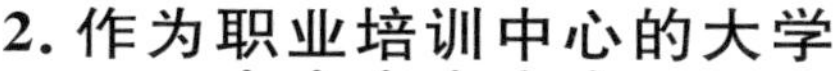

2. 作为职业培训中心的大学

a）大学学人要么是受单纯的学术欲望推动，要么受创造一番名声或金钱意义的事业的欲望驱使，或者同时受到这两种欲望的驱使。其中没有任何必然导致与公权力冲突的东西，恰恰相反。205

大学的形成与发展时期实际对应于公职之发展、专业化和技术化的一段时期。甚至医学院的发展对应着当局在卫生与公众健康方面不断加强的努力,这努力是随着城市建设的发展,随后,从大鼠疫之后是随着对抗瘟疫的斗争的,对抗瘟疫的斗争被公权力看作自身行动与责任的一个本质性的侧面。大学学人们对出路的追求与公权力不断加强的需求一拍即合。

b)大学学人职业培养、经院哲学的极具理论性与书面性的特点并非是它符合公权力需求的障碍。实际上公职所要求的专业化是非常有限的:懂得读写,懂得拉丁文、法学的原则,从一些文字出发进行论证的能力是最主要的,懂得一些基础的会计学原则和一些更为粗浅的经济学知识(参见尼高勒·奥雷斯姆的《论货币》[*De Moneta*])。另一方面,王公与君主们对政治理论甚至某种"科学"政府的兴趣,即受到经院哲学原则启发的政府(参见亚里士多德理论在法国查理五世宫廷、波兰宫廷中所起的作用,亚里士多德和柏拉图思想或者受两者启发的一种大杂烩思想在意大利寡头政府和封建领地中的作用),这些与大学学人们的学术倾向是遇合的。

c)除了大学学人劳动的功利性的一面,其无私性的一面不但不会让公权力反感,反而让公权力觉得是自己的荣耀所必需的,使得学术的声名在一些半功利半魅惑的体制所必不可少的那些声名中占有重要的一席之地(参见5)。

d)大学学人们所追求的职业前途在很大程度上仍旧是教士的前程,这一事实也是公权力所乐见的。首先因为公务员仍在很大比例上是教士:教士官吏与平民官吏仍常常是混同的。再者因为这些公权力是属于基督徒的，宗教与教会人士在他们看来是有益的，而且这些人本身是必不可少的。而且，对教会有益的事情很少不是以某种方式对国家有益的：比如大学培养的那些打击异端 206
或异教的宣传者或神学家（比如图卢兹与打击纯洁派异端，克拉科夫与立陶宛的福音传教）同样可以服务于一些政治图谋（法国历代国王与向朗格多克的渗透，拉迪斯拉斯·雅格伦的立陶宛政策）。

e）当大学学人与公权力之间存在冲突，通常是局限于当地某些方面的冲突，大学只是部分卷入其中和受到针对（比如图卢兹居民对出身大学的那些多明我派宗教裁判法官的敌视）。通常这些冲突主要是内部的，仅仅是在公权力支持大学中某个派别时，冲突才超出大学范围（在巴黎，圣路易支持属于托钵僧教团的教师；在教会分裂的时期那些效忠于这个或那个教皇的教师的离去；1409年在布拉格波希米亚国王支持捷克“民族学团”反对其他“民族学团”中的德国人等等）。

3. 作为消费者经济群体的大学

在中世纪城市中，大学代表着一个非生产性的群体，一个消费者的市场，其数量上的重要性不应被低估（比如在牛津，依据1380—1381年的人头税，大约有1500名大学人——即享受大学特许权的人——相对于5000至5500人的总人口，即一个大学人对3至4个牛津居民）。

a）通常这一顾客群应当让城市当局感到高兴，因为这一顾客群应该会“让商业开展起来”。

b）但是，在仍旧很大程度上处于糊口阶段的经济中，这一重要的非生产性的群体大概增加了城市当局在物资供应方面的困难，加剧大学城城市经济的不平衡。

c）再者，大学人口包含着（这一比例按年代而有所不同）相当数量的穷困学生（1244 年在牛津，亨利三世在“他去世姐姐”的冥
207 诞日向 1000 穷学生[pauperes scolares]提供饮食），而大学群体的**购买力**的问题也提出来。

d）尤其是大学学人享有一些重要的**经济特权**：免于一些捐、税、费等等。而且他们享受对住房和生活品的特别规定价格（甚至，至少在某些牛津这样的大学城，由于大学用地长期短缺，住房一旦以规定价格租给大学学人，接下来就不再能租给不属于大学的没有特价的房客）。他们有权利控制并让人对城里全体居民执行他们已获得的税收额度或者他们（作为依据）促使当地人获得的税额，以至于可以说大学城的居民无论是谁在中世纪的时候都享有比其他城市更便宜的生活。正是在涉及一次经济方面的冲突时，牛津的市民在一份向英王的请愿书中肯定说“在牛津存在着两个市镇，市民的市镇和大学的市镇，而后者更加强大”。的确，在这一点上，城市权力与大学学人的对立是最强烈的，引起许多激烈冲突。大学学人们的经济特权和他们在城市中占主导地位的市民阶层中引起的敌对，否定了经常被当作中世纪城市一个特色的那种“经济的公正”，证明供求规律在这些城市被看作规律，尽管有各种规章。就这一点而言，我们甚至怀疑是否关于“公平价格”的经院理论（因其并不承认市场运作的自由）正符合大学学人群体在城市市场上的经济利益。

e）尽管如此，存在一个领域，大学学人在其中既是一个生产者

群体又是一个消费者群体：那就是抄本书市场（参考博洛尼亚市这个市场在城市经济整体中的重要性）。不管怎样，评估那些大学城中大学市场对于（房租、必需品尤其是生活必需品、奢侈品或半奢侈品）价格发展的影响是非常重要的。

4. 作为社会-人口学群体的大学 208

大学学人在城市人口中构成一个男性的、多数未婚的年轻人的群体。然而这一群体的教士特征比较松散，使他们许多人感觉并不受制于某些教士行为规则：禁欲、节制、克制暴力。相反，他们拥有司法特权，即使不能确保豁免权，至少确保较轻的制裁，许多大学学人（不论老师和学生都一样）有暴力行为，这是由年纪、背井离乡和他们大多数人属于两个最容易诉诸暴力的阶层造成的，那就是农民与贵族：这是“大学生活的狂野的一面”（拉什代尔语）。而且显然警察镇压的挑衅或过度只会证实我们认为的从根本上属于社会对立或者阶级斗争的一个真实侧面，虽然是边缘性的侧面。这尤其因为市民们（即使我们看到他们在某些情况下对大学的人使用暴力，而且一些市民出身的大学学人卷入暴力行为）在努力将一种和平的秩序推广到日常生活中，与他们相对立的大学师生更多地属于中世纪暴力的世界。

但我们想到大学学人参与斗殴、夜间吵闹、赌博、召妓和风化事件、流连酒馆（被记载下来的“市镇与学院”间最严重的冲突中的一些是源于酒店中：比如 1229 年在巴黎，1355 年在牛津的冲突），我们看出大学人口中相当大一部分人的“生活方式”是与城市社会统治阶层的社会道德相悖的。

虽然这种暴力的“丑闻性的”的行为在大学人口中相当普遍（但是对像雅克·德·维特里这样易怒而阴郁的道德家的过于一概而论的说法也不能当真），但这只是大学生中一部分人的行为：即流浪教士，他们是那些戈里亚* 的余脉，这是游方教士的一个特
209 殊类别，是大学生波希米亚生活方式的祖先。研究这一类别的历史是有益的，它不等同于“穷学者”的群体（其中许多人，例如那些学院里享有奖学金的人，他们是十分融入大学学人阶层最“规矩”的那部分的），其数量、社会成分、行为举止随着历史发展而有所不同。从其边缘来对一个社会群体进行研究，特别是它的边缘有着游方教士这个重要类别，这种研究是具有启示性的。

5. 作为享有威望的机构的大学

大学与公权力之间关系的一些主要侧面可通过与这些大学联系在一起的“威望”来解释。

a)这种威望首先是与科学本身联系在一起的。虽然借助一些新方法和一种新的精神状态，大学有助于改变科学的特征并使之远离其魔法和敛财的侧面，将之变成一种理性、实际的知识，不是通过神圣的接引仪式来传达，而是通过一种技术性的学习，以大学为化身的知识很快就取得某种权力、某种秩序的一面。这便是学院（studium），它与神职（sacerdotium）和王权（regnum）并立。大学学人试图以此来将自己定义为一种“知识贵族”，是被赋予了自身特有的道德和自身的价值系统的。这一企图在一些亚里士多德

---

* Goliards，游离教会边缘的流浪的托钵僧，生活放诞，以拉丁文作讽刺诗。——译者

派和阿威罗伊派的圈子里特别突出，他们尝试通过理论来构成一个“哲学家”(大学智者)等级并加以合法化，其本质的德行就是“宽宏”(比如13世纪巴黎大学的西格尔派的圈子)。

b)在中世纪，虽然神职与王权互相的冲突多于两者的互相扶持，但在王权与知识之间的关系却不相同。公权力将拥有大学学人视作一种装饰和一种公共财富，这是由于科学的威名，而大学学人似乎是垄断着科学的。从《完全居民权法》(因为世界将由其科学来统治和照亮)以来的那些表述，在那些公权力给予大学学人特许权的文书中重复着这种大学学人的科学的闪光，这些表述并非简单的套话也不是空洞的说法，它们表述了一种深层的动机。 210

c)与这种知识的威名相平行，大学试图获得一种外在的威望，就像是其显赫地位的符号：服装、仪式等。大学学者的排场变成城市和国家的财富与尊严的外在符号。同样，座次之争和有失恭敬之举将大学学者同某些官员对立起来，使大学与公权力之间产生一些尖锐冲突(比如在巴黎1372年总税务官在格莱夫广场面对着大学公开补赎己罪，还有1380年在查理五世国王葬礼时的座次冲突，1404年的“萨瓦希事件”)。

d)公权力承认大学的这种象征、图解的特征，以个人的名义(新教师的开讲礼[inceptio])或集体的名义(亚里士多德日的教师行会的宴会)给予他们一些代表威望的礼物(皇家森林的野味、由市镇赠送的葡萄酒等)。

e)虽然大学利用这种威望来起到一种公共角色，但却很少从事可能导致与公权力冲突的真正的政治活动(或者是宗教政策，比如在教会大分裂时期，这是与他们的“教士”特性相符的，而且在某种程度上是与他们的国际性一致的）。比如，虽然蒙福特的西蒙在牛津大学享有好感，但那主要是个人的好感；即使是最“政治化”的巴黎大学，在特鲁瓦条约之后对英国人和勃艮第人的态度也不是纯粹政治意义的，该大学此时拥有的“国王的长女”的称号更确切地说是一种尊位，而非对某种政治角色的承认；甚至在库特纳·霍拉法令之后，布拉格大学并不被期待在波希米亚王国政治中扮演正式的角色。

f）正是通过利用威望这一因素，大学在与公权力的冲突中，以实际的方式或者作为威胁来使用了它们的主要施压手段，它们的主要武器：罢课和脱离。因此，新兴的大学以激烈的方式，借助教皇的帮助，让人承认自己的特许权，教皇乐于授予这种特许权，因为这与教皇权力通常没有直接利益关系。

262　211

6. 作为**社会阶层**的大学

中世纪大学与公权力之间的关系的基础与机制终须从这一事实中寻求，中世纪大学构成一个独特的社会阶层：一个中世纪的知识分子阶层（intelligentsia médiévale）。

a）**这一阶层成员来自社会各等级**，但是应当在文献允许的情况下了解对于每个大学而言出身于各社会阶层的成员比例如何，这些成员依照其出身不同其职业前途如何。同样应当了解在大学学人阶层内部各等级学人如何构成：贫困的和非贫困的，教师和学生，各院系的大学学人等等。所以，唯有进行大学学人阶层社会结构和相关的整体社会结构的比较研究才能使我们在严肃的社会学研究的基础上定位他们的关系。

b)这一阶层是过渡性的:大学学人除了一少部分之外并不留在大学里,他们走出大学。必须进行一系列对于大学学人职业前途的统计研究:有多少人直到获得学位才结束学业,有多少人留在大学,那些离开大学的人前途怎样。所以唯有如此才能估计公权力所投入的资本的回报,公权力投资是用来对大学进行资金、司法、道德上的帮助。

c)这一阶层是国际性的:对于这一点,大学学人起点(招生)与终点(就业)依照民族不同的比例才能使我们明确大学与那些政治机构的关系。

d)最后,必须能够评估这一中世纪知识分子阶层的内部协调性、均质性,定义其根本特征以了解这一阶层对政治的培养有何贡献:能力、威望、质疑?大学学人"阶层"向多数成员提供一种社会晋升的手段,它是威胁还是巩固了中世纪社会的稳定?它是一种秩序因素、进步因子、对传统的支撑还是结构的摧毁者?

III. 文艺复兴时期大学与公权力之间关系演变的总纲(15世纪中期至16世纪) 212

a)这些关系的演变在很大程度上是由于这一事实,大学一方与公权力一方是各自演进的,最大的变化似乎发生在公权力的演进过程中而不是大学。公权力更像是推动因素,而大学是保守、制动因素。大学在中世纪的发展速度似乎很快超过公权力(最初"自发性"地产生的大学是强迫公权接受,而非后者促使大学产生,公权力试图将大学纳入框架,加以规训),从这时起却受到公权力的指引。

b)然而，在中世纪阶段大学是发生了演变的。这种演变主要向着作为“等级”的大学学人阶层的衰退：社会阶层相对封闭（贫困生数量下降、任人唯亲）、激烈捍卫作为等级区别符号的那些特许权、越来越强调特权享有者的生活方式等等。这种社会意义的僵化是与某种学术的僵化（晚期经院哲学）同时的，中世纪末期的大学交给公权力的是一个比前一阶段更狭窄、更少可能性的阶层。

c)面对公权的进步，大学失去大部分自由，特别是在君主或王公权力胜过地方权力的地方（尤其在法国）：**独立司法权的丧失**（巴黎大学从 1446 年起向高等法院屈服）和**脱离权的丧失**（巴黎大学在 1499 年最后一次企图脱离城市，1564 年在卢汶大学德国学团威胁脱离城市）。

d)不仅在司法上屈服，大学在经济上也屈服了。虽然大学受公权力的资助是通过多种方式进行（工资、教俸，但也给予一些与
213 贸易发展相联系的经营性质的收入：比如海德堡的过路费收入和克拉科夫的盐田收入，或者在那些宗教改革的州如蒂宾根、维滕堡、莱比锡、海德堡的那些从世俗化了的修道院财产所得的收入），这些公共补贴在大学学人和大学的预算中不断增加的份额减少了他们的独立性。

e)大学的国际性同样淡化了。首先，大学或者在规章上或者在事实上向那些与大学所依附的政治权力交战的城市或国家的教师与学生关上了门：因而战争的国家性影响到大学学人阶层。另一方面，随着宗教改革和“在谁的王权下便奉他的宗教”（cujus regio ejus religio）原则，大学分化为天主教大学与新教大学，宗教分裂助长大学的民族化或地区化。虽然,外国人的往来仍然频繁(大学相当程度的国际性维持到文艺复兴),但外国人越来越被排斥在大学的公职、领导岗位之外。

f)无疑大学学人和大学的威望仍然很大,15 世纪后半叶和 16 世纪越来越多君主创立大学(尤其是中欧,虽然在那里有 1347 年后第一次创建大学的风潮,其滞后的原因还没有很好的解释)主要是为了威望,但这些大学创建者的功利性意图越来越超过无私的动机:这些大学应当首先是公务员、管理者、法官、外交家、效力公权力的人的培养地。人文主义的发展部分地外在于大学,大学因而失去对文化与科学的垄断,这一事实有助于使大学转向功利,大学学人不断的世俗化也对此提供了便利。因此,除西班牙的大学和那不勒斯这所中世纪唯一尝试建立的国家大学之外,中世纪的大学过去都只是“出于自己的利益”在次要程度上受公权力资助的,而今这种关注到了首要地位。

g)同样在精神层面,大学越来越倾向扮演一种主要为功利性 214
的角色。它们倾向于成为正统的守护人和监督者,扮演意识形态警察的角色,为公权力服务。说实话,大学或多或少都严格履行着这一职责,在巴黎与威尼斯两极间有着一系列细微差别,巴黎索邦大学以迫害异端著称,而威尼斯则主要是帕图瓦大学,那里意识形态的自由占主导。

h)因而,大学更多成为服务于国家的职业培训中心,而非无私的学术活动中心,正在变换着角色和社会面目。大学与其说是培养特立独行的知识分子的熔炉,不如说是一个社会学艺中心,那些构成现代国家及以后的绝对君主制的行政与社会骨干的阶层的成员都要到那里走一遭。很难理清这一现象中大学角色转换的因和果，似乎（虽然文艺复兴时期大学史料比中世纪时期丰富，但我们仍缺少更多对于这一时期的精确的研究，因为起源时期对于历史学家太具吸引力了）大学学人的社会出身，至少学生的社会出身，在文艺复兴时期显著改变，出身市民阶级的大学学人，特别是出身贵族的人的比例大为增加，这再次表现出君权时代**大学学人进入社会领导层**。

i）文艺复兴时期出现大学被公权力本土化，这缩小了冲突的动机与可能。此后，这些冲突局限于一些次要的冲突，在当地层面上主要关于一些物质利益或行会自尊的问题，在国家层面上关于一些宗教和学术监控的问题。

结论

虽然从中世纪到文艺复兴时期，大学与公权力之间关系的性质曾经历一种深层转变，首先是由于前者臣服于后者，可以说在这
215 两个阶段里冲突体现在一些次要的侧面，王权（Regnum）与学院（Studium）相互给予支持与尊重。需要等到工业革命的动荡时期，在国族的框架下，大学虽在某些方面仍然是某些传统和某种秩序的持有者和捍卫者，同时成为一个新的知识分子阶层的中心，这个革命的知识分子阶层越来越质疑公权力，他们只是在当公权力充当着超越于简单的国家利益和统治阶级利益之上的原则与理想之时才服从于公权力。

简要参考书目

I.综合研究

H. Grundmann,"Vom Ursrung der Universität im Mittelalter"(*Berichte über die Verhandl. der Sächs. Akad. der Wiss. zu Leipzig. Phil. Hist. Kl.*, 103—2), 1957.

P. Kibre,"Scholarly Privileges in the Middle Ages. The Rights, Privileges, and Immunities, of Scholars and Universities at Bologna, Padua, Paris and Oxford"(*Mediaeval Acad. of America*, publ. n°72), 伦敦,1961.

A. Kluge, *Die Universitätsselbstverwaltung. Ihre geschichtliche und gegenwärtige Rechtsform*, 法兰克福,1958.

R. Meister, "Beiträge zur Gründungsgeschichte der mittelalterlichen Universitäten"(*Anz. der phil. Hist. Kl. Der Österr. Akad. der Wiss.*), 1957.

H. Rashdall, *Universities of Europe in the Middle Ages*(由 F. M. Powicke 与 A. B. Emden 新版), 3 卷,牛津,1936.

S. Stelling-Michaud,"L'Histoire des universités au Moyen Age et à la Renaissance au cours des vingt-cinq dernières années", *XIe Congrès international des Sciences historiques*,《第 6 届国际历史学大会》,斯德哥尔摩,1960;《报告》,卷 1。

II.1960 年前的研究

V. Beltran de Heredia,"Los origines de la Universidad de Salamanca", 刊于 *La Cienca tomista*, 81, 1954.

F. Benary, *Zur Geschichte der Stadt und der Universität Erfurt am Ausgang* 216
des Mittelalters, 哥达,1919.

F. von Bezold, "Die ältesten deutchen Universitäten in ihrem Verhältnis zum Staat", Historische Zeitshrift, 80, 1898 (再刊于 *Aus Mittelalter und Renaissance*, 1918).

E. Bonjour, "Zur Gründungsgeschichte der Universität Basel", Basler Zeitschrift für Geschichte und Altertumskunde, 54, 1955 (再刊于 *Die Schweiz und Europa*, 巴塞尔, 1958).

G. Cencetti, "Sulle origini dello Studio di Bologna", 刊于 *Rivista Storica Italiana*, VI—5, 1940.

G. Cencetti, "Il foro degli scolari negli Studi medievali italiani" (*Atti e Memorie della R. Deputaz. di Storia Patria per l'Emilia e la Romagna*, V), 1939—1940.

M. M. Davy, "La situation juridique de l'université de Paris au XIIIe siècle", 刊于 Revue d'Histoire de l'Eglise de France, 17, 1931.

G. Ermini, "Il concetto di 'studium generale'", 刊于 *Archivio giuridico*, 5, 7, 1942.

L. Van der Essen, "Les 'nations' estudiantines à l'Université de Louvain", 刊于 *Bulletin de la Commission royale d'Histoire*, 88, 1924.

F. Eulenburg, "Die Frequenz der deutschen Universitäten von ihrer Gründung bis zur Gegenwart" (*Abh. der phil. hist. Kl. der Sächs. Gesell. der Wiss.*, 24—2), 1904.

A. L. Gabriel, "La protection des étudiants à l'Université de Paris au XIIIe siècle", 刊于 *Revue de l'Université d'Ottawa*, 1950.

A. Gaudenzi, "La costituzione di Federico II che interdice lo Studio Bolognese", 刊于 *Archivio Storico Italiano*, 5, XLII, 1908.

R. A. Gauthier, *Magnanimité, L'Idéal de la grandeur dans la philosophie païenne et dans la théologie chrétienne*, 1951.

H. Grundmann, "Sacerdotium — Regnum — Studium. Zur Wertung der Wissenschaft im 13. Jahrhundert", 刊于 *Archiv für Kulturgeschichte*, 34, 1951.

K. Hampe,"Zur Gründungsgeschichte der Universität Neapel"（*Sitz. Ber. Heidelberg, phil. hist. Kl.*, 1923, 10），1924.

H. Heimpel, *Hochschule. Wissenschaft, Wirtschaft, in Kapitulation vor der Geschichte?*, 1956.

E. F. Jacob,"English University Clerks in the later Middle Ages：the Problem of Maintenance"，刊于 *Bulletin of the John Rylands Library*, 29, 1945—1946.

G. Kaufmann, "Die Universitätsprivilegien der Kaiser"，刊于 *Deutsche Zeitschrift für Geschichtswissenschaft*, I, 1889.

H. Keussen,"Die Stadt Köln als Patronin ihrer Hochschule"，刊于 *Wesdeutsche Zeitschrift*, 9, 1890.

P. Kibre,"The Nations in the mediaeval Universities"（*Mediaeval Acad. of America*, n°49），1948.

S. Kuttner, *Papst Honorius III und das Studium des Zivilrechts. Festschrift für Martin Wolff*, 1952.

M. Meyhöfer,"Die kaiserlichen Stiftsprivilegien für Universitäten"，刊于 Archiv für Urkundenforschung, 4, 1912.

A. Nitschke,"Die Reden des Logotheten Bartholomäus von Capua"，刊于 217
Quellen und Forschungen aus italienischen Archiven und Bibiotheken, 35, 1955.

A. Palmieri,"Lo studio bolognese nella politica del secolo XII"（*R. Deputaz. di storia patria per le prov. di Romagna*, 4, XIII），1932.

J. Paquet,"Salaires et prébendes des professeurs de l'Université de Louvain au Xve siècle"（*Studia, Universitatis "Lovanium"*, 2），1958.

F. Pegues,"Royal Support of Students in the XIIIth Century", *Speculum*, 31, 1956.

G. Post,"Master's Salaries and Student-fees in the mediaeval Universities", *Speculum*, 7, 1932.

G. Rossi,"Universitates scolarium e Commune. Sec. XII-XIV"（*Studi et*

Memorie St. Univ. Bo.; NS I), 1956.

L. Simeoni,"Bologna e la politica di Enrico V" (Atti et Memorie della Deputaz. di storia patria per l'Emilia et la Romagna, 2), 1936—1937.

L. Simeoni,"Un nuovo documento su Irnerio",同前刊,4,1938—1939.

L. Simeoni,"La lotta dell'investiture a Bologna e la sua azione sulla città e sullo studio" (*Memorie della R. Accad. Delle sc. dell'Ist. di Bologna, cl. mor.*, IV, 3), 1941.

L. Sighinolfi,"Gli statuti del Comune di Bologna e i privilegi degli scolari forestieri" (*R. Deputaz. di storia patria per le prov. di Romagna*, 4, XXIII), 1932—1933.

F. Stein,*Die akademische Gerichtsbarkeit in Deutschland*, 1891.

S. Stelling-Michaud,"L'université de Bologne et la pénétration des droits romain et canonique en Suisse aux XIIIe et XIVe siècles" (*Travaux d'Humanisme et Renaissance*, 17), 日内瓦,1955.

P. Torelli,"Comune ed Università" (*Studi e Memorie St. Univ. Bol.* 16), 1943.

W. Ullmann,"The medieval Interpretation of Frederick I's Authentica 'Habita'" (*L'Europa e il diritto romano. Studi in memoria di P. Koschaker*, I), 米兰,1953.

W. Ullmann,"Honorius III and the Prohibition of Legal Studies", 刊于 *Juridical Review*, 60,1948.

G. de Vergottini,*Aspetti del primi secoli della storia dell'Università di Bologna*, 1954.

M. Waxin,*Le Statut de l'étudiant étranger dans son développement historique*, 巴黎,1939.

A. von Wretschko, *Universitätsprivilegien der Kaiser aus der Zeit von 1412—1456*. Festschrift Otto Gierke, 1911.

关于文艺复兴时期德国各大学的财政情况的研究,见 S. Stelling-Michaud 在斯德哥尔摩国际历史学大会上的报告,p. 137,n. 185。

III.1960 年后的研究[1] 218

H. R. Abe,"Die soziale Gliederung der Erfurter Studentenschaft im Mittelalter. 1392—1521". I. (*Beiträge zur Geschichte der Universität Erfurt*, VIII), 1961.

Actes du Colloque dela Commission internationale d'Histoire des Universités à l'occasion du jubilé de l'Université Jagellone, *1364—1964* (Cracovie, mai 1964): La conception des universités à l'époque de la Renaissance (即将出版)。

Actes du Congrès sur l'ancienne université d'Orléan (6—7 mai 1961), 奥尔良,1962.

"Aus der Geschichte der Universität Heidelberg und ihrer Fakultäten hrsg. v. G. Ninz" (*Ruperto-Carola* 1961, XIII, Sonderband), 海德堡,1961.

G. Baumgärtel, "Die Gutachter und Urteilstätigkeit der Erlanger Juristenfakultät in dem ersten Jahrhundert ihres Bestehens" (Erlanger Forschungen. Ser. A, XIV), 埃朗根,1962.

A. Blaschka,"Von Prag bis Leipzig. Zum Wandel des Städtelobs", *Wissenschaftliche Zeitschrift der Universität Halle. Gesellschafts-Sprachwiss.* Reihe, VIII, 1959.

A. Ch. Chibnall,*Richard de Badew and the University of Cambridge*, 剑桥(英国),1963.

F. Claeys Bouuaert,"A propos de l'intervention de l'Université de Louvain dans la publication des décrets du Concile de Trente", 刊于 *Revue d'Histoire ecclésiastique*, LV, 1960.

M. H. Curtis, *Oxford and Cambridge in Transition. 1558—1662*, 牛津, 1959.

M. H. Curtis,"The Alienated Intellectuals of Early Stuart England", 刊于 Past and Present, n°23, 1962.

1 或者略早于 1960 年的研究,即 S. Stelling-Michaud 未曾在斯德哥尔摩大会报告中使用的早于 1965 年的研究,1965 年是在维也纳大会上提交这份研究的时间。

Das 500-jährige Jubiläum der Universität Greifswald 1956. Bearb. v. G. Erdmann u. a. Greifswald, 1961.

J. Dauvillier,"La notion de chaire professorale dans les universités depuis le Moyen Age jusqu'à nos jours",刊于 *Annales de la Faculté de Droit de Toulouse*, 1959.

J. Dauvillier,"Origine et histoire des costumes universitaires français",同前刊,1958.

"Dekret Kutnohorsky a jeho misto v dejinach"(《库特纳·霍拉法令及其历史地位》), *Acta Universitatis Carolinae. Philosophica et Historica* 2. 布拉格,1959.

Dzieje Uniwersytetu Jagiellonskiego w latach 1364—1764(《雅盖隆大学历史:1364－1764》), K. Lepszy 编辑,克拉科夫,1964.

A. B. Emden,"The Remuneration of the medieval Proctors of the University of Oxford", *Oxoniensia*. XXVI—XXVII. 1961—1962.

J. H. Hexter,"The Education of the Aristocracy in the Renaissance", *Reappraisals in History*,伦敦,1961.

219 I. Hlavacek,"Jeden document k vztahu university a prazskych mest v druhé polovone 14. stoleti"(《一份14世纪后半叶关于布拉格大学与城市间关系的文献》), *Acta Universitatis Carolinae. Historia Universitatis Carolinae Pragensis* II,1961.

J. Kejr,"Sporné otazky v badani o Dekretu kutnohorskem"(《关于库特纳霍拉法令研究的一些有争议问题》),出处同前,III—I, 1963.

G. Kisch, "Die Anfänge der Juristischen Fakultät der Universität Base, 1459—1529"(*Studien zur Geschichte der Wissenschaften in Basel*, XV),巴塞尔,1962.

G. Koprio,"Basel und die eidgenössische Universität"(*Basler Beiträge zur Geschichtswissenschaft*, LXXXVII),巴塞尔,1963.

B. Kürbisowna, "Proba zalozenia uniwersytetu w Chelmnie w r. 1386"(《齐姆诺大学1386年建立的问题》),*Opuscula Casimiro Tymieniecki septuagenario dedicate*,波兹南,1959.

J. Le Goff,“Quelle conscience l’université médiévale a-t-elle eue d’elle-même?”, 刊于 *Miscellanea Mediaevalia. Veröffentlichungen des Thomas-Instituts an der Universität Köln*. 3: Beiträge zum Berufsbewusstsein des mittelalterlichen Menschen, 1964.

P. Ourliac, “Sociologie du concile de Bâle”, 刊于 *Revue d’Histoire ecclésiastique*, LVI, 1961.

J. Paquet,“Bourgeois et universitaires à la fin du Moyen Age. A propos du cas de Louvain”, 刊于 *Le Moyen Age*, 1961.

J. A. Robson, *Wyclif and the Oxford Schools*, 剑桥(英国),1961.

J. Simon,“The Social Origins of Cambridge Students. 1603—1640”, 刊于 *Past and Present*, n°26, 1963.

C. E. Smith, *The University of Toulouse in the Middle Ages. Its Origins and Growth to 1500*, 密尔沃基,1958.

S. Stelling-Michaud,“Le transport international des manuscripts juridiques bolonais entre 1265 et 1320”, 刊于 *Mélanges Antony Babel*, 日内瓦, 1963.

L. Stone,“The educational Revolution in England, 1560—1640”, 刊于 *Past and Present*, n°28, 1964.

A. Wyczanski, “Rola Uniwersytetu Jagiellonskiego w pierwszej polowie XVI wieku”(《雅盖隆大学在16世纪上半叶的作用》), Kwartalnik Historyczny, LXXI, 1964.

D. Zanetti,“A l’Université de Pavie au XVe siècle: les salaries des professeurs”, 刊于 *Annales*, *ESC*, 1962.

P. Michaud-Quantin, “Le droit universitaire dans le conflit parisien de 1252—1257”, 刊于 *Studia Gratiana*, VIII, 1962.

F. J. Pegues, *The Lawyers of the Last Capetians*, 普林斯顿,1962.

N. A. Sidorova,《当代资产阶级史学视角下的中世纪大学生基本问题》(俄文),刊于 Srednia Veka,23,1963.

M. de Boüard, “Quelques données nouvelles sur la creation de l’Université de Caen (1432—1436)”, 刊于 Le Moyen Age, t. LXIX, 1963.

三　学者文化与民众文化

墨洛温王朝文明中的 223
教士文化与民俗传统

“民间的形象表现系统对于正统宗教的压力是所有中世纪基督教史研究者都熟知的现象。其最初体现似可上溯到更加久远的时代。怎能提出古代知性文明的‘衰落’问题却不去探寻这种在几个希腊城邦的独特社会中产生的随后被罗马寡头统治采纳的‘文化’是否已经事先注定了要发生一些独特的转变？在它仍仅限于一个精英阶层的时候，当它局限于这个此后被扩展到一个广阔世界中去精英阶层的时候，它就无可奈何地与一些浸染着其他精神传统的群众发生了接触。”（马克·布洛赫：《社会史年鉴》，1939，p. 186）

将各群体或社会阶层同西欧古典古代向中世纪过渡期的各个文化水平建立联系，这种愿望并非新有。不用上溯很远，回想一下费迪南·洛特的著名文章即可：《人们是在什么时代不再说拉丁语的？》[1]——此后，达格·诺贝格对之给予回应[2]。在这两位博学的

---

1 参考书目，n°25.

2 参考书目，n°33.

作者所投身的语文学研究领域中，我难望其项背。但是，虽然我推崇他们文章中的那些得当见解，虽然我感谢他们将自己的语言研究定位于更为广泛的对社会环境的分析之中，但我认为就我们所争论的问题而言，最本质的东西是在别的方面。

224 无疑语言工具在最根本的层面上属于精神与知识工具，故而包含于深刻影响着精神与智力工具的社会背景之中。但是，从各社会阶层之间文化交流的中心视点来看，对于5—6世纪而言，我觉得达格·诺贝格要比费迪南·洛特更有道理：“从社会的角度看，在这一时代并不存在两种语言，而是存在同一语言依照不同社会阶层而有的多个形式[3]”。

所以，在语言层面上，民众与贵族是相互明白的——这是有所保留的：即当他们说拉丁语的时候。虽然教士在各处都说拉丁语，但世俗人仍然常常说那些“蛮族”语言——不论是早已进入罗马的政治和文化区域的那些民族所说的拉丁俗语，还是那些新近在罗马帝国境内定居的移民或入侵者所说的真正意义的蛮族语言。对于前者，主要是那些农民，他们保留了自己传统的语言——科普特语、古叙利亚语、色雷斯语、凯尔特语、柏柏尔语——正如同A.H.M.琼斯在一篇出色的论文中提到的那样[4]。就西欧而言，凯尔特语言的延续可由不同史料证明，特别是圣哲罗姆[5]和“严厉者”圣叙尔皮斯[6]的著作。关于那些新来者，日耳曼方言的延续使用在社会

3　前引书，p. 350。

4　《异教与基督教之间斗争的社会背景》，刊载于 *Momigliano*（见参考书目，n°47）。

5　*Comm. in Ep. Gal.*, II.

6　*Dialogi*, I, 27.

从下到上都能看到。存在着蛮族的一定程度的罗马化，但那非常有限[7]。

因此可以确定两个主要现象：作为文化施压群体的农民大众的崛起[8]、各社会阶层面对于垄断着文化所有发达形式尤其是书面形态的教士阶层而不断增长的文化无差别化——除了某些个人或 225
局部的例外。农民大众的重要性、教士的垄断是作用于中世纪早期各社会阶层与文化水平的关系的两个主要因素。能够研究这些关系的最佳领域，我并不认为是语言领域，我认为是——更广泛和深刻的——知识与精神工具的领域。

为了更好理解这些文化的社会载体在中世纪早期的作用，必须回顾那些突然导致基督教在4世纪历史舞台处于首要地位的基础结构。A. H. M.琼斯[9]指出4世纪基督教在罗马世界的传播并非纯粹的政治或宗教的事件——即君士坦丁皈依与此后得到公权力支持的基督徒的传教热情造成的后果。在4世纪初，基督教主要在城市中下阶层中传播，而农民大众和贵族阶层几乎未被触及。

7 “伯爵们，那些派往罗马官吏身边的守城者(saiones)，他们必然懂得一些拉丁语句子，是在一个被占领的国家任何军官或者士兵都会渐渐懂得的”(P. 里谢，参考书目，n°37，p. 101)。“蛮族贵族肯定很快就罗马化了。但显然这只是少数人，蛮族的大众保留了自己的语言”(同前书，p. 102)。

8 这是与罗马文化产生时出现的现象不同的一种现象。罗马文化产生时，乡村背景始终渗透这种逐渐城市化和扩张的文化里(参见 W. E. 海特兰：《农人》[*Agricola*]，剑桥，1921；以及 J. 马鲁佐关于作为“农人语言”的拉丁文的见解，刊载于《语言学术语》，2版，1943)。在这里，被排除在文化世界之外的农民(见 J. 勒高夫：《中世纪早期文献中的农民与乡村世界(5—6世纪)》，刊载于《中世纪早期的农业与乡村世界》，意大利中世纪早期研究中心研讨周，XIII，斯波莱托，1965[1966]，p. 723—741)对这种文化有一种威胁，它迫使教士们去进行从上至下的反向运动去进行制衡。

9 前引书，n. 6。

然而经济的收缩和官僚制度的发展导致这些城市中下层阶级的地位上升，在这些阶层中基督教已经非常有势力。这种地位上升导致基督教的突破进展。但是当基督教的胜利得以确立之时，这些支撑它的阶层却在衰退中。基督教躲过了帝国后期脆弱上层建筑的垮塌，但它却是通过脱离那些保证其成功的阶级，历史的演进使这些阶层消失了。贵族及随后的农民大众，他们的接受让基督教扎下根来——但其代价却是众多的歪曲，在文化领域尤为明显。介于由希腊-罗马语教育(paideia)[10]培养的贵族阶级越来越占多数的教士阶层与由于官方异教信仰衰退而无力对抗复兴的原始文
226 化的以农村人口为主的世俗人之间，由垂死的城市各社会阶层建立起的基督宗教能否通过一种微妙的内在文化濡化作用而将自己确定为一种共同文化呢[11]？

I.5 至 8 世纪西欧文化史的根本特征可以这样界定：

a)中层阶级的衰退再次发生在文化领域，未受教育民众与受教育的精英之间的鸿沟加大；

b)但是文化的分隔并不与社会的分层重合，因为智性文化成为教会的垄断。即便在教士阶层中存在一些文化程度的巨大差别，

10　见 H. I. 马鲁的经典著作，参考书目，n°30；对于希腊-罗马文化的希腊基础：W. 耶格：《教育——希腊文化的理想》，I—III，牛津，1936—1945。

11　关于文化濡化的问题论，参照的是 A. 迪普龙的发言，《论文化濡化》，刊载于《历史学国际委员会》学刊，第 7 届历史学国际大会（维也纳，1965）。报告 I，大主题(1965)，p. 7—36。翻译成意大利文，附增补内容：*L' acculturazione. Per un nuovo rapporto tra ricerca storica e scienze umane*（《文化濡化，谈历史研究与人文学科的新关系》，都灵，1965）。由同一民族区域内部不同水平与文化集合的共存而产生的内部濡化的问题构成一个独特领域，对于文化濡化问题尤为重要。

但他们的文化的性质相同，主要分界线正是区分教士与世俗人的界限；

c）不论教士们个人或集体就对于异教世俗文化内容所采取态度的问题做出怎样的回应，教士文化使用的是3至5世纪由一些宣教作者建立起来的知识工具，他们在一种简化而平庸的层次上对希腊-罗马文化的方法论与学术遗产加以系统化[12]。这一知识工具中，最主要大概是“自由七艺”(arts libéraux)的框架和最重要作者马提亚努斯·卡佩拉（Martianus Capella，5世纪上半叶的《论墨丘利与语文学的婚姻》[*De nuptiis Philologiae et Mercurii*]）[13]。应当很好了解这些处于基础层的“中世纪奠基人”，他们通常仍旧是异教徒，比如马克罗比乌斯（Macrobe）[14]；

d）教士领袖更容易接受这种知识培养，这尤其因为5—6世纪 227
大多数教士领袖属于当地罗马贵族。但是那些蛮族高级教士，那些获得成功的蛮族出身的主教与修道院长却更好地采用了这一类型的文化，因为这种文化的习得正是一种最佳的社会地位晋升和同化的手段。圣徒主教的圣徒传记的典型文本通常包含“显赫”的身世，几乎总是在“皈依”之前或之后接受文科的培训（比如，约公元422年的《圣安布罗斯行传》[*Vita Ambrosii*]中的米兰的保利奴

12 比如，希腊-罗马文化留给中世纪西欧的民族学知识的主要内容来自于《可忆之事辑录》[*Collectanea rerum memorabilium*]，是3世纪索利奴斯平庸的辑录作品（莫姆森校勘，第2版，柏林，1895）。

13 见W. H. 斯塔尔：《更好地理解马提亚努斯·卡佩拉》，刊载于*Speculum*，XL，1965。

14 比如后来中世纪教士们正是向马克罗比乌斯借用了对梦的类型划分——这在梦想世界占据重要地位的文化中是非常重要的；见L. 多伊布纳：《论宿庙求梦》[*De Incubatione*]，吉森，1899。

斯;约470—480年的《圣日尔曼行传》[*Vita Germani*]中的里昂的康斯坦丝等人);

e)尽管有地域化倾向,这种教士文化几乎总是具有相同结构和相同水平(参见两个事例,它们属于彼此相反的两极:塞维利亚的伊西多尔与7世纪初的西哥特文化,据《圣参孙行传》[*Vita Samsonis*]记载的6世纪前半叶圣伊尔图德时代伊尼斯皮尔的爱尔兰修院文化)[15];

f)面对这种教士文化,世俗文化表现出一种更强的衰退,这种衰退始自2世纪,因蛮族入侵和蛮族成员与当地罗马文化融合而导致的灾难性的物质与精神的无序状态使之加强。这种文化衰退主要表现为一些“传统”的技术、心态、信仰的重新出现。教士文化所面对的,除了虽然在5世纪初有过最后几次反复但很快被战胜的一种相同水平和相同组织类型的异教文化,还有一种“原始”文化,它在蛮族中带有更多武士文化的色彩(尤其是在上层:参见墓

228 葬的摆设)[16],在乡村化的下层整体中主要带有农夫文化的色彩。

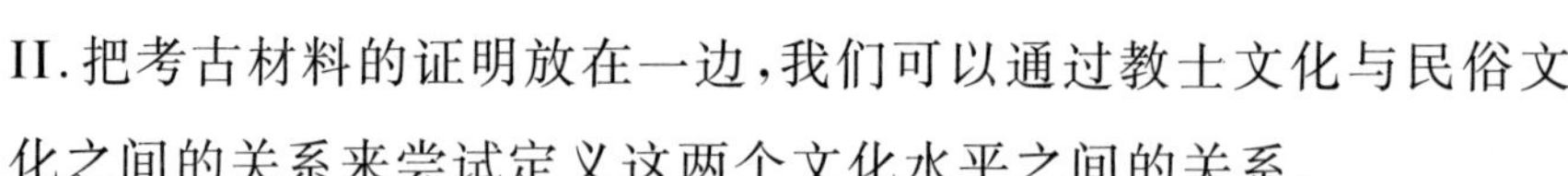

II.把考古材料的证明放在一边,我们可以通过教士文化与民俗文化之间的关系来尝试定义这两个文化水平之间的关系。

15　《圣参孙行传》曾被其校勘者R.福蒂耶大加批评(巴黎,1912)。但是虽然后人的添加与篡改在存世至今的文本中非常显著,研究爱尔兰修院制度的历史学家却倾向于将爱尔兰修道院长们的“自由七艺”文化(圣伊尔图德或圣卡多克与圣参孙如出一辙)视作一种现实而非一种加洛林王朝的虚构(见P.里谢:前引书,p.357;及O.卢瓦耶,参考书目n°26, p. 49—51)。

16　虽然考古学向我们揭示出一种武士文化(见E.萨林,参考书目n°45),但中世纪早期的军事贵族仍然距离书面文化很远,要等到加洛林和前加洛林王朝时期它才兴起,那时它与教士文化结合,然后才随着武功歌而进入罗曼语时代(见J.P.博德默,参考书目n°6)。

这一概括建立在那些属于书面的教士文化的史料之上(特别是圣徒传记和传教作品,比如阿尔的塞泽尔的《布道文》、布拉加的马丁的《论对农民的训诫》[*De correctione rusticorum*]、教皇大格列高利的《对话集》[*Dialogi*]、教务会议和主教大会的文字、爱尔兰的忏悔规条),这一事实即便不会歪曲其客观性,至少会歪曲其看问题的角度。但是我们在这里并不试图研究民俗文化的抵抗及其可能具有的多种形式(消极抵抗、教士文化的触染、与各种政治社会和宗教运动的联系、巴高达起义、阿里乌斯教派、普利西安教派、贝拉基教派等等)。我们仅限于尝试界定教士文化对民俗文化的态度[17]。

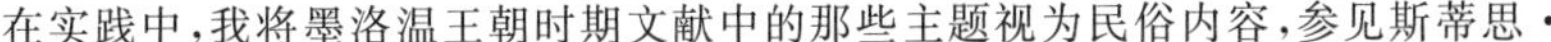

17 用民间文化这个词,我指的主要是传统文化(或文明)的深层(用 A. 瓦拉尼亚克所说的意思,参考书目 n°48),是潜在于任何历史中的社会里的,我认为它在古代与中世纪之间的失去组织的时代显露或者几乎显露出来。使得对这一文化层的辨别与分析极为棘手的是它充斥着年代和性质各异的历史积淀。这里我们几乎只能尝试去将这一深层的沉积与在此上留下印迹的希腊-罗马的"高层"文化区分开来。换言之,这是同时代的两种异教崇拜:历史非常悠久的传统信仰的异教和更为发达的希腊-罗马的官方宗教的异教信仰。帝国后期与中世纪早期的基督教作者对它们区分不清,他们似乎(比如布拉加的马丁的《论对农民的训诫》中的分析,参考书目 n°13,17 以及附录文字 C. W. 巴洛《布拉加的马丁》,《全集》,1950 所指出的)更关心打击官方的异教,而不是他们分辨不清的古老迷信。在某种程度上他们的态度有利于这些古老信仰的兴起,这些信仰或多或少被去除了罗马外衣,却仍为被基督教化。甚至圣奥古斯丁这样关注从心理、信仰和行为的社会性侧面来区分城市生活(urbanitas)和乡村生活(rusticitas)的人(比如他在《论死者遗骸应表示的尊重》[*De cura pro mortuis gerenda*]中对于丧葬实践的区别态度,PL,XL——CSEL41——奥古斯丁丛书,1,1),他也不总是做出区分的。比如《上帝之城》(*De Civitate Dei*),XV,23 的著名段落,关于民众称为梦魇的林神与潘神,这是中世纪梦魇诞生的出生证,正如恩斯特·琼斯在其关于中世纪集体恐惧的心理分析的先驱性论文中所指出的那样,刊载于《论噩梦》(第 2 版,伦敦,1949),p. 83。

在实践中,我将墨洛温王朝时期文献中的那些主题视为民俗内容,参见斯蒂思·

229　无疑，在教士文化中存在对民俗文化的某种接受：

a)这种接受受益于这两种文化的某些共同的精神结构，尤其是对尘世与超自然的混同，对物质与精神的混同（比如对于神迹以及圣物崇拜、使用避邪符等等的态度）；

b)这种接受由于传播福音的策略与实践而成为必需的；传播福音要求教士们努力进行文化适应：语言（俗语布道）、借助口头形式（布道、歌唱）和某些仪礼形式（瞻礼文化、巡行：比如由教皇大格列高利制定的祈丰收祷告[18]和一些宗教巡行）[19]，他们要满足“主

汤普森:《民间文学主题索引》(6卷，哥本哈根，1955—1958)。

关于民俗的历史性，见G. 科恰拉的卓越文章，尽管题目具体却具有普遍意义，《异教信仰——西西里异教信仰在民俗中的延续》，《第一届古代西西里研究国际大会文集》，巴勒莫大学古代史研究所出版（X—XI，1964—1965，p. 401—416）。

18　我们知道祈丰收祷告始于5—6世纪。依据传统说法，它们是由维也纳主教圣马梅尔在天灾的背景下制定的，迅速推广到整个基督教世界，正如圣阿维特（卒于518）所见证的那样，参见《祈丰收祷告的布道文》[*Homilia de rogationibus*]，载*PL*，LIX，289—294。不能肯定它们是古代罗马祈丰收巡田仪式（Ambarvalia）的直接的刻意的替代品：见《基督教考古与瞻礼词典》的Rogations词条（XIV—2，1948，col. 2459—2461，H. 勒克莱尔）。相反，可以肯定这些仪式接受了一些民俗元素。但是难以了解是否这些元素从那时起立刻影响了祈丰收祈祷的仪式，是否它们那时并未进入其中，或者它们是在后来发展起来的。关于龙的宗教巡行的证据只有12—13世纪的一些理论文字（瞻礼专家让·贝莱特和纪尧姆·迪朗），14—15世纪的一些具体个人对此提及。我在一篇论文中研究了墨洛温王朝以来的龙的宗教巡行问题，见《巴巴加罗纪念文集》，本书后文，p. [236—279]。关于祈丰收祷告的民俗特性，见A. 范·根内普的题目极有意义的文章：《被民俗化了的瞻礼节庆》，刊载于《当代法国民俗学手册》（I/4—2，1949，p. 1637及后文）。

19　其起源为城市，其纯粹瞻礼性质如同教宗590年黑鼠疫时他就职时候给罗马人的信中所表明的那样——图尔的格雷瓜尔将这封信收入《法兰克人史》，因为图尔的一位副祭当时在罗马领取圣物，把这封信给他带回来（《法兰克人史》，X，1）。但是将它们加入作为“大礼”（liturgiae majores）与祈丰收祷告的“小礼”（liturgiae minores）一起加入仪礼日程中，这无疑将使它们同样受到民间的侵蚀。

顾”的要求(“顺应要求”的神迹)。

教士文化大概常常被纳入到民俗文化的框架内：教堂和礼拜堂的选址、转移给圣徒们的异教崇拜功能等等。

但最主要的是教士文化对这种民俗文化的某种“拒绝”： 230

a)通过毁灭

众多对庙宇和偶像的毁灭所对应着的对那些民俗主题的禁止在文献中很少，包括关于丰收的民俗，即使是对此应当更多提及的圣徒传记文献也一样。如果剔除那些出自《圣经》的民俗主题(就这一点而言，应当区别拥有丰富民俗主题的《旧约》传统与少见民俗主题的《新约》传统)，那么关于丰收的文献就更少了。另一方面，必须仔细区分圣徒传叙事中的各民俗元素的时代层次，这是由相继的各次改写造成的。一些作者(比如 P. 圣伊夫：《写在圣徒传的边上》或 H. 京特：《传奇的心理学》)没有充分区别这些层积，倾向于将一些在加洛林王朝时期，尤其是 12—13 世纪充斥瓦拉蔡的《圣徒传》的民俗潮时期被引进的民俗元素上溯到中世纪最早期。

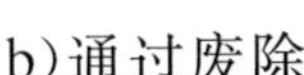

b)通过废除

基督教的主题、实践、纪念物、人物叠加在从前异教内容之上，这不是“接续”而是废除。教士文化覆盖、隐藏、消灭了民俗文化。

c)通过歪曲

这大概是针对民俗文化的最重要的斗争手段：民俗主题在其基督教的替代品中彻底改变意义(比如在福尔图纳图斯的《圣马塞尔传》中龙的例子[20]；里昂的康斯坦丝的《圣日尔曼传》中幽灵的例 231

20 民俗中的龙——多功能的自然力的象征，这些力量可能转而对我们有利或有

子，与小普林尼的希腊-罗马原型以及未予埋葬的死者的民俗主题进行比较)[21]，甚至改变性质(比如圣徒们只是辅助的施展神力者，只有上帝本人才创造神迹)[22]。

此处的文化鸿沟主要在于民俗文化根本上的暧昧不明的特性(信仰亦善亦恶的力量和使用双刃剑式的文化工具)与继承希腊-罗马贵族文化的教会文化的"理性化"的对立[23]：善与恶、真与假、

害(见E. 萨林：前引书，IV，p. 207—208)——在整个中世纪继续存在着，与此同时基督教的龙被等同于妖魔，缩减为其邪恶意义。在福尔图纳图斯写作《圣马塞尔传》的时代(6世纪末)(见布鲁诺・克鲁施：MGH，《记录墨洛温朝事迹的书吏们》[*Scriptores Rerum Merovigiarum*]，IV—2，49—54)，圣徒战胜恶龙的主题仍处于这两个概念之间，与古代的解释一脉相承，在将战胜恶龙归功于英雄的同时，却犹豫是将龙驯服还是将这怪物处死。关于这一主题的民俗学内容，见斯蒂思・汤普森，前引书，主题A 531：《文化英雄(半神)战胜怪物》。我尝试在文章中提出这一问题，见n. 8，p. 224。"梦中动物的多种功能"曾被让・杰里加以强调，文章见《中世纪文明手册》[*Cahiers de Civilisation médiévale*](1964，p. 200)。对于这种多功能性的心理分析的解释见E. 琼斯：《论噩梦》，p. 85。

21　里昂的康斯坦丝：《欧塞尔的圣日尔曼传》，R. 博里乌斯校勘(巴黎，1965，p. 138—143)；小普林尼：《书信》，VII，27。

22　此处要加以分别。P. 圣伊夫的论点，通过其深受"现代主义"影响的著作的颇具启示性的题目表述出来：《作为神的继承人的圣徒们》(参考书目，n°43)，出版于1907年，这一论点是错误的，因为这些圣徒的可能的古代祖先并非神祇而是那些半神即英雄，教会不是想要使圣徒们成为英雄的继承人，而是要让他们变成替代者，将他们定位于另一种价值体系之中。相反，G. 科恰拉的论点，见前引书，肯定了教会在这一问题上的胜利，却未考虑到中世纪及后来的大多数基督徒对于圣徒们有着与他们祖先对英雄、半神甚至神祇相同的行为。尤其，与G. 科恰拉的想法相反，中世纪人群常有的因其未能满足信徒的祈求而获罪的圣徒(或偶像)的态度，揭示出一种延续的"原始"心理状态，而不是某种虔信的情感转变。还有，神迹中上帝角色与圣徒角色——纯粹的中间人——的区分提供给个人心理与集体心理一种发泄途径，在某种程度上挽救了对于上帝的虔诚。

23　强调其在这些领域中带来的理性化的进展，这无疑将基督教的智力与精神作用简单化了。集体心态史的中长时段中这更多是属于"东方"神秘主义面对希腊-罗马"理性化"的一种反应，但却不应看低希腊-罗马文化的批评性的敏感：希腊式的敏感

黑巫术与白巫术的区分，这种纯粹意义的摩尼教二元观只有借助全能的上帝来避免。

因此，我们遇到的是两种各自以不同方式起作用的，各自有不 232
同水平的文化。教士文化抵御民俗文化的堤坝不仅源于有意识的敌对，更是源于不理解。分隔乡村大众与教会精英的鸿沟主要是一道无知的鸿沟，教会精英的知识培养、社会出身、地理位置（城市中与人隔绝的修道院环境）使之不受这种民俗文化的浸染（比如里昂的康斯坦丝对于圣日尔曼应农民之请求而对不打鸣的公鸡所施行的神迹，他的不解是令人吃惊的）[24]。

因此，我们看到在中世纪早期的西欧更多的是用“高等”文化来封锁“低等”文化，是各个文化水平相对封闭的层叠，而非各文化水平间的一种等级关系，后者拥有一些过渡机制来确保各个水平

的一些侧面造就了犹太-基督教传统，中世纪的基督徒在将维吉尔和塞内加与基督教拉近的时候，他们看出了某种延续性。还有，在精神与知识结构的领域，我认为基督教主要标志着理性思维的一个新阶段——如同 P. 迪昂对于科学领域所指出的那样，他认为基督教通过将自然去神圣化，从而使得科学思维取得决定性进步。对于此，民俗与基督教的对立（我认为这是比杂合与共生的对立更为根本的对立）代表着非理性的反抗，或者不如说另一种精神系统、另一种逻辑的反抗，即“野蛮人思维”的反抗。

24　里昂的康斯坦丝：《欧塞尔的圣日尔曼传》，同前引，p. 142—143。村民们为圣日尔曼提供住处，他顺应他们的恳求，通过喂食祝圣过的麦子而让不打鸣公鸡们恢复打鸣。传记作者显然不明白他抱歉提到的这一神迹的重要与意寓。“因而神力同样彰显于微末之事”（ita virtus diuina etiam in rebus minimis maxima praeeminebat）。中世纪早期圣徒传作者们经常谈到的这些“微末之事”（res minimae）正好是民俗类型的神迹——它们通过边门进入到教士们的文献中。在此处提及的事例中，有着包含在这神迹里的数个民俗主题的结合，乡村巫师重新发动了自然的魔法秩序。参见斯蒂思・汤普森：《主题索引》，前引书，A2426：《自然与动物叫声的意义》（尤其是 A2426.2.18：《公鸡啼叫的起源与意义》）；A2489：《动物的周期习性》（特别是 A2489.1：《为何公鸡在早晨叫醒人类》；A2489.1.1：《为何公鸡打鸣来迎接日出》）；D1793：《吃与喝的魔法后果》；D2146：《昼夜的魔法控制》；J2272.1：《公鸡认为自己打鸣会让太阳升起》。

之间的单边或双边影响。但是这种文化层叠虽然形成了一种教士
233 的贵族文化[25]，但却并不与社会的层叠重合。从加洛林王朝时代开始，“民俗的反作用”将成为所有世俗层面的事件。从11世纪开始，它将与各种异端运动同时爆发于西方文化之中[26]。

25　这种贵族的教士文化在加洛林王朝时期发展成为教会对世俗价值与世俗贵族对宗教价值的相互控制。虽然在这一时代即5—6世纪，贵族阶级在社会意义上占据了教会，但它是通过放弃其世俗文化才做到的，不是作为技术工具的放弃，而是作为价值体系。阿尔的塞泽尔的例子也说明问题(《圣塞泽尔传》，I，8—9，G. 莫兰校勘，《圣塞泽尔全集》，卷2，1937)。圣塞泽尔由于在雷兰斯的苦行而身体虚弱，他被派到阿尔的一户贵族家庭，家族把他托付给“一个叫波梅利乌斯的人，他是博学的修辞教师，生于非洲，使他以语法教育而出名，他让修道院的简朴因世俗学科的教育而变得精细”。波梅利乌斯是中世纪流行的《论静修生活》的作者，他是与“理性主义”无关的一位基督徒。但是，一旦获得了知识技艺，塞泽尔便偏离了这种世俗学科，如同他的梦向他揭示的，他在梦中看到一条龙吞噬他的肩膀，他那时正压在肩上伏在书上睡着了。在这一时期(7—8世纪)末期，我们看到贵族的理想(在此我们不进入关于这一时代是否存在贵族的争论)侵入圣人传记，以至于树立一种贵族类型的圣徒；见F. 格劳斯，参考书目，n°22；以及F. 普林茨，参考书目，n°36，尤其是p. 489，501—507：《圣徒传记中法兰克贵族的册封圣徒》，8.《圣徒传－贵族－修道院》，9.《圣徒传记的一个新例》；以及前引著作p. 493—494，n. 126，127，还须补充K. 博斯尔：《“圣徒”，理想型与现实，墨洛温时代的社会与文化。7—8世纪的拜恩》，刊载于《历史之镜，诗歌写作与阐释中反映的历史》(Cl. 鲍尔编辑，1965，p. 167—187)。

26　效仿埃里希·克勒，我将11—12世纪的世俗文学复兴解释为中小武士贵族想要为创造一种相对独立于教士文化的自身的文化的愿望，加洛林王朝的世俗贵族(proceres)已经与教士文化大为妥协(见E. E. 克勒：《游吟诗人的抒情与典雅骑士传奇》，1962。同作者，《关于游吟诗人的诗歌的历史与社会学见解》，刊载于*Cahier de civilisation médiévale*，1964，p. 27—51)。我还赞同D. D. R. 奥厄《〈罗兰之歌〉的世俗灵感》(*Speculum*，XXXVII，1962)，认为最初的罗兰之歌的心理与道德都是世俗的、“封建的”。我认为这种新的世俗的封建文化对潜在的民俗文化大为借鉴，因为后者是领主们能够用来反对教士文化或者不如说在教士文化之外竖立起来的唯一替代文化。马克·布洛赫曾经预感到武功歌德这种深层民间传说性质的意义(《罗兰之歌的情节更多属于民间传说而非历史：继子与继父的仇恨、艳羡、叛卖》，见《封建社会》，I，p. 148。参见同书，p. 133)。当然，教士文化将很快并轻易对这种以民间传说为基础的世俗领主文化达成一种妥协，一种基督教化。比如，在蒙茅斯郡的杰弗里与罗伯

参考书目

1. J.-F. Alonso, *La cura pastoral en la Espana romanovisigoda*, 罗马, 1955.
2. E. Auerbach, *Literatursprache und Publikum in der lateinische Spätantike und im Mittelalter*, 伯尔尼, 1958.
3. H. G. Beck, *The pastoral Care of Souls in South-East France during the* 234 *sixth Century*, 罗马, 1950.
4. C. A. Bernoulli, *Die Heiligen der Merowinger*, 蒂宾根, 1900.
5. H. Beumann, *Gregor von Tours und der «sermo rusticus». Spiegel der Geschichte. Festabe Max Braubach*, 明斯特, 1964, p. 69—98.
6. J.-P. Bodmer, *Der Krieger der Merowingerzeit und seine Welt*, 1957.
7. R. Boese, *Superstitiones Arelatenses e Caesario collectae*, 马堡, 1909.
8. I. Bonini, «Lo stile nei sermoni di Caesario di Arles», *Aevum*, 1962.
9. M. Bonnet, *Le Latin de Grégoire de Tours*, 巴黎, 1890.
10. R. Borius, *Constance de Lyon : Vie de saint Germain d'Auxerre*, 巴黎, 1965.
11. W. Boudriot, *Die altgermanische Religion in der amtlichen kirchlichen Literatur vom 5. bis 11*. Jahrhundert, 波恩, 1928.
12. S. Cavallin, Literarhistorische und textkritische Studien zur «Vita S. Caesari Arelatensis», 隆德, 1934.
13. L. Chaves, «Costumes e tradicoes vigentes no seculo VI e na actualidade», *Bracara Augusta*, VIII, 1957.

特·德·博龙之间，我们几乎来不及看到一位野蛮人的梅兰(Merlin)，他是先知却非基督徒，他起源自密尔德克林(Myrdclin)，凯尔特游吟诗人的半贵族文化让我们了解到后者是一位村庄巫师。但是与墨洛温时代相反，罗曼-哥特时代未能够完全弹压住这种民俗文化。这一时代大概与民俗文化结合，使之得以在15—16世纪的大爆发前扎下根来。理想福地(Cocagne)的主题极具民俗性，承载着来自集团无意识深处的渴望，它出现于13世纪文学中，然后在16世纪取得决定性突破(见科恰拉:《福地》，1954)。对于这一点而言，12—13世纪是文艺复兴的第一步。

14. P. Courcelle, *Les Lettres grecques en Occident de Macrobe à Cassiodore*, 巴黎,1943.

15. 作者同上, *Histoire littéraire des grandes invasions germaniques*, 巴黎, 1948.

16. F.-R. Curtius, *La Littérature européenne et le Moyen Age latin*, 法译本, 巴黎,1956.

17. H. Delehaye, *Les Légendes hagiographiques*, 布鲁塞尔,1905.

18. 作者同上, « *Sanctus* ». *Essai sur le culte des saints dans l' Antiquité*, 布鲁塞尔,1954.

19. A. Dufourcq, *La Christianisation des foules. Etudes sur la fin du paganisme populaire et sur les origines du culte des saints*, 第 4 版,巴黎,1907.

20. *Etudes mérovingiennes*, Actes des journées de Poitiers, 1—3 mai 1952, 巴黎,1953.

21. J. Fontaine, *Isidore de Séville et la culture classique dans l' Espagne wisigothique*, 巴黎,1959.

22. F. Grauss, *Volk, Herrscher und Heiliger im Reich der Merowinger*, 布拉格,1965.

23. H. Grundmann, «'Litteratus-illiteratus'. Der Wandlung einer Bildungsnorm vom Altertum zum Mittelalter», *Archiv dür Kulturgeschichte*, 40, 1958.

24. C. G. Loomis, *White Magic. An Introduction to the Folklore of Christian Legends*, 剑桥,马萨诸塞,1948.

25. F. Lot, « A quelle époque a-t-on cessé de parler latin ? », *Archivum Latinitatis Medii Aevi*, *Bulletin Du Cange*, 1931.

26. O. Loyer, Les Chrétientés celtiques, 巴黎,1965.

27. S. Mc Kenna, *Paganism and pagan survivals in Spain up to the fall of the visigothic kingdom*, 华盛顿,1938.

28. A. Marignan, *Etudes sur la civilisation mérovingienne. I. La Société mérovingienne. II. Le Culte des saints sous les Mérovingiens*, 巴黎,1899.

235 29. H.-I. Marrou, *Saint Augustin et la fin de la culture antique*（第 2 版,巴

黎,1937)及 *Retractatio*, 1959.

30.作者同上,*Histoire de l'éducation dans l'Antiquité*, 第5版,巴黎,1960.

31.作者同上,*Nouvelle Histoire de l'Eglise. I. Des origines à Grégoire le Grand*(合作者 J. Daniélou),巴黎,1963.

32.L. Musset,*Les Invasions. I. Les Vagues germaniques*(巴黎,1965). *II. Le Second Assaut contre l'Europe chrétienne*(巴黎,1966).

33.Dag Norberg,« A quelle époque a-t-on cessé de parler latin en Gaule ? », *Annales, ESC*, 1966.

34.G. Penco, « La composizione sociale delle communità monastiche nei primi secoli »,*Studia Monastica*, IV, 1962.

35.H. Pirenne, « De l'état de l'instruction des laïcs à l'époque mérovingienne »,*Revue belge de Philologie et d'Histoire*, 1934.

36.F. Prinz,*Frühes Mönchtum im Frankenreich. Kultur und Gesellschaft in Gallien, den Rheinlanden und Bayern am Beispiel der monastichen Entwicklung, IV bis VIII Jahrhundert*, 慕尼黑-维亚纳,1965.

37.P. Riché, *Education et Culture dans l'Occident barbare*, 巴黎,1962.

38.M. Roblin,« Paganisme et rusticité », *Annales, ESC*, 1953.

39.作者同上, « Le culte de saint Martin dans la région de Senlis », *Journal des Savants*, 1965.

40.J.-L. Romero,*Sociedad y cultura en la temprana Edad Media*. 蒙得维的亚,1959.

41.*Saint Germain d'Auxerre et son temps*, 欧塞尔,1960.

42.« Saint Martin et son temps. Mémorial du XVIe Centenaire des débuts du monachisme en Gaule »,*Studia Anselmiana*, XLVI, 罗马,1961.

43.P. Saintyves,*Les Saints successeurs des dieux*, 巴黎,1907.

44.作者同上,*En marge de la Légende Dorée. Songes, miracles et survivances. Essai sur la formation de quelques thèmes hagiographiques*, 巴黎,1930.

45.E. Salin,*La Civilisation mérovingienne d'après les sépultures, les textes et la laboratoire*, 巴黎,4卷,1949—1959.

46. *Settimane di studio del Centro Italiano di Studi sull' alto Medioevo*（1954及其后），特别是：*IX. Il passaggio dell' Antiochità al Medioevo in Occidente*, 1962.

47. *The Conflict between Paganism and Christianity in the IVth century*, A. Momiglinano 编，牛津，1963.

48. A. Varagnac, *Civilisation traditionnelle et genres de vie*, 巴黎，1948.

49. G. Vogel, *La Discipline pénitentielle en Gaule des origines à la fin du XIIe siècle*, 巴黎，1952.

50. 作者同上，*Introduction aux sources de l' histoire du culte chrétien au Moyen Age*, 斯波莱托，1965.

51. J. Zellinger, *Augustin und die Volksfrömmigkeit. Blicke in den frühchristlichen Alltag*, 慕尼黑，1933.

中世纪教会文化与民俗文化：巴黎的圣马塞尔和龙* 236

5世纪巴黎主教圣马塞尔在改变命运之后重归沉寂，他的卑微出身原本可能让他一直寂然无名的。的确，中世纪早期的主教主要来自于贵族阶层，乃至于显赫身世是圣徒传作者们再三重复的典型话语，基本不会出错，即便当他们不太了解主人公的祖谱——巴黎的圣马塞尔是个例外[1]。同样，当圣韦南提乌斯·福尔图纳图斯[2]在巴黎主教圣日尔曼在世时即公元576年5月28日前，应其请求写作前任主教的传记[3]，前任主教马塞尔大约死于436

* 关于此文中所涉及的插图，见原始文章。

1 关于墨洛温王朝时期圣徒传记中圣徒们的贵族出身，见F.格劳斯的出色见解，《墨洛温王朝的民众、领袖与圣徒》，布拉格，1965，p. 362及下文。关于修道院阶层，见F.普林茨：《法兰克王国的早期修道院制度》，慕尼黑-维也纳，1965，p. 46及下文：《作为高卢北方贵族"流亡修道院"的雷林斯修院》。

2 关于福尔图纳图斯，参见W. 瓦滕巴赫-W. 莱维森：《中世纪德国史料。早期和加洛林王朝时期》，I. 魏玛，1952，p. 96及下文。

3 福尔图纳图斯的《圣马塞尔传》由布鲁诺·克鲁施校勘出版，见*MGH*, *Script. Rer. Mer.*, IV/2, 1885, p. 49—54.我们在附录中按照这一版本录传记第10章和最后一章。关于巴黎的圣马塞尔，见《圣徒行传》，1887，11月，I（G. 范霍夫），其中有福尔图纳图斯《圣马塞尔传》的内容，复录了米涅的版本，见*PL*, LXXXVIII, p. 541—550；还有《按日历顺序各圣徒和受真福者的传记附各节日的历史》，由巴黎本笃会教士出版，卷11，巴黎，1954年11月，p. 45—59。这两篇文章丝毫未提及宗教巡行中的龙。

年，在收集到很少的全部属于口头的材料中，他发现提到他出身平
237 凡，他必须借助一系列神迹来重建这位圣徒的经历。马塞尔教会生涯的每一步都伴随着一次神迹，这些神迹的顺序也是定性的：每一次都比上一次更高超。这是珍贵的文本，可引领我们进入墨洛温王朝时代的神迹的心理。第一次神迹将马塞尔提升为五品助祭（《传》，五章），这是一次日常生活与苦行的神迹：他受到一个铁匠的挑战，他要说出一块烧红的铁的重量，他将铁拿在手里并非常准确地估计出分量。第二个神迹（《传》，六章）已经具有让人想到基督生平的内容，让人联想到基督第一个神迹，那是他生命最后时光的决定性的传道之前，即迦拿娶亲筵席上的神迹。当马塞尔从塞纳河里取水让主教洗手时神迹发生，水变成酒，而且量变大，使得主教能够为所有在场的人授圣体；于是其施行者升为六品副祭。第三个神迹并不标志品级的进步（《传》，七章，“获得非尊贵品级的次要神迹”[miraculum secundum ordine non honore]），这次神迹使马塞尔被一阵神圣的香气环绕。在祭礼中他再次递给主教的水开始发出仿佛圣油的香味，这使得马塞尔成为司铎。主教大概不太情愿承认马塞尔的那些神迹，直到他成为以下神迹的受益者，他的敌对和反感才停止。主教变哑，由于他的司铎的法力才恢复说话能力，后者最终被认定有资格——尽管出身卑微——来接任主教之职（《传》，八章）。成为主教，马塞尔完成了那个时代要求教会领袖的那些壮举，这些教会领袖在几乎所有领域都成为其教徒的保护者：他进行双重的神迹意义的解放，这是通过解除一个囚犯的锁链而进行的肉体意义的解放，而这位被锁的囚犯也是一位魔鬼附体者，解除他的罪过也是精神意义的解放（《传》，九章）。

最后是圣马塞尔的世俗与精神、社会与宗教、教会与法力的顶峰（《传》，十章）：“让我们来看看这辉煌的神迹，虽然它在时间上讲是最后一个，但从价值上讲是第一位的。”一个怪物——蛇-龙——来到巴黎附近地方，在民众中造成恐惧，它被圣马塞尔赶走。当着民众的面，马塞尔在戏剧性的对决中使龙屈服于他超自然的能力，并让它消失。

圣徒传记告诉我们，对最后这桩事迹的记忆存留在集体记忆 238
中。在福尔图纳图斯的记述后不久，马塞尔死后大约1个半世纪，6世纪末图尔的格雷瓜尔辑录的神迹中只提到这位圣徒的这一次神迹，他对这位圣徒却未给予任何重视[4]。

对圣马塞尔的崇拜似乎有着大好前途。但是从一开头，这一崇拜便局限于一个地域。实际上这种崇拜与对其他几位马塞尔的崇拜是冲突的，其中有教皇马塞尔（大概是在309年马克桑提乌斯统治时受难）和沙隆的马塞尔，在巴黎本地对后者的崇拜与对圣马塞尔的崇拜相竞争[5]。

作为巴黎的主保圣徒，圣马塞尔看来是成功了。虽然，对他的崇拜的历史——除了传统上的龙，本文研究的对象——充满了不明之处和传奇性，但我们知道他的最后一次神迹发生的舞台就是他的坟墓的地点，是一座市郊的教堂，这座教堂是献给他的，传统

---

4 《忏悔师的荣耀》[*Gloria Confessorum*]，c. 87（*MGH*，*Script. Rer. Mer.*，1/2，p. 804）。

5 关于索恩河上的沙隆的马塞尔及其在巴黎地区的崇拜（这一崇拜在6世纪受到贡特朗国王的鼓励；在9世纪，沙隆的圣马塞尔是圣德尼领地这一最大教区的主保圣人）见M. 罗布兰：《高卢-罗马时代和法兰克时代巴黎的乡土》，巴黎，1951，p. 165。

上仍然是巴黎的“第一教堂”，直至今日巴黎历史上一个——经济上与政治上——最活跃的街区仍以它得名，即圣马塞尔镇或市镇[6]。在10世纪和12世纪之间的一个难以确定的时间，可能是由于烧灼病的流行，他的遗骨被迁往巴黎圣母院[7]，此后这些骨殖在巴黎宗教信仰中起了头等重要的作用。与女圣徒热纳维埃夫的遗骨相互配合——两者总是同时出现——这些遗骨直到大革命之前
239 都是巴黎最流行的庇护物，圣路易建筑圣礼拜堂来安放的那些重要的圣物似乎在巴黎人的信仰中都无法超过这些遗骨[8]。圣马塞尔与圣热纳维埃夫和圣德尼一同成为巴黎市的主保圣徒，圣马塞尔早在中世纪就被人们奉献了一座传奇性的故居，自然是处于西提岛上[9]。而且，在17世纪，勒南·德·蒂耶蒙仍赞叹巴黎的圣马塞尔的这种历史性成就，他写道：“漫长的时间间隔和后继者的名

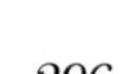

6　文献学院的两篇博士论文是关于巴黎的圣马塞尔市镇。J. 吕诺：《巴黎圣马塞尔教堂的起源与组织的历史研究(5世纪—1597)》，1910(见《巴黎文献学院博士论文命题》1910，p. 179—184)和关于市镇本身的研究，M. L. 孔卡斯蒂：《巴黎的圣马塞尔市镇，从起源至16世纪》，1937(出处同上，1937，p. 26及下文)。关于圣马塞尔教堂及墓地，见《4至10世纪巴黎市郊教堂》，作者M. 维埃亚尔-特罗耶库洛夫、D. 福萨尔、E. 沙泰尔、C. 拉米-拉萨尔，载于《巴黎和法兰西岛》，巴黎和法兰西岛历史与考古学会联盟出版的论文，卷11，1960，p. 122—134—136及下文。

7　关于对巴黎的圣马塞尔的崇拜的历史，见P. 佩德里泽《根据日课经与祈祷书看中世纪末年的巴黎宗教年历》，巴黎，1933，见马塞尔词条。

8　1248年圣路易要求巴黎的所有圣人遗骨到城门口迎接来自圣德尼修院的荆冠，荆冠之前供奉在修院内，等待着圣礼拜堂的祝圣仪式，但是圣马塞尔和圣热纳维埃夫的遗骨却没有去迎接。见唐·米歇尔·费利比安《巴黎城史》，由唐·G. A. 洛比诺修订，巴黎，1725，卷50，I，p. 295。关于圣路易和圣热纳维埃夫的遗骨，见卡罗吕斯-巴雷：《圣路易与诸圣徒遗体的迁移》，见《教会法历史研究，献给加布里埃尔·勒布拉》，卷二，巴黎，1965，p. 1110—1112。

9　1346年巴黎的桑斯省主教会议就是在那里举行的。见贝尔蒂：《西提岛的三个小岛》，1860，p.29。

望都未能妨碍这一教会（巴黎教会）对他的尊崇胜过其他所有人，将他视作巴黎的保护人和继圣德尼之后的头号主保圣徒[10]”。

然而，圣马塞尔不久便几乎完全被人淡忘。从18世纪起，对他的崇拜退潮，在大革命之后他成为信仰崇拜逐渐纯洁化的牺牲品，在巴黎地区内的本地信仰收缩：圣马塞尔在数个世纪之后最终被圣德尼尤其是被圣热纳维埃夫掩去光芒。如同人们后来看到的，他的龙正是由他失宠造成的最早的牺牲品，从19世纪起圣马塞尔的龙很少列入圣徒传和民间传说提到的那些龙之中，它在过去是享受同样待遇的。

我们为何要在本篇论文中将它复活呢？因为虽然在福尔图纳图斯的文字及其在中世纪延续中，它的案例初看起来是平淡无奇的，但是通过更加仔细、全面的审视却是有启示性的，而且可能具有典范性。

最初圣马塞尔的龙在中世纪历史上表现出的两个侧面并没有什么独特之处。在6世纪，在福尔图南图斯的文字中，从其文学形象看来它只是那些龙之中的一个，它们是魔鬼和异教信仰的象征，它们被用作许多圣徒的标志，尤其是一些进行福音传播的主教圣
徒。从某个时候开始，大概不早于12世纪，在12和15世纪之间 240
的时间里，圣马塞尔龙仅仅是那些巡游仪礼的龙中的一个，在各地的祈丰收仪礼都将这些龙进行巡游。

然而，对马塞尔龙进行一些考察并提出一些能够澄清中世纪西方或更确切地说中世纪西方文明的中心之一即巴黎的信仰崇拜、

10　勒南·德·蒂耶蒙：《圣路易史》，1693，卷10，p. 415。

文化和易感性历史的问题，这也是不无意义的。

墨洛温王朝圣马塞尔的龙仅仅是魔鬼的象征物吗？教会将承载着文化史上最复杂象征内容的一种怪物变成这种魔鬼的象征物[11]？

经典的中世纪圣马塞尔龙与它的前辈是相同的吗？它身上所勉强集中起来的寓意不正分别显示出社会文化意义的张力、分歧、对立？

这些张力是否有可能是围绕着两极的——由教士们发扬的学者传统的一极赋予这一概括象征以一种将那些邪恶力量定型的作用，而“民间”传统的一极通过一系列的触染与变型为它保留着一种暧昧两可的价值？如果我们可以对这一问题给以肯定的回答，那么中世纪文化的结构与发展变化便可以从中得到阐明。

对于我们当作出发点的福尔图纳图斯的文本，我们将搁置那些与主题无关的因素，或者将它们归结为与龙的象征意义有关的概括性的侧面。

我们将首先在此对两个纠缠在一起的主题进行区分，即吞食通奸女子尸体的蛇的主题和圣徒对之取得辉煌胜利的龙的主题。

11　这里不详尽论述龙的多功能象征意义，我们不引证关于这一主题的诸多文献。M. 埃利亚德强调“龙、蛇的多重象征意义”（《宗教史论》，新版，巴黎，1964，p. 179）。在两个关于龙的象征意义的词条中，我们可以找到一些有益的指示：即 L. 马肯森的词条，见《德意志迷信袖珍词典》，卷 2，1929—1939，栏 364—405 和 R. 默克尔马赫的词条，见《古代与基督教词典》，卷 4，1959，栏 226—250。关于圣马塞尔龙，后者称“圣马塞尔战胜龙的传说并不完全清楚”，概括了福尔图纳图斯的文字，却未加解释。我们在后文注解中将再看马肯森的词条。

前者不无意义，它延续于整个中世纪，并成为对淫欲的图解象 241
征[12]。但是在这里它或多或少被人为地（由传统或文学手段——这对我们无关紧要）与屠龙圣徒的主题联系起来。我们不会去专注于此，但我们要记住——通过这两则不同的故事——蛇-龙的本质。

我们也不会进行对“古代巴黎”的细致研究，对于这个问题本文可能会引进一些认识，但经常是些难以定论的认识。城墙外墓葬、城郊文化传统有考古和文字的资料，也不是我们要研究的内容。但是作为这场争斗的地理环境，比耶乌尔低谷的沼泽池塘以及这场历险的地方特征为我们提供了解释这一故事的思路。

我们还可以研究这一叙述的故事构成及其巧妙的编导，通过场地、公众、动作来将这场争斗变成一段高潮的华美乐章，仍然怀念古代的杂耍和辉煌胜利的一位——在拉维纳受到教育的——作者和一些读者想必从中得到欢乐，他们乐于用基督教舞台上技巧和胜利来代替它们。对于这场基督教徒角斗士的战斗，我们仅仅记住它所确定的圣徒与怪物之间的关系。

12　关于中世纪蛇-淫欲的象征意义和被蛇吞食的女性的表现，见 E. 马勒：《法国 12 世纪宗教艺术》，巴黎，1953。被蛇咬的女性，p. 374—376（忽略了这一与女神-母亲神话有关的整个古代背景），另见 V. H. 德比图尔：《法国雕塑的动物寓言》，巴黎，1961，p. 48，309，317，320 和插图页 438 和 440。至于蛇-龙的变体（在中世纪动物寓言中，在提到《创世记》中的诱惑者时，存在蛇-龙-狮身鹰头怪的变体），这些变体是非常古老的，我们在希腊传统中遇到龙-斯芬克斯（δρàχων-σφιζ）这一对变体，而在希伯来传统中有鳄-蛇（tannîn-nâhâsh）一对变体。甚至在中世纪人们用一段文字来解释《创世记》3：14（“神对蛇说：你既做了这事，就必受咒诅，比一切的牲畜野兽更甚。”），失去翅膀和爪足使得鹰头狮身怪变成蛇。见 F. 维尔德：《贝奥武甫中的龙和其他龙》，维也纳，1962。

最后，我们只强调福尔图纳图斯对被教皇西尔韦斯特驯服的罗马龙故事[13]与此处讲述的巴黎龙之间进行的比较。研究民族感情史的历史学家可能会从中看出对高卢基督徒的爱国主义的一种
242 中世纪的古老表述。这一平行故事对我们的意义只在于它显示出作者在某种程度上意识到他所讲述故事的类型化和非个案的特点。

在以我们感兴趣的视角——即这一文本中龙意味着什么？——来分析这段故事之前，先让我们完全摆脱会使研究变得毫无意义的一种假设：即此处所讲述故事的历史真实性。如果圣马塞尔为巴黎人除掉的那条龙真的存在，那么本文便言之无物了。对于龙，我们当然理解为一条蛇，是真实的动物，却由于它的大小而有些非同一般，以至于在当地人以及后世的想象中它变成一头怪兽，只有一位具有超自然力的人物才能奇迹般地降伏它。

我们知道人们对于这类案例曾在整体上提出这样的假设，圣马塞尔的龙甚至在巴黎本地也至少由教士们给出了这种意义上的某种具体解释。大革命之前，在巴黎近郊的圣马塞尔教堂的穹顶上确实悬挂着一头用草包裹的动物——蛇、鳄鱼或巨蜥，也许是由某位出身这一教区的旅行家带到这里来的[14]，显然旨在给圣马塞尔

13　关于这一故事，见 W. 莱文森：《君士坦丁的馈赠与西尔韦斯特传说》(《研究与文本》，38)，罗马，1924，p. 155—247；重收录于《莱因与法兰克早期时代》，杜塞尔多夫，1948，p. 390—465 和 G. 德·泰尔弗朗：《中世纪艺术的谜题》，弗拉芒艺术丛书，2 系列，巴黎，1941，第六。降龙的教皇，p. 49—50。

14　关于教堂中这些异国的动物，见 P. 佩德里泽：前引书，《马塞尔》和 E. 马勒：《12 世纪宗教艺术》，p. 325—326。(据我所知，没有任何文献可让我们肯定说中世纪的教堂时“一些真正的自然博物馆”——这一现象我认为是后起的。)E. 马勒引用 J. 贝

的龙一种现实主义的科学的化身。我们应注意,旧制度时代的教士曾倾向这种唯科学主义的诠释,19 和 20 世纪的那些唯理论的神话学和民俗学研究者只是对此加以重复,尤其厄塞布·萨尔维尔特等人将这一解释运用于圣马塞尔的龙,其研究的最初题目为《中世纪的传奇故事——蛇怪》[15],修订为《诸多传奇或历史故事中的龙和蛇怪》[16],收录在他的《论秘术或论魔法、奇异和神迹》,埃米尔·利特雷为其 1856 年第 3 版写了导论,利特雷的名字本身就表 243
明了这种实证主义精神[17]。路易·迪蒙等人[18]驳斥了这种唯科学主义的伪科学理论,他称之为自然主义的理论,它仅仅适用于很有限的传奇故事中的史实[19]。那些怪兽尤其是那些龙,它们是一些真正的传奇现象。对它们的科学解释只能在某种注重历史事件的唯科学论的框架下做出。这是一些文明史实——是历史学只能借助于宗教史、人种志、民俗学来尝试着进行阐明的史实。它们属于

尔热·德·西弗莱:《畸形学的传统》,1836,p. 484。但是悬挂在圣礼拜堂的穹顶上的鹰首狮身兽的爪未记载于英格兰人巴泰勒米的文字,也未见于让·德·科尔比雄为查理五世所作的译本。这是由贝尔热·德·西弗莱添加进誊抄手稿中的,手稿写作于 1512 年。

15 《致亚历山大·勒努瓦的信,关于他对名叫格拉乌力的龙的论文》,选文自《百科文库》,卷 1,1812。

16 见《百科全书杂志》,88 和 89 叠,卷 30,1826。

17 巴黎,1829,巴黎,1842 二版,前附弗朗索瓦·阿拉戈 1839 年 10 月 30 日关于厄塞布·萨尔维尔特坟墓的演讲;巴黎,1856 三版,附有埃米尔·利特雷的导论。

18 L.迪蒙:《塔拉斯各龙:从人种志的角度尝试描述一个地方性史实》,巴黎,1951,p. 213 及下文。

19 尼姆的鳄鱼的例子也许就属于这类情况,鳄鱼可能是由罗马军团士兵从埃及带来的。但是 L. J. B. 费罗:《从其来源和演变来研究一些迷信及其残余》,巴黎,1896,他做出的这一解释要审慎对待;因为作者是属于萨尔维尔特一派的唯理论者。

集体心理[20]，这并不意味着它们处在时间与历史之外，恰恰相反。但是它们的现实性的水平等于心理现象的深层水平，而它们的历时性演变的节奏并非传统的描述事件的历史的节奏。

福尔图纳图斯的文字带给我们的第一个看法就是作者几乎没有进行任何象征意义的阐释。圣徒战胜恶龙，其作用是物质性、心理性、社会性的，而不是宗教性的。其作用是鼓舞被吓坏的民众（“perterriti homines”［被吓坏的人们］，“hinc comfortatus populus”［因此民众得到鼓舞］）。这位屠龙主教在此处以俗世角色出现，是一个城镇社群的领袖，而不是表现为其作为传教者的精神职能。他是国家之城垣（“propugnaculum patriae”），公敌（imicus publicus）的战胜者。此处，提及他的宗教特征只是为了表达4世纪末以来的圣徒传作者们所钟爱的一个主题：在公共机构编纂的
244 圣徒传记中，“圣人”（vir sanctus）使用精神武器来弥补自己的不足，这些武器是私有的而非公有，但却为公民群体服务，“私人武器”（arma privata）用来保护“公民”（cives），由于圣徒的神力造成的物质转变，主教轻飘的木杖被证明是有力的武器——神力的重量从轻飘的木杖上表现出来——而马塞尔脆弱的手指也变得同铁链一样结实——“cuius molles digiti fuerunt catenae serpentis”（他的软弱的手指成了锁住那蛇的锁链）。

因此，马塞尔战胜恶龙是同过一种公共职能而非宗教职能来

20　关于“深层的心理”，见A. 迪普龙的探索性的主张，《集体心理学史的问题与方法》，《年鉴》，1961。关于民俗学的历史性，见G. 科基亚拉《异教徒。西西里异教信仰的民俗学残余》，古西西里研究第一次国际大会刊物，巴勒莫大学古代史研究所，X—XI，1964—1965，p. 401—416。

展现的。至于龙,它的性质与马塞尔主教(episcopus)头衔的性质同样不精确。龙三次被称为“bestia”(野兽),让人联想到斗兽者(bestiarius)、角斗士的战斗,一次被称为“belua”(巨兽),让人想到它作为怪物所独有的巨大和野性,四次被称为“serpens”(蛇),一次被称为“coluber”(妖蛇),只有三次被称为“draco”(龙)。相反,怪物的某些身体特点被强调:它的庞大(“serpens immanissimus”[极大的蛇],“ingentem beluam”[巨兽],“vasta mole”[巨大的怪物]),它身体的三个部分:极有特点的两端之间的弯曲的躯干(“sinuosis anfractibus”[弯曲的环]),它的头和尾:最初是竖起的,咄咄逼人的,然后是垂下和战败的(“cauda flagellante”[抽打的尾巴],“capite supplici”[乞降的头],“blandiente cauda”[乞怜的尾巴])。叙述者甚至强调怪物身体上精确的一点即脖项,因为那奇迹的驯服是在这个位置发生的:降龙圣徒在用棍子打击三次怪物的头之后,将他的圣带绕住蛇颈(“missa in cervice serpentis orario”)而降伏怪物。这是些决定性的细节,因为它们确定了这一动物的象征意义、它身体构成的纹章以及驯服的仪式。我们还会谈到这一点[21]。

在叙述中还有一句话,它迫使我们去在这种动物及其驯服它的象征意义之外寻找这则被讲述给我们的趣事的某种隐含意义:“因而在灵性的舞台上,在旁观民众的面前,他独自与龙斗争”。我们看到的场景只是另一场更为真实的场景的副本。让我们离开物

21 这些身体特点的重要性由 L. 迪蒙阐明,见前引书(仪式中的特点,p. 51—53,传说中,p. 155—163,诠释中,p. 207—208)。

质性的舞台去转移到灵性的舞台。

245 在那个时代，圣马塞尔死后到福尔图纳图斯写作他的传记之间的时间里，如果我们暂时忽略从 5 世纪到 6 世纪末，从口头传说到书面传记之间的时间里对它的诠释是否存在改变——那么这舞台和战斗究竟是怎样的？

韦南提乌斯·福尔图纳图斯的作品属于那个时代的一种确定的文类，即圣徒传记[22]，必须从基督教文学或者更确切地说是圣徒传文学中——6 世纪末——寻求这场打斗的意义。然后我们将尝试看看圣徒传记中这一陈套如何能够运用在福尔图纳图斯在巴黎调查时所收集的故事上。

鉴于全部基督教文学的重要来源是《圣经》，先让我们从中寻找那些龙或者是可能作为龙出现的蛇[23]。这些蛇-龙在旧约中很多。其中三类彼此不同：《创世记》(3)中作为诱惑者的蛇[24]，《以赛亚书》(27，1)对贝希摩(Behemoth)和列维坦(Leviathan)的处理更严厉，把它们认作是蛇，在《约伯记》(40—41)中却不是这样，《约伯记》中没有给出它们的名字[25]。在《诗篇》中则翻腾着一些未多加

22　关于墨洛温王朝时代圣徒传记的最佳研究是 F. 格劳斯的著作，已经在注解 1 中提到，可以从著作中找到丰富的参考书目。

23　见 F. 斯帕达福拉：《圣经词典》，罗马，1955，《龙》词条。

24　关于从《圣经》文字一些矛盾与分歧之处可能发现的“两种创世记”和“两类蛇”，见 F. 弗雷泽：《旧约中的民俗学》，法文缩略本，巴黎，1924，p. 15 及下文。

25　这些特征中与圣马塞尔龙接近的有：1)居住在潮湿地方(“in locis humentibus”，《约伯记》40，16；在 12 世纪兰茨贝格的赫拉德《诱惑花园》的一幅细密画中一些波浪线指示出龙是在海中；见 M. M. 大卫：《论罗曼时代的象征系统》，巴黎，1955，p. 167)。2)尾巴(贝希摩：“摇动尾巴如香柏树”，《约伯记》40，12)。3)颈(对于列维坦通常是头部)：“它颈项中存着劲力”，《约伯记》41，13)。关于龙尤其是圣经伪经中但以理的龙，见 F. 格劳斯，前引书，p. 231，注解 204 和 R. 默克尔巴赫，前引书，247 栏。

个别描述的龙[26]。最后，虽然各福音书中没提到龙，《启示录》却给了它决定性的发展。《启示录》将一整套象征物提供给中世纪的想象[27]，龙在这一文本中获得的诠释将在中世纪基督教社会中得到 246
确立。此龙即《创世记》之蛇，是人类真正的敌人，是魔鬼，是撒旦："大龙就是那古蛇，名叫魔鬼，又叫撒旦"(《启示录》12，9)。这条龙将成为教会的龙。它使其余那些《启示录》并不否认其存在的龙被人淡忘，它变成大龙，绝对的龙，所有其他龙的领袖——它是世上整个邪恶的化身，它就是撒旦。

6世纪末，对龙的启示录意义的诠释是否成为基督教作者们惯常的诠释呢[28]？让我们去询问两位权威：圣奥古斯丁和塞维利

26　比如《诗篇》73，13；《诗篇》148，7。

27　《启示录》12，3。关于中世纪对《启示录》的评论，参考F. 施特格米勒所作的无可估价的索引《中世纪圣经索引》。魁北克拉瓦尔大学教授M. R. 桑法松和G. 韦赞小姐正在准备关于《启示录》图画表现的研究。《启示录》中的龙被曾用于道德、审美、政治多重目的。

28　在《基督教考古与仪礼词典》的"龙"词条(H. 勒克莱尔)没有太多内容可供补充，卷4/2，1921，1537—1540栏，汇集一些曾经名重一时的过去的作品，它们使我们可以追溯我们所研究问题的历史研究流变。依据热罗姆·洛雷神父《全部神圣经典中寓意的林神》，威尼斯，1575，"对于早期教父们而言，龙是一种体形巨大的蛇，生活在水中，恶臭而恐怖；龙通常意味着撒旦及其同伙；路西法被称作'大龙'。马拉戈尼《论传承至教堂惯例与装饰中的非基督教的和世俗的事物》，罗马，1744，一方面将异教的龙与基督教的龙之间联系起来，另一方面将文本与考古和图像资料联系起来。宗教史与新兴的考古学的方法结合，A. 隆佩里耶《关于古代的龙，它们真正的形态以及传说中的神奇动物》，载《史前人类学与考古学国际大会二次会议报告》，1867，p. 285—286，以及M. 迈尔：《论异教和基督教龙的转变》，载《德意志语文学第40次大会讨论》，莱比锡，1890，p. 336及下文。这篇文章让我们注意到教皇大格列高利的文字(《对话》，2，25章)："De monacho qui, ingrato eo de monasterio discedens, draconem contra se in itinere invenit"[无义僧侣逃离开修院而路上遇到龙的故事]，表明龙在本笃派戒律的象征意义上的古老用途，而有关龙的象征意义在加洛林王朝的政治用途见于圣厄谢的传记(MGH, Script. Rer. Mer., VII, p. 51)，背景是教会对劫掠教堂的查理·马特尔

亚的伊西多罗，后者虽晚于福尔图纳图斯约半个世纪，却是首位中世纪百科作者。请让我们将考察范围扩展到比德（Bede），按照K. 兰德的说法他是中世纪最后一位“奠基者”，因为直到8世纪中期教士们始终处于同一文化世界。圣奥古斯丁较少关注龙。只是
247 在龙这个词在《圣经》中出现时，他作为释经者才不得不解释其意义。他遇到龙的情况主要是在他的《诗篇评解》（*Enarratio in Psalmos*）中。他也知道龙＝撒旦的等同关系，这为他提供了对《诗篇》的解释，15，13“你将挫败狮子与龙”，103，27“你想象来用来欺骗他的龙”。奥古斯丁认为这龙是“我们古老的敌人”[29]。但他对于解释《诗篇》148的龙感到为难。此处，诗篇作者号召所有造物赞美天主，请龙来加入赞美的合唱：

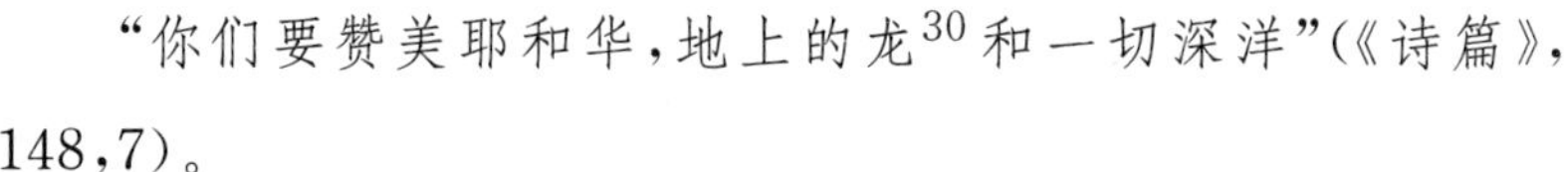

> “你们要赞美耶和华，地上的龙[30]和一切深洋”（《诗篇》，148，7）。

让这些性属邪恶与叛逆的生物来赞美上帝，奥古斯丁意识到其中的矛盾，他从中摆脱，解释说诗篇作者在这里说到龙只是作为上帝创造的最大生物（“majora non sunt super terram”地上没有比它们更大者），人们崇拜上帝能够造成如此可观的生物，是他们

的贬斥运动：858年，日耳曼的路易从兰斯和卢昂省主教那些得知他的先祖查理·马特尔下了地狱，因为奥尔良的圣厄谢有一天看到他在地狱中，而且从他坟墓里逃出一条龙——这一主题与圣马塞尔传中龙的亲缘关系是明显的（据A. 德·巴斯塔尔：《关于12世纪一根权杖的报告》，载《法兰西语言、历史和艺术委员会刊》，1860，卷4，p. 450，683，注解206）。

29　圣奥古斯丁《诗篇评解》103，27，载*PL*，36—37，1381—1383。

30　此处指陆地上的龙。

将龙加入赞歌,这是这世界以统一体存在的方式致以上帝的赞歌[31]。所以,此处龙从本质上现实、科学的侧面被展现出来:这是最大的生物。

无疑,中世纪早期的《启示录》评注者理所当然被引导着将龙等同于魔鬼。比如卡西奥多尔[32]、586 年去世的阿德鲁梅特主教普力马修斯[33]、比德,在比德著作中我们看到对龙的双重等同,一方面把龙等同于《创世记》中的蛇,另一方面把它等同于《启示录》中的龙[34]。

然而,塞维利亚的伊西多罗作品中,龙在本质上被以一种科学而非象征的方式来对待。它是“所有动物中最大者”:“龙是所有蛇和陆上动物中最大者[35]”。两个重要细节定义其习性:它既是地下 248
的也是空中的动物,喜欢离开藏身的洞穴在空中飞;它的力量不在于它的嘴、牙,而在于尾巴[36]。伊西多罗关注于两个有关龙的学术问题。第一个问题是使龙与相近动物特别是蛇有所区别的是什么。答案似乎是明确的。伊西多罗主要引用维吉尔来建立对 *anguis*(游蛇),*serpens*(蛇)和 *draco*(龙)的区分:游蛇生活在海中,

31 圣奥古斯丁《诗篇评解》103,9,载 *PL*,36—37,1943。

32 卡西奥多尔:《启示录总结》,载 *PL*,70,1411;及《论诗篇》,出处同前,531(《诗篇》73,13 的评论)。

33 普力马修斯:《启示录评解》,载 *PL*,68,873—875。

34 比德:《创世六日》,载 *PL*,91,53;《摩西五经评解》,出处同前,210—211;《释启示录》,出处同前,93,166—167。

35 伊西多罗:《词源》,十二,4,载 *PL*,82,442。

36 “Qui saepe a speluncis abstractus fertur in aerem, concitaturque propter eum aer… Vim autem non in dentibus, sed in caude habet, et verbere potius quam rictu nocet”[它经常离开洞穴在空中飞,身边的空气被搅动……它的威力不在牙齿,而在尾巴,尾巴的抽打比咬的危害大](出处同前)。

蛇生活于陆上，而龙生活在天上[37]。但是伊西多罗遇到了第二个问题：即龙的居所的问题。他无法忽略龙在多种元素中居住和运动，尤其是它与水元素的关系，而在之前的两种界定中似乎没有提到。因此他不得不区分出一类特别的龙：即海龙，“draco marinus[38]”。

相反，在伊西多罗作品中，龙脱离了道德与宗教的象征意义。在《见解》(3,5,28,载 *PL*,83,665)中，他列举了魔鬼按照他化身的各种恶行或首罪而采用的动物形态：当他化身淫行(luxuria)时采用畜牲之形，不加明确，当他化身贪婪或狡诈(“cupiditas ac nocendi malitia”)，他取蛇形，化身傲慢(“superbiae ruina”)时取鸟形(“avis”)，他从不采用龙形。但是伊西多罗这位全知学者并非不知道龙其他一些侧面，虽然对于解释福尔图纳图斯的文字不太有用，但对于我们努力汇集和展现的整体资料却非常珍贵。伊西多罗知道三种其他的龙：看守赫斯珀里德斯岛花园中金苹果的守护龙[39]；在军队旗徽上的龙旗，伊西多罗提到希腊人和罗马人使用
249 龙旗，他将起来源追溯到阿波罗战胜巨蛇[40]；环龙，它咬着自己的尾巴，象征着年，圆形的时间，循环的时间，永恒回归的时间，伊西多罗将其发明归功于古代文明，确切的说就是埃及文明[41]。

37　伊西多罗：《区分》,I,9(载 *PL*,83,16)：“in mari angues, in terra serpentes, in templo dracones”[游蛇海中，蛇在陆上，龙在天上]。伊西多罗实际上重复了塞尔唯乌斯对维吉尔的评解，见《埃涅阿斯记》,2,204。

38　伊西多罗：《词源》12,4,42,载 *PL*,83,455。

39　“In quarum hortis fingunt fabulae draconem pervigilem aurea mala servantem”[在什么样的园子里制造出传说中永不睡眠的龙，看守着金苹果](《词源》,14,6,10,载 *PL*,82,14)。

40　“Draconum signa ab Apolline morte Pythonis serpentis inchoate sunt. Dehinc a Graecis et Romanis in bello gestari coeperunt”[龙旗源于被阿波罗杀死的巨蛇。从那以后开始被希腊人和罗马人在战争中举着](《词源》,18,3,3,载 *PL*,82,643)。

41　“Annus quasi annulus… Sic enim et apud Aegytis indicabatur ante inventas

伊西多罗知道主教与龙的战斗。他提到阿尔卡杜斯和洪诺留皇帝时代伊庇鲁斯的主教多纳图斯例子，据说他杀死一条巨龙，龙的气息让空气恶臭，八头牛艰难地拖动它的尸体到火堆，龙在那里被烧掉[42]。对于这一事迹，伊西多罗未给予任何象征意义的解释。

难以列出有关圣徒特别是主教斗龙的按照时序排列的书目。现存著作不明确而且不可靠[43]。研究传统文明之史实的历史学家艰难地开辟出一条介于实证主义者与野史专家之间、蔑视与天真之间、近视的学问与庞杂的好奇之间的道路，实证主义忽略现象或者运用不适宜的方法来研究现象，野史专家却忘记了时代顺序。研究心态、感性和信仰的历史学是在一些长时段内游走的，却同样

litteras, picto dracone caudam suam mordente, quia in se recurrit"[年同指环一样……在字母发明之前在埃及人那里已经出现，用咬自己尾巴的龙画出，因为它周而复始]（《词源》，5，36，2，载 *PL*，82，222）。关于中亚草原艺术与墨洛温王朝艺术中的"盘绕"龙，见 E. 萨林：《根据墓葬、文本、实验看墨洛温文明》，4，巴黎，1959，p. 241—244，继格林之后，作者在书中对守护宝藏的龙这一主题做了不太可信的诠释，却也算是有所本的。见 M. 伊利亚德《永恒回归的神话：原型与重复》，巴黎，1949。

42 "Per idem tempus Donatus, Epiri episcopus, virtutibus insignis est habitus. Qui draconem ingentem, expuens in ore ejus, peremit, quem octo juga boum ad locum incendii vix trahere potuerunt, ne aerem petredo ejus corrumperet"[同一时代，埃皮鲁斯的主教多纳图斯拥有非凡力量。他杀死巨龙，它的口中吐着恶臭，八头牛一起才能用力把它拉到焚烧的地方，为了不让它的恶臭腐蚀了空气]（《编年史》[*Chroniscon*]，107，*PL*，83，1051）。与此语境不同，具有更明确的象征魔鬼的意义，我们在阿尔城的圣塞泽尔的传记中也找到一条龙（G. 莫兰校勘，马利苏斯修院，1942，卷 2，p. 299—300）；当圣塞泽尔在由于健康原因离开莱兰斯修院之后，他在阿尔城致力于世俗科学，一夜他趴在树上睡着，看到一条龙吞噬他的手臂。

43 见前面注解提到的《基督教考古词典》。遗憾的是 C. G. 卢米斯《白巫术：基督教传说民俗学导论》，剑桥，马萨诸塞，1948，由于其时序区分的混乱和缺乏而难以使用。德勒艾神父关于圣徒传记的研究虽然在问题论上已经过时但仍是基础之作，他没有系统性地研究龙的主题。按照 F. 格劳斯的看法，前引书，p. 231，n. 231，n. 203，对龙以及与龙相斗的主题的整体研究最近已由 V. 西尔蒙斯基开展（见《比较史诗研究》，载《柏林科学院：德国民俗学学院刊物》，卷 24，柏林，1961，p. 23 及下文，我曾参阅过）。

250 是服从于历时的时序的，历时性有着其独特的节奏。在本篇概括性文章中，让我们局限于几点重要坐标。

圣徒对龙的胜利（让我们再重复这一点，主要是主教圣徒的胜利）上溯到基督教圣徒传记传统的源头。我们在第一部圣徒传记中看到它，这部传记与米兰的保利努斯所作的圣安布罗斯的传记和“严厉者”叙尔皮斯的圣马丁传一同成为后来整个传记文类的摹本：这就是有圣阿纳塔斯写作的圣安东尼的传记[44]。但是，可能因为阿纳塔斯的《僧侣志》（*Historia monachorum*）的修道院氛围让西欧的基督教社会感到困惑，也可能因为罗马教会希腊语知识的丧失制约了（至少在一段时期内）圣安东尼传记的影响，这段故事似乎在西欧没有取得广泛的成功，也没有对圣塞泽尔和龙的故事有过直接影响。似乎在中世纪早期有重要影响的唯一一个降龙圣徒的故事是教皇西尔韦斯特的龙，恰好是由富尔图纳图斯提到的，比较出是圣马塞尔略胜一筹。

西尔维斯特传说中的这一节不幸未引起历史学家们的关注[45]，尤其是它与西尔韦斯特所扮演角色及历史时代的关联。这是位君士坦丁皈依时代的教皇，因此他将历史学家们引向对他教宗职位的政治诠释。在这一语境下，与龙的斗争自然变成对战胜异教思想的象征。然而，另一种诠释——更具古罗马意义而非教会意义的——在中世纪[46]，甚至是在罗马，比天主教的诠释更得人

44　PG，26，849。关于阿塔纳斯《圣安东尼传》对中世纪早期西欧圣徒传的影响，见 S. 卡瓦兰：《关于阿尔的圣塞泽尔传的文学史和文本批评研究》，隆德，1934。

45　W. 莱维森的研究就属此类，前引书，见前注。

46　见 C. 格拉夫：《中世纪记忆与想象中的罗马》，都灵，1923，p. 177，442。

心，它将这一神迹置于另一种语境。在这一视角下，西尔韦斯特的龙被等同于台伯河洪水时搁浅的一条巨蛇，它实际上意指这位教皇主教在与罗马自然灾害的斗争中的作用[47]。这一片断属于一个罗马传统，与自然灾害有关的奇迹的传统[48]，教皇大格列高利事迹 251
中的一节开了先河：590 年洪水台伯河搁浅的怪兽的故事，根据图尔的格雷瓜尔的见证，格列高利在那时已经因其社会角色而受人瞩目，尤其是在粮食供给方面的作用，他成为罗马主教，在任教宗之初他保护罗马民众免于自然灾害（洪水和鼠疫）及其恶果[49]。

所以，在 11 世纪末，龙和圣徒-主教斗龙的基督教象征意义并未确定。也就是说在西欧基督教化的这一阶段，基督教在某个地域特别是某个城邦（civitas）战胜异教信仰的这个阶段中，基督教象征系统倾向于从注解《启示录》的意义上将龙-蛇等同于魔鬼，赋予圣徒的胜利以战胜邪恶的意义。但是仍然透露出一些其他传统，在这些传统中龙的意义是不同的。这些传统正是基督教本身所继承的传统。通常，它们有过演变、触染，有自己的历史，这使得我们很难进行分析。我们仍然可以——我们看到塞维利亚的伊西多罗进行了尝试——尝试从中区分出几个文化层积：即希腊-罗马

47　见 Ch. 卡耶：《民间艺术中圣徒的特征》，1867，p. 316 和 G. 德·泰尔瓦朗：前引书，注解 13，p. 50。奇怪的是，西尔韦斯特和马塞尔两人由于同一神迹被册封圣徒，这神迹与斗龙近似：他们降伏了脱缰的疯牛（关于西尔韦斯特，叫《圣徒传》，对于马塞尔见 J. A. 迪洛尔《巴黎地貌、民政与精神的历史》，1837 六版，卷 1，p. 200 及下文）。是简单的巧合，战胜米特拉崇拜的共同记忆还是更广泛的与公牛的古老寓意相联系的象征含义？

48　见 R. M. 格兰特：《希腊-罗马及早期历史思想中的神迹与自然法则》，阿姆斯特丹，1952 和 R. 布洛赫：《古典古代的奇迹》，巴黎，1963。

49　图尔的格雷瓜尔：《法兰克人史》，卷 10，1。

遗产、日耳曼-亚细亚遗产、土著遗产。

我们从这巨大错综的遗产中分离出的元素当然是筛选、选择的结果。我们希望不会歪曲这些传统的意义。

在希腊-罗马传统中[50]，我们认为龙和英雄斗龙有三个主要侧面。第一个侧面通过与宿庙求梦有关的仪礼、信仰和传说表现出来。我们知道在希腊化时代这种做法的重要性，埃皮扎夫罗斯的
252 阿斯克勒庇俄斯神庙是其重要的中心，它曾在罗马世界尤其是它的东部地区延续[51]。在神圣禁地内，期待幻象或梦谕来回答病者或烦忧者向神的请求，这只不过是对女性与神发生超自然性关系产生英雄这一传统的延续。授胎男神的传统样貌就是一条蛇-龙。这些神婚产生的最著名孩子就是亚历山大。但是苏维托尼乌斯记载说阿波罗以龙形与来他神庙求梦的阿提娅结合后生出了皇帝[52]。有一条龙缠绕着阿斯克勒庇俄斯，由希波克拉底的传统发展出科斯岛龙的传说[53]。这里我们关注的是龙与夜间和梦里世界的联系，这是欲望与恐惧、希望与惧怕的混合体，龙的出现与行动让这世界沉浸其中。精神分析应当研究这些问题。我们后文还会谈到[54]。

50　见 E. 屈斯特：《希腊艺术与宗教中的蛇》，载《宗教史尝试与准备》，8，2，1913。

51　L. 多伊布纳：《论宿庙求梦》，吉森，1899。——M. 汉密尔顿：《在异教神庙与基督教堂中求梦治愈疾病》，伦敦，1906。P. 圣蒂夫：《写在圣徒传记的边上：梦、神迹与遗存》，巴黎，1930，p. 27—33。

52　苏维托尼乌斯：《罗马十二帝王传》，94。

53　K. 赫奎特：《罗德岛龙的本质》，载 *Wochenblatt des Johanniterordens Balley*，勃兰登堡，10，1869，p. 151 及下文。——R. 赫尔佐格：《科斯岛：德国发掘结果及研究》，1，《阿斯克勒庇俄斯神庙》，柏林，1952。

54　关于对求梦的精神分析诠释，参见弗洛伊德正统派的 E. 琼斯：《论噩梦》，

第二个侧面即希腊-罗马神话中屠龙的神祇或英雄解放某个地点的意义。虽然阿波罗在战胜巨蛇之后住在德尔斐，超出了当地的局限[55]，虽然珀尔修斯与囚禁安德洛墨达的龙的打斗并不与迈锡尼的建城直接相关，但卡德摩斯的神话却可用来明确降龙的 253
意义。战胜龙，这使得一个族群得以在一个场址定居，其寓意也如此。降龙是一种建立城邦和开放国土的一种仪式。龙在此处象征降伏的自然力量。虽然它的死亡是必要的，但它却不仅仅是克服一个障碍，它还使得土地肥沃多产。卡德摩斯在未来底比斯的土地上播撒死去的龙的牙齿。

透过希腊-罗马的遗产隐现出曾灌溉过这一文明的那些东方文化的层积。在巴比伦，在小亚细亚，在埃及，龙的象征意义的演变有迹可循。在一部奠基性的研究中，G. 艾略特·史密斯复原出其线索[56]。在亚细亚-埃及文化区，最初龙是水的力量的拟人化，既有肥沃力又有毁灭力。龙的威力中的最主要元素是对水的控制：善意的时候，它们提供雨水和江河肥沃的泛滥；敌对的时候，它们释放暴雨和破坏性的洪水。最初，占上风的是它们的正面作

1949 二版，p. 92—97(关于中世纪的托梦，同前，文中多处)；荣格的弟子 C. A. 迈尔：《古代的神庙求梦与现代的精神治疗》(《荣格研究所研究》，1)，苏黎世，1949。关于对龙与屠龙者象征意义的精神分析与人类学诠释，我未能参阅 G. 罗海姆的著作《龙与屠龙者》，载《民族学》，布达佩斯，22，1911，《龙与屠龙者》，柏林，1912；《龙与英雄》，载 *American Imago*，1，1940。在《精神分析与人类学》，纽约，1950，G. 罗海姆依据弗洛伊德和琼斯定义这象征为"对压抑内容的外向表现"(使用这一定义或可更新中世纪象征系统的研究)，他研究了古代蛇的性象征，提出龙的象征意义(一位澳洲土著的话："你的阴茎像一条 muruntu = 龙"，同前，p. 119)。

55　参见 J. 丰特罗斯，*Python*，*A study of Delphic Myth and its origins*，1959。

56　G. 艾略特·史密斯：《龙的演变》，曼彻斯特，1919。M. 伊利亚德强调蛇和龙与水的联系，认为龙是"水的象征"(前引书，p. 179—182)，他没提到这部著作。

用，龙首先是些善意的生物，是多产神祇或缔造文明的英雄的拟人形式和象征；因此龙就是混沌女神提亚玛特（Tiamat）的化身，是大母神的一种形式，海龙与爱神阿芙罗狄忒的诞生有关，她本身就是大母神的一种形式。随后龙失去地位，最终变成邪恶的象征。在古埃及，它被等同于驴头神塞特，是冥神奥西里斯和太阳神荷鲁斯的敌人，杀害奥西里斯，被奥西里斯的儿子荷鲁斯所杀。因此，古埃及的合理化解释远在基督教的合理化解释之前。而在古埃及，一方面我们可以观察到从荷鲁斯向基督的过渡，另一方面看到从塞特向撒旦的过渡。但是我们在这里关注的是，龙虽然与蛇这种典型的冥府生物有亲缘关系，但从根本上讲它是与水的力量有关的。

远东地区是龙的象征系统的另一个重要中心。根据于吉斯·巴尔图塞蒂斯的看法，这种象征系统在较迟的时候，在 13 世纪才
254 传到西欧[57]。在中国，龙似乎主要与乌拉诺斯天神的世界，与太阳神话有关，它是有翅膀的。沿着中亚草原的道路，天龙或多或少地

57　J. 巴尔图塞蒂斯：《神怪的中世纪：哥特艺术中的古代与异国》，巴黎，1955，第 5 章："蝙蝠的翅膀与中国的鬼》，p. 151 及下文："同样的演变可以在龙身上看到，它是魔鬼的一种化身。在罗曼艺术中，这是一条没有翅膀与爪子的蛇或者长着蜥蜴尾巴的鸟。在哥特艺术中，它有膜翅。最早的这种形态的龙的图像在埃德蒙·德·拉西的《诗篇》中被提到（手稿 1258，比弗城堡）"（p. 153）。虽然"蝙蝠"的翅膀的确是在 13 世纪发展起来，虽然中国范本可能对这种演变有过影响，但罗曼时代的龙是可能具有翅膀和爪子的，不如普瓦捷的圣约翰圣洗堂南墙上的龙，是约 1120 年的（P. 德尚和 M. 蒂布：《法国壁画：早期中世纪和罗曼时期》，巴黎，1951，p. 94）。关于中国与亚洲的龙，特别是印度教的龙，见 M. 伊利亚德，前引书，p. 180—182，及参考书目，p. 186—187，另外可以补充 H. C. 迪博斯：《龙：形象与魔鬼》，伦敦，1886；J. C. 弗格森：《中国神话学》，波士顿，1928；R. 本茨：《东方主义的蛇形龙》，1930；F. S. 丹尼尔斯：《蛇与日本龙眼》，载《民俗学》，71，1960，p. 145—164，见后文注解 133（原文）。

与地狱之蛇融合，与一种守卫宝藏的龙融合，这种龙也是属于冥府的，与鹰头狮身怪有亲缘关系——杂和的动物象征系统的一些变形也给了鹰头狮身怪翅膀[58]。重要的是，这些远东的龙沿着中亚草原在墨洛温王朝时代传到西欧。爱德华·萨林发展了福雷尔的一个思想[59]，通过分析墨洛温王朝时代艺术的审美形态而阐明了亚洲龙在西欧的发展结果，指出其象征意义的两个主要特征：一方面是它的多功能性，另一方面是它的模棱两可："墨洛温王朝龙的形态非常多样；其象征意义也同样；似乎它反映着多种信仰，同时它代表着一些彼此很不同的神祇[60]"。还有："当它们与鹰头狮身相近时，它们通常具太阳的属性，当它们来源于蛇的时候，它们具冥府属性，它们时而行善时而作恶，作为一种几乎与世界同样古老的信仰的遗产，龙的图案最终出现和分布于贯穿欧亚的从东方至西欧的区域[61]。"

在象征与信仰的这种错综系统中，希腊-罗马遗产与亚细亚-蛮族层积之外，必须尝试着拆分出属于土著传统信仰的份额。如果从整体上考察凯尔特人世界，在一些龙文化区[62]如爱尔兰，这些 255

58　我们知道在希尔德斯海姆大教堂（1015年）的青铜大门上有长翼的鹰头狮身形态的人类诱惑者。见H. 莱辛格：《罗曼青铜作品：中世纪欧洲教堂的大门》，米兰，1956，插图19。关于鹰头狮身的象征意义，见K. 拉特：《传说中的动物的裁判者》，载《尤利乌斯·冯·施洛瑟纪年文集》，1927，p. 187—208及F. 维尔德：《Gryps-Greif-Gryphon（鹰头狮身）：话语、文化和实物史研究》，1930；F. S. 丹尼尔斯：《蛇与日本的龙眼》，载《民俗学》，71，1960，p. 145—164。见下文注解133。

59　福雷尔：《关于在梅瑙发现的一件珐琅龙首饰》，载《阿尔萨斯考古与历史研究》，1930，p. 250及下文。

60　E. 萨林：《墨洛温王朝时期的文明》，出处同前引，卷4，p. 241。

61　同上，p. 207—208。

62　见A. 勒努瓦：《凯尔特神话：梅斯被称作格拉乌伊的龙》，载《凯尔特科学院论专门跟龙过不去的圣徒到处都是[63]。但是高卢人的象征与信仰世界中似乎并没有很多龙,虽然高卢接受了地狱之蛇,它是一些男女神祇的象征[64],是被高卢的赫拉克勒斯"恩赐者"斯迈尔特里乌斯[65]杀死的。

但是在这些遗产的背后岂非正是几乎普遍存在于所有原始信仰与神话中的蛇-龙呢?墨洛温王朝时代的龙岂非正是一种民俗传说的怪兽[66]在信仰中这种亦龙亦蛇的东西身上复活?异教文化隐没在这些信仰中,而基督教文化系统却还未曾真正在其中根深蒂固[67]。如果说福尔图纳图斯明确地勾勒出教会对圣马塞尔龙的基督教意义的诠释,但它在福尔图纳图斯所收集的口头传统中不正有着另一重含义?难道不应该尝试从复活的民俗深层——这民俗充满了更久远文化被民俗化的元素,尤其是被新的历史形势加以现时化的东西——寻找这种含义?在福尔图纳图斯记载的传说

文集》,卷 2,1808,p. 1—20;J. F. 塞尔康:《塔拉尼斯与托尔》,载《凯尔特学刊》,卷 6,1883—1886,p. 417—456;G. 亨德森:《凯尔特龙的神话》,爱丁堡,1911。

63　H. J. 法尔塞特:《中世纪拉丁文传说中的爱尔兰圣徒与动物》;论文,波恩,1960;F. 格劳斯,前引书,p. 231,注 203,举了爱尔兰圣徒传记中圣徒斗龙的例子,《圣阿巴尼传》的片断,15,16,18,24 章(载 C. 普卢默:《爱尔兰诸圣徒传》,卷 1,牛津,1910,p. 12,13,15,18 及下文。

64　A. J. 雷纳克:《戴蛇的高卢神祇》,载《考古学刊》,1911;P. M. 迪瓦尔:《高卢诸神》,巴黎,1957,p. 51。

65　P. M. 迪瓦尔:《斯迈尔特里乌斯神及其高卢-罗马变型》,载《凯尔特研究》,卷 6,2,1953—1954。

66　关于普遍民俗中的龙与降龙,大量的参考书目见斯蒂思·汤普森:《民间文学主题索引》,哥本哈根,1955—1958,卷 1,p. 348—355。这些主题列在 B11 类;但是我们在其他分类看到龙和邻近主题,不如 A531,D418.1.2(变型:从蛇到龙)H1174。

67　J. 勒高夫:《墨洛温王朝文明中的教士文化与民俗传统》,载《文化层与社会群落》,由高等师范学院组织研讨会,巴黎(1966),和本书,p. [223—235]。

的底层存在着降伏可怕力量的魔法师的影子。这些力量是与自然相关的。但是被加以表现的怪物却在一种地狱动物（蛇）与一种或 256
多或少具有水的特性的动物（龙）之间摇摆不定，因为圣徒命令它要么消失在沙漠中，要么消失在海里。当然，在巴黎的地理环境中，海来自于福尔图纳图斯草草抄袭的圣徒传范本。但是这种借用难道不该解释为龙与类似环境——水的环境——的相对契合？G. 艾略特指出龙的象征含义中水环境这一根本特征。

如果我们过渡到英雄传说的背景下，此处的圣徒不正是担当着降龙者、解放者和文明缔造者的英雄角色？有整整一套形容民族英雄而非宗教英雄的词汇被用来指称圣徒[68]。至于龙，虽然它作为危险、恐惧的对象被消除，但它没有被杀死而是被驱逐这件事岂非意味深长："怪物被迅速驱逐，随后便没有踪迹"。福尔图纳图斯讲述的战斗并非生死对决，这是一场降伏的好戏。降伏者主教与被驯服者龙之间在短暂时间内建立起一些关系，这些关系让人联想到隐修士和圣徒与动物的友谊，尤其是与那些猛兽的友谊——从圣哲罗姆的狮子到圣方济的狼[69]——（"后者垂着头，开始摇尾乞求原谅"）：所以龙是一头需要制服而非杀死的野兽。因此，我们能否想象出英雄驯服自然力这一幕背后的含义？而圣徒

68　可以排除福尔图纳图斯受到将殉道者等同于斗龙的影响，R. 默克尔巴赫认为有过这种同化，《古代与基督教词典》，前引，240 栏。这可能涉及中世纪早期圣徒传记企图将那些殉道者的神话保留下来为那些不再是殉道者的圣徒所用。这种诠释据我们所知还不曾有人进行，我们认为这种诠释是复杂而有风险的。

69　G. 彭科：《修道院文献中的动物象征》，载《修道院研究》，1964，p. 7—38；及《与动物的友谊》，载《修道院生活》，17，1963；p. 3—10。龙被看作一种真实的动物，它具有这种创世的神秘感，W. 冯・登・施泰嫩出色地将动物的象征意义定位于其中：《早期基督教-中世纪动物象征》，载《象征》，卷 4，1964。

传记却不愿或无法将它变成福音传道的象征内容。

这是物质文明的一个片断。这一幕的地理环境很容易猜到，是中世纪城镇建立的地方，是冠以圣马塞尔之名的郊镇，即比耶夫
257 尔谷地，其泥沼特征仍能从目前巴黎植物园的地基上看出[70]。最熟悉中世纪早期巴黎地形的米歇尔·罗布兰曾提到巴黎的这一基督教传教中心，“圣马塞尔这个古老的基督教郊镇[71]”，指出其形成“未得到明确解释”，他提及一些地下采石场的存在，它们可能便于建立罗马那样的地下墓穴，这里能够使用比耶夫尔河的水，在更晚的时代这将吸引印染匠和鞣革匠来到圣马塞尔镇，他最后认为圣马塞尔镇“不过是通往桑斯的道路上的一站”。他接着说道：“从那是起，经过里昂和桑斯从意大利引进的基督教首先立足于圣马塞尔是自然的，这是经过塞纳河右岸到达古巴黎要经过的第一个街区。”我们研究的这一文本岂非正是对圣马塞尔镇的诞生有所说明？此中不正是一则建城神话——不论属基督教意义与否？马塞尔战胜龙岂非正是驯服“地方守卫精灵”(genius loci)，整治一片自然场址？它介于森林(silva)的“荒地”(deserta 沙漠；荒地)即地狱之蛇的休憩地与塞纳河和比耶夫尔河汇合处的沼地(“mare”海)即水中之龙被命令消失其中的地方[72]。岂非正从中看出中世纪早期的建城工作的证明？在一位主教的庇护之下，人们进行有限的开垦和简陋的疏浚，这位主教既是经济上的经理人又是精神

70　M. L. 孔卡斯蒂曾指出比耶夫尔谷地洪水的严重(前引书，1937，p. 28)。

71　M. 罗布兰：《乡土》，见前引，p. 114。

72　森林与河流之间的塔拉斯孔龙(“a nemore in flumine”)，见 L. 迪蒙：前引书，p. 156—157。

的牧师和政治的领袖[73]。我们还从中看到中世纪早期一个城镇社群的建立,它的形成围绕着一个信众-市民(cives)团体、一块城镇和郊镇的领土,这块领土最好邻近某条比较重要的道路[74]。 258

这一文本并非福尔图纳图斯讲述圣徒通过神迹为一个地区清除怪物(龙或蛇)来进行开发故事的唯一文本。

在圣伊莱尔传记中[75],福尔图纳图斯讲述圣徒在途经利古里亚沿岸阿尔本加对面的加里纳里亚岛附近时如何被海岸居民警告说不可能在岛上定居,因为一些巨蛇袭扰该岛(“ingentia serpentium volumina sine numero pervagari”无数盘曲的巨蛇游荡)。同马塞尔一样,伊莱尔勇敢地出发去与野兽战斗(“vir dei sentiens sibi de bestiali pugna venire victoriam”感受自己拥有着神的力量,他去战胜野兽)。蛇看到他就逃跑,这一回主教的木杖成为区分岛的两部分的界限:一边是禁止蛇进入的,另一边蛇保有自由。此处,比圣马塞尔的例子更清楚,这象征着敌对的自然力的危险怪物被约束、驯服,而不是被消灭[76]。然而此处,蛇被告知如果它们不愿遵守由圣徒决定的界限,那么它们只有去海里,在这一

73 关于中世纪早期圣徒与主教们的经济作用,在圣徒传记中有许多证明。一个最早的例证是在5世纪多瑙河中游谷地,地理环境是意味深长的,载于俄吉皮乌斯的《圣泽韦林传》(MGH,Auct. ant. I, 1877, p. 1—30)。

然而在福尔图纳图斯的文字中是否有着为王朝宣传的意图?就关于圣女拉德贡德的记述,有人支持说存在这种意图。见D.拉波特:《福尔图纳图斯圣徒传记中的巴黎王国》,载《墨洛温王朝研究》,1953,p.169及下文。

74 关于传说中的龙以及维斯图尔湖边瓦沃尔丘陵下的克拉科夫城的建立,见《波兰民俗词典》中Krak词条,由J. Krzyzanowski编,华沙,1965,p. 185—186。

75 《圣伊莱尔传》,载*MGH*,*Script*. *Rer*. *Mer*.,见前引,IV/2,p. 5。

76 《启示录》中的龙有着相同命运:“et misit eum in abyssum, et clausit, et signavit super illum, ut non seducat amplius gentes”[扔在无底坑(深渊)中,将无底坑关闭,用印封上,使它不得再迷惑列国](20,3)。

故事中海是真实存在的。

同圣马塞尔的传记中一样，此处一种思想将诠释导向魔鬼的象征意义。福尔图纳图斯指出新的亚当即基督要胜过旧的，因为他不是服从于蛇而是拥有一些仆从——比如圣徒——能够命令蛇[77]。此处的暗示也没有得到明确。相反，结论是纯粹实物意义的，毫无质疑地将伊莱尔变成一位"缔造文明的英雄"："他扩大了人类的领土，因为人类定居到了那野兽的领地上"。

即使人们不接受我们关于圣马塞尔斗龙的意义、象征的假设，
259 但在6世纪末的高卢虽然教会的作者们倾向于将降龙圣徒的传说基督教化，将被消灭的蛇或者龙等同于魔鬼，他们却无法完全掩盖某种有非常不同的象征系统。这种象征系统是错综的，透过基督教之前的各种文化层积而显现出一层传统的民俗性质的底色。与它的出现相关的是一套面对强大而性质不明的自然力的心智表现和谨慎做法的体系。人们驯服龙，在某种程度上就是与之相安无事。

*

六个世纪之后，圣马塞尔和他的龙重新出现。12世纪末，巴黎圣母院的一个雕塑，显然受到福尔图纳图斯文字的启发，再现出

77 "Apparet quantum est melior Adam secundus antiquo. Ille serpenti paruit, iste servos habet, qui possunt serpentibus imperare. Ille per beatiam de sede paradysi proiectus est, iste de suis cubilibus serpentem excusit"。［似乎新的亚当要胜于旧的。他出现在蛇面前，他拥有仆从，他们可以命令蛇。他由于蛇而抛弃天堂的宝座，将蛇从它的巢里驱逐。］

我们尝试分析的这一幕，而我们有理由认为从那时起圣马塞尔和他的龙便列入圣母院附近进行的祈丰收巡行的队列。我们的主人公那时变成了什么——龙可能具有怎样的寓意？

首先让我们快速勾勒出 6 世纪与 12 世纪之间龙的象征意义的主要演进方向。

中世纪早期遗留给罗曼时期信仰的一部首要作品即大格列高利教皇的《约伯记中的道德》(*Moralia in Job*)中，《旧约》中的巨怪列维坦被等同于撒旦[78]。9 世纪，拉邦·莫尔(Raban Maur)提供了完备的基督教百科知识。我们知道他大量使用了塞维利亚的伊西多罗的著作。但两者的区别却更有意义。这位福尔达修院院长将龙放进蛇一类[79]。其第一部分是学术性的：龙是蛇中之最大者，甚至是所有动物中最大者。它经常洞穴中出来飞翔。它的头上有一道脊突，它从有细孔的尖嘴喷出气息，弹出舌头。它的力量不在于牙齿，而在于尾巴。不必真的畏惧它的毒素。但是很快词条转换到另一方面，即它的神秘寓意[80]。诠释是清楚的：龙即魔鬼，或 260
其使者，或迫害教会的人，即恶人。他引用作为这种阐释之基础的圣经文字：即《诗篇》、《约伯记》、约翰《启示录》。这些文字中龙时而单数时而复数的存在使他明确出龙可以指龙以外的那些恶灵：

78 *PL*，76，680。

79 拉邦·莫尔：《论万物》[*De universo*]，8，3，载 *PL*，3，229—230。

80 "Mystice draco aut diabolum significat aut ministros ejus vel etiam persecutores Ecclesiae, homines nefandos, cujus mysterium in pluribus locis Scripturae invenitur"[神秘意义上龙的寓意是恶魔或他的使者，或者是教会的迫害者，即邪恶的人，圣经中多处揭示过它的秘义](出处同前，230)。关于这种注解方式，见 H. 德·吕巴克：《中世纪的注经，圣经的指要》，巴黎，1959—1964。

单数的龙就是撒旦，复数的龙就是撒旦的手下。

这魔龙注定邪恶，它就是罗曼时代图像表现中占主导的龙[81]。从伊西多尔起源的博物学潮流由《博物学家》（*Physiologus*）[82]对动物寓言越来越大的影响加以壮大，使雕塑者或细密画家对于龙的脊突、鳞甲、尾巴可以拥有这样或那样的变形，但龙仍旧充当着邪恶的象征并与撒旦-列维坦的传统融合。这种传统从教皇大格列高利时代起就在《约伯记》的那些最知名注解者的作品中确立，从克吕尼修院的奥多、阿斯蒂修院的布鲁诺直到洪诺留·奥古斯托杜南西斯，后者对神秘-喻指潮流与伪科学潮流进行综合[83]。即便不是《启示录》中那长七个头的龙[84]，罗曼时期的龙代表着邪恶。

龙在罗曼艺术中的成功有着双重渊源，与整个罗曼艺术的双重根源相混同：即它的审美的根源和象征的根源。一方面，继承爱
261 尔兰和中亚草原艺术，罗曼龙的形态强调龙的可扭动的身躯。这岂非正是绝佳的主题，它使罗曼艺术家能够满足亨利·福西永所

81　在E. 马勒的奠基性的出色作品中我们看不到很多关于龙的内容，《法国12世纪宗教艺术：关于中世纪图像表现的研究》，巴黎，1953六版。F. 德·艾扎克的研究《龙的图像表现》，载《基督教艺术》，8，1864，p. 75—95，169—194，333—361（关于龙尾，p. 183—189），已经过时。L. 雷奥：《基督教艺术的图像表现》，卷1，巴黎，1955。动物之象征意义：龙，p. 115—116，仓促而混乱。V. H. 德比杜尔：《法国雕塑的动物寓言》，巴黎，1961，文中多处（索引，龙词条下），仓促，包含一些有识之见和精良插图。

82　然而4至5世纪在拉丁版的《博物学家》中没有龙，其影响在13至15世纪的后期中世纪才大起来。见《拉丁文版博物学家》，校勘F. 卡莫迪，1939，p. 97。——见到有人将*Physiologus*译《生理学》，实为讹误。——译者

83　见E. 马勒，前引书，p. 384—685。——克吕尼的奥多：PL，133，489。——阿斯蒂的布鲁诺：PL，164—685。——洪诺留·奥古斯托杜南西斯：《教会之镜》，PL，172，937。应注意在洪诺留的百科全书《世界之像》[*Imago mundi*]中没有龙。

84　关于《启示录》中龙的图像表现，见L. 雷奥，前引书，卷2/2，巴黎，1957，p. 708—712。

定义的法则："与边框最大接触的法则[85]"？另一方面，罗曼艺术世界中无所不在的邪恶使得手稿的每一页，石雕的每个角[86]、所有铸造品的边上都涌现出一些龙。

罗曼艺术世界是心灵交战（psychomachie）、美德与邪恶、善与恶、善人与恶徒的世界。面对撒旦及其同伙，面对龙，捍卫上帝的个体与阶层挺身而出。在基督教的拯救神话中，在加洛林王朝时代超级斗士圣马塞尔向龙进攻[87]，而从今往后将是骑士们与教士一同与怪物战斗。从11世纪起，圣乔治早在十字军东征之前就从东方到来，他从意识形态上帮助抬升军事贵族阶级的社会地位，他以所有骑士的名义不断地战胜层出不穷的各种龙。不止一次，会有某位从马镫到头盔全副武装的没有名姓的真正的骑士向怪物进攻，有时他会从坐骑上下来攻击它，比如加达涅博物馆中的那位骑士，他在里昂最终用石头结束战斗[88]。这些无畏的战士中，这位主教与传教时代那些英勇的主教一样，但从今往后他通过显露无遗的象征符号而被人认出。很少有主教权杖在顶上弯头上不戴着一条被打败的龙的，它蜷曲的身体被交付给金银匠的灵巧和主教

85　V. H. 德比杜尔，前引书，p. 129—133。关于西斯廷教派和手稿首字母的罗曼形式的运用，见O. 佩希特：《早期罗曼艺术的前加洛林根源》，载《西方艺术研究》，I，罗曼与哥特艺术（第20届艺术史国际大会文集），普林斯顿，1963，p. 71和插图19，6。

86　关于洗礼池上的龙（水与水中龙的象征意义）见J. T. 佩里《洗礼池之下的龙与怪》，载《圣物盒》，s3，2，1905，p. 189—195；G. 勒布朗·史密斯《洗礼池上下的一些龙形》，出处同上，13，1907，p. 217—227。

87　C. 海茨：《加洛林王朝时代建筑与仪礼关系的研究》，巴黎，1963。

88　插图见德比杜尔，前引书，p. 347。关于圣乔治与龙这一主题的秘密远远没有道尽，众多参考文献中我们列举奥夫豪泽：《圣乔治的降龙奇迹》，载《拜占庭档案》，5，1911，p.52—69。

象征的权威。

262　罗曼艺术与哥特艺术临界时代的墓葬艺术的勃兴，为斗败的龙开辟出另一路途。它卧在战胜者们脚下，他们的胜利在石雕中不朽。它为一些主教如福约瓦的于格充当椅垫，它用在夏特勒[89]，有时甚至服务于一些世俗领主如科尔贝伯爵艾曼[90]。但是这里除了魔鬼的象征意义，我们岂非又看到缔造文明的英雄、主教堂的建造者或土地垦殖者和封建秩序组织者的胜利？

在罗曼艺术世界中，这些龙不总是驯顺的。它们侵入英雄的梦里，纠缠于他们的夜晚，让他们感受到恐惧。《罗兰之歌》中的查理大帝感到畏惧，在一系列噩梦中他看到龙扑向自己的军队[91]。龙是罗曼艺术世界中绝佳的梦中动物。它延续着它最初的暧昧不明[92]，表现出封建阶层及其文明的集体困扰[93]。

最后，还有其他一些自由的龙，它们几乎彻底摆脱了出身的不明，也不受魔鬼的象征意义的合理化解释。那就是龙旗。从伊西多罗那里，我们看到它们的古老源头。早在 4 世纪初，即基督教在政治上获胜的时候，龙旗便传到接受皈依的新主人手中：在君士坦

89　德比杜尔，前引书，插图 p. 98。

90　展览目录的单页插图，《主教教堂》，巴黎，卢浮宫，1962。我们注意到这一人物是封建王朝的奠基者，土地的开垦者。

91　R. 门茨：《古法语查理曼与亚瑟王史诗中的梦》，马尔堡，1888；K. 海西希：《罗兰之歌的历史玄学及其先声》，载《罗曼语文学刊》，55，1935，p. 1—87。K. J. 施泰因迈尔：《古法语罗兰之歌中梦的寓意的重要性》，1963（J. 捷奥里的书评，载《中世纪文明手册》，1964，p. 197—200）。

92　《梦中动物的暧昧性》（J. 捷奥里，见前引，p. 200）。见 J. 捷奥里：《宇宙，一个梦境》，载《布达佩斯大学年鉴》，哲学部，卷 4，1963，p. 87—110。

93　关于中世纪梦中的龙，从精神分析角度，见 E. 琼斯：《论噩梦》，见前引，p. 170，306。

丁皇帝的钱币的十字军旗(labarum)上,神圣的十字的柄压制着龙[94]。但是11—12世纪的龙旗大概是继承了盎格鲁-撒克逊人和北方维京人、南方阿拉伯人传到西欧的亚洲军旗。15世纪后半 263
叶,龙旗织在贝叶(Bayeux)织毯上[95],而在《罗兰之歌》中军旗似乎仅限于撒拉逊人的旗帜;的确,传到我们手中的《罗兰之歌》是用比较受教会影响的文字写成,其中龙的魔鬼象征意义被用作政治与宗教宣传[96]。但是在12世纪,龙旗在发展,一种特有的象征意义最终使龙变成军人社群的象征,进而成为民族的象征。卢昂的埃蒂安的一首诗以《诺曼人的龙》(*Draco Normannicus*)为题,这不过是按照用一个由蒙茅斯的杰弗里推向流行的做法[97],用这个隐喻来表述诺曼民族即诺曼人。巫师梅兰发现的两条龙,据作者承认,是不列颠人与撒克逊人的象征[98]。但是如同让-夏尔·帕扬所见[99],它们背后隐现着一个混沌的民俗世界,中世纪早期教会

94　见DACL,见前引。关于钱币上对龙的表现,见R. 默克尔巴赫:《词典》,见前引,243—245。

95　F. 斯坦顿:《贝叶的挂毯》,伦敦,1957。

96　关于龙旗,我们惊奇地在G. 古根海姆《历史与生活中的法语词》,卷2,巴黎,1966,p. 141—142读到:"没有任何迹象能让我们了解究竟龙是什么,也不了解它与称作龙(拉丁文draco)的传说动物是什么关系。假设这种传说动物的样子被画在或绣在旗帜上是全凭想象。"只要看一看贝叶的织毯(见前注),就会让这些论断站不住脚。

97　J. S. P. 塔特洛克:《"诺曼人的龙"中的杰弗里与亚瑟王》,载《现代语文学》,31,1933—1934,p. 1—18, 113—125。

98　A. H. 克拉普:《内尼厄斯的'不列颠人史'中的蛇之战》,载《凯尔特学刊》,43,1926。13世纪末一部写本(巴黎,BN, ms. Fr. 95)中一幅细密画表现梅兰在一场战斗中持着龙旗。这幅细密画被复制于《中世纪的亚瑟王文学》,R. S. 卢米斯编,牛津,1959,插图7,p. 320。见R. 布罗米奇:《特里厄德、伊尼斯、普里丹:威尔士的三人一体》,1961,p. 93—95。

99　他谈到罗伯特·德·博龙的《梅兰》:"对维尔蒂杰想建造的雕楼的地基下的两

将之压抑到深层，它在罗曼时代从教会建成的象征体系之侧突然涌现[100]。

264 圣马塞尔和他的龙在巴黎圣母院的石雕中出现两次，在圣安娜门的窗间墙的立面上，在北侧墙司铎门顶的拱线上[101]。

两个雕塑不是同时期的。圣安娜门的历史最为复杂：雕塑的绝大部分的时代是教堂建造之初，约 1165 年，后来在约 1230 年完成正面的大门时被重加利用。门楣中心与过梁上部中央位置是 12 世纪的，但上梁两端的画面与下梁是 13 世纪的。很可能窗间楣属于“古老”时期[102]。

不管怎样，圣马塞尔塑像在圣安娜门的位置明显是属于大门立面的规划之中的[103]。在这部石雕的三折画中，中央大门是给基

条龙没有任何确切描述，它们的打斗不引起恐怖也不让人焦虑。尤其是，它们不再是另一个时代的怪物，从另一个世界的动物故事中逃出，带有含糊的寓意，人们可以对之不断遐想。通过梅兰的话语，罗伯特消除了所有不明含义，解释出这象征的意思，它丧失了诗意的价值”。“罗伯特·德·博龙的《梅兰》、《迪多·珀西瓦尔》和《珀西瓦尔》中的叙事艺术》，载《骑士传奇研究》，17，1963—1964，p. 579—580。

100 F. L. 厄特利：《亚瑟王传奇与国际民俗学方法》（《骑士传奇语文学》，17，1963—1964），作者在文中指出艾伦·洛克斯特曼和米丽娅姆·科维茨在研究第 300 型（屠龙者）与第 303 型（两兄弟）和特里斯坦故事之间的关系。

101 见 M. 奥贝尔的经典论文《巴黎圣母院主教教堂：历史学与考古学的说明》，1909，新版 1945，关于插图见 P. 迪·科隆比耶：《巴黎圣母院》，巴黎，1966。

102 M. 奥贝尔，前引书，1945，p. 117—118。当前教堂内圣马塞尔的塑像是 19 世纪仿品。原件被损坏，属于克鲁尼博物馆，目前保存于圣母院北塔楼。我感谢克鲁尼博物馆馆员 M. F. 萨莱为我提供信息。关于圣安娜雕塑的历史，见《主教堂》展览目录，见前引，p. 31。

103 W. 绍尔兰德：《巴黎圣母院西门的艺术史地位》，载《马尔堡艺术学年鉴》，18，1959。——A. 卡茨内伦勃根：《夏勒特主教教堂的图案规划：基督-玛利亚-教会》，巴尔的摩，1959 和《法国教堂立面雕塑的图像表现的创新与改变》，载《西方艺术研究》，同前引，p. 108—118。

督的，表现人类之命运，经过美德与邪恶的斗争，以化身为诸位使徒的《新约》作为中介，人类最终走向最后审判。旁边包围着它的两联都是献给圣母玛利亚的。但是在左边，戴冠的圣母是一系列的瞻礼仪式的庇护，这是玛利亚与教会的胜利，汇聚了每个月的法事，按照阿道夫·卡茨内伦勃根的说法，这是出自整个教会发展史的一系列人物。因此，其中有击败龙的圣马塞尔和一些标志着教会史和巴黎传统信仰的人物：君士坦丁大概是同圣西尔韦斯特在一起，还有最早的殉道者和首座巴黎主教教堂的主保圣徒圣埃蒂安，圣德尼和圣热纳维耶芙。

圣安娜门的雕塑将更具时序性更具故事性的一整套历史置于 265
圣母玛利亚的庇佑之下，她与圣子同坐宝座。在过梁上，雕塑讲述圣母的生平，从她父母安娜与约阿辛的故事直到她产子的最后一节：即三王来朝。在拱顶线与拱墙墩上是《旧约》的人物：国王和女王、先知、《启示录》中的老者，一直到教堂的加固体上的圣彼得和圣保罗，他们使这座大门变成了先驱者之门。但是这座主教教堂的历史个性也正在此处。在门楣中心是教堂的建立者，左边是莫里斯·德·叙利主教，右边是路易七世国王。最后在过梁上的是圣马塞尔，巴黎的主保圣徒，他最契合于这座主教堂，因为这座教堂保存着他的遗骸。因此，在圣母院，马塞尔要比圣德尼和圣热纳维耶芙更能代表巴黎教会、巴黎主教区的主堂、巴黎基督教众。福尔图纳图斯的《传记》中树立的这位领袖众生的主教，他在此处获得了对他的胜利以及地域意义的自然表现。

依据出资者的指示，圣安娜门上圣马塞尔的雕塑者们显然遵从了福尔图纳图斯的文本。在人群之下的部分表现了盛放通奸女

子尸体的石棺，龙从中窜出[104]。至于圣徒与怪物的搏斗，它被缩减为马塞尔战胜龙。无疑，技术要求影响了图像表现的寓意：需要顺应过梁的线条，必须进行垂直布局，圣徒只能压服龙而不是水平方向的搏斗，水平画面中的降伏应该能够较少血腥味而更符合福尔图纳图斯的文字。对文本的不忠实之处将驱除怪物变成用权杖处死，权杖被用作武器刺进龙口中并杀死它，这是教士们对龙的邪恶寓意的诠释。圣母院的大司铎们制定了雕塑者的布局安排，他们修改了福尔图纳图斯的文字内容而让它适应龙的象征意义的发展，窗间墙为他们提供了最适于这种表意美学的空间位置。

266 同样，司铎们出入的门因为其门扇的颜色而被称作红门，在其拱线上有圣马塞尔生平的画面，表现这位主教战胜龙的画面，它运用了相同的图像表现：圣徒将权杖刺进龙口中。这幅雕塑的年代是1270年前后。

巴黎圣母院的雕塑符合哥特式正统中龙的象征意义。无疑哥特精神将这种象征减弱了一些，更多强调画面的故事与道德谕示的一面而非神学意义。与博韦的樊尚作品与雅克·德·沃拉金的《圣徒传》中表现降龙圣徒与主教的片断相符，龙更多是罪过的象征而非邪恶[105]。但它本质的邪恶是得到确认的。《旧约》与《启示录》中所有的龙到了哥特时期都变成地狱的物质实现。在无数的

104　这龙奇怪地被E. 马勒(《13世纪宗教艺术》，同前引，p. 315)称作“墓地里的吸血鬼”。

105　E. 马勒看出了龙在圣徒传中的作用，但却弄错了，他认为这一主题源于教士的首创(“最初，龙的故事是由教士们想象出的一种虔信的隐喻”，前引书，p. 291，注3)。

对最后审判之地狱的表现中，龙的尾巴就象征着地狱[106]。

然而，大约在同一时期，另一类完全不同的圣马塞尔龙在巴黎
圣母院的周边盘踞。在祈丰收巡礼时，民众将水果与糕点投进柳
编大龙的口中，在巴黎居民的巨大喜悦中这条龙被到处巡游。这
条龙当然就是圣马塞尔的龙，但却与教士们在圣安娜门、红门上表
现的龙全然不同，与福尔图纳图斯所描绘的龙的也不相同。这是
人们已知和见证到的众多祈丰收巡礼龙中的一条[107]。我们举一
些最著名的，在法国西部有普瓦捷的“大嘴”，尼奥尔的鳄鱼龙，卢
昂的螭吻龙(Gargouille)；在弗兰德斯-埃诺省有杜埃的龙和蒙斯
的龙；在香槟省有称作“咸肉”的特鲁瓦龙，普罗万龙和兰斯的“克
劳拉”(Kraulla)或“大巴亚”(Grand Bailla)；洛林有土尔龙、凡尔
登龙，特别是梅斯著名的“格劳里”(Grawly)或“格拉乌伊”(Grao- 267
uilly)，它们没有逃脱拉伯雷的注意，他善于使用民间故事，是这些
巨型生物的爱好者[108]。南方同样有很多龙，虽然除了尼姆的鳄鱼
之外这些龙中唯一出名的是塔拉斯孔的塔拉斯孔龙。但它的例子
是具有典范性的，因为19—20世纪延续的或者不如说复兴的传统
使人们可以进行具体的研究，研究的成果见于路易·迪蒙的大师
之作[109]。如果进行详细的统计，在几乎所有城市(或者著名景点)

106 E. 马勒，前引书，p. 384—386。

107 关于法国这些巡礼中的龙，见A. 范·根内普：《当代法国民俗学手册》，卷3，巴黎，1937，p. 423—424(附参考书目)。在R. 德维涅的书中我们看到一套关于巡礼龙和降龙圣徒的未加参考信息的简略表，《通过民俗看法国各省份的传说》，巴黎，1950，p. 152。

108 《第四卷》，第59章。

109 见注解18(原书)。

都看到龙，圣博姆、阿尔、马赛、埃克斯、德拉吉尼昂、卡瓦永、沃克吕兹泉、莱兰斯岛、阿维尼翁[110]。

这些龙实际有着双重起源。一些龙出自圣徒传记传说，与某位圣徒有关，往往是某位主教（或者修道院长）——这些圣徒则往往上溯到中世纪早期。梅斯的格拉乌伊便属此类，它出自主教圣克莱芒的传说，普罗万龙是伴随着圣基里亚斯，马塞的龙归属于圣维克托，德拉吉尼昂的龙是圣阿芒泰尔。我们的巴黎圣马塞尔的龙当然也属此类。但是这些巡礼龙很多只是因祈丰收巡礼而生的，我们很快将看到它们在巡礼中有着正式的地位。这些龙里最著名的那些似乎是在传统上与某位当地圣徒联系起来的，它们得以在圣徒的庇佑下进入到祈丰收巡礼中，带有明显的个性——有时通过一个专名、绰号来加以强调。我们的圣马塞尔龙显然是这样的，虽然它没能够获得知名度。

然而，这些巡礼龙无疑是被纳入民俗仪式中的。它们造成的实物献祭是为了它们或者巡礼组织者或参与者（神甫、教徒、巡礼的成员）的福祉，这些献祭是一些赎罪仪式，与那些上古以来旨在
268 召唤丰产之力的那些仪式有关[111]。在古罗马人那里，年轻姑娘在

110　L. J. B. 贝朗热-费罗：《普罗旺斯的民间传统与记忆》，巴黎，1886。——E. H. 迪普拉：《普罗旺斯圣徒传奇史》，载《普罗旺斯历史学院论文》，卷 17—20，1940—1946。

111　A. 范·根内普：《手册》，见前引，1—4/2，1949，p. 1644—1645。在特鲁瓦，“龙装饰以鲜花、丝带和绒球，被招摇地抬着，似乎在引导着民众，人们将脆饼投进它的巨嘴里”（Ch. 拉洛尔：《特鲁瓦主教圣卢的龙——俗称咸肉：图像研究》，载《奥布省行政、统计和商业年报》，51，1877，p. 150）。在梅斯，“过去格拉乌伊的图像在祈丰收节时在城里游行，停在面包师和糕点师门口，他们将面包和糕点投进它嘴里”。（R. 德·威斯特法伦：《梅斯民间传统小词典》，梅斯，1934，318 栏）。

春季把糕点放在拉努维奥的朱诺的蛇（龙）居住的洞穴，它是农业女神，人们希望从她那里得到好的收成[112]。柏拉图将这些糕点与水果的献祭重新放在黄金时代永远丰足的背景下（《法律篇》，六，782 CE）。

但是如何明确这些巡礼龙出现的时代并且由此弄清这些龙对作为参与或旁观者的中世纪人们有怎样的寓意？

第一种假设是关于这些龙的信仰与仪式具有连续性，从古代甚至史前时代一直到中世纪晚期。弗雷泽曾努力建立这种系谱关系，将巡礼中的木偶重新与德鲁伊教祭祀的巨人联系起来[113]。这一假设提出祈丰收巡礼吸纳了以前的一些仪式。这是有可能的。我们知道祈丰收巡礼是由维也纳主教圣马梅尔确立的，他死于470前后，如同圣阿维见证到的，这种仪式在494年与518年之间快速传播[114]。有人支持说这些基督教节日旨在替代高卢-罗马时代的祈丰收巡田仪式（ambarvalia），向它借用了许多仪礼，包括化装成动物。然而中世纪早期文本留下的资料为数不多，它们不是关于祈丰收巡礼的，这些资料说明教会竭力禁止这些化装。虽然
一份文本肯定7世纪中叶格里莫阿尔德统治下的伦巴第人崇拜一 269
个蛇的图像，但阿尔的塞泽尔在一份布道文中禁止装扮成鹿、牛或任何其他神奇动物绕着房子走，578年的欧塞尔主教会议颁布了类

112 J. 梅利：《古代民族神话与崇拜中的蛇》，巴塞尔，1867，p. 13。

113 J. G. 弗雷泽：《金枝》，伦敦，1915。“美丽的巴尔德尔”，卷2，p. 31及下文，见前引，似乎A. 瓦拉尼亚克遵从了这种看法，《传统文明与生活方式》，巴黎，1914，p. 105。

114 圣阿维《祈丰收巡礼布道》，载PL，59，289—294栏。见Rogations词条，载DACL，见前引，14/2，1948，2459—2461栏（H. 勒克莱尔）。

似禁令[115]。这两个文本有关1月闰日的一些异教民俗习惯——欧塞尔的神甫们所称的“魔鬼的新年馈赠”。一切都显示出中世纪早期教会的主要目的是禁止异教仪式，特别是民俗仪式，通过使它们磨灭的方式，或者通过使它们改变性质的方式，或者能力达到的时候将它们压抑住或者毁灭掉，那时教会的能力是很强的[116]。对于中世纪早期祈丰收仪式怎样进行，我们一无所知。我们认为这些仪式不太可能吸纳进一些巡礼的怪兽尤其是龙。所以我们倾向认为巡礼龙是中世纪较晚时期的一种复兴或者复活。可能确定其年代吗？

阿诺德·范·根内普提出过一些假设，有关弗兰德斯和埃诺省巡礼巨怪的诞生，其中包括龙[117]。他认为虽然龙被纳入在弗拉芒语称作“renzentrein”（巨人队列）和瓦隆语称作“ménagerie”（动物巡展）的巡礼游行，但龙最初是外来者。出现在动物巡游最初是龙、象、骆驼、狮子、鲸，“换言之就是在《圣经》或《启示录》中谈到过的那些动物，手稿插图与最早的印本使它们为大家熟知。后来还看到出现各种异国动物，鸵鸟、鳄鱼、鹈鹕等等。”所以，A.范·根内普认为这些动物巡游是在15世纪组织起来的，更像是在世纪末期，它们与斋期与狂欢节系列没有关系，它们的源头“更多是文学

115　《圣巴尔巴蒂传》关于伦巴第人的文本（MGH，Script. Rer. Lang., p. 557）和欧塞尔主教会议的文本（*Concilia Galliae*［高卢主教会议］，2，C.德·克莱尔校勘，“基督教文库”，S. Latina 148A，1963）见E.萨林，前引书，卷4，p. 48和494。圣塞泽尔的文本见布道文130（G.莫兰校勘，“基督教文库”S. Latina，103，1953）。

116　关于中世纪早期民俗被教会文化的压制，见F.格劳斯，前引书，和J.勒高夫，前引书。

117　A.范·根内普：《弗兰德斯与法属埃诺省（北部省份）的民俗》，卷1，巴黎，1935，p. 154及下文。

的和半学术的而非民间的”。相反,他认为丑怪的龙更早就已出现在队列中,是龙决定了后来的其他动物与人偶的巨大体形。他指 270
出这些龙1394年在安特卫普、1417年在西耶尔、1418年在阿洛斯特、1429年在菲尔纳、1433年在欧登纳德,1436年在梅赫伦出现。这一时序还可以向前推。杜埃的圣艾梅的账簿记载早在1361年就花钱“给巡礼时举着的龙制作新的红色绸缎的尾巴[118]”。至于这些巡礼龙的起源,那显然出自祈丰收巡礼游行。但是这些游行中什么时候才将龙包括在内呢?

据我们所知在1361年的杜埃龙之前,弗兰德斯没有提供个性表现的龙。巴黎的圣马塞尔龙能否使我们明确其年代或者将年代推前?

路易·雷奥宣称:“在祈丰收巡礼游行中,作为对其象征意义的神迹的纪念,圣母院的教士让人举着一条柳编的大龙,民众将水果与糕点投进它张开的口中[119]”。他没有明确是什么时代,显然他未加出处地援引了阿尔弗雷德·德·诺尔的《法国各省习俗、神话和传统》(巴黎,1846),或者是诺尔所效仿的19世纪初的巴黎历史专家J. A. 迪洛尔[120]。

在中世纪任何文书与编年史中,在古代或现代巴黎城历史中,

118 我要感谢V. 盖伊在《考古词汇》中提供这一信息,卷1,1887,p. 569,感谢弗朗索瓦兹·皮波尼耶小姐。根据同一来源,我们在1399年《夏特勒圣父教堂清单》中找到一条巡礼龙。

119 L. 雷奥:《图像表现》,见前引,卷3/2,1958,p. 874。

120 《巴黎的民政、地貌与精神历史》,巴黎,1821—1825,在19世纪多次再版,包括一些注解本。在此我对R. P. 博杜安·德·盖菲耶和安娜·泰卢瓦纳表示诚挚谢意,为了圣马塞尔巡礼龙,他们愿意让我受益于他们在圣徒传记与巴黎城史领域的无可比拟的知识。

我们未能发现关于圣马塞尔巡礼龙的内容。到了此龙将要消失的时代即18世纪，它的存在才得到证实。J. A. 迪洛尔及其后的A.德·诺尔断定圣马塞尔巡礼龙约在1730年废弃。然而在1733年《巴黎城古物的历史与研究》第二版（卷2，p. 620）中，亨利·索瓦尔作为启蒙运动的信徒，他带着不加掩饰的蔑视宣称：“每年圣母院的有4童女祈丰收的巡礼游行中，我们仍然看到一条大龙在
271 做与过去那个巨大的魔鬼所做的蠢事同样的事情”——即那个从前与圣马塞尔搏斗的魔鬼就像龙与圣马塞尔搏斗一样。

是否应当放弃确定圣马塞尔巡礼龙出现的时间，同意迪洛尔所说的“一种古代的习俗”但却不加以这种我们已经觉得太过冒险的假设：“有可能上溯到异教时代”？迪洛尔的巴黎城史第二版的一个注解指出可以肯定巴黎巡礼龙古老存在的唯一依据的来源是一个通论性质的著名文本。迪洛尔写道[121]：“高卢所有的教堂在13世纪都拥有自己的龙。迪朗在其《神圣法事通晓》中把龙是当作普遍习俗谈到的。按照他的说法，这些龙意味着魔鬼。”实际上，纪尧姆·迪朗在其13世纪末的《神圣法事通晓》（*Rationale divinorum officiorum*）[122]中只是重新使用了巴黎瞻礼师让·贝莱特大约在1180年的一个文本[123]，而雅克·德·维特里在13世纪初

121　迪洛尔，前引书，巴黎，1823第二版，卷2，p. 228，注1。

122　纪尧姆·迪朗的《通晓》存在几个版本，值得专门做版本批评。我使用了1565年里昂的版本。第102章涉及巡礼龙。《关于祈丰收仪礼》。按照L. 法莱蒂的观点（《教会法词典》，R. 纳兹编，卷5，巴黎，1953，1055—1057栏），《通晓》是“迪朗作为芒德主教出版的第一部书”（同前，1033栏）。所以他将年代确定在约1290年。

123　让·贝莱特：《神圣法式通晓》，载PL，202，130。德茨的吕佩尔（1129）的仪礼论著《论圣事》[*De divines offices*]，卷9，第5章《论祈丰收法事》，载PL，170，248—

曾在一篇布道文中谈到祈丰收巡游[124]。这些文本告诉我们,在某些地方在祈丰收仪式时巡礼举行三日,而龙是出现在这些巡游中的。最初两日,龙走在队列前面,在十字架与旗帜之前,它的长尾巴竖着而且是鼓起的——“cum cauda longa erecta et inflata”。第三天,龙跟在后面,尾巴瘪下并垂着——“cauda vacua aeque depressa”。这条龙代表魔鬼(“draco iste significat diabolum”,这三日意指历史的三阶段——摩西律法前(“ante legem”),律法后(“sub lege”)和恩典时代(“tempore gratiae”)。在最初两个阶段 272
魔鬼占上风,它充满骄傲,战胜了人类。但是基督战胜了魔鬼,如《启示录》所言,龙从天上落下——“draco de caelo cadens”——而且这失败的龙只能卑微地尝试讨好人类。

这种象征意义是明确的。路易·迪蒙熟悉这些文本,谈到塔拉斯孔龙的仪式时,他出色地解释了尾巴的象征意义[125]。这种象

250,没有谈及任何巡礼龙,只谈到十字架与旗帜(“cruces atque vexilla praeferuntur”人们举着十字架与旗帜),提到一次“军旗”(Labarum),我们据此假定从中世纪早期以来动物或偶像没有延续性,巡礼龙应该出现于大约12世纪中叶。

124 雅克·德·维特里:《布道文》,威尼斯,1518,p. 762。

125 这种象征意义往往不被12世纪的教士们理解。比如《常用注解》(PL, 144, 732)注解《启示录》12,4:《尾巴》时解释说:“这是欺骗,隐藏起邪恶,丑恶被尾巴藏起”。同样里尔的阿兰(《神学用语辨析》,PL,210,775—776,“龙”词条,解释尾巴 = 其有说服力的尖端。这一词条对龙的象征意义提供的解释很少,但显示出这一问题在12世纪教士中的认识情况。阿兰区分本义(即龙是一种真正的动物)和五个象征意义:邪恶、恶魔、不信教民族、反基督,复数时指“邪恶民族”,特别指那些“傲慢的犹太人”。这是龙与反犹主义的相遇。但这一主题似乎没有得到发展。地区,蛇怪是中世纪很少用到的犹太民族的象征,它与龙相近,它就是“蛇中之王”(见 B. 布鲁门克兰茨:《从基督教艺术看中世纪犹太人》,巴黎,1966,p. 64)。至多可以从《花之书》(12世纪初)的一幅细密画中看到象征性的犹太教堂旁边地狱列维坦的尾巴(B. 布鲁门克兰茨,前引书,插图121,p. 107)。

征意义是非常古老的，而且根植于古代与民俗的伪科学的象征意义之中，我们已经证明了这一点[126]。它重新进入福尔图纳图斯的文本的原因也得到了说明。

这是否意味着我们从这一关键细节出发重新采用民俗中的龙的延续性的假设？

路易·迪蒙出色地分析了有塔拉斯孔龙出现的最古老文本——传说由玛尔特的女仆玛塞尔写作《圣玛尔特传》，是1187到1212年间撰写的，蒂尔伯里的热尔韦、博韦的樊尚和雅克·德·沃拉金都使用过[127]，传记证明尽管有动物寓言的书面文学影响，但书中描写的怪物意味着“仪式用的偶像”的存在[128]。同样，图像研究使他认为仪式中的塔拉斯孔龙出现于12与13世纪相交之
273 际——无疑是一段漫长的史前史的终点[129]。

我们倾向认为圣马塞尔巡礼龙的情况也近似。与路易·迪蒙对塔拉斯孔龙所做的差不多，我们也无法对圣马塞尔龙建立一份“图像的目录”[130]，我们不如他幸运，我们甚至没有巡礼龙的图像。提供给我们的只有巴黎圣母院教堂的龙。但是13世纪初似乎提

126　这又是由仪礼采用却没有理解的一种古老主题：即“向后看的怪物”（见E.萨林，前引书，卷4，p. 209—222）。纪尧姆·迪朗指出在第三天龙走着“似乎在向后看”（quasi retro aspiciens）。

127　伪玛塞尔的文本与L. 迪蒙著作中的相关资料，前引书，p. 150。伪玛塞尔文本见蒙布里图斯：《圣徒的遗骨盒或生平》，新版，1910，卷2，p. 128—129；博韦的樊尚：《历史之镜》，卷10，99；雅克·德·沃拉金：《圣徒传记》，格莱斯校勘，1846，444—445。

128　L. 迪蒙，前引书，p. 161。

129　同前，p. 226。

130　同前，p. 199。

供了一些龙的图像，比如塔拉斯孔龙，它们应该是受到一些真正的木偶，一些仪式用的偶像的启发。比如我们认为从保存于柏林达勒姆博物馆的来自法国北方的 13 世纪初的一个泉水水嘴上可看出一条。我不认为由魔鬼骑着的龙来自于传统的罗马形式的精灵，也不认为是出自某位天才艺术家的纯粹想象。我从中看到一幅巡礼面具，近似狂欢节面具[131]。

这种新型的民俗性的龙究竟意味着什么？让·贝莱特的文本，塔拉斯孔龙的例子，一些可能的图像类比是否足以支撑这一假设，即圣马塞尔巡礼龙大概是在 12 世纪末或 13 世纪初诞生的？

在研究的结尾处，路易·迪蒙总结了他的“民族学研究”中分析过的塔拉斯孔龙仪式的主要特点：“社会因素是根本性的：塔拉斯孔龙首先是城市的命名动物，是当地居民的守护神[132]”。以上文字让人特别想起福尔图纳图斯文本中谈到降龙的圣马塞尔时的表述：“本乡的城墙”(propugnaculum patriae)。在 5—6 世纪这可能意味基督徒社群的形成、城市和郊镇领地的组织，在 12 世纪末是否有可能局部地或普遍地取得一种新的却具有同样倾向的寓意？这一时代岂非正是路易七世统治末期，在菲利普·奥古斯都的统治之下巴黎成为首都的时候，是巴黎在其新的城墙之内地理 274
大发展的时期，是城市功能的完善与和谐使巴黎居民取得崭新的当地意识和寻求一种新的城市象征的时期？无疑，在 14 世纪，埃

131 关于狂欢节面具，见 O. 卡夫：《论动物面具》，载《词与物》5，1913；《15 世纪德国中世纪狂欢节民间讽刺剧》，A. 冯·凯勒，蒂宾根，1853—1858；A. 施帕莫：《德国狂欢节风俗》，耶拿，1936。

132 L. 迪蒙，前引书，p. 227。

蒂安·马塞尔以及他身后富裕的市民阶层将一种从巨商阶层那里借用的政治徽标强加给了巴黎：即塞纳河船的标志，半蓝半红的风帽。但是圣马塞尔龙岂非在更早的时候是巴黎的徽标，至少是尝试性的徽标？教士们在圣安娜门上将马塞尔变成这座城市显著而不朽的主保圣徒时，民众是否正将一条源头不同且性质不同的龙引入祈丰收仪式，将乡土感情凝结在它身上？

虽然对巴黎龙我们没有任何资料使得我们只能停留于假设，但是看看巴黎之外和塔拉斯孔的情况便使我们确认这种假设并非无稽之谈。12 世纪下半叶与 13 世纪在基督教的西欧发展起一种龙的城市徽标。M.巴塔尔研究法国北部与比利时的城市公共纪念建筑[133]，他描写了这些怪物或者动物，它们通常是可活动的，以一根铁杆为轴心，成为“城市的徽标”。他指出多数情况下这种徽标动物是一条龙。这正是图尔奈、伊普尔、贝蒂讷、布鲁塞尔的情况，布鲁塞尔的龙被圣米歇尔压垮，在根特复原的“德拉克”(Draak)仍然保存在钟楼博物馆。它高 3 米 55，重 198 公斤；根据传说，它是被十字军从君士坦丁堡带回布鲁日的，也就是说在 13 世纪初，在 1382 年被根特人获得。这条城市龙是居民们占有了旧有的守卫宝藏龙的结果。在钟楼顶上，它看守着市镇的档案与宝藏。

弗里德里希·维尔德从分析史诗文学特别是《贝奥武甫》入手，也重新发现了龙旗、家徽、市镇和行会徽[134]。

133　M. 巴塔尔：《法国北部与比利时的钟楼、集市、市政厅》，阿拉斯，1948，p. 36。关于守卫宝藏龙，见 H. R. 埃利斯：《龙之丘：文学与考古中的盎格鲁-撒克逊墓冢》，载《民俗学》，61，p. 169—185。

134　F. 维尔德：《贝奥武甫中的龙和其他龙，带附录：龙形地方徽标、龙形纹章和圣乔治》，奥地利语文学-历史学学院，卷 238，5 Abh.，维也纳，1962。

有人甚至试图以祈丰收巡礼中的一面龙旗为出发点来解释主 275
教龙的产生，R.德·威斯特法伦在谈到梅斯的格拉乌伊时写道："约12世纪时，依附梅斯主教教堂的乌瓦皮村的镇长与执法官必须在圣马克节与祈丰收的巡礼中举着三面红色旗帜，其中一面上装着龙头。一个世纪之后，这面'龙旗'(vexillum draconarium)让位给'格罗里'(Grolli)，它应当代表着被梅斯的传教者、他们的第一位主教圣克莱芒战胜的那条龙"。这种巧妙的拼贴试图合理地按照时序组织起一些主题，这些主题在12世纪的合流是原因不明的。这种做法只有一个错误：那就是没有任何史料为依据[135]。

不管怎样，巴黎教会之龙与同属巴黎的民俗之龙的相遇，它们是对传统中同一动物的图徽诠释，那便是5世纪巴黎主教圣马塞尔的龙——这种遇合是否证明了教士文化与民众文化的合流？我们一方面从石雕中，另一方面从柳编中可看到这被物质化了的龙的寓意。

我们首先注意到，在教士那方面，象征是主教，他正在履行屠龙的职责，而在民众那方面，象征似乎是龙本身，它与主教各自不同的遭遇联系在一起。另一方面，虽然教会的龙明白无误地被指定为必须消灭的邪恶的象征，但民间的龙却掺杂着不同感情：人们

---

135 R.德·威斯特法伦：《小词典》，见前引，317栏。注解123(原书)引用的德茨的吕贝尔的文本却给了这段文字一定的理论基础。然而，是否应该从梅斯的圣克莱芒与他的格拉乌伊、巴黎的圣马塞尔于他的龙之间看出一种历史关系呢？按照传统，圣马塞尔镇教堂应当是在从前献给圣克莱芒的礼拜堂的原址上建造的。在《郊镇的教堂》中，见前引(注解6)，据说对圣克莱芒的崇拜在12世纪才出现于圣马塞尔镇，是我们所认为的巡礼龙出现的关键时代(盖在1202年一份文书撒谎过年的圣马塞尔镇印带有圣克莱芒与圣马塞尔的像)。但是这可能并非梅斯的圣克莱芒，而是教皇圣克莱芒。

首先试图通过祭品来哄骗它，满足它，然后嘲笑它的失败，却并不愿它死。当然，巡礼龙是被纳入基督教仪式中的，瞻礼师们对巡礼游行三天之中龙与旁观者的行为给予了正统神学的诠释。同样，
276 不能排除巡礼龙来自学者、教会，而民众随后依据传统加以变形的假设。A.范·根内普谈到“被民俗化了的瞻礼节庆”，而且我们知道对来源自书面传统的许多圣徒的崇拜流变为民俗[136]。教士思想与民众信仰的触染——在这一时代民众的基本上就是世俗的——任由两种心态和两种感性之间差别甚至对立继续存在。一方面教士文化足以完备，可以确定善对于恶的胜利，确立起一些明确的区别。另一方面民俗文化在传统上是谨慎的，面对一些无法去除其善恶不分的暧昧属性的力量更愿意采用一些原始的做法，而这些方式也是暧昧的、滑头的，借助于一些谄媚的祭品，旨在让这些由龙象征的自然力变得不仅没有危害而且为人造福。

因此，6 到 13 世纪，演变是巨大的。在福尔图纳图斯的文字中，基督教的两元论解释尚未形成，但其导向已足够明确，可压抑民间诠释的那些暧昧之处。在中世纪中期，教会的诠释达到其最终表述，但应当仍伴随着一种民俗的、中性的、广为流布的诠释。

我们认为这种突然爆发大概是在 12 世纪，表达了某种民众文化的兴起，这种文化隐藏在 11—12 世纪由世俗贵族文化造成的缺

136　A.范·根内普：《手册》，见前引，1—4/2，p. 1624 及下文，民俗化了的瞻礼节庆（特别是祈丰收节庆）。关于圣徒崇拜的“民俗化”，见 M.岑德尔：《民俗中重要的中世纪圣徒信仰的区域与分层：信仰历史与传播中的马斯河中游地区与莱茵河谷地区的圣徒》，杜塞尔多夫，1959。

口中[137],贵族文化浸染着教士文化体系之外唯一可用的体系,确切说来即民俗传统的体系。巴黎的例子大概是一种已完成的模式:石雕的教士龙和柳编的民俗龙可能是同时代的。两种彼此围绕,就像是挑衅,但却彼此都不越过由这龙所看守的那些圣堂之门。

关于圣马塞尔龙没有任何明确史料,这使我们无法放弃马塞 277
尔巡礼龙是在民俗兴起的第二次高潮时诞生的假设,即 15 世纪,更接近文艺复兴而非中世纪。但是,即使是这种情况,仍然存在着我们所说到的两者的矛盾共存,只不过是在中世纪末出现罢了。我们应注意这种矛盾共存在大革命前消失,对此的解释仍然欠缺。虽然我们无法肯定迪洛尔提出的大约在 1730 年的断代,但这一时间看来差不多。因为龙在大革命时代已经不存在,在 1728 年一条与特鲁瓦的圣卢那条称作"咸肉"的龙类似的龙随着主教的严厉陈词而消失了,主教在 1728 年 4 月 25 日禁止这一"不道德的偶像","为了在今后制止混乱,这些混乱与本教的神圣如此相悖"[138]。18 世纪启蒙思想触及一部分教会高层,使教会文化借助启蒙运动而战胜了民众文化,这胜利是中世纪的"蒙昧"使它无法获得的。

137 E. 克勒:《游吟诗人的抒情与典雅骑士传奇》,柏林,1962。及同一作者的《关于游吟诗人的诗歌的历史与社会学见解》,载《中世纪文明手册》,1964,p. 27—51。

138 Ch. 拉洛尔:《龙(俗称咸肉)》,见前引,p. 150。拉洛尔修道院长近百年前的研究体现着睿智和非凡的思想开放。作者搜罗了中世纪瞻礼师的史料、钱币和旗帜上龙的表现,看出有两种龙合二为一,即被圣卢驯服的龙和巡礼中举着的龙。他想到从守护龙来研究中国龙的起源,他找到一句很好的引语,借中国人之口宣称龙对于中国人而言是庇护人类的善精灵的形象,是高度智慧的象征:"我不知道龙怎样穿过风云升到天上。我看到老子,他与龙相似。"(温迪施曼:《与中国人有关的记忆》,p. 394,引文见 p. 164,注 3)。

这就是集体感性的大举运动中的复杂性。

在这篇论文中，我们向民俗的魔鬼退让[139]，试图一方面建立起一种教士的诠释——这可能是勉强的，但在整体上是真实的，因为就这一涉及基督教关于善恶的神学的问题，教会树立对龙的象征意义的前后一致的诠释——而另一方面试图建立起一种民俗学的解释，这是否注定是错误的？我们没有忘记安德烈·瓦拉尼亚克所说的“传统的多功能性[140]”，我们不愿像L. 迪蒙所说的那样
278 “用光明来替代晦暗，用理性来替代非理性”，这有可能“将民众的现实状态引向完全与己不符的东西[141]”。只有尊重触染现象本质的特殊背景，民俗研究才能给历史与人文科学带来有决定意义的阐明。在此，我们只想说明这个主题的复杂性，而在福尔图纳图斯的普通读者和巴黎圣母院石雕的普通观者看来这一主题可能是简单的。历史学的研究步骤仅在于考虑到史料的有无，并尝试按照大跨度的节奏来构拟出时间顺序，为此处研究的感性与心态现象提供有说服力的背景。希望我们没有让巴黎的圣马塞尔的龙这种鬼把戏中的游戏但却暧昧的优雅变得过于沉重。

巴黎的圣马塞尔和龙

现在让我们来看看这一辉煌神迹（mysterium），虽然它在时间

139　如同L. 迪蒙指出的，前引书，p. 221，L. 马肯森则相反（《词典》，见前引，“龙”词条），他未能认识到这些被归结为书面文化中起源的一些传说的替代品的民间做法的特殊性。

140　A. 瓦拉尼亚克，前引书，p. 105。

141　L. 迪蒙，前引书，p. 219—220。

上最近,却因其超自然意义(in virtute)而排在第一。一位出身高
贵但名声败坏的主妇,因罪行而让她的出身蒙羞,在结束了短暂而
没有光明的一生之后,她进了坟墓,送葬的是虚华的队列。她刚刚
下葬就发生一件事,讲述这事情让我恐惧。从这死者生出了双重
的可悲之事。为了吃掉她的尸体,一条巨蛇盘踞在这女子身上,明
白的说,这怪物在吞食她的身体。因此,这不幸葬礼的掘墓者是一
条蛇,尸体在死后无法安息,因为虽然生命的结束让她有了一席之
地,但惩罚却让她变化不息。噢,可恶而可怕的命运啊!在人世,
这女子未遵守婚姻之完整,她不配在坟墓安息,因为这条活着的蛇
将她带进罪恶,在尸体中仍旧折磨她。这时,附近的她家族的成员
们听到传闻,他们争相跑来,看到巨大的怪物从坟墓中出来,盘曲
着,匍匐着,用尾巴抽打着。他们被这景象吓坏,放弃了他们的住
所。圣马塞尔得知后,他明白他必须战胜这血腥的敌人。他聚集
起城里的民众,走着队伍前面,然后他命令居民们停步,他当着众 279
人,以基督为向导,独自走下搏斗之地。当蛇从林木出来去坟墓,
他们彼此迎上。圣马塞尔开始祈祷,那怪物垂下头乞求宽恕,摇尾
乞怜。这时圣马塞尔用权杖敲了它头颅三下,将襟带绕在它脖子
上,将他的胜利展示给居民们。这样一来在这灵性的驯兽场,在民
众的旁观下,他独自与蛇搏斗。民众放下心来,他们跑到主教那里
看被擒的敌人。于是,主教领头走了约三里,所有人跟在怪物后
面,感谢上帝,为敌人举行葬礼。这时圣马塞尔谴责怪物,对它说:
“从今以后,你呆在沙漠或者藏在水里。”怪物立刻消失,人们再没
有看到它的踪迹。当地的屏障仅仅是这一位神父,他用脆弱的权
杖降伏敌人,远胜过用箭射穿它,因为如果用箭射,它可以反弹回

来，如果不是这神迹战胜它可怎么办！噢，圣者，他以单薄的权杖的力量显示出哪里才是力量所在，他纤细的手指就是蛇的锁链！如此用自我之武器战胜公众之敌，唯一的猎物让众人为这全面的胜利鼓舞。如果用他们的功绩来比较诸位圣徒，高卢应当崇拜马塞尔，就如同罗马崇拜西尔韦斯特，前者的功绩更大，因为后者只能封住龙口，而前者是命它消失。

圣韦南提乌斯·福尔图纳图斯
《圣马塞尔传》，第10章
（MGH，Script. Rer. Mer.，4/2
1885第2版，p. 53—54，B. 克鲁施校勘）

中世纪西欧与印度洋：一方梦想天地[1] 280

中世纪西欧不了解印度洋世界的现实。15 世纪中期，摩德纳“完全图书馆”(Biblioteca Estense)的加泰罗尼亚人的世界地图显示出对于印度洋的彻底无知[2]。穆拉诺的毛罗修士的地球平面球

---

1 除了这里将要引用的资料，我主要使用了 R. 维特科尔的出色文章，插图精良，虽然主要是关于图像表现，与我的诠释有时不同，《东方的神奇：怪物历史的研究》，载《沃伯格与考陶尔德研究所学刊》，卷 5，1942，p. 159—197，文章还谈到文艺复兴时期。自从这篇文章的基本内容被公布(威尼斯，1962 年 9 月)，H. 格雷戈尔发表了一篇论文《西欧的印度形象(13 世纪印度)。维也纳大学历史学论文》，维也纳，1964。在引论中(p.5)作者如下界定了他的主题：“印度因为它的遥远而成为古代人信以为真的奇想的对象……掌握写作的僧侣，受经院教育的修士，他对这片土地的知识来自古人。这些描述都是猎奇的，呈现的印度成为想象中的奇迹国度，由于其幅员、财富和丰足的气候，人们所能想象的一切在那里皆成可能。”我要补充说，由于细密画与雕塑、学术、教学、传奇和布道文献，印度形象广泛深入中世纪西欧社会，不限于被受教育阶层听闻和了解。印度形象是对集体心理与感性的反映。

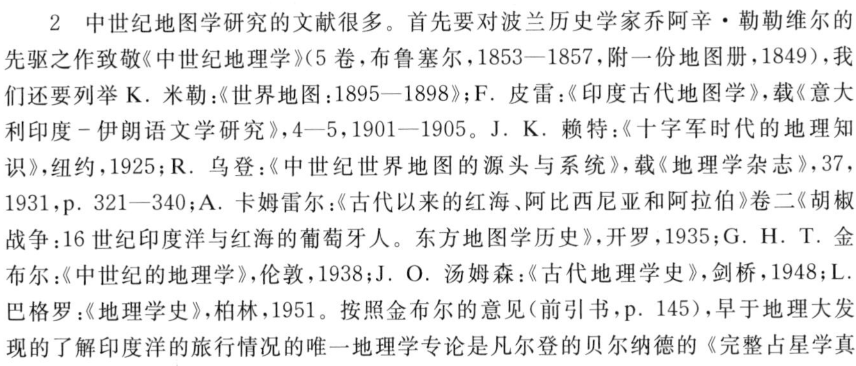

2 中世纪地图学研究的文献很多。首先要对波兰历史学家乔阿辛·勒勒维尔的先驱之作致敬《中世纪地理学》(5 卷，布鲁塞尔，1853—1857，附一份地图册，1849)，我们还要列举 K. 米勒：《世界地图：1895—1898》；F. 皮雷：《印度古代地图学》，载《意大利印度-伊朗语文学研究》，4—5，1901—1905。J. K. 赖特：《十字军时代的地理知识》，纽约，1925；R. 乌登：《中世纪世界地图的源头与系统》，载《地理学杂志》，37，1931，p. 321—340；A. 卡姆雷尔：《古代以来的红海、阿比西尼亚和阿拉伯》卷二《胡椒战争：16 世纪印度洋与红海的葡萄牙人。东方地图学历史》，开罗，1935；G. H. T. 金布尔：《中世纪的地理学》，伦敦，1938；J. O. 汤姆森：《古代地理学史》，剑桥，1948；L. 巴格罗：《地理学史》，柏林，1951。按照金布尔的意见(前引书，p. 145)，早于地理大发现的了解印度洋的旅行情况的唯一地理学专论是凡尔登的贝尔纳德的《完整占星学真

281 形图上(1460),波斯湾东岸“便不再有地形”[3]。马丁·贝海姆在他1492年的地球仪上虽然使用了马可·波罗的材料,但他仍对印度没什么了解。南非、马达加斯加岛、桑给巴尔在他的地球仪上乖张异常[4]。要等到葡萄牙人最初的发现,印度洋的地理知识——海岸的知识——才得以明确。关键时间是迪亚士返回里斯本的时间:即1488年[5]。在哈米博士的《一位不明作者的航海图》(*Carta navigatoria Auctoris Incerti*)中仍有许多子虚乌有的东西,但是东非在图上非常正确[6]。加内利奥·亚努恩希思的罗盘航海世界地图(1503)已经精确很多[7]。总的来说,对印度洋的了解是从非洲开始的——是葡萄牙人开始的——,是与中世纪的那些梦想相反的,这些梦想主要是关于波斯、印度及其岛屿沿岸的。

然而15世纪取得了一些进步[8]。这些进步主要与对托勒密的重新发现有关,他与那些无知的古罗马地理学家相反——他们是中世纪地图学的主要来源——他对于印度洋的现实有更好的了解。对他的重新发现是在1406年,但要在印刷术出现后才结出果实。我在巴黎法国国家图书馆里搜索到的最早印本是维琴察(1475)、罗马(1478和1490)、博洛尼亚(1482)、乌尔姆(1482和1486)的版本。但是随后对它们的使用却不总是尽如人意,比如马

论》(约1300)。关于“完全图书馆”的加泰罗尼亚语世界地图,见A.卡姆雷尔:前引书,p.348。

3 A.卡姆雷尔,前引书,p. 350。

4 同前,p. 362。

5 同前,p. 354及下文。

6 同前,p. 369—370。

7 同前,p. 387—389。

8 见F.孔斯特曼:《15世纪对印度的认识》,慕尼黑,1863。

丁·贝海姆的地球仪就证明了这一点，马丁是使用过乌尔姆版的。

15 世纪最重要的彻底性的进步是某些学者抛弃了托勒密观
念——因为托勒密的细节精确，整体上却错误巨大——他认为印
度洋是封闭的，实际上印度洋被他当作一条河，是一个圆形河的海 282
洋。有人指出皮埃尔·德·阿伊的《世界之像》(*Imago Mundi*)和
教皇庇护二世的《宇宙志》(*Cosmographia*)中关于此主题的著名
段落——但没有实际的结论[9]。有开放的印度洋的首幅中世纪地

9 见金布尔：前引书，p. 211 及下文。皮埃尔·德·阿伊的文本见《世界之像》第 19 章，E. 必龙校勘，巴黎，1930。下面是庇护二世的文本，引文见金布尔，p. 213："Plinius nepotis testimonio utitur qui Metello Celeri Gallie pro consuli donatos a rege Sueuorum Indos astruit qui ex India commercii causa navigantes tempestatibus essent in Germaniam arrepti. Nos apud Ottonem (Othon de Freising) legimus sub imperatoribus teutonicis Indicam navim et negociatores Indos in germanico littore fuisse deprehensos quos ventis agitatos ingratis ab orientali plaga venisse constabat. Quod accidere minime potuisset si ut plerisque visum est septentrionale pelagus innavigabile concretumque esset a columnis herculeis Mauritanie atque Hispanie et Galliarum circuitus totusque ferme Occidens hodie navigatur. Orientem nobis incognitum cum religionum atque impiorum diversitas tum barbaries immense reddidit. Veteres tamen navigatum et Oceano qui extremas amplectitur terras a suis littoribus nomina indiderunt... Straboni multi consentiunt. Ptolemeus plurimum adversatur qui omne illud mare quod Indicum appellatur cum suis sinibus Arabico, Persico, Gangetico, et qui proprio vocabulo magni nomen habet undique terra concludi arbitratus est..."[小普林尼引证高卢的梅泰卢斯·凯莱尔，根据苏埃夫日耳曼人国王的说法一个印度人因为经商而出海离开印度，因为风暴到了日耳曼尼亚。我们从弗莱辛的奥托那里读到条顿人皇帝统治下印度船只和一些印度商人日耳曼海岸被抓住，他们被风从东方吹来。过去极少可能发生的，现在很多人看到，北方海洋过去被认为不可通航的，认为它被西非、西班牙和高卢的那些赫拉克勒斯之柱紧紧围绕着，但现在世界之西方是通航的。信仰与不信的差别还有巨大的蛮族土地使我们不了解东方。古人为航行过的大洋命名大西洋，大洋以外的一些陆地被海环绕。许多人同意斯特拉博的看法。托勒密则被人反对，他认为被叫做印度的是这个海和沿岸的阿拉伯、波斯、恒河海岸地区整体，用他自己的话说叫大印度，不管怎样它被认为是被陆地封闭的]。

图是安托南·德·维尔加的地图(1415)[10]。但要等到马尔泰卢斯·日耳曼努斯的世界地图(1489)[11]印度洋是开放大洋的观念才得到采用——比如被马丁·贝海姆接受。

打开印度洋,这不仅仅结束了长久以来的无知,而且毁灭了中世纪人心中印度洋神话的基础。罗盘地图几乎已经在中世纪西欧所梦想的印度洋封闭世界中开辟出豁口。朱尔吉斯·巴尔特鲁塞蒂斯很好描述了罗盘地图带来的精神革命,它颠覆了"地图学的基础",同时颠覆了世界观。"这不是狭窄圆形之内的封闭空间,无限的幅员突显出来……这不是稳定、规则的大陆边线,里面堆积着臆想的一些处所无定的城市和国度,而是海岸的绘图,围绕着一些固定点扩展开……地球突然改变了面貌[12]"。但是,我们看到,那些罗盘地图在长时间里没有认识印度洋,几乎没有触及印度洋神话的整体。

这一神话的全部生命力在于对"封闭海洋"(mare clausum)的信念,使得在中世纪人心中印度洋成为一块梦想、神话、传说的汇
283 聚之地。印度洋是中世纪西欧梦想的异国情调的封闭世界,是混合着陶醉与梦魇的天堂,是"封闭花园"(hortus conclusus)。将这世界打开,在上面打开一扇窗户,一个入口,这梦境便烟消云散。

在描绘这方封闭的梦想天地之前,必须对于中世纪的这种无知提出几个问题,却不奢望解决它们。中世纪西欧与印度洋的接

10　A. 卡姆雷尔:前引书,p. 353—354 和 F. 冯·维泽尔:《安托南·德·威尔加的世界地图》。

11　A. 卡姆雷尔:前引书,p. 354 及下文。

12　J. 巴尔特鲁塞蒂斯:《觉醒与奇迹:哥特式的狂想》,巴黎,1960,p. 250。

触是存在的。商人、旅行者、传教士[13]曾到达过印度洋沿岸。为何西欧要固执地无视它的现实？

首先，尽管有这些旅行，但多是个人的而非集体的旅行，实际上印度洋世界对基督徒是封闭的。阿拉伯人、波斯人、印度人、中国人——我们只列举最重要的——将印度洋变成专署领地。

到达那里的西方人几乎全都从北边，从陆路到达——更不用说那些错过了印度的人，他们走更北边，走蒙古人的道路，这是中世纪西方和东方交通的脐带之路，它有时会被切断。

在某些人的作品中，传教士或者商人的作品里，一些心理禁忌在起作用：他们害怕揭示出可能被看作商业秘密的东西，那时的贸易活动是充满秘密的，他们对一些地理现实不感兴趣，与灵性之真理相比较它们是可忽略不计的。甚至像孟高维诺（Monte Corvino）的约翰这样有文化与“科学精神”的人也是令人失望的。与文艺复兴时代的人们相反，中世纪的人们不懂得观察，但总是准备听信人们告诉他们的事情。在他们的旅行中，人们用一些神奇故事来灌输给他们，他们认为看到了自己听闻的东西，无疑是当地的事情，但他们是听来的。尤其是他们在出发时就充满一些他们信以为真的传说，他们随身带着他们的幻想和天真想象，在背井离乡的环境中将他们的梦境化为现实，以至于他们比在出发前更多白日 284

13　R.亨尼希：《未知之地》，第2版，4卷，莱顿，1944—1956；A. P. 牛顿：《中世纪的旅行与旅行者》，伦敦，1926；M. 莫拉：《中世纪》载《探险史》，巴黎，1961；R. S. 洛佩斯：《哥伦布之前意大利人到达远东的新土地》，载《哥伦布研究》，3，热那亚，1952，和《中世纪欧洲贸易的终极边界》，载《中世纪》，64，1963。

梦，中世纪的人们是梦想家[14]。

最后，我们想知道那些看似最了解印度洋的人对它真正知道多少，比如马可·波罗。马可·波罗到达“大”印度，即东部海岸的马德拉斯地区，他的游记丧失了亲身游历的特色，成为一种系统的、书面的、传统的描述。一种未知类型的船只让西欧人没有信心，尤其是那些缝起来的船只让他们觉得脆弱，使他们避免去可怖的海上冒险[15]。

除此之外，同样可以提出阿拉伯地理学家对印度洋的了解的问题，西欧作家与商人有时向他们了解情况。他们的描述经常同样充满无稽之谈，暴露出对现实的无知。同样对于阿拉伯人来说——至少对于他们的学者来说——印度洋岂非在某种程度上是一个未知的禁地？因此，西欧人可能得到这一信息来源可能只是加强了他们的幻想[16]。

那么中世纪西欧的印度洋知识从何而来呢？来自于一些平庸的希腊文-拉丁文的史料和一些传说文字。

对于那些与印度世界有关的传说，古代曾经有过一个“批判”时代，鲁道夫·威特科尔称之为“开明的过渡期”(enlightened in-

14　R. 威特科尔：前引书，p. 195，注 1，牛津新学院的中世纪规章，谈及学生阅读《马可·波罗游记》[*Mirabilia mundi*]。以及 J. P. 鲁，前引书，p. 138 及下文，题目为《目向未知》的重要一章。

15　L. 奥尔施基：《马可·波罗的亚洲》，佛罗伦萨，1957。关于威尼斯人对印度洋船只的不信任，p. 17，关于马可·波罗游记特点的改变，p. 31—32。

16　关于西欧手稿与卡兹维姆手稿(尤其是慕尼黑藏 1280 年 *Cod. Arab.* 464 手稿)之间荒诞不经的印度的惊人相似，见 R. 威特科尔，前引书，p. 175。关于中世纪西欧学者向那些占星术与魔法多于科学内容的阿拉伯人著作的借鉴，见 R. 勒迈：《12 世纪的西班牙：从阿拉伯文向拉丁文翻译》，载《年鉴》，1963，p.639—665。

terlude)。这种不轻信的潮流的主要代表是斯特拉波(Strabon)，他毫不犹豫地将那些在他之前写过有关印度内容的人视为说谎者[17]。奥卢斯·格利乌斯(Aulu-Gelle)稍后也不得不表达出对于这些荒诞之谈的厌恶，在他看来它们毫无审美或道德的意义[18]。285
托勒密本人，尽管其地理学方法更具学术性，尽管他对于地图的细节更加了解，却无法成功抵御伪科学，这种伪科学绝大部分来源于印度本身的史诗，对于史诗作品来说，那些神话就是现实与知识的本质。这种神话科学诗贬值为廉价的异国风情，滋养中世纪西欧人的想象[19]。对它们的“怀疑”在中世纪很少影响，在得出这样的结论之前我们要在此处注意到两位伟大的基督教思想家多少属于那不轻信的一小群人。圣奥古斯丁专注于将《创世记》为基础的人学加以合理化，他对可能存在于印度的丑怪人类感到棘手，很难把他们归于亚当与夏娃的后代，但他不排除上帝创造他们时体现了我们中间出世的早产儿的范本，人们可能会将此归因于上帝的一时不智。至于大阿尔伯特，在八个世纪之后，他对于一些在他看来为被经验证实的事件与生物毫不犹豫地宣布自己的立场[20]。

但是老普林尼在他的《博物志》(*Historia Naturalis*)中收入了所有与印度有关的传说，在后来许多世纪中为这个充满神奇的印

17 斯特拉博：卷 2，1，9。

18 奥卢斯·格利乌斯：《阿提卡之夜》[*Noctes Atticae*]，四，4。

19 见 E. L. 史蒂文森：《克劳迪乌斯·托勒密的地理学》，纽约，1932。

20 关于圣奥古斯丁的文本《上帝之城》，16，8：“An ex propagine Adam vel filiorum Noe quaedam genera hominum monstrosa prodiderint”[从亚当或诺亚的子孙中某一支生出了怪物人种]，见 R. 威特科尔，前引书，p. 167—168。大格列高利教皇(《论生物》，26，21)在谈到印度的能够寻找黄金的蚂蚁时宣布“sed hoc non satis est probatum per experimentum”[用经验来证明还不够吗]。

度世界提供他“学术权威”的认可[21]。特别是除了普林尼之外，还有帝国晚期开创中世纪文化的文摘作者之一 C. 裘里斯·索利努斯(Iulius Solinus)与他平庸的《可记忆之事汇编》(*Collectanea rerum memorabilium*)，汇编写作于3世纪文化覆灭期，希腊－罗马文化的最初几片残骸浮现出来，他是中世纪关于印度洋及其周边的那些无稽之谈的重要启发者[22]。他的权威又由于5世纪初最早的基督教修辞家之一马提努斯·卡佩拉(Martinus Capella)的使
286 用而得到加强，直到12世纪卡佩拉都是中世纪西欧“自由之艺”方面的大师[23]。

再者，中世纪的轻信不加审视和怀疑地接受权威的指引，在知名权威荫护下的一些离奇之作让关于印度的领域充满伪科学，这种伪科学尤其来源于伪经文献。比如某位费尔梅斯致哈德良皇帝的“关于亚洲之神奇”一封信，大约可追溯到4世纪，是根据佚失的希腊文原件，讲述一次所谓的东方之行[24]。在7世纪与10世纪之间，三部同性质的论著，其中包括一封《普雷莫尼斯国王致图拉真皇帝的信件》(*Epistola Premonis regis ad Traianum Imperatorem*)，在西欧传播了“印度之奇异”(mirabilia Indiae)的主题与表

21　普林尼宣称(《博物志》,7,2,21)“praecipue India Aethiopumque tractus miraculis scatent”[尤其印度与埃塞俄比亚地区多有神奇之事]。

22　索利努斯的《可记忆之事汇编》曾由莫姆森校勘，第2版，柏林，1895。

23　马提努斯·卡佩拉的地理学见《论语文学与墨丘利的结合》[*De nuptiis Philologiae et Mercurii*]第六卷，关于几何学。

24　由 H. 奥蒙校勘《关于亚洲奇迹致哈德良的信件》，载《文书学院图书馆》，卷24,1913,p. 507及下文，根据9世纪手稿 *Ms. Paris B.N. acq. lat.* 1065, 92背面—95。

述[25]。与印度及其奇迹有关的伪经通信又因《亚历山大致亚里士多德信件》而得到丰富，信件从 800 年前后开始传播，还有亚历山大与丁蒂姆斯的通信[26]。最后，在 12 世纪印度神话又被一个新人物加以丰富，长老约翰（Prêtre Jean）据说在 1164 年写过一封信给拜占庭皇帝马努埃尔·康尼努斯[27]。

在这种虚构性的文献中，必须为骑士传奇作品系列另辟一席之地，骑士传奇吸纳了印度之奇异的主题，赋予它非凡的威名。中世纪的亚历山大是传奇的英雄，受西欧公众喜爱的一个骑士传奇系列是关于他的，传奇将历史稍作夸大，神奇印度的广阔领域也归于他名下。这位帝王探险家对一切感到好奇，他探寻大地、丛林、
海洋和天空的深处，人们赋予他的那些冒险，那些壮举给了印度神 287
话在骑士传奇中的份额。中世纪的科幻小说、地理奇迹、畸形的地貌随着他进入到冒险故事中，组织成为对奇迹与怪物的追寻[28]。克

25　前两部论述《奇异》与《普雷莫尼斯国王致图拉真皇帝的信件》由 M. R. 詹姆斯校勘《东方的奇异：三篇手稿的完整复制》，牛津，1929。第三部《论怪物与野兽》[*De monstris et belluis*]由 M. 豪普特校勘，载《短论》[*Opuscula*]，2，1876，p. 221 及下文。

26　这两个文本由 F. 普菲斯特校勘《关于亚历山大传奇的小文》（“拉丁俗语文本丛书”，4），1910。W. W. 伯尔给出新校勘本《亚历山大致亚里士多德信件》[*Epistola Alexandri ad Aristotelem*]，海牙，1953。

27　与长老约翰有关的所有史料由 F. 察恩克汇集在《哲学-历史学论文》，7 和 8，1876—1879。见亨宁，前引书，第 13，3，115 章；L. 桑代克：《魔法与实验科学史》，伦敦，1923，2，p. 236 及下文；Ch.-V. 朗格鲁瓦：《中世纪法国的生活》，三，《对自然与世界的认识》，巴黎，1927，p. 44—70。L. 奥尔施基从《长老约翰的信件》中看出一种政治乌托邦的文本。《长老约翰的书信》载《历史杂志》，144，1931，p. 1—14 和《地理大发现文献史》，1937，p. 194 及下文。我参阅了施莱萨莱夫·福斯沃洛德的《长老约翰》，明尼苏达大学，明尼阿波利斯，1959。

28　关于中世纪亚历山大的极为丰富的文献，我仅仅列举最近的三部奠基之作：A. 阿贝尔《亚历山大传奇：中世纪的传奇》，布鲁塞尔，1955；G. 卡里：《中世纪的亚历

尼德人克特夏斯在公元前4世纪写作《印度》(Ινδικα),他曾在波斯当阿尔塔薛西斯·姆内蒙国王的医生[29],但是约公元前300年麦加斯提尼写作的论述更有过之,这是有关印度奇迹的所有古代与中世纪传说的源头。麦加斯提尼被亚历山大在亚洲的继承人塞琉古·尼加托尔派为使节到旃陀罗笈多王朝在恒河边的波吒利弗城(巴特那)的宫廷,麦加斯提尼在那里收集并美化了所有神话故事,所有传说,这将在以后18个世纪中使印度成为西欧梦想中的神奇世界[30]。

中世纪西欧作家们在学术、教学文献与虚构文学之间没有建立起隔离。他们在所有这些文类中都接纳印度的奇迹。在整个中世纪,印度的神奇构成各个百科全书中惯有的一章,一系列的学者努力将整套关于印度的知识当作宝贝收入书中。继马提努斯·卡佩拉之后的第一位当然就是塞维利亚的伊西多罗,在他的《词源》(*Etymologiae*)中关于每个与印度相关词条都有一段关于印度与它的奇迹的文字[31]。加洛林王朝时代的拉邦·莫尔的大百科《论万物》(*De universo*)重复了伊西多罗的文本,补充了一些寓意的诠释,1023年前后在蒙特卡西诺修道院绘制的132号手稿中让人吃惊的细密画上,一些印度怪物被画在写实的场景中,曾有人认为

山大》,剑桥,1956,和D. J. A. 罗斯:《历史上的亚历山大:中世纪插图亚历山大文学指南》,《沃伯格研究所纵览》,1,伦敦,1963。

29　J. W. 麦克林德尔:《克尼德人克特夏斯描述的古代印度》,威斯敏斯特,1882。

30　E. A. 施万贝克:《麦加斯提尼的印度》,波恩,1846。

31　塞维利亚的伊西多罗:《词源》,W. M. 林赛校勘,伦敦,1911,第11章、12章、14章、16章、17章。见J. 方丹:《塞维利亚的伊西多罗与西哥特人控制的西班牙的古典文化》,2卷本,巴黎,1959。

画中对中世纪西欧技术工具进行了最早表现[32]。在被认为是洪诺 288
留·奥古斯托杜南西斯写作的《世界之像》(*Imago Mundi*)中有一章《论印度》,更不用说与印度相关的章节《天堂》、《论怪物》、《论野兽》[33]。雅克·德·维特里在其《东方志》(*Historia Orientalis*)中引述了这些材料,反映出圣地的基督教学者继续从西欧的材料中汲取知识,比如《亚历山大的信件》,而不是从书面或口头的东方材料获得知识[34]。13世纪的百科全书作者们全都涉足印度神话:梅斯的戈捷的《世界之像》(*Imago Mundi*),直到中世纪末仍被翻译成英文、法文和意大利文[35];蒂尔伯里的热尔韦约1211年为奥托四世写作的《帝王的闲暇》(*Otia imperialia*)主要借鉴了《费尔梅斯致哈德良的信件》[36];"英国人"巴泰勒米依据的是索利努斯,他的《论事物的属性》(*De proprietatibus rerum*)直到17世纪初仍获得成功[37];康坦普雷的托马斯的《论事物的性质》(*De natura rerum*)在13世纪末被雅各布·梅尔兰特翻译成弗拉芒语,14世纪中叶被康拉德·冯·梅根贝格翻译成德语[38]; 布鲁内托·拉蒂尼

32 拉邦·莫尔:《论万物》或《论自然界的事物》,8,12,4,17,19。米涅:PL,111,阿梅利:《1023年拉邦·莫尔的插图版中世纪百科全书中的神圣与世俗画》,蒙特卡西诺,1896。A. 戈尔德施密特:《中世纪早期插图百科全书》,载《瓦尔堡图书馆报告》,1923—1924。小林恩·怀特:《中世纪的工艺与发明》,载*Speculum*,15,1940。

33 米涅:PL,172,1,11—13。

34 《东方志》,136—192章。

35 见R. 威特科尔,前引书,p. 169,注5。

36 见M. R. 詹姆斯,前引书,注25,p. 41及下文。

37 见R. 威特科尔,前引书,p. 170,注1。涉及印度奇迹见《论事物的属性》第12,15,16,17,18章。

38 见R. 威特科尔,前引书,p.170,注8和9。

的《宝库》，但丁或许从中汲取他关于印度的暗示[39]；博韦的樊尚曾三次提到印度，一次在其《自然之镜》（*Speculum naturale*）中，两次在《历史之镜》（*Speculum historiale*）中[40]。中世纪晚期继续着并丰富着印度神话。曼德维尔在其臆想的环球旅行中引入一种新的“印度水手”，“丹麦人”奥吉尔的壮举堪与亚历山大相比[41]；布道
289 者从中汲取材料的传奇与道德故事集《罗马人的功绩》向布道的听众散布印度的神奇事[42]；皮埃尔·德·阿伊在1410年的《世界之像》中的一章里汇集了关于“印度之奇迹”的所有知识[43]。

收录这些文本的众多手稿的插图形象更增加了这些文献的成功，这些形象有时蔓延到雕塑领域，正如众多艺术品所证实的那样，其中最著名和最动人的是韦泽莱市的三角楣[44]。此处不做图

39　见R. 威特科尔，前引书，p. 170，注2。关于但丁，见德·古贝尔纳蒂斯：《但丁与印度》载《意大利亚洲学会刊》，三，1889。

40　关于印度的段落，《自然之镜》中卷31，第124至131章（特别是索利努斯与伊西多罗之后），在《历史之镜》中有一章《论印度及其奇迹》（1，64）和一个长段落（四，53—60）《论亚历山大在印度所见奇迹》，是从《亚历山大致亚里士多德的信件》中抽出的。

41　A. 博芬申：《曼德维尔的约翰旅行描写的源头》，柏林，1888。《曼德维尔游记的中低地德语译本》，S. 马丁松校勘，伦德，1918。曼德维尔的约翰作品中反映了一些冒险，部分取自相同的水手辛巴德的材料（主要是普林尼和索利努斯）。关于中世纪穆斯林文献中印度洋探险者的主题，厄塞布·勒诺多的校勘本《两位穆斯林旅行者关于印度与中国的报告》，巴黎，1718，和C. R. 比兹利：《现代地理学的黎明》，伦德，1897，卷1，p. 235—238，438—450。

42　格雷塞《罗马人的功绩》，莱比锡，1905和H. 厄斯特雷《罗马人的功绩》，柏林，1872，p. 574及下文。关于中世纪说教文献中印度的范例，见J. 克拉佩尔：《例证大全》（中世纪拉丁文本丛书，2），海德堡，1911。

43　E. 比龙校勘本，巴黎，1930，《印度之奇异》[*De mirabilibus Indiae*]，p. 264及下文。

44　关于“奇迹”的图像表现，除了R. 威特科尔的文章，还有J. 巴尔特鲁塞蒂斯

像研究的发挥，这会让我远离我的主题，也非我力所能及，但是我们可以就这些形象简要发表意见。首先，这些图像的丰富证明了印度奇迹如何启发了西欧人的想象力；比这些文本所启发的那些作者更有甚者，细密画家和雕塑家善于反映中世纪基督徒赋予其上的所有狂想与梦幻。这个臆想的世界应当是中世纪人丰富想象所偏爱的主题。

图像研究还揭示出多种艺术与文学传统有时是多么错综，除了一些主要影响与方向，它们纠缠在中世纪西欧的印度灵感中[45]。透过一系列的触染，区别出中世纪意识形态与审美中的这一神奇 290
印度的两种不同灵感，两种不同诠释，这或许是具有启示性的。一方面是鲁道夫·威特科尔称为“地理学-人种学”的倾向，我认为它指向民俗与神话的世界，一种将印度当作“反自然”、将其奇迹视作“反天然”现象的观念[46]。这种观念受希腊-罗马异教的影响，它似乎主要属于一个原始与野蛮的基层。它成为中世纪反人性主张的一部分，这种主张启发了西欧中世纪的最惊人的艺术创作。与这种耸人听闻的诠释方式相对立，一种更“合理化”的倾向力图将那

的两部出色作品，《奇幻的中世纪：哥特艺术中的古代与异国》，巴黎，1955 和《觉醒与奇迹：狂想的中世纪》，巴黎，1960。还可阅读 E. 马勒《法国 12 世纪宗教艺术》（第 6 版，巴黎，1953）：《12 世纪的地理学。古代传统。克特夏斯、麦加斯提尼、普林尼、索利努斯关于怪物的故事。苏维尼柱，世界奇迹图画。韦泽莱三角楣和使徒们在福音书中记载的世界各民族》，p. 231 及下文。关于韦泽莱的三角楣见 A. 卡岑内伦伯根：《韦泽莱的三角楣中心》载《艺术通讯》，1944 和 F. 萨莱：《韦泽莱的马格德拉的玛丽亚》，默伦，1948。

45　关于中世纪早期《印度之奇异》的细密画的图像与风格的传承，特别是拜占庭的影响，见 R. 威特科尔：前引书，p. 172—174。

46　见 R. 威特科尔，前引书，p. 117。

些印度奇迹加以驯服。这种倾向出自于圣奥古斯丁和塞维利亚的伊西多罗的自然论的诠释，他们将奇迹当作自然的极限个例中的一些特殊情况，将它们重新纳入自然与神圣秩序，这种倾向发展为将这些奇迹寓意化，更有甚者将它们纳入说教。在《博物学家》(*Physiologus*)的影响下，那些动物寓言从 12 世纪开始给了那些印度狂想某种“意义”，试图剥离它们的耸人听闻的力量。侏儒是谦卑的象征，巨人是傲慢的象征，狒狒象征那些争吵的人，它们被归纳为普通人性。将神秘譬喻转化为道德譬喻，驯化在这一演变中延续，最终将它们贬黜成为对社会的讽刺。在康坦普雷的托马斯的《论畸形的人》(*Liber de monstruosis hominibus*)的一个 15 世纪抄本中(布鲁日 Cod. 411)，印度的一些传说种族披上了弗兰德斯市民的外衣[47]。

从两种视角看，印度洋都是一方精神世界，是中世纪西欧的异国情调，是它梦想和发泄的场所。探索印度洋，便是从西欧艺术的诸多侧面识别出它心态与感性的一个主要维度，它的想象力的一种首要资源[48]。

47　引用文本见 R. 威特科尔，前引书，p. 168，注 2 和 4。“Portenta esse ait Varro quae contra naturam nata videntur ; sed non sunt contra naturam, quia divina voluntate fiunt”[瓦罗认为有预言说会看到那些反天然的人出生；但他们并非反天然，因为是由于神的意志](塞维利亚的伊西多罗《词源》，9，3，1)和“Portentum ergo fit non contra naturam, sed contra quam est nota natura. Portenta autem, et ostenta, monstra, atque prodigia, ideo nuncupantur, quod portendere, atque ostendere, monstrare, atque praedicere aliqua futura videntur”[被预言的并不反自然，而是违逆所熟知的自然。但预言，奇迹，怪物和奇异，它们被这样表述，因为预言、显示、揭示和预示将会被人看到](同前，11，3，2)。布鲁日手稿 *Cod*. 411 中的一页复制于威特科尔的书中，前引书，插图 44a，p. 178。

48　主要参看 J. 巴尔特鲁塞蒂斯，同前引，注 44。

在描绘中世纪西欧的印度梦地图之前，尚需弄明白印度洋濒 291
临着哪里，西欧坚信其奇迹的是哪个印度。从东非到中国，在西欧人认为没有什么地形曲折的大洋之滨，他们通常区分三大部分，即三个印度。大印度包括印度的绝大部分，它嵌于小印度与南印度之间，小印度在科罗曼德尔海岸之北，包含东南亚的那些半岛，南印度包含埃塞俄比亚和亚洲西南海岸地区[49]。将埃塞俄比亚与印度联系——混同——起来是有益的，这将东非与南亚变成统一的奇幻世界，仿佛士巴女王不是向所罗门王而是向亚历山大大帝求婚。在长老约翰讲述的传奇中也看到这一点。其地点首先被放在所谓的印度，但却是亚洲找不到的地方，最终在14—15世纪地点被挪到了埃塞俄比亚。在1177年，亚历山大三世教皇徒劳无功地将他的医生菲利普派遣到东方，送一封信《致伟大而明智的印度国王约翰》(*Johanni illustri et magnifico Indorum regi*)[50]。但是，尽管有这些犹豫之处，西欧人保留着一种确信：奇迹的世纪是在东边，在东方。只有不莱梅的亚当试图将“印度之奇迹”挪到北方世界[51]。

中世纪西欧的首要的印度梦是对一个丰足世界的梦想。在中

---

49 关于三个印度，见蒂尔伯里的热尔韦的《帝王的闲暇》，F. 利布雷希特校勘，汉诺威，1856，1，p. 911 和 H. 尤尔：《契丹与通向那里的道路》，2，p. 27 及下文，伦敦，1914，及 J. K. 赖特《地理知识》，p. 307 及下文。

50 R. 威特科尔，前引书，p. 197 和让·柏朗嘉宾：《蒙古行记》，J. 贝凯与 L. 昂比斯校勘，巴黎，1965，注 57，p. 153—154。

51 不莱梅的亚当：《汉堡教会功绩》[*Gesta Hammaburgensis ecclesiae*]，卷 4，文中多处，尤其第 12，15，19，25 章(MGH，*SS*，7 和 B. 施迈德勒。MGH，SS，RG 第二版，1917)。亚当将印度的那些怪物种族挪到了斯堪的纳维亚。见 K. 米勒：《世界地图》，4，18。

世纪基督教社会的贫穷领地上——里尔的阿兰说“拉丁世界是贫穷的”(*latinitas penuriosa est*)——印度洋世界似乎满是财富,是大量奢侈品的来源。梦想尤其跟岛屿有关,那些数不清的“幸运岛”,幸福与丰足的岛屿,让印度洋价值倍增,那是散布着岛屿的海洋。马可·波罗说:“在印度海洋中,有 100700 岛屿……世上无人能说清所有这些岛的实情……那是印度的精华……[52]”。基督教
292 的象征系统给了这些岛屿神秘的光环,因为这光环使这些岛象征着谨守美德宝库的圣徒,四方的诱惑之浪徒劳地拍击它们[53]。它们是出产奢侈品的岛屿:贵重金属、宝石、香木、香料。物产非常丰富,据马可·波罗所言,在马拉巴尔西南印度海岸的库兰国(Coilum),从 5 月至 7 月是胡椒的丰收期:“人们把胡椒散装上船,就像我们装运小麦”[54]。马拉巴尔王国有“极大量”的海上采集的珍珠,以至于那里的国王赤裸身体,从头到脚仅以珍珠覆盖,仅只脖子上就有“400 颗最大最美的珍珠[55]”。有时这些岛屿是完全纯金

52　马可·波罗:《马可·波罗游记》(附巴黎法国国家图书馆 ms. fr. 2810 手稿细密画的复制品,手稿名《奇迹之书》),L. 昂比斯校勘,巴黎,1955,p. 292。

53　拉邦·莫尔:《论万物》,米涅 PL,111,第 5 章。《诸岛》:“Insulae dictae, quod in sale sint, id est in mari positae, quae in plurimis locis sacrae Scripturae aut ecclesias Christi significant aut specialiter quoslibet sanctos viros, qui truduntur fluctibus persecutionum, sed non destruuntur, quia a Deo proteguntur”[被称作岛屿,是因为在盐里,即位于海中,圣经中许多处岛屿意味着基督教会尤其是圣徒,他们被迫害之浪冲击却不被摧毁,因为他们被上帝庇佑]。

54　马可·波罗,同前引,L. 昂比斯校勘,p. 276。

55　同前,p. 253。下面是金银之岛如何出现于皮埃尔·德·阿伊的《世界之像》(第 41 章,《著名大洋的其他岛屿》):“Crise et Argire insule in Indico Oceano site sunt adeo fecunde copia metallorum ut plerique eas auream superficiem et argenteam habere dixerunt unde et vocabulum sortite sunt”[克里塞和阿吉尔岛位于印度洋中,富有矿产,据说表面上覆盖着金银,因此得名]。

或纯银的，比如克里斯岛和阿基尔岛……所有这些岛屿中“最好”的，即最大的和最富庶的，便是塔普罗班岛即锡兰。这是一方半真实、半奇幻、半贸易、半精神的天地，与中世纪西欧贸易结构本身有关，西欧进口远方贵重的产品，连同进口了心理上的反响。

与这个财富之梦相关的是对大量奇幻之事的梦想。印度洋的陆地上生蕃着奇异的人类与动物，这些土地是两类怪物的世界。如洪诺留·奥古斯托杜南西斯所言：“那里有一些怪物，其中一些被列入人类，另一些属于动物”[56]。透过这些，西欧超越了本地动物的平庸现实，重新找到不竭的对于自然与上帝的创造性想象。有脚掌向后的人，有狗吠的狗头人，它们的寿命超过人类，毛在老年时变黑而不是变白，还有单足动物掩蔽在自己抬起的脚的阴影中，有独眼巨人，无头人的眼睛长在肩膀上，胸前的两个窟窿是鼻 293
子和嘴，有仅靠一种水果的气味生存的人，如果闻不到就会死[57]。

56 《论世界之像》[*De Imagine Mundi*]，米涅，PL，172，第 11—13 章，123—125 栏，引用的这句是第 12 章开头。

57 “Ut sunt ii qui aversas habent plantas, et octonos simul sedecim in pedibus digitos, et alii, qui habent canina capita, et ungues aduncos, quibus est vestis pellis pecudum, et vox latratus canum. Ibi etiam quaedam matres semel pariunt, canosque partus edunt, qui in senectude nigrescunt, et longa nostrae aetatis tempora excedunt. Sunt aliae, quae quinquennes pariunt : sed partus octavum annum non excedunt. Ibi sunt et monoculi, et Arimaspi et Cyclopes. Sunt et Scinopodae qui uno tantum fulti pede auram cursu vincunt, et in terram positi umbram sibi planta pedis erecti faciunt. Sunt alii absque capite, quibus sunt oculi in humeris, pro naso et ore duo foramina in pectore, setas habent ut bestiae. Sunt alii juxta fontem Gangis fluvii, qui solo odore cujusdam pomi vivunt, qui si longius eunt, pomum secum ferunt; moriuntur enim si pravum odorem trahunt”[有脚向后的，脚趾 8 个共 16 个，还有其他一些长着狗一样的头，钩子样的指甲，穿羊皮，声音是狗叫。那里一些母亲一次生一个，生下孩子白头发，老的时候变黑，寿命超过我们。另一些母亲 5 岁生育：但孩子寿命不超过 8 岁。那里还

这是可与马克斯·恩斯特媲美的超现实主义人类学……除了这些怪物人，还有众多奇幻之兽。有拼凑组合的野兽如勒克克罗加兽(bestia leucocroca)，驴身，鹿背，狮子的胸和大腿，马脚，有分叉的大角，大嘴咧开到耳朵，发出近似人类的声音；还有具有人脸的野兽如蝎尾狮身兽(Mantichora)，有三排牙齿，狮身，蝎尾，蓝色眼睛，面色血红，声音像蛇的嘶嘶声，跑起来比飞鸟快，总之是食人的[58]。这是对丰足与怪诞的梦想，是叠加与混合的梦，是由一个穷困并受限制的人们打造出来的。怪物通常是人类与所觊觎、梦想、渴望的财富之间的一道屏障：印度的龙看守着宝藏、金银，阻止人类靠近。

梦想扩展到对一个拥有不同生活的世界的观念，在那里禁忌被摧毁或者被其他禁忌替代，陌生感产生解放、自由的印象。面对由教会强加的严格的道德，这个世界的让人迷惑的吸引力展现开

有一些独眼巨人，即亚里马斯普人和库克罗普斯人。有斯基诺珀达人用抬起的一只脚御风行走，在地上的时候用竖起的脚的影子遮阴。还有另一些没有头的人，眼睛在肩膀上，鼻孔和嘴是胸前的两个孔，长着野兽一样的毛。另外一些靠近恒河的水源，他们只靠某种果实的气味生存，如果出远门，他们带着果汁；如果吸入腐败的气味就会死去](同前，第12章)。

58　在能够游过印度洋的巨蛇之后，见如下文字："Ibi est bestia ceucocroca, cujus corpus asini, clunes cervi, pectus et crura leonis, pedes equi, ingens cornu bisulcum, vastum oris hiatus usque ad aures. In loco dentium os solidum, vox pene hominis… Ibi quoque Mantichora bestia, facie homo, triplex in dentibus ordo, corpore leo, cauda scopio, oculis glauca, colore sanguinea, vox sibilus serpentum, fugiens discrimina volat, velecior cursu quam avis volatu, humanas carnes habens in usu…"[那里有勒克克罗加兽，驴身，鹿背，狮子的胸和大腿，马脚，声音似男人……那里还有曼蒂科拉兽，人面，有三排牙齿，狮身，蝎尾，蓝灰眼睛，面色血红，声音似蛇嘶，危急时逃走，跑得比鸟飞还快，吃人肉](同前，第13章)。

来，这是食粪和食人的饮食怪异的世界[59]，是身体纯真的世界，那里人类从服装的羞耻感中解放出来，重新发现了裸体[60]、性自由，294
那里人类摆脱了贫乏的一夫一妻制和家族障碍，沉湎于一夫多妻、乱伦、色情[61]。

此外，这是对未知与无限的梦想，是宇宙恐惧之梦。在这里，印度洋是“无尽之海”(mare infinitum)，是通往风暴世界，通向但丁笔下“无人之地”(terra senza gente)的通路。西欧人的想象在此处撞上了此世的边疆，此世最终是一个封闭的世界，梦想在里面打转。一方面，它撞上了暂时拘禁着敌基督(Antéchrist)，拘禁着

59 “这个岛上有最神奇的人，也是世上最邪恶的。他们生吃肉，在他们身上看到各类污秽之事和残忍。因为那里父亲吃儿子，儿子吃父亲，丈夫吃妻子，妻子吃丈夫”(《圣方济各会至福兄弟波代诺内的奥德里克 14 世纪的亚洲游记。游记与文献集供研究 13 世纪至 16 世纪末地理学史使用》，卷 10，亨利·高第编，巴黎，1891，第 19 章，p. 237。“论东丁岛”)。

60 “在此岛上(内库维朗，即尼科巴)，他们既无国王也无领主，而是如同野兽。他们都裸体行走，男人与女人，不着寸缕。他们发生肉体关系就像街上的狗，不论何地，毫无羞耻，父对女，子对母毫无敬意，因为各自随意而为。这是一个没有法度的民族……”(马可·波罗，昂比斯校勘，p. 248)。这一主题与纯朴天真、黄金时代、婆罗门的“虔诚”的主题结合，我会在稍后提到。比如马拉巴尔的婆罗门的一个特别等级即“浊肌”(ciugni)，“因为我们不想要这世上任何东西，因为我们赤身露体来此世上；之所以我们不为裸露性器感到羞耻，那是因为我们不用它做任何恶”(同前，p. 269)。——原注。“浊肌”之译法，取自冯承钧译《马可波罗行记》第 172 章《婆罗门所在之剌儿州》。——译者

61 “然而要清楚地知道这位国王有 500 位妻子，我的意思是说结了婚的，因为，我要告诉你们，只要他看到一位美丽的妇人或小姐，他就想占为己有娶之为妻。在这个王国，有些非常美丽的女人。而且，她们的脸与全身都装饰得很美”(同前，p. 254)。还有，比如“这些少女只要还是处女，她们的肉体如此坚硬，没有人能抓住或捏住她们身体的任何部分。只要付一个小钱，她们便允许男人随便掐她们……因为这种坚硬，她们的乳房丝毫不会下垂，而是直直地突出。像这样的女子在这个王国里有很多”(同前，p. 261)。

世界末日的那些遭诅咒的种族即歌革(Gog)和玛各(Magog)的墙壁,它走向它自身的启示录式的毁灭。另一方面,它重新找到自己的倒像,这是反面的世界,是它所梦想的反世界,是关于彼此现实相反的那些地球反向对蹠点的梦想与神话的原型,它所参照的是它自己[62]。

西欧只能满足于平静的、德行的、让人放心的梦想。这是对印
295 度洋的天主教意义的梦想。那里的风暴丝毫不会阻止使徒们将福音传播到那里。圣马太据说让南印度皈依,圣巴泰勒米让上印度皈依,尤其是圣托马斯让下印度皈依,到那里去寻找他的坟墓,这又为中世纪基督徒提供了另一个幻梦。在印度洋沿岸,一个失落的基督教社会等待着它的西欧弟兄们。这一梦想产生了长老约翰,而对于景教徒族群的发现赋予他一丝现实的影子。从图尔的格雷瓜尔到马尔默斯伯里的威廉、莫林根的亨里希、海斯特巴赫的恺撒留斯,使徒传教的印度萦绕着基督徒的想象。泰西的基督教社会首次尝试向远东的基督徒伸出手去:883 年英王阿尔弗雷德向基督教印度派出西格尔姆斯主教[63]。印度洋沿岸是传教士梦想

62　关于歌革与玛各,见 A. R. 安德森:《亚历山大之门,及玛各族与被封闭的民族》,剑桥,马萨诸塞,1932。关于反向对蹠,见 G. 博菲托:《反向对蹠点的传说》载《纪念阿尔图罗·格拉夫历史研究文集》,贝加莫,1903,p. 583—601,和 J. 巴尔特鲁塞蒂斯:《中世纪艺术中的基督教宇宙志》,巴黎,1939。

63　E. 蒂斯朗:《印度的东方基督教社会》,伦敦,1957;U. 莫内雷·德·维拉尔:《关于福音书中三王的东方传说》,载《研究与文本 163》,1952;J. 达尔曼:《托马斯传说》,弗里堡,1912;L. W. 布朗:《圣托马斯的印度基督徒》,剑桥,1956。图尔的格雷瓜尔的段落见《论殉道者的荣耀》,31—32(MGH,SS RR MM,1)。关于莫林根的亨里希约 1200 年在印度的朝圣,见海斯特巴赫的恺撒留斯《奇迹对话》,七,第 109 节和 R. 亨宁《未知之地》,莱顿,1936—1939,2,p. 380 及下文。关于西格尔姆斯使团,见马尔默斯

的绝佳领地。甚至比较现实的马可·波罗也为了给这桩伟大事业提供信息而详细记下哪些民族是异教徒、穆斯林、佛教徒、景教徒。

但是这种基督徒的梦想还有着一个更为动人目的:即找到通往地上天堂的道路。因为中世纪基督教社会将地上乐园的位置确定在印度的边疆,天堂四水从那里发源,他们认为就是底格里斯河、幼发拉底河、恒河(即比逊河)和尼罗河(即基训河)。中世纪大多数地图学家都将乐园画在印度的边缘,首先是贝阿图斯修士 8 世纪后半叶的著名地图。

然而基督徒的梦想往往在更多异教色彩的梦想前退去。印度的地上天堂变成了黄金时代的原始世界,是关于早于原罪与基督
教之前幸福而纯真的人类的梦想。中世纪西欧的印度神话可能最 296
奇怪的一个侧面便是纯朴野蛮人的一面。从 4 世纪末的《帕拉迪乌斯备忘录》(*Commonitorium Palladii*)到罗杰·培根的《大著作》(*Opus Maius*)、彼得拉克的《论独身生活》(*De Vita Solitaria*),印度洋"有德行的"民族这一主题发展起来。那是"有德行的埃塞俄比亚人",还有"虔诚的婆罗门",亚历山大系列中对后者多有阐发。他们的虔诚类似基督福音教义,区别是没有提及原罪,拒绝任何教会和社会组织。随着这些婆罗门,印度之梦终结为反对任何文明、任何自然以外的宗教的人性论[65]。

伯里的威廉:《英王功绩第 5 卷》,"中世纪不列颠国王的书记官"丛书,卷 90,(W. 斯塔布斯校勘,1,伦敦,1887,p. 130)和 R. 亨宁,前引书,卷 2,p. 204—207。

64 关于地上乐园,见 L. I. 林伯姆的奠基之作《地上乐园》,赫尔辛基,1958(附英文概要和丰富插图)。

65 R. 伯恩海默:《中世纪的野蛮人:艺术研究。感情与鬼魔学》,剑桥,马萨诸塞,1952。婆罗门启发了中世纪许多文献(从伪安布罗西斯的《论婆罗门的习俗》以来,

中世纪西欧人投射在印度洋世界中的这一梦想世界，被理解
297 为地中海世界的反面，是与文明和理性相反的地方，从中快速游历一番之后人们可能会想印度梦中的矛盾是否只是所有这些梦想世界的矛盾。重新采用我们在前面进行的区分，我们从中分别出两个思想体系、两种心态、两种感性的对立，总的说来它们往往是混杂在一起的。一方面，通过寓意的游戏，基督教大大加强了这种倾

载米涅 PL，17），以及现代历史学的许多文献：H. 贝克尔：《亚历山大传说中的婆罗门》，柯尼斯堡，1889；F. 普菲斯特：《亚历山大与婆罗门故事的再生》，载《赫尔墨斯》76（1941）；G. 博厄斯：《论中世纪的原始主义与相关思想》，巴尔的摩，1948 和 H. 格雷戈尔：《印度形象》，p. 36—43。彼得拉克写道："Illud importunae superbiae est quod se peccatum non habere confirmant… Placet ille contemptus mundi, qui iusto maior esse non potest, placet solitudo, placet libertas qua nulli gentium tanta est; placet silentium, placet otium, placet quies, placet intenta cogitatio, placet integritas atque securitas, modo temeritas absit ; placet animorum aequalitas, unaque semper frons et nulli rei timor aut cupiditas, placet sylvestris habitatio fontisque vicinitas, quem ut in eo libro scriptum est quasi uber terrae matris incorruptum atque integrum in os mulgere consueverant..."[那傲慢的人是让人生厌的，他们不认为自己有罪过……厌弃俗世是让人愉快的，它不高于正义，孤独是让人愉快的，自由是让人愉快的，它是如此重大它不属于俗人中任何一个；沉默是让人愉快的，闲暇是让人愉快的，平静是让人愉快的，专注的思考是让人愉快的，正直与无忧是让人愉快的，这样可以远离鲁莽；心灵的平等是让人愉快的，总是神情自如，对任何事物没有恐惧与贪婪，林间和泉边的居所是让人愉快的，就像书中所记的，他们这些纯朴之子习惯于吸吮大地母亲未被污染的纯洁的乳房]。对这种印度地上天堂的神话，必须联系传统上"印度奇迹"重复出现的众多神奇事：青春泉，长老约翰在里面洗浴 6 次，因而他已经超过了 500 岁；常青树；治疗各种疼痛的灵药；不死的凤凰；贞洁的独角兽等等。中世纪认为太阳之树和月亮之树在印度，它们是会说话的神谕树，在炼金术中有重要作用（波伊廷格地图、埃布斯托弗和赫里福德地图中都有指示；见 C. G. 荣格：《心理学与炼金术》，第 2 版，苏黎世，1952，p. 105和 312）。对于这些神奇树木，索利努斯补充（《汇编》30，10）太阳桌，围绕着它坐着埃塞俄比亚圣者，上面的菜神奇地自我更替，这是科卡涅福地（Cocagne）的前身，从中我们可以轻易看出一个被饥荒威胁的世界在食物方面的向往。必须注意，在原始的林木茂盛的先于文明的腐蚀的印度神话的对面，我们看到一个人口众多的高度城市化的印度（据索利努斯，52，4，有 5000 大城和 9000 民族）。

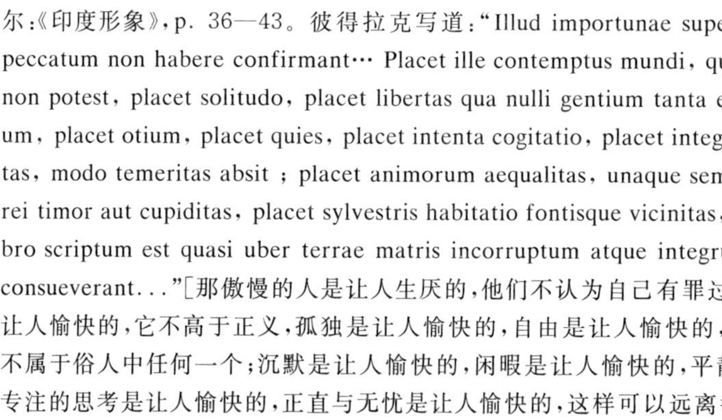

向，这是交到西欧人手中的被驯化、被祛魅的从未知世界带来的奇迹。这个被说教化的印度是被用作训导的，它仍可能引起恐惧或艳羡，但是它主要是悲惨的和让人恻然的。那些美丽的东西仅仅是用作譬喻的平常货，用来说教的可怜怪物连同那些下嘴唇下垂盖住身体的那些不幸的恶人种族全都在重复着《诗篇》140 的诗句，它们就是诗句的人格化："愿他们嘴唇的奸恶遮蔽自己"（malitia labiorum eorum obruat eos）[66]。这是忧郁的热带……

另一方面，我们仍在既迷人又骇人的奇迹构成的这个暧昧世界。这是将一些原始心态中的心理情结转移到地理与文明层面[67]。这是面对蛮族的诱惑，同时也是反感。印度是他们不懂其语言的人类的世界，他们不愿让那里的人具有吐字清晰的话语，甚至拒绝他们有说话的能力。这便是那些"无嘴"的印度人，有人愚蠢地试图认定他们是这个或那个喜马拉雅部落[68]。中世纪在西欧 298
与印度之间的蔑视是相互的。从古希腊时代起，独眼在西方就是

66　见威特科尔，前引书，p. 177。必须注意，埃米尔·马勒（前引书，p. 330）提出韦泽莱和其他教堂三角楣上表现的印度怪物种族，如同 12 世纪一位诗人解释的（《法国文学史》，卷 11，p. 8），是人类在原罪之后身体与道德的败坏。

67　S. 弗洛伊德：《神话与造型艺术中强迫观念的并行关系》载《国际治疗精神分析杂志》，4，1916—1917（引文见 R. 威特科尔，前引书，p. 197，注 7）。我们知道在中世纪西欧的文学之梦中，怪物特别是龙和鹰头狮身怪在印度到处都是，它们代表着梦想者的敌人。大家可能会问查理曼大帝噩梦中冲向法兰克人军队的代表着巴比伦酋长士兵的那支凶残而奇异的野兽大军岂非正是印度的奇幻世界扑向基督教社会？见 R. 门茨：《古法语查理与亚瑟王史诗中的梦》，马尔堡，1887，p. 39 和 64—65；K. J. 施泰因迈尔：《古法语罗兰之歌中梦的寓意的重要性》，慕尼黑，1963 和 J. 捷奥里的书评，载《中世纪文明手册》，1964，p. 197—200。J. 捷奥里运用于中世纪文献宇宙主题的方法（《宇宙，一个梦境》载《布达佩斯大学年鉴·语文学部》，卷 4，1963）我认为与我在此用来研究印度的地理与民族神话的方法相近。

68　H. 霍斯滕：《无嘴的印度人》载《孟加拉亚洲学会会报》，8，1912。

野蛮的象征，而中世纪基督徒认为印度到处是独眼巨人。15 世纪当旅行家尼科洛·孔蒂(Nicolo Conti)听印度人说他们比欧洲人高等，因为欧洲人与聪明的印度人不同，印度人有两只眼睛而欧洲人只有一只，他是多么地惊奇[69]。当西欧人梦想着半人半兽的印度人的时候，岂非这正是他们在这些让人着迷又恐慌的怪物身上投射的他们自己的心理情结？正是疑似人类(Homodubii)[70]……。

附记。凯尔特世界构成中世纪西欧的另一个梦想天地。但是教士们的文化让它受到更强的东方影响。印度神话侵入了亚瑟王的传奇。见《中世纪的亚瑟王文学》，R. S. 卢米斯编，牛津，1959，p. 68—69，130—131。

我搁置了韵文故事中可能的印度影响，加斯东·帕里斯在1874 年 10 月 9 日于法兰西学术院的首次讲课《中世纪法国文学中的东方故事》中提出过(载《中世纪诗歌》，第 2 系列，巴黎，1895)，他是从 19 世纪那些德国伟大的东方学者的著作出发的(主要是 Th.本费:《五卷书。译自梵文的五卷印度寓言、故事和小说》

69　尼科洛·孔蒂 1419 至 1444 年间在印度、中国和巽他群岛经商，他不得不皈依伊斯兰才得经营生意，回到欧洲后向教皇请求赦罪，教皇命他写作游记以赎罪。见 M. 隆盖纳:《尼科洛·孔蒂在波斯、印度和爪哇的旅行》，米兰，1929，p. 179；波焦·布拉乔利尼:《多样命运的故事》，卷 4；亨宁《未知之地》，卷 4，p. 29 及下文，和 R. 威特科尔，前引书，p. 163，注 5。

70　“Homodubii qui usque ad umbilicum hominis speciem habent, reliquo corpore onagro similes, cruribus ut aves... [疑似人类直到腰部都是人类的，余下身体与野驴相似，腿像鸟]”(《印度之奇迹》一部手稿插图的解说文字，伦敦，大英博物馆，Tiberius B V，第 82 页正面，约公元 1000 年；见 R. 威特科尔，前引书，p. 173，注 1)。

[*Pantschatantra. Fünf Bücher indischer Fabeln, Märchen und Erzählungen aus dem Sanscrit übersetzt*，莱比锡，1859]）。关于这场争论，见珀尔·尼科罗格：《韵文故事》[Fabliaux]，哥本哈根，1957。

299 中世纪西方的文化与集体心理中的梦

这一主题的选择最初为了高等师范学院历史系学生入门课程中开设的一个长期调查。这一尝试的目的是展现中世纪文化与心态史的结构、恒量和转折——是从几个根本的强迫性的观念出发的。

这样的研究必然有一些精神分析的空间，但鉴于指导者在这一领域的不足以及精神分析中从个体到集体的过渡所提出的一些未得到解决的问题[1]，我们满足于这次调查触及的精神分析的边缘，没有真正进行精神分析。因此，对圣哲罗姆的梦[2]的研究使我们分辨出基督徒知识分子的负罪感，这是从中世纪文化史整个过程中都看得到的；对《罗兰之歌》[3]中查理曼的五个梦的分析可让我
300 们看出一种“封建制的力比多”。我们同样力图利用和阐发发端于

1　见 A. 贝桑松：《走向精神分析的历史学》，一和二，载《年鉴》，1969，第 3 和 4，p. 594—616 和 1011—1033。

2　保罗・安坦神父《围绕着圣哲罗姆的梦》，载《拉丁研究》，41，1963，p. 350—377，介绍了一份值得注意的文献，但专注于无益的医学诠释，同大多数“唯科学论”的解释一样。

3　K.-J. 施泰因迈尔：《古法语罗兰之歌中梦的寓意的重要性》，慕尼黑，1963，是有益的，但没有深入根本。对于文学主题研究的参考书目，我们使用门茨：《古法语的查理曼与亚瑟王史诗中的梦》，马尔堡，1888。关于比较研究和民族学，见 A. H. 克拉普：《罗兰之歌中查理曼的梦》，PMLA，36，1921，p. 134—141。

弗洛伊德著作[4]的立足于职业意识或阶级意识的社会精神分析。对于这一点，英王亨利一世的梦[5]提供了出发点，梦的结构呈杜梅齐尔的三分图式。

在精神分析方法的理论准备中，我们当然尝试过界定梦中故事的文学包装如何在某种程度上加倍和增加了外在内容相对于梦中潜在内容的变形。就这一点而言，由于常常生硬遵从一些既定体裁的规则，遵从有制约力的权威的影响，遵从一些固定套路、一些强迫性的形象与象征，中世纪文学虽然贫化了梦的表面内容，但却给想要触及梦的潜在内容的人提供了最好的着手点。从它的那些强迫性想法出发来看这种文学，阐明在个体与集体压抑方面施

4　虽然荣格的概念与词汇可能因其表面上的满足好奇的能力而吸引历史学家，但基于许多理由，参照弗洛伊德的精神分析来进行尽可能忠实的诠释是明智的。我们采用的工具有J. 拉普朗什和J.-B. 蓬塔里斯的《精神分析词汇》，巴黎，1967和多卷《汉普斯特德诊所精神分析文库》，特别是卷2《关于梦的理论的基础精神分析概念》，伦敦，H. Nagera，1969。让我们记住弗洛伊德在《释梦》中对历史研究特别是P. 迪普根的研究感兴趣，《中世纪医学问题中的梦与释梦》，柏林，1912，他的引文见于《释梦》第4版，1914。关于梦、社会结构与精神分析，可参阅《梦与人类社会》中两篇研究，巴黎，R. 凯鲁瓦与G. E. 冯・格吕内鲍姆编，1967：A. 米扬：《梦与社会特征》，p. 306—314，依附埃里希・弗罗姆的精神分析理论；陶菲・法赫德：《中世纪伊斯兰社会中的梦》，p. 335—365，很有启发性。更宽泛的还有罗杰・巴斯蒂德：《梦的社会学》，同前，p. 177—188。

5　伍斯特的约翰（1118—1140）的编年史，I. R. H. 韦弗校勘：《奥斯马故事》（即《卡斯蒂亚故事》，西班牙的卡斯蒂亚地区旧称为奥斯马。——译者）[*Anecdota Oxamiensia*]，13，1908，p. 32—33。亨利的梦被编年史作者确定在1130年。国王在梦中相继被农夫、武士与教士威胁。编年史手稿装饰着一些细密画，表现这三重梦。这些画复制于J. 勒高夫《中世纪西方文明》，巴黎，1964，插图117—118。见前文《关于9世纪到12世纪基督教社会中的三等级社会、君权意识形态和经济复苏》，p. 80（原书）。关于东方社会国王之梦的传统，见《梦与释梦》，"东方史料丛书"，二，巴黎，1959，索引词条"国王"。查理曼的梦当然也应当作为国王之梦来分析。

加在它之上的那些潜意识压抑作用，这或许是有启示性的。

301 我们沿着两条脉络来考察，一条是按照文献的性质，另一条是沿着时间顺序。

我们先仅限于考察文本，将较不熟悉的研究取径放在稍后进行，那就是图像表现与艺术的研究，我们可以想象其材料之丰富与它们提供的决定性的启示。

从文本中，我们分别出那些理论文本，它们提供一些解释框架——梦的类型、解梦的密钥——和一些梦境讲述的具体例子。

从共时性的角度看，我们现在局限于考察两个时代断层：即从4世纪末到7世纪，中世纪文化与心态确立的阶段；12世纪的大动荡阶段，这时在恒定的深层韧性结构中同时表现出一种文化与心态的崛起（take off）。

在第一阶段，对于理论文本一类，我们详尽分析中马克罗比乌斯（Macrobe）[6]、大格列高利教皇[7]和塞维利亚的伊西多罗[8]对梦的分类，对梦的叙事文本一类，我们分析圣哲罗姆的梦[9]，分析“严厉者”叙尔皮斯《圣马丁传》中圣马丁的梦[10]，还有从图尔的格雷瓜尔

6　马克罗比乌斯：《对西庇阿的梦的注释》，1，3，莱比锡，J. 维利斯校勘，卷2，1963。W. H. 施塔尔：马克罗比乌斯《对西庇阿的梦的注释》，译文附引论和注解，1952和P. 库塞尔写过关于马克罗比乌斯的一些重要著作，尤其是《西庇阿之梦的基督教后代》载《拉丁研究》，36，1958，p. 205—234。

7　大格列高利教皇：《约伯书的道德》，1，8（*PL*，827—828）和《对话集》4，48（*PL*，77，409）。

8　塞维利亚的伊西多罗：《见解》3，第6章：《梦的尝试》（PL，83，668—671）和附录9，《见解的第4卷》，第13章《何为梦的类型》（同前，1163）。

9　圣哲罗姆《通信》22，30（致厄斯托乔姆），希尔贝格校勘，CSEL，54，1910，p. 189—191和拉布尔《比代丛书》卷1，1949，p. 144—146。

10　“严厉者”叙尔皮斯：《圣马丁传》，3，3—5，5，3，7，6，信2，1—6，见校勘本索引词的圣徒传记集里抽出的两个梦[11]。

对于12世纪，在第一系列中，我们研究了索尔兹伯里的约翰 302
的梦的分类[12]，研究了宾根的希尔德加德的梦的原因的分析[13]，研究了《伪奥古斯丁书》中的分类[14]——在这些文本之上我们补充了13世纪古法语的一部解梦密钥[15]。在第二系列中，我们解释了查理曼的梦、亨利一世的噩梦[16]和三个涉及圣母马利亚的梦：两个取自伍斯特的约翰的编年史[17]，第三个取自瓦朗谢讷的埃尔曼的《智

条“梦”，附有雅克·方丹的出色注释，3卷本，“基督教史料丛书”，第133—134—135，巴黎，1967—1969。

11　图尔的格雷瓜尔：《论圣朱利安的神迹》，第9章：瘫痪的费达米亚。图尔的格雷瓜尔：《论圣马丁的德行》，第56章：被抓在掌中的妇人。我们注意到下文将谈到的瓦朗谢讷的埃尔曼（12世纪末）的梦是一个神梦——是一种减弱的形式。我们知道荣格的一位弟子以精神分析的视角研究了神梦。C. A. 迈尔：《古代的神庙求梦与现代的精神治疗》，1949。他还有另一贡献：《古希腊的梦与神庙求梦》载《梦与人类社会》所引卷，p. 290—304。

12　索尔兹伯里的约翰：《波利克拉替库斯》，卷2，15—16，韦布校勘，1909，p. 88—96：《论梦的类型、原因、形态和寓意，及梦与其他形态的寓示的某些共性》。

13　《希尔德加德的‘原因及治疗’》，P. 凯泽校勘，莱比锡，1903：《论梦》，p. 82—83，《论夜里的压迫和梦》，p. 142—143。

14　《论呼吸与灵魂》（《伪奥古斯丁书》），第25章，*PL*，40，798。《伪奥古斯丁书》受马克罗比乌斯的影响由L. 多伊布纳揭示，《论神庙求梦》，1900。

15　《下文为梦的寓意》，瓦尔特·祖西尔校勘：《古法语的梦书》载《法国语言与文学》，67，1957，p. 154—156。见林恩·桑代克：《魔法与实验科学史》，卷2，伦敦，1923，第50节：《古代与中古梦书》，p. 290—302。

16　我们注意到拉丁文没有词对应“噩梦”（马克罗比乌斯没有对应的拉丁词来翻译希腊文ἐπιάλτης，他将之放进民间信仰一类）。噩梦这个词出现于中世纪俗语。见E. 琼斯出色的历史精神分析研究《论噩梦》，第2版，1949。噩梦（cauchemar）的词源（O. 布洛赫和W. 冯·瓦特堡《法语词源词典》，第5版，巴黎，1968，p. 114：calcare：fouler + mare，中古荷兰语“夜间的幽灵”）是存有争议的。但是让我们记住，噩梦这个词是中世纪的创造。关于噩梦的心理学诠释，见宾根的希尔德加德《论夜里的压迫》，引文见注12（原文）。

17　《伍斯特的约翰的编年史》，前引书，“1137年”，p. 41—42。

慧的传奇》[18]。

为了指出研究的局限而强调精神分析的可能，这并不会掩盖我们的研究利用了思想史、文学史、医学史和科学史、心态与感性的历史、民俗学。因此，对梦的研究为我们带来——比如说——中世纪视角下关于身体的地位及相关现象（莫斯[19]所说的身体技艺、饮食、生理[20]）的一些宝贵信息，或者提供对“传统”现象的一种研
303 究取径，这种现象超出“传统的”文化史的狭隘方法之外。最终，通过这一视角，我们可以衡量在何种限度内将中世纪社会——复数的中世纪社会——与所谓的“原始”社会加以比较才能是合理的和有启示性的[21]。

我们的研究首先要突出对古代遗产的继承，这是中世纪文化与心态的特色。对于古希腊-罗马释梦学中的梦，中世纪的教士们主要记取了那些能够从基督教意义上进行诠释的，那些对于拥有简单的心智工具的头脑而言相对容易着手的文本——以歪曲和误

18　瓦朗谢讷的埃尔曼的《智慧的传奇》，是手稿 Ms. B.N. fr. 20039 未刊出的部分，诗句 399—466。我感谢莱顿大学的 J. R. 斯梅茨教授提供这一文本。

19　M. 莫斯：《身体的技艺》，载《心理学学刊》，1935，p. 271—293，收录于《社会学与人类学》，巴黎，1950。

20　见《年鉴》的《生物学史与社会》专号，第 6 期，1969 年 11—12 月。

21　主要请参阅 G. 德弗罗的著作《非西方社会中的致病之梦》，载《梦与人类社会》，前引书，p. 189—204；D. 埃根：《霍皮印第安人的梦》，同前，p. 213—256；A. 欧文·哈洛韦尔：《在奥吉布瓦文化中梦的地位》，同前，p. 257—281。格扎·罗海姆：《原始文化类型的精神分析》，载《国际精神分析学刊》，13，1932，p. 1—224，他严厉批判了 J. S. 林肯的著作《原始文化中的梦》，伦敦，1935。在已经提到的极有启发性的《梦与人类社会》中，G. 冯·格鲁内鲍姆以有益的方式定义了他成为“中世纪”或“前现代”的文明的特点（p. 8—9），帮助我们确定它们与“原始”文明的关系。必要的和有启示的比较研究不应该遮蔽差异的重要性。

解为代价，虽然通常是无意识的。毕达哥拉斯学派、斯多葛学派通过西塞罗的著作在马克罗比乌斯的作品中——他是中世纪释梦学的大师——与新柏拉图学派的潮流汇合，而新柏拉图主义已经被阿特米多罗斯加以折中[22]。维吉尔的一个文本[23]提供了真相与假象的概念[24]，对于中世纪粗糙的善恶二元论来说这是至关重要的。304
古代的梦境的多样与丰富走向衰败，这种情况由于从《圣经》继承下来的对梦的怀疑而加剧：即《旧约》中的谨慎[25]，《新约》中的

22　关于阿特米多罗斯，见 C. 布卢姆：《阿特米多罗斯梦书的研究》，1936，从精神分析的角度，见 W. 库尔特的可贵研究《从弗洛伊德的释梦来看阿特米多罗斯梦书》载 *Psyche*，4Jg，10H，1951，p. 488—512。

23　是关于两个睡眠之门的著名段落（《埃涅阿斯》，6，893—898），角质的门通向真的影子，象牙门通向假象：Sunt geminae somni portae：quarum altera fertur / cornea，qua veris facilis datur existus umbris，/ altera candenti perfecta nitens elephanto，/ sed falsa ad caelum mittunt insomnia Manes. / His tibi tum natum Anchises unique Sibyllam prosequitur dictis portaque emittit eburna. [这是两座梦之门：其中一座是用角制成，真实的影子可以轻易从那里通过，另一座是雪白闪光的象牙门，但玛涅斯从这门中送出假象到世界上。说了这些，安喀塞斯将儿子与西比拉从象牙门送出]。但是"梦之门"成为 G. 罗海姆著作的名字，《梦之门》，1953。关于这段文字，见 E. L. 海巴格的出色注解《梦之门：对埃涅阿斯记 4:893—899 的考古学审视》，约翰·霍普金斯大学考古研究，第 30 期，1940，他花费精力进行无谓的研究，想确定维吉尔梦想世界的地理位置。另见 H. R. 施泰纳：《埃涅阿斯中的梦》，伯尔尼大学论文，1952。关于文本中 insomnia（无眠）的意义见 R. J. 格蒂：《Lexica 中 Insomnia 意思》，载《美国语文学》，54，1933，p. 1—28。

24　中世纪难于区分梦与幻象。主要的区分是睡眠与醒着。睡眠的人所见的属于梦。本文研究者对此缺乏语义学研究。见 F. 沙尔克有见地的文章《骑士传奇中的梦与所用词语》，载《罗曼语词汇史范例》，法兰克福，1966，p. 295—337。为了达成效果，应当多中世纪西欧基督教社会的所有语言进行语文学的考察。期望对于中世纪社会的研究能够出现一部可与 E. 本维尼斯特的大师之作相比的著作，《印欧语关于机构体制的词汇》，2 卷本，巴黎，1969，它对于中世纪历史学家同样珍贵。

25　《旧约》中的梦的类型与索引见 E. L. 埃尔利希：《旧约中的梦》，1953。N. 瓦西代和 H. 皮埃龙：《圣经概念中先知梦的价值》，载《民间传统》，16，1901，p. 345—360，

沉默[26]。从异教传统(凯尔特、日耳曼等等)来的占梦术[27]又增加了人们对梦的保留与逃避态度,这在中世纪早期成为司空见惯的事情。在圣哲罗姆和圣奥古斯丁的作品中梦已经是难以把握的[28],在大格列高利教皇那里梦转向了魔鬼一边,在塞维利亚的伊西多罗那里大同小异……然而,仍然存在一系列的"好"梦,它们
305 来自于上帝,是通过天使与圣徒们的新中介。梦与圣徒传记紧紧相联。梦境印证着马丁获得圣徒封号的历程中各个主要阶段。梦境重新利用——如同图尔的格雷瓜尔所证明的——古老的求神托梦的做法来为供奉圣徒的教堂的服务(图尔的圣马丁、布里乌德的圣朱利安)[29]。但是在总体上梦被作为可疑之物打入地狱,普通基督徒应当小心提防不要相信这些可疑的东西。唯有一种新的梦中精英是适合于他的:即梦见圣徒。不论梦来自上帝(圣马丁的梦)

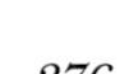

他们认为《旧约》对梦的保留主要来自于犹太先知与迦勒底圣者之间的对立。见 A. 卡科:《梦与对它们的迦南和以色列诠释》,前引书,p. 99—124。

26　《新约》中梦的索引(简短),见 A. 维肯豪尔:《从宗教史角度看新约的梦的预言》,载《小鱼:古代宗教与文化研究》,明斯特,弗朗茨·约瑟夫·德尔格纪念文集,1939,p. 320—333。福音书中的5个梦(全部在马太福音中,是关于基督的童年和圣约瑟夫的)和《使徒行传》中的4个梦(都是关于圣保罗的),前者是按照一种东方模式,后者是按照一种希腊模式。

27　见 E. 埃特林格:《凯尔特传说与民俗中的预言梦》,载《民俗学议事录》,59,43,1948。关于占卜,见研究论集《占卜》,A. 卡科与 M. 勒波维奇编,2卷,巴黎,1968,可惜里面仍然缺少西欧中世纪内容。

28　关于圣奥古斯丁作品中的梦,我感谢 J. 方丹使我能够参阅玛蒂娜·迪莱的出色研究《圣奥古斯丁的生平与思想中的梦》(打字本大学本科论文,巴黎,1967),她使用了 F. X. 纽曼的《梦:关于梦的中世纪理论与幻象诗的形式》(未出版的博士论文,普林斯顿大学,1963),我尚未能参阅。

29　见 P. 圣伊夫:《在圣徒传记的边上》,1930:中世纪西欧基督教堂中特别是圣母教堂中的求神托梦。同样请参阅 H. 勒克莱尔《基督教考古与仪礼词典》中"宿庙求梦"词条,7—1,1926,511—517栏。

还是来自撒旦(圣安东尼的梦——这样的情况下,抗拒幻象、梦中的英雄主义成为取得圣徒地位的搏斗,圣徒地位已经不再靠殉道来获得了),圣徒们代替了梦中的古代精英:国王(法老、尼布甲尼撒王)和领袖或英雄(西庇阿、埃涅阿斯)。

12 世纪可以被视为梦通过中世纪文化与心态而得到光复的时代。简单而粗略地说,魔鬼退却,让位给上帝,"中性"的梦即 somnium(梦)的空间扩大,它更多是与人类的生理有关。梦与身体的这种关联,占梦学向医学与生理学的这种转变将在 13 世纪随着大阿尔伯图斯和其后的维尔纳弗的阿尔诺而得以完成[30]。梦被去神圣化,同时被民主化。一些普通教士——后来还有普通俗众——得到了有寓意的梦。在宾根的希尔德加德的作品中,除了噩梦,梦是作为"体液平衡的人"的正常现象而发生的。

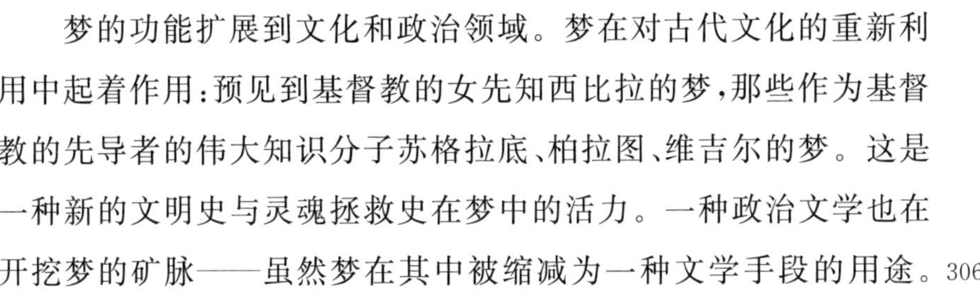

梦的功能扩展到文化和政治领域。梦在对古代文化的重新利用中起着作用:预见到基督教的女先知西比拉的梦,那些作为基督教的先导者的伟大知识分子苏格拉底、柏拉图、维吉尔的梦。这是一种新的文明史与灵魂拯救史在梦中的活力。一种政治文学也在开挖梦的矿脉——虽然梦在其中被缩减为一种文学手段的用途。306
亨利一世的梦标志着道路的一个阶段,它通向《果园之梦》* 。

这是因为——即使被压制到次要地位——梦继续起着它的发

30　大阿尔伯图斯:《论睡眠与维吉尔》(《著作》,卷 5,里昂,1651,p. 64—109)。维尔纳弗的阿尔诺:《为不谦虚的医生们解释梦中出现的幻象》(《全集》,巴塞尔,1585,p. 623—640)。林恩·桑代克,前引书,p. 300—302,他根据 Ms. Paris BN. Lat. 7486 手稿认为这一论著是某位阿拉贡的纪尧姆大师写的。

*　《果园之梦》是 1378 年前后的作品,可能得到查理五世的授意,讨论宗教权力与世俗权力的关系,作者不详,有人认为是埃弗拉尔·德·特雷莫尼翁。——译者

泄作用，作为克服潜意识压抑和禁制的特有工具的作用。在12世纪末，瓦朗谢讷的埃尔曼的梦明显表现出梦在新的文化演进斗争中的有效性：拉丁文被俗语代替。只有一个真正的梦想——这是时代的标记，是梦见圣母马利亚——可以为这种骇人的胆量提供理由：即用俗语来讲述《圣经》[31]。在索尔兹伯里的约翰笔下，梦终于在一套真正的关于知识的符号学中取得一席之地[32]。

31　“当心我的死尸莫要被忘记，把它从拉丁文完全转移到罗曼语”（《知识的传奇》，手稿 Ms. Paris，BN. fr. 20039，诗句 457—458。）

32　索尔兹伯里：《波利克拉替库斯》，卷 2，15—16，同前引书。我们可以比较 12 世纪上半叶手稿 Ms. Bamberg Q VI 30 中与此相近但更具经院哲学特点更狭隘的概念，将梦当作灵魂了解上帝密意的三种方法之一，引文见 M. 格拉布曼：《经院哲学方法史》，1911，再版 1957，卷 2，p. 39。

母性的和开辟世业的梅露西娜 307

J.勒高夫与 E.勒华拉杜里两个分别在他们各自在高等实验学院第 6 部主持的研讨课上解释的文本中遇到了梅露西娜。随后他们对照了他们的文本与想法。由此产生这份共同的研究，J.勒高夫负责其中的中世纪部分*，而 E.勒华拉杜里负责近代部分。

> “民间创作并不提供在数理推算上有可能的所有形式。如今，已不再有新的创作。但是，肯定存在一些特别多产的，特别有创造力的时代。阿尔尼认为在欧洲中世纪就是这种情况。虽然我们认为这些民间故事的生命力最强的时代由于科学的影响已经一去不返，但是我们明白这种或那种形式在今日的缺失并不足以质疑普遍理论。以天文学的普遍法则为基础，我们推想一些我们看不到的星辰的存在，与此相同，我们可以推想一些我们未曾收集到的故事的存在。”
>
> ——V.普罗普：《民间故事的形态学》
>
> 法译本，伽利玛出版社，巴黎，1970，p. 189—190。

---

* 本文只重刊这一部分。共同的参考书目载《年鉴》1971。——原出版者注

308 生活在英王宫廷的教士沃尔特·马普写作于1181—1193年间的《廷臣琐记》(*De nugis curialium*)第四部分第9节中讲述了一个青年的婚姻故事,看起来这是位年轻爵爷,绰号“大牙亨诺”(Henno cum dentibus),“他被这样叫是因为他牙齿的大小”,故事讲的是他与一个奇怪生物的婚姻[1]。一天中午,在靠近诺曼底海岸的森林中,亨诺遇到一位穿着王族服装的美丽少女,她正在哭泣。她告诉他自己是船难的逃生者,那艘船要带她去法国国王那里,她是应该嫁给国王的。亨诺爱上了美丽的陌生女人,娶了她,她为他生出非常漂亮的子嗣:“pulcherrimam prolem”。但是亨诺之母注意到这位年轻女子是假装虔诚,她回避弥撒的开头与结尾,错过洒圣水和领圣体。她很好奇,在媳妇房间的墙上钻了一个洞,发现她正在洗澡,是一条龙(draco)的样子,随后在用牙齿将一件新袍撕成碎片之后又恢复人形。被他母亲告知后,亨诺在一名神父的帮助下用圣水撒在妻子身上,她随着她的女仆一起穿过屋顶跳出,消失在空中,同时发出大声的嚎叫。在沃尔特·马普的时代,亨诺和他的龙妻子还留下众多子嗣(multa progenies)。

这个生物并没有被点出名字,历史年代不确切;但“大牙亨诺”或许与《廷臣琐记》另一段落(第四部分第15章)表现的那个亨诺是同一个人,他属于可以断代为9世纪中叶的那些半历史半传奇的人物与事件。

一些校勘者将“大牙亨诺”的故事与作于1209—1214年间的《帝王的闲暇》(*Otia Imperialia*)中讲的“埃斯佩尔维尔城堡女主”的故事(第三部分第57节)进行对比,作者也曾是亨利二世的宠臣,

1 沃尔特·马普:《廷臣琐记》,M. R. 詹姆斯校勘,牛津,1914。

后来为西西里国王效力，然后效力于不伦瑞克的奥托四世皇帝，写作《帝王的闲暇》之时任阿尔王国的统军[2]。埃斯佩尔维尔城堡正是在这个王国，在瓦朗斯教区(法国德龙省)。埃斯佩尔维尔的女 309
主同样在弥撒时迟到，无法出席领圣体。因为她丈夫与仆人某日将她强行留在教堂里，在说祝圣词的时候她飞起来，毁坏了礼拜堂的一部分，永远消失了。与礼拜堂相邻的一座坍塌的塔楼在热尔韦的时代仍然在见证着这一轶事，这事件的年代也不确定[3]。

但是虽然这一故事与“大牙亨诺”妻子的故事之间存在明显的相似，虽然她没有被称为龙，埃斯佩尔维尔女主同样是被基督教仪式(圣水、圣体饼)驱逐的恶灵，但蒂尔伯里的热尔韦的文本相对于沃尔特·马普的文本来说显得极为贫乏。相反，人们很少想到将同样由蒂尔伯里的热尔韦讲述的“鲁塞城堡的雷蒙”的故事去与“大牙亨诺”做对比[4]。

2　唯一完整版本(但不尽完善)见 G. W. 莱布尼茨:《不伦瑞克纪事》，卷 1，汉诺威，1707，p. 881—1004。《校正与补遗》，卷 2，汉诺威，1709，p. 751，784。F. 利布雷希特校勘了《帝王的闲暇》中那些“神奇”段落，附有值得关注的民俗学注释，副题为《对德国神话学与民俗研究的贡献》，汉诺威，1856。J. R. 考德维尔准备《帝王的闲暇》的一个校勘本(见 *Scriptorium* 11，1962 上和《中世纪研究》24，1962 上的文章。关于蒂尔伯里的热尔韦：R. 布斯凯:《未知的蒂尔伯里的热尔韦》，载《历史学刊》191，1941，p. 1—22 和 H.G. 理查森:《蒂尔伯里的热尔韦》，载《历史》，46，1961，p. 102—114。

3　这一节(《帝王的闲暇》，卷 3，57，F. 利布雷希特校勘，p. 26)被阿拉斯的让引用，地点挪到东方。是在亚美尼亚的埃佩尔维尔城堡，梅露西娜姐妹中的一位，梅里奥，被她的母亲普雷西娜放逐(L. 斯托夫校勘，p. 13)。

4　这一节(《帝王的闲暇》，卷 1，15，F. 利布雷希特校勘，p. 4)被与梅露西娜的故事对比，但通常没有同亨诺的故事对比，但是全部这些文本是构成一个整体的。阿拉斯的让把《帝王的闲暇》中的雷蒙称为罗杰(p. 4)。这是罗歇(岩石)与罗杰的触染，还是另一个传统？见后文提到的迪谢纳小姐的博士论文，p. 314(原书)，注 11。我们仍要注意在梅露西娜的名字没出现之时雷蒙的名字已经被提到。

离普罗旺斯的埃克斯不远，鲁塞城堡的领主在特莱谷地阿尔克河附近遇到衣着华丽的美妇人，她呼唤他的名字，她最后同意嫁给他，条件是他不会企图看她的裸体，如果他看了，他便会失去她带来的所有物质上的财富。雷蒙许下诺言，夫妇过着幸福生活：财富、实力和健康，有许多漂亮的孩子。但是不谨慎的雷蒙一天拉开
310 了帘子，帘子后面他妻子正在卧房洗澡。美丽的妻子变成蛇，永远消失在洗澡水里。当她隐身回来看她的孩子，只有保姆听到她的声音。

此处蛇女还是没有名字，而故事没有年代；但是骑士雷蒙虽失去大部分财产和幸福，可他同结婚不长的妻子生有一个女儿（热尔韦不再提及其他孩子），她也十分美丽，嫁给了一位普罗旺斯贵族，她的后代在热尔韦的时代仍然活在世上。

在《帝王的闲暇》中有两种蛇女（水蛇或翼蛇），同样在《廷臣琐记》中也有两种，因为除了“大牙亨诺”还有“野人艾德里克”（“野人埃里克，即指他生活在森林，这样叫是因为身体的灵活和他的语言和行动上的天赋”），他是北莱德伯里的领主，他的故事在第二部分第 12 节讲述[5]。一天晚上，在狩猎之后，艾德里克在森林里迷路。夜深的时候他到了一座大宅[6]，那里有贵族女子在跳舞，她们非常

5　沃尔特两次讲述艾德里克的故事。第二个版本更短些，没有提艾德里克的名字，故事紧接在亨诺故事之后（《廷臣琐记》，卷 4，10，M. R. 詹姆斯校勘，p. 176）。

6　“ad domum in hora nemoris magnam delatus est, quales Anglici in singulis singulas habebant diocesibus bibitorias, ghildhus Anglice dictas…［他被引到了森林里的一座大宅，就像英国各教区各自有其酒徒，英国被叫作‘行会’的……］”（《廷臣琐记》，11，12，M. W. 詹姆斯校勘，p. 75）。我觉得这一奇怪文本被研究同业公会的历史学者错过了。

美丽和高大。她们中间一位引起他的强烈爱意，他立刻劫走了她，与她度过了三天三夜的情爱时光。第四天，她许诺给他健康、幸福和财富，条件是他决不打听关于她的姐妹和强掳发生的房子和树林的事情。他许下诺言，娶了她。但是数年之后，一天夜里他因打猎回来看不到她而生气。当她终于回来，他生气地问她："为什么你的姐妹们留住你那么长时间？"她便消失了。他因痛苦而死。但他们留下一个儿子，非常聪明，他很快便瘫痪，头部和全身颤抖。去向圣埃塞尔伯特和赫里福德的圣骸盒朝圣治愈了他。他留给圣徒他在莱德伯里的土地和30镑的年金。

马普和蒂尔伯里的热尔韦的写作——1200年前后——的大约同一时代，西斯廷教派的弗鲁瓦蒙的埃利南讲述了一位贵族与蛇女结婚的故事，故事亡佚但在约半个世纪之后被多明我派的博 311
韦的樊尚在他的《自然之镜》(2，127)中收录了一则干巴巴的梗概。"在朗格勒省[7]，一位贵族在森林深处遇到一位身着华贵服装的美丽女子，他爱上她，娶了她。她喜欢经常洗澡，一天她被看到以蛇形蟠曲，她永远消失了，她的后代仍然健在[8]"。

7 L.斯托夫这段文字与阿拉斯的让的文本(p. 79)进行比较，让文本中圣女之城名兰热(Linges)。E.勒纳代：《朗格勒地区的传说、故事与传统》，巴黎，1970，p. 260，他提到梅露西娜却没有给出朗格勒的版本。同样，马塞尔·里夏尔《朗格勒地区的神话》，巴黎，1970，提到梅露西娜(p. 88及下文)却没有给出精确的口述内容，对于蛇-龙的转变、地狱和水的背景和龙-蛇两重性有些有益的意见，龙-蛇可以说作恶的，但也可象征P.-M.迪瓦尔所说的"繁殖的多产和土地的丰饶"。我们在《中世纪教会文化与民俗文化：巴黎的圣马塞尔和龙》中进行了相同阐述，载《纪念克拉多·巴巴加罗历史与经济研究论文集》，L.德·罗萨编辑，卷2，p. 53—90，那不勒斯，1970，本书p. 236—279(原书)。

8 "In Lingonensi provincia quidam nobilis in silvarum abditis reperit mulierem

随后关于梅露西娜的书面记载跳跃了将近两个世界，连续产生了两部作品：一部是散文体的——由作家阿拉斯的让写成，是为了贝里公爵让和他姐姐玛丽写作的，玛丽 1387—1394 年为巴尔公爵夫人——在最老的手稿中的题目为：《吕西尼昂家族的高贵历史》或《散文体梅露西娜传奇》，或《散文体梅露西娜之书》；另一部是韵文的，由巴黎书商古德莱特在 1401—1405 年间完成，名为《吕西尼昂或帕尔特内家族传奇》，或《梅露西娜》。

对我们而言，这两部作品表现出三个关键特征。它们篇幅更长，小故事变成传奇，蛇女名叫梅露西娜（或者更确切的说是阿拉斯的让的作品中的梅吕西尼，有着 Mesluzine，Messurine，Meslusigne 的书写变体；在古德莱特版本中作 Mellusine 或 Mellusigne），她丈夫的家族是吕西尼昂（Lusignan），是普瓦图重要的贵族，家族的长房在 1308 年失传（其领地收归国王领地，随后归入
312 贝里公爵采邑），其幼子支系从 1186 年以来拥有耶路撒冷皇帝的头衔，从 1192 年以来拥有塞浦路斯国王的头衔。

阿拉斯的让和古德莱特的叙述彼此十分相近，关于梅露西娜的内容基本相同。我们并不想知道是否如同多数评论者所认为的那样，古德莱特将阿拉斯的让的散文体传奇进行了精炼和核对，还是依据雷奥·霍弗里希特的看法，这两个文本似乎来自同一个失

speciosam preciosis vestibus amictam, quam adamavit et duxit. Illa plurimus balneis delectabatur in quibus visa est aliquando a quadam puella in serpentis se specie volutare. Incusata viro et deprehensa in balneo, nunquam deinceps in comparitura disparuit et adhuc durat ejus projenies"［在朗格勒省，某个贵族在隐秘的树林发现穿着华丽服装的美丽的女子，他爱上她并带回家，她喜欢洗澡，最后在洗澡时被某个女孩看到她是蛇盘曲的样子。在洗澡时被丈夫抓住，她立刻消失踪影，至今她的后代尚存］（博韦的樊尚《自然之镜》，卷 2，129 引文 L. 霍弗里希特，p. 67）。

传的范本，一个 1375 年前后的韵文法语故事。对于某些点，古德莱特的韵文保留了一些被阿拉斯的让忽略或者没有理解的元素，比如梅露西娜在消失时所发出的对土地的诅咒。

以下是依据阿拉斯的让的版本，我们所认为的 14 世纪末《梅露西娜传奇》的主要内容。

阿尔巴尼亚国王（即苏格兰）埃利纳斯在狩猎中在森林里遇到一位非常美丽的女子，她用美妙的声音歌唱，她就是普雷西娜。他向她示爱，并提议娶她。她接受了，条件是如果他们有了孩子，他不可以旁观分娩。埃利纳斯先前结婚生的儿子恶意怂恿他去看普雷西娜，她刚刚生下三个女儿：即梅露西娜、梅里奥、帕莱斯蒂娜。普雷西娜带着三个女儿消失了，与她们隐居在阿瓦隆即迷失之岛。当三个女儿长到 15 岁，她们得知父亲背叛的事情，为了惩罚他而将他封闭在一座山里。普雷西娜始终爱着埃利纳斯，她很生气，惩罚了她们。梅里奥被关进亚美尼亚的埃斯佩尔维尔城堡；帕莱斯蒂娜被锁在卡尼古峰；长女梅露西娜是罪过最大的，她被罚每个星期六变成蛇。如果有男人娶她，她将变得置人死地（而她当然也会死，从而摆脱她的永恒之痛苦），但是如果她丈夫看到她星期六的样子，她将重新回到痛苦中。

雷蒙丁是福雷伯爵之子，普瓦捷伯爵的外甥，他在猎野猪时不小心杀死他舅舅。在泉水边（渴泉或者仙女泉），雷蒙丁遇到三位美丽女子，其中的梅露西娜安慰他，向他许诺如果他娶她的话就使他变成强有力的领主，他同意了。她命他发誓决不企图在星期六看她。

夫妇过着丰足生活。梅露西娜是勤奋的工匠，开荒并建筑城

市与城堡，首先建造的就是吕西尼昂家族的城堡。他们有许多孩
313 子，10 个儿子，其中有几位通过婚姻而成为国外，比如塞浦路斯国王乌特利安，亚美尼亚国王雷诺。但是他们每人都在脸上有一处缺陷，比如第六子大牙若弗鲁瓦。

阿拉斯的让大篇幅讲述了这些儿子的功绩，尤其是他们与撒拉逊人的战斗。但是有一天在拉罗谢尔，雷蒙丁接到他兄弟福雷伯爵的访问，告诉他有关梅露西娜的传言。每个星期六她都会躲起来，要么她这一天是跟情人一起，要么就是因为她是个仙女，在那一天赎罪。雷蒙丁"生气且嫉妒"，在梅露西娜沐浴的地窖门上打了一个洞，看到她的塞壬的样子。但是他没有告诉任何人，梅露西娜假装什么都不知道，就像没有事情发生。

儿子们的事迹并非总是可称颂的。若弗鲁瓦烧掉了马耶塞修道院（和那里的僧侣）。雷蒙丁对他发火，梅露西娜试图劝解。但是愤怒中丈夫对她说："啊，虚假的蛇，天呢，你和你的好事，你们只是幽灵，你生的任何后代都不会得救"。梅露西娜以长翅膀的蛇形从窗户飞走。她每晚回到吕西尼昂家（只有保姆能看到她）照顾两个最小的孩子雷莫内和蒂埃里，通过一种凄惨的猫头鹰叫声泄露其踪迹，这是"仙女的叫声"。绝望的雷蒙丁作为隐修士退隐在蒙塞拉。若弗鲁瓦到罗马向教皇忏悔，重建了马耶塞修道院[9]。

之所以我们将关于艾德里克的文本（沃尔特·马普作品中）与

9　有一种对比此前还没有人提到过，它可证实所有这些故事之间的关系。艾德里克的儿子阿尔诺，当他想恢复健康时，他被要求去罗马朝圣，向使徒彼得和保罗求得治愈。他很生气，回答说他先去赫里福德请求圣埃塞尔伯特，这是一位国王和殉道者，他是圣埃塞尔伯特的"教区信徒"（《廷臣琐记》，M. W. 詹姆斯校勘，p. 77）。

关于埃斯佩尔维尔女主的文本(蒂尔伯里的热尔韦作品中)合并一处,那是因为它们呈现出与“大牙亨诺”和“鲁塞城堡的雷蒙”故事的一些明显联系。但是其中出现的女仙－妻子与梅露西娜不同,因为她没有被表现为一条蛇[10]。

所以我们的核心材料缩减为 1200 年前后的三个文本:沃尔 314
特·马普、蒂尔伯里的热尔韦、弗鲁瓦蒙的埃利南(通过博韦的樊尚转述)以及两部 1400 年前后的传奇,阿拉斯的让的散文体作品和古德莱特的韵文作品。

历史学家可以对此作何种解读——或者说开始何种解读?

诠释中的假设与问题

我们的文本之“源流”为何? 古德莱特提及“在马布勒贡塔楼中”发现两本拉丁文的书,它们被翻译成法语,还有另一部著作,是“索尔兹和贝里伯爵”(即索尔兹伯里伯爵,阿拉斯的让也提到这位伯爵是信息提供者)交给他的。不论这是真的还是作者的花招,不论古德莱特的真正源头是阿拉斯的让的传奇还是一个更早的文本,书商古德莱特是从阅读中,通过书面文学的渠道知道梅露西娜的。

10 沃尔特·马普,蒂尔伯里的热尔韦和阿拉斯的让除了梅露西娜还提到属于同一“类别”的非蛇形的其他女仙(女梦魔)。基督教义打乱了此中的分类。在指出这一点的同时,我们仅限于“狭窄”的材料。见 E.勒华拉杜里在参考书目中指出的阿尔古热仙女。我们还可注意一些片段的影响和移置。大牙亨诺变成大牙若弗鲁瓦,多菲内省的埃斯佩尔维尔城堡变成亚美尼亚的埃佩尔维尔城堡等等。

阿拉斯的让也提到一些书面来源，提到贝里公爵与索尔兹伯里伯爵为他提供的“那些真实的编年史”，以及“几本被人发现的书”。他尤其引证了蒂尔伯里的热尔韦（杰维斯）[11]。但是他补充说自己用“听老辈人讲述”和“在普瓦图和其他地区听到”的内容丰富了这些真实的编年史。所以，这是一些口头传统，是通过一些老人的中介：阿拉斯的让对于我们研究的价值就在于此。尽管作者有文学才华，但对口头传统的关注使他不能对这些传统过于歪曲，这让他收集和保留下12世纪末那些教士未理解或者忽略掉的元素，重新发现了奇异之事的曾经被隐去的意义[12]。阿拉斯的让的
315《梅露西娜》是民俗学家的好目标，但40年前路易·斯托夫只能按照传统的文学史方法进行过笨拙的解读，虽然他的解释还是有些助益的。

阿拉斯的让对于民间故事的吸收从另一种方式上说也是非直接的：他使用传统上已经收集到的材料，材料已部分地被1200年代的教士们纳入到书面文化。

对于弗鲁瓦蒙的埃利南，透过博韦的樊尚的简短概括，我们无法了解什么。但是我们知道这位西斯廷教派成员对或多或少具有民俗性的神奇故事感兴趣。他属于1200年前后的少部分教士，他

11　阿拉斯的让应该通过译本了解《帝王的闲暇》，是让·迪·维涅在14世纪翻译的，他还翻译了博韦的樊尚的《自然之镜》。是让·德·贝里的图书馆为阿拉斯的让提供了这些“源本”。A. 迪谢纳小姐在国际文书学院撰写的一篇博士论文（1971）是关于《帝王的闲暇》的中世纪法语译本。

12　研究民间文化或渗透着民间文化的现象与作品，这让历史学家接触到使他困惑的某种“历史时间”。慢节奏、倒叙、失去与再生与单一线性的时间是不协调的，而历史学家惯于从这种线性时间中区分出这里或那里的“加速”或“延迟”。所以更有理由庆幸，将历史研究领域扩展到民俗，这质疑了这种不足的时间观。

们喜欢与那不勒斯与魔法师维吉尔有关的那些奇迹[13]。虽然如同有人提出的那样[14]，他所指的并非朗格勒省的，而是兰热地区，可能就是圣东日，大致相当于吕西尼昂，但他证明了梅露西娜（尚未记载名姓）1200 年前后在法国西部的存在，如同她也存在于诺曼底或者普罗旺斯。

沃尔特·马普广为发掘了他能接触到的图书馆。除了教会的教父们与古典拉丁作者，借鉴口头传统的故事是很多的。《廷臣琐记》的校勘者谈到“未能识别出处的传奇与英雄传说，他的许多较长的故事大概是从此发端的[15]”。马普经常提到他从中获得信息的那些“故事”（fabulae）。对于《大牙亨诺》的故事他没有给出来源，但关于《野人艾德里克》他参照了威尔士人（Wallenses）的故事，他称他们为“我们的威尔士同乡”（compatriote nostri Wallenses）。所以，口头传统或者说民间传统占有重要地位[16]。

事情随着蒂尔伯里的热尔韦变得更加明确。因为这位英格兰人除了拥有坚实的书本知识，而且在他职业生涯中，从英格兰到博 316
洛尼亚，从那不勒斯到阿尔，他收集了丰富的口头传统。在讲述鲁塞城堡的雷蒙故事的这一节开头，他给出自己的源头：“民众讲述[17]”。

13 关于那不勒斯与维吉尔的奇迹，见 D. 孔帕雷蒂：《中世纪的维吉尔》，第 2 版，1896，英译本再版，1966。J. W. 斯帕戈：《魔法师维吉尔》，剑桥（马萨诸塞），1934。

14 见前文（原书），p. 311，注 7。

15 M. R. 詹姆斯：沃尔特的《廷臣琐记》的出版前言。

16 马普，前引书，p. XXII。我们应当记住存在一种非书面语的学者文化（与“贵族”阶层有关的吟游诗人？），这让凯尔特人、日耳曼人等等的文化问题变得复杂化。口头传统与民间传统的区分是基本的谨慎态度。

17 《帝王的闲暇》，F. 利布雷希特，p. 4。

下文我们将看到中世纪的梅露西娜在古代社会中有一些女性同类（甚至祖先），但梅露西娜是中世纪的造物、创造，所以即便可能受到她的作者们阅读的古代故事的触染，仍然有机会从民俗的角度来研究她。梅露西娜——尤其是我们文本中的梅露西娜——确实很容易在与民俗特别是民间故事相关的著作中找到[18]。

A.范·根内普《当代法国民俗学手册》参考书目第17条是关于梅露西娜的[19]；但虽然提到阿拉斯的让，他明确地截止到中世纪之前。

斯蒂思·汤普森的《民间文学主题索引》可以让我们从几个分类下找到梅露西娜。首先是从“禁忌”一类（C. 30禁忌：“冒犯超自然的亲属”，尤其是C. 31.1.2，禁忌：“在某个时机观看超自然的妻子”）。然后在关于“动物”特别是男人（或女人）－蛇一类（B. 29.1，“拉弥亚”：“女人脸，蛇身”，参见F. 562.1“蛇小姐”，B. 29. 2“蝰蛇伊基德娜”：“半女人，半蛇”和B. 29.2.1：“有人头的蛇”）。随后，在神奇生物一章（“神异”，F. 302.2：“男人娶仙女并带她回家”）。最后在女巫一类中（G. 食人女妖［女巫］，G.245“女巫在洗
317 澡时将自己变成蛇”）。如果我们将中世纪的事实引入这些分类，我们就面对下列问题：

18　我们要记住由亨利·盖多与欧仁·罗朗创办的一份重要的民俗学刊物，包含1877—1912年间不规律出版的11卷，刊名是《梅露西娜》（神话学、民间文学、传统与习俗文集）。

19　A. 范·根内普：《当代法国民俗学手册》，卷4，1938，p. 651—652。范·根内普在这些篇目之前加上这样的“帽子”：“这一特定民俗主题的起源是未知的；阿拉斯的让肯定吸收过民众文学；尽管是变成书面语的，这一主题在某些地区仍旧是民间的，就像我们在雷奥·德塞弗尔的论文中所看到的，我对这篇论文补充一些民俗内容，按照时代排序，没有考察中世纪史专家们的著作，它们超出本手册的指定范围”。

1. 对禁忌的违犯有何意义？违犯是根本，因为它是故事的关键，而在中世纪故事的基督教背景下，一个新问题出现了：由于伴侣的“魔鬼”特性，丈夫不忠于诺言的罪过是否不那么大了？那一时代的“文化”排除了这一问题。

2. 在“异教徒”宗教中神祇可以化身为动物，凡人与超自然动物的结合是荣耀的事，而基督教使人成为上帝化身的唯一形象，它是否自发地让人与半兽的结合变得屈尊降格？问题的提出是关于蒂尔伯里的热尔韦讲述尼布甲尼撒和狼人的故事（《帝王的闲暇》，三，120）。

3. 就这些“神异”女子而言，白巫术与黑巫术，仙女与女巫的成分如何来划分？基督教义是为梅露西娜提供了得救的机会还是无可挽回地诅咒她？

在他们的《民间故事类型》的分类中[20]，安蒂·阿尔纳与斯蒂思·汤普森没有重视梅露西娜，但可让我们从一些类型中找到她，T400—459 =“超自然生物或者被迷惑的丈夫（妻子）或其他亲属”，尤其是第400—424（妻子）及T411：国王与拉弥亚（蛇妻），这提出了关于词汇与该书作者对于参照系的筛选问题：拉弥亚明确指向《圣经》、古希腊-罗马作家、圣哲罗姆、圣奥古斯丁和我们研

20 A. 阿尔纳和S. 汤普森：《民间故事类型：分类与参考书目》，第2版，赫尔辛基，1964（FFC n。184）。面对这一伟大著作，我们一方面敬佩和感激，另一方面对于一些分类原则感到怀疑。玛丽-路易斯·特内兹夫人以其权威与典雅的方式对于斯蒂思·汤普森另一部丰碑之作《民间文学主题索引》怀有保留，6卷本，哥本哈根，1955—1958（M.-L. 特内兹：《口头文学研究导论：故事》，载《年鉴》，1969，p. 1116和《论作为文类的神异故事》，载《口头传统研究》，G. P. 迈松纳夫和拉罗斯编，巴黎，1970，p. 40）。我们认为这些保留意见可以扩展到《民间故事类型》。

究的中世纪作家（蒂尔伯里的热尔韦，主要是《帝王的闲暇》，三，85），但该书为故事给出的参照竟然是印度的！

318 在保罗·德拉吕和玛丽-路易斯·特内兹的书目中给梅露西娜的位置更少。T. 411 在书中没有例子说明；相反 T. 449 提供"娶了吸血鬼女人的男子"的例子，而 T. 425 对"寻找失踪的丈夫"类型篇幅太长，将梅露西娜故事包含在相反性别的类型中（31，嫁给蛇的姑娘）。

所以，就梅露西娜的那些中世纪版本，对民俗学研究，尤其是民间故事研究，更尤其是神异故事研究提出几个根本性问题是完全合理的[21]。

*

首先，这是一则故事（conte）吗？我们所面对的不是一个传说（légende）？德文意义的 Sage（传说）？因为法文"légende"涵盖两个德语词"Sage"和"legende"，后者专指德语文学类别中的"宗教传说"，是中世纪拉丁语"legenda"的意思，相对于 Vita（生平，某位圣徒的传记）[22]。故事与传说之间的差别已经由格林兄弟划出，如我们所知，他们是著名的《童话》集和同样重要的《德意志传说》的作者："故事更具诗歌性，而传说更具历史性"。梅露西娜的中世纪

21　请参见前注中引述的 M.-L. 特内兹的出色研究。

22　关于"民间"文学类型问题有很多研究，我们仅引述：H. 鲍辛格尔：《民间诗歌的形式》，柏林，1968，特别是卷三：1. 故事，2. 童话，3. 传说，4. 圣徒传说，p. 154 及下文。德文作者们称"梅露西娜传说"（*Melusinensage*）。

故事岂不正与他们的定义吻合:“传说的色彩没有那么斑斓,它的特性在于联系着某种已知的有意识的东西,联系着由历史证实的某个地方或名姓[23]”?

格林兄弟将故事与传说看作两个平行类别,但是难道不该从传说中看出故事的某种变形(可能的而非必要的变形)?当某个故事落入社会上层与知识文化阶层掌握中,当它进入新的空间与时间框架,那里的空间指定更为精确(某个省,某个城市,某个城堡,某个森林)且时间范围更加快速,当它被那些“新兴的”社会与社会 319
阶层拿去用来书写他们较近期的历史,它便成为传说。

这似乎正是发生在我们所研究故事身上的事。在12世纪末,在几个地区有与蛇女结婚的男人的小故事:在诺曼底、普罗旺斯、朗格勒或者圣东日地区。在我们后文将提出的假设的条件下,一些人比如大牙亨诺、鲁塞城堡的雷蒙、弗鲁瓦蒙的埃利南或者不如说他们的后代企图将故事据为己有,把它变成他们的传说。成功做到这点的是吕西尼昂家族。何时、如何、为什么?很难弄清楚。考证神话与历史的对应,热衷这种令人失望的索隐把戏的人很多,而且经常是很敏锐的,他们力图弄明白阿拉斯的让所写的雷蒙是吕西尼昂家的哪一位,吕西尼昂家哪位伯爵夫人是梅露西娜。与事情相关的唯一看来能对上号的历史人物是“大牙若弗鲁瓦”,他说梅露西娜的第六个儿子。似乎至少是在14世纪他便被认定是若弗鲁瓦·德·吕西尼昂,他是沙泰勒罗子爵,他没有烧毁修道院,

23 格林兄弟:《德意志传说》,第一卷序言,由达姆施塔德出版,1956, p. 7,引文见H. 鲍辛格尔,前引书,p. 170。

更没有烧死僧侣，他在 1232 年破坏了马耶塞修道院的领地（他在第二年不得不去罗马请求教皇宽恕），他的座右铭可能是“non est Deux”（上帝不存在），他在 1250 年死去，没有子嗣。这位若弗鲁瓦让人想到沃尔特·马普笔下的大牙亨诺，他是蛇女的丈夫（而非儿子），蒂尔伯里的热尔韦不知道这故事，他被阿拉斯的让重新利用了，他应当是与梅露西娜故事不同的故事中的主人公。从各方面看来，将历史人物若弗鲁瓦的母亲认定为传说中的梅露西娜是毫无意义的。似乎也不可能确定梅露西娜是在何时进入吕西尼昂家族族徽之中的[24]。海希西认为故事与塞浦路斯的吕西尼昂家族的联系，其背景是东方影响与印度故事中的老海蛇，这很难经得起考察。诺曼底的“大牙亨诺”的故事早于“鲁塞城堡的雷蒙”，无法证明这一故事与塞浦路斯的吕西尼昂家族有任何联系。那个历史年代很难使这样的传播路径成为可能，蒂尔伯里的热尔韦的文本提到普罗旺斯的乡村与森林地区，在文化上与马赛相去甚远[25]。

320 看来梅露西娜的名字成功地与吕西尼昂家族联系在一起。但是难以分辨出是梅露西娜这个名字指向吕西尼昂家族，还是吕西尼昂家族将这位仙女据为己有，赋予她自己的姓氏是为了更好与她连结在一起。不管怎样，对词源的追寻是令人失望的。这解释不了最主要的：为何从 12 世纪末开始某些人物和某些阶层（骑士、

24　L. 霍弗里希特，p. 68。

25　K. 海希西：《梅露西娜传说的起源》，载 *Fabula*，3，1959，p. 170—181（p. 178：埃克斯约在马赛北部 30 公里；认为马赛商人将故事最古老版本从塞浦路斯带到故乡，这是大致不错的）。

教士、“民众”)对于这些“梅露西娜”产生兴趣[26]?

让我们来尝试着确定“传播说”的限度。梅露西娜的传说从何而来?自从我们获得这些文本开始,我们就发现在几个地区存在同一传说的几个相近形式,却发现不了共同的发源地。随后,吕西尼昂家族,之后的贝里家族和巴尔家族(据阿拉斯的让说,是贝里公爵的姐姐巴尔公爵夫人玛丽让她兄弟找人写作梅露西娜的传说)是这一传说传播的源头,它的传播动向与吕西尼昂家族成员普遍相关:在阿让地区、塞浦路斯、多菲内省的萨斯那热、卢森堡。可以跟踪传播过程中的一支。起点是阿拉斯的让的《梅露西娜传奇》,早在15世纪出就能在勃艮第公爵的图书馆里找到它,接着很快有了古德莱特的韵文传奇作为辅助。从此,一方面它深入到弗兰德斯,另一方面深入日耳曼语区。布鲁日的一部手稿年代在1467年前后。1491年,传奇在安特卫普被印成弗拉芒语译本。在另一方向上,“好人”菲利普与“大胆”查理的亲信鲁道夫·德·赫希贝格总督将它引入瑞士。伯尔尼的司法官图林·德·伦格尔廷根在1456年翻译了古德莱特的《梅露西娜》,他的译本约1477年印成(在斯特拉斯堡?),1491年在海德堡印刷。另一个译本1474年在奥格斯堡出版[27]。一个德文版本在1569年被M. 谢尼克被翻译成波兰文。这一译本的成功可见于17世纪波兰与乌克兰民 321
间故事中,学者与民众艺术中对梅露西娜的许多表现[28]。

26 几乎所有的研究都谈到梅露西娜的词源。尤其是亨利·戈丹:《梅露西娜和语文学》,载《下普瓦图学刊》和P. 马丁-西瓦:《梅露西娜的简单秘密》,普瓦捷,1969。

27 L. 霍弗里希特和L. 德塞弗尔,p. 257及下文。

28 《波兰民俗词典》,J. 科尔齐扎诺夫斯基编,“梅露西娜”词条,p. 226—227。

如果我们现在不去看中世纪这些梅露西娜故事的后代，而是去看它们在其他文化中的前辈和同类，那么神话的广阔领地便向我们展开。由蒂尔伯里的热尔韦《帝王之闲暇》民间故事集的校勘者费利克斯·利布雷希特开创的比较研究[29]在上个世纪末产生了三部有分量的研究：J.克勒的《梅露西娜传说的起源：民俗学研究》(1895)提出了最有启示性最为"现代"的关于梅露西娜的问题论；玛丽·诺瓦克的论文《梅露西娜传奇：它们的神话背景、与其他传奇系列的同源关系及它们在德国文学中的地位》(1886)转向对德语文学作品的研究；最后是让·卡尔洛维奇的文章《美丽的梅露西娜和旺达王后》(1877)，主要转向斯拉夫语的梅露西娜故事。

与梅露西娜传奇进行对比的主要是：1. 与欧洲古代有关的，爱神厄洛斯与普绪喀、宙斯与塞默勒的希腊神话，努马与泉源女神伊吉丽亚的古罗马传说；2. 古印度方面的几个神话，其中乌尔瓦希的神话大概是最古老的雅利安民族的版本；3. 从凯尔特人到亚美尼亚人各种文化中的一系列神话与传说。

克勒以如下方式界定了所有这些神话的特点："属于另一种性质的生物与一个男人结合，在过了共同的人类生活之后，在某个事件发生时消失"。变体是造成失踪的这个事件的性质。往往这个事件在于这个神奇生物的属性被揭露。克勒认为这一类的主要典型是"梅露西娜型"，在这一型中神奇生物一旦她的凡人伴侣看到她的真身便消失了。

这一分析的功绩在于将神话学引到结构分析的道路上，却未

29　《比较语言学刊》(库恩编辑)，卷 18，1869。

很好反映传说（或神话）的真正结构。故事（或传说）的结构并非某个主题也非动机，而是其结构，即冯·叙多所说的“构成”（composition），马克斯·鲁提所说的“形态”（Gestalt），弗拉迪米尔·普 322
罗普所说的“形态学”（morphologie）[30]。

如果有能力和渴望，我们可以对梅露西娜传奇的不同版本按照普罗普的框架进行结构分析。比如[31]：

I. 一个家庭成员远离家（普罗普）：主人公去打猎。

II. 几个禁令加于主人公身上（普罗普）：在他遵守禁忌（分娩或怀孕、裸体、星期六）的条件下梅露西娜才嫁给他。

III. 禁令被违犯。“现在在故事里出现一个新人物，可称之为敌对者。他的作用是搅乱幸福家庭的平静，制造某种不幸……”（普罗普）。在沃尔特·马普笔下是婆婆，在阿拉斯的让笔下是小叔子。

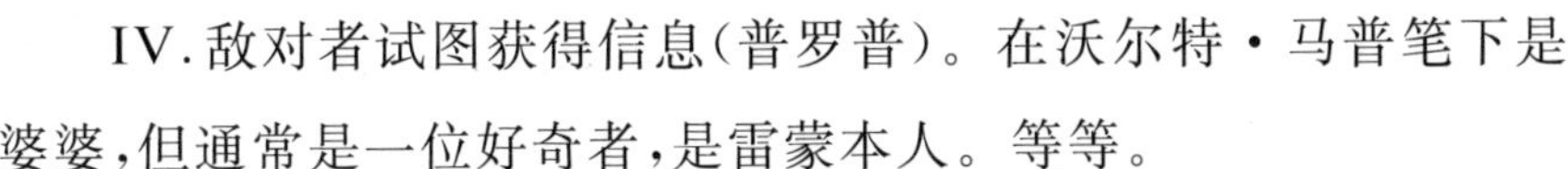

IV. 敌对者试图获得信息（普罗普）。在沃尔特·马普笔下是婆婆，但通常是一位好奇者，是雷蒙本人。等等。

似乎我们还可以找到一些反向结构，这种现象在故事的转变机制中起着主要作用，普罗普和同样精于此道的克洛德·列维-斯特劳斯都提到过这种现象。J. 克勒关于梅露西娜已经谈到“翻转”（Umkehrung）。E. 勒华拉杜里在梅露西娜的某些德文版本中找到一些。在乌尔瓦希神话的第二种版本中，魔女（aspara）在看到凡人男子的裸体时消失了。

30 M.-L. 特内兹：《论作为文类的神异故事》，前引书，p. 12—13，16—17。

31 V. 普罗普：《民间故事的形态学》，法译本，巴黎，伽利玛出版社，1970，p. 46及下文，瑟伊出版社，1970，p. 36及下文。

即使我们可以将结构分析更加深入，我们从中得出的结论仍要谦虚和理性，可以准确反映出对文献的结构主义解读方法对历史学家的重要意义以及这些方法的局限性。

第一个结论是，故事的变形不是随意的，在结构与时势的斗争中，结构的抵抗在长期内挫败时势的进攻。但是系统有解体的时候，就像系统在很久以前构成一样。就这一点而言，《梅露西娜》既
323 是中世纪的也是现代的。但是，我们同样看到，它在1200年前后出现的时候，它是民间与口头现象在书面与学者传统中的涌现，其源头难于追踪，我们知道随着浪漫主义这一《梅露西娜》摆脱了几世纪来的结构，却仍保留在行将灭亡的民间故事中[32]。

另外，在结构的长时段中，故事所允许的并非结构的而是内容的转变，是历史学家认为极其重要的。这些转变不是某种内部机制的简单进行。它们是故事对于历史之请求的回应。在研究梅露西娜的内容和试图阐明其历史寓意之前，还需要对于形式说几点意见。这是接应后文所提出假设的几块的衔接石。

故事尤其是《梅露西娜》所属的神异故事，是围绕着一位主人公的[33]。谁是《梅露西娜》的主人公？当然是仙女的丈夫。从故事的逻辑上讲，他的伴侣应当是邪恶的，这种逻辑被时代的意识形态加强，这种意识形态将她当作魔鬼（蛇与龙的基督教象征意义），梅

---

32 关于这些，除了克洛德·列维-斯特劳斯的著作（主要是神话学系列）和参考书目中引述的E. F. 利奇领导的集体著作，请见*Communications*，《叙事结构分析》专号，第8，1966和M.-L. 特内兹《论作为文类的神异故事》，前引书，尤其是《走向文类的“逻辑”结构》（p. 20及下文）。

33 关于主人公，见M.-L. 特内兹，前引书，p. 15，注7。

露西娜虽然被沃尔特·马普称作“毒蛇”(pestilentia),被阿拉斯的让称为“谎言的蛇”(借愤怒的雷蒙丁之口),她虽不是一个引人好感的人物,但至少她是让人可怜的。在故事结尾处,她作为丈夫背誓的牺牲者出现。她成为主角地位的竞争者。正如同马克·索里亚诺在拉封丹作品中所分辨出的作为可怜的牺牲者的狼与讨厌的加害者的狼,梅露西娜是一条让人恻隐的作为牺牲者的蛇。故事最后的解释让她在夜里隐着身,呻吟着回到她幼小孩子的身边,在心理描写上丰富了对这位“伪女主人公”的动人展现。为何对这个魔女温情脉脉?

神异故事的一个特色就是幸福的结局。《梅露西娜》的结尾很
不幸。它更像是一个传说,神异故事开始向英雄史诗发展,后者的 324
笔调通常是悲伤的。向着包含主人公的失败与死亡的文类转移是为什么?

最后,在故事的“心理刻画”中(雷蒙丁的心理状态在故事的几个阶段起着主要作用:激情、好奇或愤怒、悲伤或绝望;是我们前面指出的梅露西娜故事特点的转变),同时在将故事加以合理化倾向中,我们应当看出神话向故事或史诗然后到小说的典型演进(但并非必然),小说是最通常意义的(文类意义)或者是杜梅齐尔意义的(演进的形式与阶段)[34]。

如果我们现在着手诠释的问题,我们应当首先注意到中世纪

34 关于这一演进,让·德·弗里耶:《从与英雄传奇与神话的关系看民间故事》(FFC,第154),赫尔辛基,1954。见《民间故事》,载《第欧根尼》,第22,1958,p. 3—19。对于这一问题要引述杜梅齐尔的所有著作。让我们记住他最近一本《从神话到小说》(哈丁古斯的传说与其他论文),巴黎,1970。

的作者们给他们眼中梅露西娜的意义做出过明确解释。对于所有人而言，她是个女梦魔，一个女仙，等同于遭贬斥的天使。她半人半兽，除了一个死胎，她生出一些非凡的孩子，他们有身体的天赋（女儿们美丽，儿子们强壮），但都有缺陷或者不幸[35]。有些作者同样解释了这些婚姻的原因。蛇女由于一个过错而被判永远以蛇身
325 受苦，她寻求与一个男人结合，只有这样才能让她摆脱永恒之苦，可以让她自然死亡并随后享有另一次幸福的生命。

如果我们想想整个中世纪文化生活的基督教背景，而且在中世纪末基督教义走上寻找合理性解释的道路，哪怕其理由被用于一些完全非理性的内容，那么这层基督教的外衣就毫不让人吃惊了。我们顺便注意到，虽然传说也是以某种基督教义的解释为框架的（故事之前或之后），但是在传说本身中很少有基督教元素。

35　I）Audivimus demones incubus et succubus，et concubitus eorum periculosos；heredes autem eorum aut sobolem felici fine beatam in antiques histories aut raro aut nunquam legimus，ut Alnoldi qui totam hereditatem suam Christo pro sanitate sua retribuit，et in eius obsequiis residuum vite peregrinus expendit［我们听说男女梦魔和他们危险的伴侣的故事；但我们在稀少的或失传的古老故事中读到他们的子嗣是被保佑的，阿诺德报答主赐予健康给所有后代，作为对主的顺从这位朝圣者捐献葡萄酒来偿付其余的］（沃尔特·马普，野人艾德里克故事的结论，《廷臣琐记》，11，12，M. W. 詹姆斯校勘，p. 771）。蒂尔伯里的热尔韦有同样的解释（《帝王的闲暇》，1，15，在鲁塞城堡的雷蒙故事前），将蛇女的情况与狼人做对比。阿拉斯的让的独特之处在于坚持将这些梦魔与女仙等同（是他发源自民俗的思想和作品中的重要意义），另一方面他主要到三个禁忌：“她们让人发誓，让一些人发誓说绝不看她们的裸体，另一些人发誓星期六不打听她的情况，如果她们有了孩子，绝不让丈夫在她们分娩期看她们”（L. 斯托夫校勘，p. 4）。对此他做了补充，说明与约定有关的兴业发达：“只要他们遵守约定，他们便主宰着权力与财富。一旦背约，他们就失去，慢慢失去幸福。”蒙茅斯的杰弗里在《不列颠诸王史》中已经就梅林的出生谈到过人类与魔鬼（男女梦魔）之爱（这里的夫妇是相反的：凡人女子＋梦魔）。

在大牙亨诺的故事和埃佩尔维尔女主的传说中，虽然是那位女基督徒的不良表现（不参加完整的弥撒）引发了怀疑，虽然在鲁塞城堡的雷蒙的故事中是基督教的驱魔仪式（圣水、供奉圣体饼）揭穿她的面目，但是中间却没有任何基督教元素。虽然阿拉斯的让的传奇一方面沉浸在一种基督教氛围里，但另一方面没有任何基督教元素在故事发展中起重要作用，大概只有一处，即马耶塞修道院火灾引起雷蒙的愤怒，致他死命的愤怒。梅露西娜的来源距基督教甚远。虽然在中世纪教师们眼中，女梦魔的作风与习惯解释了梅露西娜的属性和故事，但在我们这里却不同。

那么故事的关键究竟是什么？不论是梅露西娜采取主动（渴望摆脱自己的命运）还是雷蒙（被激情燃烧），梅露西娜的“嫁妆”就是雷蒙的发达。当梅露西娜遭背叛，雷蒙在一定程度上又回到从前的状态。丰饶之角杯干涸了。

因此，透过她在传说中的功能揭示出梅露西娜的属性。梅露西娜带来富足发达。不论她历史上（我们永远无法知道）具体地与某位本地的凯尔特丰饶女神、与某个肥沃土地的精灵、与某个起源印度（或更广泛意义的印欧传统的）的开辟文化的女英雄联系在一起，还是她来自地狱、水中或梦里（她轮换着身份，既是蛇又是塞壬和龙，就这一层而言，阿拉斯的让故事中的“泉”有着足够明确的凯尔特味道，而在沃尔特·马普作品中的大海和蒂尔伯里的热尔韦的那条河——在他们两人作品中都有“沐浴”——是对女仙的水属 326
性的简单指涉），在所有例子中她都是作为“女神-母亲”的中世纪变形而出现，如同一位丰饶女神。

是何种意义的丰饶呢？她给了丈夫力量与健康。但她主要是在三个方面成全他——以不同等的方式。

首先是土地的丰饶。在沃尔特·马普与蒂尔伯里的热尔韦作品中，对土地的指涉虽然是暗示性的（但他们相遇的森林环境是极具寓意的，根据我们在其他地方清楚看到的，与森林的关系或许意味着开垦），在阿拉斯的让的作品中梅露西娜的开垦活动是可观的。林间空地在她脚下展开，森林变成田亩。有一个地区即福雷地区（Forez 可能是布列塔尼语）是由她从自然中开垦出农田的。

但是在阿拉斯的让作品里，另一项创造性活动居于第一位：即营造。梅露西娜远不止是开垦者，她变成一位建造者。在她四处行走中，她让路边遍布堡垒与城市，往往是她领导施工亲手建造的。

不管对于历史决定论有怎样的成见，如果拒绝从中看到《梅露西娜》与经济形势相关的历史面目，那无疑是想让真相溜走：开垦和营造，开垦而后营造。梅露西娜是中世纪经济飞跃的女仙。

然而，梅露西娜的丰饶更显著地表现在另一领域。即人口领域。梅露西娜首先给予雷蒙的是孩子。即便他们人数不是阿拉斯的让笔下的 10 个，他们是仙女-母亲消失与人类-父亲破产之后的幸存者。艾德里克“将遗产留给儿子”。亨诺和他的“毒蛇”有“众多后代在今天仍存在”。鲁塞城堡的雷蒙从他的冒险与不幸中保留下一个女儿，“其后代至今尚存”。

梅露西娜消失后，如果说人们听到她的声音，那也是在她履行最本质职责即母亲和养育者的职责之时。虽在光明中隐去，她仍旧是一位夜间的母亲。

到了此处没有人会拒绝谈谈封建制的家族、世系、封建社会的细胞吧？梅露西娜便是贵族世系由之所出的子宫。

因此，结构主义（和比较历史学）虽然有助于消除某种欺骗性的历史决定论即故事与传说的“事件性”历史真实的历史决定论 327
（从某个历史事件或人物来寻求对某个故事或传说进行解释，或者更糟，去从中寻找其起源），但如果我们不仅注意形式而且注意动态变化中的内容，结构主义能使我们更好把握故事与传说的历史功能，不是从与某个事件的关系中，而是从它们与社会与意识形态结构本身的关系中去把握。

在现阶段，我们无法回避两大问题。

我们其中一个只略提一下：即图腾崇拜问题。J.克勒在谈到梅露西娜时对图腾崇拜有很长的阐发。这个半兽女子作为世系的起源与象征，不正迫使我们重新提出图腾崇拜的问题[36]？

第二个问题是这种文学与社会的联系。是谁创作了这些故事或传说，为什么？

作家们为我们提供了故事的学者版本，它们是我们研究的基

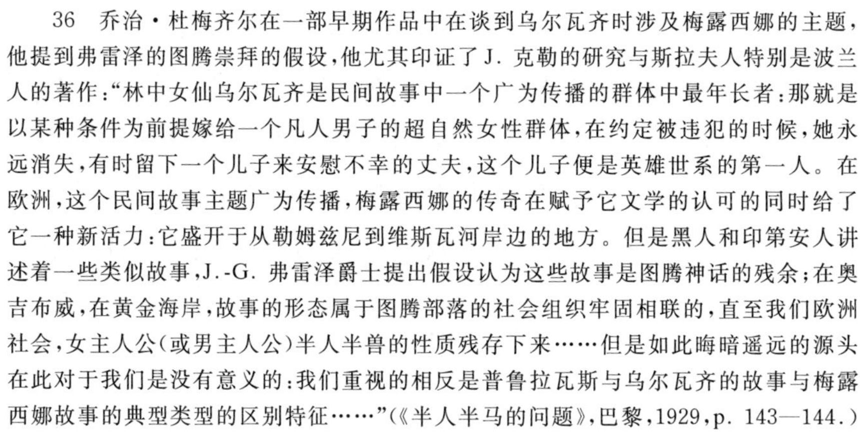

36　乔治·杜梅齐尔在一部早期作品中在谈到乌尔瓦齐时涉及梅露西娜的主题，他提到弗雷泽的图腾崇拜的假设，他尤其印证了J.克勒的研究与斯拉夫人特别是波兰人的著作：“林中女仙乌尔瓦齐是民间故事中一个广为传播的群体中最年长者：那就是以某种条件为前提嫁给一个凡人男子的超自然女性群体，在约定被违犯的时候，她永远消失，有时留下一个儿子来安慰不幸的丈夫，这个儿子便是英雄世系的第一人。在欧洲，这个民间故事主题广为传播，梅露西娜的传奇在赋予它文学的认可的同时给了它一种新活力：它盛开于从勒姆兹尼到维斯瓦河岸边的地方。但是黑人和印第安人讲述着一些类似故事，J.-G.弗雷泽爵士提出假设认为这些故事是图腾神话的残余；在奥吉布威，在黄金海岸，故事的形态属于图腾部落的社会组织牢固相联的，直至我们欧洲社会，女主人公（或男主人公）半人半兽的性质残存下来……但是如此晦暗遥远的源头在此对于我们是没有意义的：我们重视的相反是普鲁拉瓦斯与乌尔瓦齐的故事与梅露西娜故事的典型类型的区别特征……”（《半人半马的问题》，巴黎，1929，p. 143—144.）

础吗？也对也不对。这些故事的订购者、它们所汲取的（民间？）基础和它们所采用的文学形式这三重约束极大制约了作家们的主动。虽然我们在沃尔特·马普作品中感觉到神异的吸引力，在蒂尔伯里的热尔韦作品中感觉到通过将神异纳入现实和知识世界来从事科学工作的那种确信，在阿拉斯的让作品里感到处理让人愉悦的材料的审美与形式的乐趣，但我们看到他们主要使其他一些人可以通过他们来自我表述。其他这些人，他们是谁？

人们吃惊于这些主人公都属于同一个社会阶层，属于上层阶
328 级。为何要对此吃惊呢？难道我们不知道国王的儿子是民间故事首要的主人公？但准确说来这些主人公并非国王的儿子。这是中小贵族阶级，即骑士（chevaliers）、军人（milites），有时被称为贵族（nobles）。亨诺、埃斯佩尔维尔的领主、鲁塞城堡的雷蒙，雷蒙丁·德·吕西尼昂，这是些军人。一些野心勃勃的军人，渴望扩张他们小领地的疆界。这便是他们野心的工具：即仙女。梅露西娜带给骑士阶级土地、城堡、城市、世系。她是他们社会野心的象征性化身。

但是，他们挪用为自己服务的这套神异文学资源，他们并非其制造者。在此，我重提埃里希·克勒的观点[37]，关于中小贵族在12世纪促成一种他们特有的为他们服务的文化，很快民间俗语就成为这种文化的载体。从骑士武功歌到梅露西娜，这些民间文学的珍宝是骑士们想向他们的农民——在12世纪他们彼此还很相

37 主要表述于《游吟诗人的抒情与典雅骑士传奇》，载《中世纪文明手册》，7，1964，重收入《精灵与阿卡狄亚乐园的自由：罗曼语的世界》，法兰克福，1966。

近——讲述的或者在他们已经脱离民众时他们通过作家让人听到的东西，这些民间文学的珍宝将一些新近“普及”的教士故事和一些出自农民说书人想象的故事混合进古老的神话，整个民间神异故事的世界都来丰富了骑士们的文化武器。还要补充一点，即这一阶级对于基督教，至少是对于教会的某种距离或者某种敌对。它拒绝教会的文化典范，偏爱仙女超过圣徒，它与地狱定下约定，玩弄可疑的图腾崇拜[38]。对这种诱惑不应夸大。梅露西娜的丈夫 329
将基督徒的职责与有时的纵容做法加以调和。马克·布洛赫指出在生活现实中他们的阶层对婚姻与家庭的基督教道统有所放松。

通过这些假设部分地附和让·德·弗里耶关于民间故事的观点，尝试着应用乔治·杜梅齐尔的简单而深刻的见解：“如果将之与讲述它们的那些人的生活割裂开，神话是不能被理解的。虽然神话迟早会被召到文学之路，它们并非与社会或政治组织、与仪礼、法律或习俗无关的随意的戏剧或抒情创作；相反，它们的作用是给这一切以合理化解释，以形象来表述组织和支撑这一切的主要思想[39]”，难道我们将要做的仅限于此吗？

38　克洛德·列维-斯特劳斯的见解：“图腾崇拜首先是人与自然之间分离的要求不兼容的一些心理态度向我们之外的世界投射，就像驱魔，基督教思想将人与自然的分类当作至关重要。”（《今日的图腾》，第 3 版，巴黎，1969，p. 4）。关于与罗曼与哥特式基督教人性论（人类与动植物界的延续性）相对立的反人性论，见 J. 巴尔特鲁塞蒂斯的图像资料与文体分析《狂想的中世纪》，巴黎，1955 和《觉醒与奇迹：哥特式的狂想》，巴黎，1960。试金石——质疑人是“按照上帝的样子”做成的——便是浪人。见蒙塔古·萨默斯：《狼人》，伦敦，1933。猴子与野人的例子同样让人迷惑。见 H. W. 詹森：《中世纪与文艺复兴的猿类与猿类知识》，伦敦，1952。理查德·伯恩海默：《中世纪的野人：艺术、感情与鬼魔学研究》，剑桥（马萨诸塞），1952。F. 廷兰德：《野人》，巴黎，1968。

39　G. 杜梅齐尔：《神话与史诗》，1，巴黎，1968，p. 10。

如同让·德·弗里耶所主张的“将童话与特定文化阶段联系起来”，而这个阶段对于西欧特别是法国来说就是12世纪后半叶，我觉得这样的结论足以反映梅露西娜这样的传说的影响。

故事是一个整体。从故事中分离出中心主题——在某种条件下获得和失去的丰足这一主题——以便从中发现某个社会阶级对一位女神-母亲的召唤，虽然这是合理的，但是必须从故事的结论中寻找它的“道德寓意”。

我们已经指出，梅露西娜的结局不幸。让·德·弗里耶提到“贵族阶级建立起”（建立吗，我不相信，我认为是伴随着，建立来自于专家，他们在民众与教士中，是民间的说书人和教士学者讲述者）史诗与童话，他指出：“在表面的乐观之后也许隐藏着一种不可避免的失利的感觉[40]”。

探寻这种对丰足的追求，特别是对家族繁盛的追求如何并为何以失败或者一半的失败为结尾，这超出我们的能力之上。让我们记住这一事实。让我们将它与有关19世纪与20世纪初的悲观
330 主义——文学演进的尽头——的那些观点加以对比。对于那时的许多小说家来说，他们的主题的发展轨迹便是一个家族的发展与衰亡。处于不同环境，有着不同的智力与艺术禀赋，处于不同的意识形态环境，从左拉的卢贡-马卡尔家族到托马斯·曼的布登波洛克一家，都是一个家族发达然后瓦解。

梅露西娜的世系也是如此。但是如同罗杰·马丁·迪加尔在

40 让·德·弗里耶：《民间故事》，前引书，p. 13，见M.-L. 特内兹，她提到“愿望文学”（Wunschdichtung），马克斯·鲁提认为是报偿文学，《论神异故事》，前引书，p. 26—29。

他的《蒂博一家》结尾处仍然对孩子抱有少许期望，梅露西娜的中世纪讲述者们从梅露西娜落入地狱的过程中——从这灵魂之旅中普罗普最终看出故事的唯一主题[41]——将孩子们拉了回来，一切靠他们来延续续，或者不如是最主要的就是延续本身。Adhuc extat progenies(至今其苗裔仍在)[42]。

附言

在完成这篇文章时，由于玛丽-路易斯·特内兹夫人的热心，我们了解到卢茨·勒里希的著作《晚期中世纪的叙事作品以及它们至今在文学和民间歌谣中的延续：传说、童话、典范示例与笑剧附卢茨·勒里希校释》，2 卷，伯尔尼和慕尼黑，弗兰克出版 331
社，1962—1967。作者在书中(卷 1，p. 27—61)刊出和注释(同前，

41 从旧有的阿尔弗雷德·莫里的经典之作《中世纪的仙女》，巴黎，1848(新版 1896)以来，中世纪的仙女们没有太让历史学家感兴趣，只要在一些特殊的问题上，她们才出现于民俗学家的著作中。仍可参见 C. S. 刘易斯：《被抛弃的形象：中世纪与文艺复兴文学导论》，第 6 章：《老者》，剑桥，1964，p. 122—138。刘易斯注意到，尤其在沃尔特·马普的作品中，对死者灵魂的指涉；但是我们觉得他的整本书被一种将中世纪当作"书面"时代的概念破坏(尤其是 p. 11)，我们认为这是错误的，这种观念与传统的中世纪研究的狭隘有关，由于套用关于"中世纪人"的神话而受到蒙上缺陷。(比如 p. 10："中世纪人不是梦想家也非漫游者；他是一个组织者，规范者，体系建造者等等。"对亨诺的仙女故事之前提到的一位伪梅露西娜的孩子，沃尔特·马普称之为"死去的儿子"(filii mortue)(《廷臣琐记》，4，8，M. R. 詹姆斯校勘，p. 174)。J. 克勒注意的：这是与奥尔甫斯传说有关的传说材料，p. 31。A. 莫里则指出阿拉斯的让笔下的梅露西娜"每当有吕西尼昂家族的人死去便发出痛苦的呻吟"。

42 我要特别感谢克洛德·盖尼贝为我提供《法国神话学刊》中有关于梅露西娜文章的几期，感谢让-米歇尔·吉尔谢为我指出国家图书馆手稿 Ms. Fr. 12575 中的细密画(是最古老的古德莱特版《梅露西娜传奇》的手稿，15 世纪)。

p.243—253)了从14世纪到20世纪11个文本，关于彼得·冯·施陶芬贝格骑士传说(《不安的马尔特内赫》)相关的巴登的一位梅露西娜。在注解中，作者将这一传说与蒂尔伯里的热尔韦笔下鲁塞城堡的雷蒙骑士的传说及阿拉斯的让笔下吕西尼昂家族传说进行对比。他的诠释与我们相同，将这位巴登仙女当作一个被骑士世系所利用的"图腾"人物(原文没有用这个词)："施陶芬贝格的这一类型属于那类努力将某个中世纪贵族世系的起源上溯到与某个超自然生物的结合的故事，以便给予某个为自己的野心寻求合法性的家族一种更高的更形而上的认可。这是立足于巴登州中部奥尔特瑙(莫特诺夫)施陶芬贝格城堡的贵族家庭的谱系传说(p. 244)。传说最古老的版本是1310年左右的，但无疑根源在13世纪。

四　迈向历史人类学

历史学家与日常的人 335

I

历史与人种志在 19 世纪中叶才彼此分开，那时在达尔文之前已经取得胜利的历史进化论将对发达社会的研究与所谓原始社会的研究分离开。直到此前，历史涵盖了所有社会类型，但是对某种进步的意识也在形成，历史退缩到人类可能快速发生演变的那些部分，其余部分被交给科学或文学领域的一些小门类——在那些奇迹中原始人与怪物并列，在那些游记里土著人是动物的一个变种，最好的情况，在地理学中人类是风土的一个元素——或者注定被人遗忘。

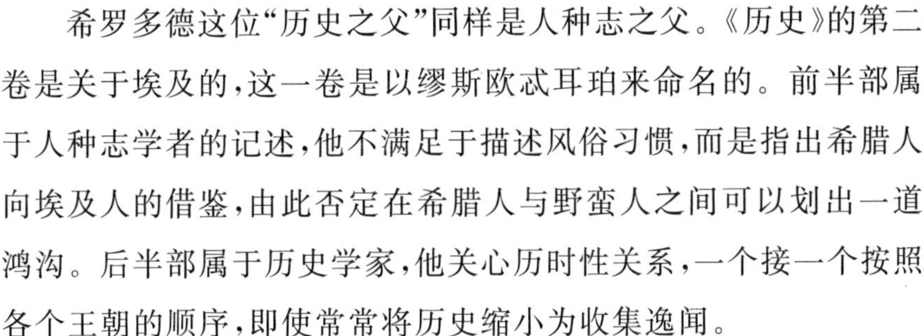

希罗多德这位“历史之父”同样是人种志之父。《历史》的第二卷是关于埃及的，这一卷是以缪斯欧忒耳珀来命名的。前半部属于人种志学者的记述，他不满足于描述风俗习惯，而是指出希腊人向埃及人的借鉴，由此否定在希腊人与野蛮人之间可以划出一道鸿沟。后半部属于历史学家，他关心历时性关系，一个接一个按照各个王朝的顺序，即使常常将历史缩小为收集逸闻。

在塔西佗著作中这种人种学的视角取得了另一个特色。从一种卢梭式的角度，他将以罗马为典范的文明之腐蚀与不列颠人或日耳曼人这些“高尚野蛮人”的健康对立起来。他的岳父试图将不列颠人带入文明：“这些人散居而无知，正因此而发生战争，为了让他们习惯于平静而安逸的乐趣，他私下和公开都鼓励他们，帮助他336 们建立庙宇、集市、住所，夸奖那些最积极的，谴责那些懒惰的……他让人以自由七艺来教育贵族的孩子……为的是让最近甚至还拒绝罗马语言的一些人现在渴望拥有罗马语言的雄辩。由此他们喜欢我们的服装，托加外袍成为时尚；渐渐人们滑入邪恶的消遣中，修建柱廊、温泉，讲求宴会的高雅；天真的人称此为文明：这只不过是奴役的一个侧面”。

然而此处还有罗马史学的最大特点，即帝国后期历史文献倾向于将其他民族排除在外。基督徒们继承了这一偏见。大概只有萨尔维安（Salvien）在 5 世纪中叶认为并说出粗鲁而诚实的蛮族人胜过罗马的罪人。

此后，只有基督徒才有权书写历史。异教徒被排除在外。异教徒，包括纯粹意义的异教徒，但也包括“不忠的信徒”，至少在最初的时候还意味着农民。当然，长期占主导的思想并非是进步论，相反是衰落论。世界衰老了（*Mundus senescit*）。人类进入到了一生的第六个也是最后一个年纪：即老年。但是这种反向的进步也是一种单一线性的进程，它偏爱那些转变着的社会，即使是向着错误的方向转变。当中世纪基督教义回头看异教的古代时，那是为了强调的罗马帝国的独特功绩并定义一条新的进步方向：即从罗马向上帝之城耶路撒冷的进步。如同奥古斯丁·勒诺代所指出的，但丁“骄傲地重复着老安喀塞斯的预言：罗马人，你记住，你是应该统治世界的”。从神学角度看，维吉尔和女先知西比拉预告基督的来临，基督将其他那些未继承罗马传统的人留在了得救的进程之外。

然而，基督教的普救使命仍为人种志保留着一种衔接结构。任何历史都是普世的历史，所有民族都拥有进入历史的使命，虽然实际上只有那些发展迅速的民族才值得历史关注：

有时，中世纪某位教士会混杂时与地、历史与地理，他在进行
人种志的研究而不自知。比如蒂尔伯里的热尔韦在他为不伦瑞克
家族的奥托皇帝所作的神异故事集《帝王的闲暇》中（约 1212 年），
在第一部分复述了人类从创世到大洪荒的历史之后，他的第二部
分是地理学、历史学和民族志关于世界各个民族的记载的大杂烩， 337
最后一部分是他在生活过的各个地方，在英格兰、西西里王国、普
罗旺斯收集的仪礼、传说、神迹。

中世纪为接纳“高尚野蛮人”准备了所需的一切：千禧年末日论在期待着回归人类黄金时代，确信历史的进步（如果存在的话）是通过向纯真的原始状态接连的再生与回归进行的。但是中世纪的人们还缺少一种内容来赋予这个神话。某些人向东方看，在对长老约翰的信心帮助下，他们想象出人类学意义上的一种典型，即“虔诚的婆罗门”。而马可·波罗没有被人重视。其他一些人为这“野蛮人”施了洗礼变成教徒，将巫师梅林变成隐修士。美洲的发现则突然为欧洲提供了“高尚的野蛮人”。

文艺复兴时代保持着两条路线，两种态度。一方面，“官方”历史与政治进步、君主的进步、城市的进步联系在一起，君主的官僚机构与市民阶级是两股上升力量，他们想要从历史中找到对他们

地位抬升的合理化解释。另一方面，好奇的学者在探寻人种学的领域。比如在文学上，拉伯雷的天才与渊博施展到一种臆想的人种学领域——但是往往接近于他的农民出身。正如同乔治·于佩尔所写的“就此而言，肯定有其他一些时代不如古代这样幸运，它们的历史尚未被写出。土耳其人或美洲人确实属于自己的文学传统，必定为某位现代希罗多德提供了机会”。

人们在期待希罗多德，等来的却是提图斯·李维尤斯（李维）。埃蒂安·帕基耶在其《研究》中成为研究过去的人种志家，给出了这门学科的“源头”。

历史学家与人种志学者的这种共存关系并不长久。古典主义及后来启蒙运动时代的理性主义使历史学仅限于研究获得进步的那些民族。“如果吉本和蒙森才算历史学家，那么从这种意义上来说 18 世纪之前的历史学家便一个也没有”。从这一角度看来，R. G. 柯林武德是正确的。

338 ## II

在两个多世纪的决裂之后，历史学家和人种学家倾向于相互接近。新史学，在成为社会学的历史学之后，倾向于成为人种学的历史学。人种学的视角让历史学家在自己的领域中发现了什么呢？

人种学首先改变了历史的时序性的视角。它导向对事件的彻底疏离，由此实现非事件性历史的理想。或者不如说它提供了由重复的或意料之中的事件构成的历史，由宗教年历的节日、与生理或家族历史有关的事件与典仪(出生、结婚、死亡)所构成的历史。

它迫使人们使用一种历史时代的划分方法,对长时段、对费尔南·布罗代尔在一篇著名文章中定义的这种几乎静止不动的时间尤为关注。

用这种人种学视角来巡视自己所研究的社会,历史学家会更好地理解一个历史性的社会中的"仪式性"的内容。从它的世俗化的残存的形式来研究年历(在工业社会中深受基督教接替古代宗教的影响:圣诞系列、复活节系列、每星期的框架等等),或是从它新的形式来研究(比如运动竞赛——节庆——的日历),揭示出祖辈们的仪式、周期性的节奏对于所谓发达社会的重要性。但是这里人种学与历史学两种角度的合作的必要更为突显。对节日的"历史"研究对社会的结构与转型可能有决定性的揭示,特别是对于那些必须称为"过渡"时期的时代,比如中世纪,也许这种称呼是名副其实的。比如我们可以从中追踪狂欢节作为节日、作为城市社群心理剧的发展,它在晚期中世纪形成,19—20 世纪在工业革命的冲击下解体。

埃马纽埃尔·勒华拉杜里出色分析了 1580 年罗芒的血腥的狂欢节,"这是悲剧的芭蕾,它的演员们演出和舞蹈他们的反叛,而
不是以一些宣言来空谈"。但是在罗芒,在这一年,每年度的演出 339
变成了独特的事件。通常,要通过仪式而非行为来找出节日的寓意。比如,在一份典范性的研究中,路易·迪蒙指出在塔拉斯孔龙出现的那些仪式中的魔法-宗教意义,塔拉斯孔居民通过这些仪式寻求与那个暧昧怪物的行善力量达成谅解,这个城市以之命名,它是"居民的守护神"。路易·迪蒙指出:"主要的节日是五旬斋节,

将龙与当地各行会的游行活动联系起来。”这也是我们在伦敦看到的，至少从16世纪以来市长游行中那些土风表演团体是由行会负责的。因此，在城市社会中，一些新的社会群体在社区仪式中扮演着传统乡村社会中年轻人的角色。历史的演变将我们一直带到今天节日游行中持鼓槌穿军服的少女和大规模的嬉皮士集会。仪式与节日存在于任何社会，难道仅仅与古老社会相关？埃文斯-普里查德似乎是这样看的：“包含了田野工作在内的人类学的培训对于历史古老时期的研究极为有用，那时的制度与思维方式在很多方面与我们所研究的一些朴素民族相似”。但是中世纪西欧人（埃文斯-普里查德停止于加洛林王朝）是古老的吗？在我们这个邪教、星相、飞碟与赌马的世界难道我们不是古旧的？仪式的社会，游戏的社会，这些词只是在说中世纪社会吗？

与研究多变社会、追求时尚的城市人的历史学家相对立，人种学家意味着研究保守的乡村社会（马克·布洛赫提醒我们，并不像人们想象的那么保守），它是历史的结缔组织。借助人种学的视点，历史学的乡村化由此开始。这里，中世纪研究者仍可以研究自己的领域。从奥古斯丁·蒂埃里到亨利·皮雷纳的19世纪史学强加于我们的城市与市民阶级的中世纪之后，现在马克·布洛赫、迈克尔·波斯坦、利奥波德·热尼科、乔治·杜比的乡村中世纪似乎更为真实。

在向着日常生活的人的这种皈依中，历史人种志自然通向对心态的研究，心态被认为是在历史演进中“改变最少”的。因此，在
340 工业社会中，只要我们去探寻集体心理与行为，古旧之风便暴露出来。心态的差异迫使历史学家变成人种学家。但是心态并不迷失

在时代的黑夜之中。心态系统在历史上是可以确定年代的，即使它们承载着史前文明的残骸，这是安德烈·瓦拉尼亚克所钟爱的。

III

人种志还引导历史学家将或多或少湮没于那些“历史性的”社会中某些社会结构突显出来，使他对于社会推动力，对阶级斗争的观念更加复杂。

阶级、集团、范畴、分层等概念应当放入现实的结构与社会运作机制中重新审视，这是些基本概念，但却被马克思之后的社会学推向了边缘：

a)将家庭与亲属关系结构引入历史学家的问题论，这可能导致对欧洲历史依照家庭结构的演进来进行新的时代划分。皮埃尔·肖尼和卡昂的量化历史研究中心将12—13世纪到18世纪末“居民社群的存在”(只有80%社群与教区混同)定义为“人类与空间辩证关系中的重要的恒量”，它存在于整个传统农民文明中，是长时段中的存在……。对世系与社群，对广义与狭义的家庭的研究不再仅仅是法律上的，而且是人种志上的，它应当更新今昔之间、欧洲与其他大陆之间比较研究的基础，比如在关于封建社会的材料方面。

b)对性问题的审视应当导致历史学的去男性化……中世纪西欧历史有多少研究方向都通向女性！宗教异端的历史从很多方面看都是社会与宗教中的妇女史。人们承认感性是中世纪的发明，如果说在感性方面有某种新东西，那便是骑士典雅之爱。它是

围绕着女性的形象建立起来的。米什莱总能捕捉到最本质的东
341 西，当他在寻找中世纪的灵魂之时，他发现了女巫的魔鬼之美、圣女贞德的民众的故而也是神圣的纯洁。谁会澄清中世纪"灵性"（取米什莱使用这个词的意义）的历史上最重要的现象：即12世纪圣母崇拜的突然兴起？

c）对于老人政治的年龄分段研究有待于进行，但是对于青年年龄段的出色研究已经零星开展：亨利·雅迈尔和皮埃尔·维达尔-纳凯对于古希腊的研究，乔治·杜比和埃里希·克勒对于中世纪西欧的研究。

d）村庄的阶级与社群，马克·布洛赫之前承认其在中世纪基督教社会中的重要性，马克思主义者重新对之进行分析，如果能摆脱教条主义，将有助于更新社会史学。这里同其他方面一样，我们看到历史学问题论通过人种志视角而再生可能带来的一种吊诡的后果。从前的历史学乐于涉及那些"历史性的"社会比如中世纪社会内部与某些典型结构相关的事件中的逸闻和传奇性的东西。封建战争的历史需要在私人战争、家族复仇的整体研究中重新进行。对世系、城市、王朝的宗派历史同样需要从这一角度重新进行：将圭尔夫派和吉伯林派、蒙泰居与卡普莱、阿马尼亚克派与勃艮第派、玫瑰战争中的英雄从事件性的逸闻历史中剥离出来——他们是其最糟糕的表述——可以重新在广义的比较人种志的历史中发现科学的恰当见地与尊严。

IV

进行人种志意义的历史研究还在于在历史中重新评估那些魅惑元素、神赐权力(charisme)。

承认王朝的神赐权力使人们可以为封建君权“平反”,封建君权曾经在长时间里与其他机构属于不同性质。马克·布洛赫提到那些有治疗魔力的国王,珀西·厄恩斯特·施拉姆解释了权力的象征标志,他们是一种研究的先驱者,这种研究从它的核心而非它的遗迹或魔力符号来着手研究中世纪君权。埃尔戈写作的“虔诚 342
者”罗伯特传、“威尔士人”吉劳德笔下的“金雀花王朝”的魔鬼谱系、“大胆”查理想要逾越这道君权的魔力障碍的企图都是对于中世纪西欧神圣王权的体现,人种志的视角应当不断变换来揭示其价值。

职业和阶层的神赐能力。仍然是在中世纪,我们想到铁匠与金匠从5世纪起获得的威望,骑士武功歌和传说中收录了他们的魔力形象。最近在诺曼底埃卢维莱特的墨洛温王朝墓地中的10号墓的发现复活了这位中世纪早期的魔法工匠,他与贵族武士的武器与匠人的工具袋埋在一起,他的社会地位只能通过技术工艺研究、社会学分析和人种志角度共同来理解。在我们的社会里,应当追踪医师、外科医生的演变历史,他们是巫师的继承人。中世纪的“知识分子”即大学学人取得了一些神赐能力的元素,这是直至今日那些“名士”仍懂得玩弄的:教席、长袍、羊皮书这些符号远非符号那么简单……由此,他们中最具威望的那些加入到社会“名流”的行列，从斗士到明星再到“偶像”。这些知识分子中最巧妙或者最伟大的甚至仅限于他们的神赐能力，而不用求助于符号，从阿贝拉尔到萨特皆如此。

最后是个人的威望，它可以让人重新审视“伟人”在历史中的角色，这是社会学的归纳只能部分地加以阐明的。回到中世纪，从王朝的神赐权力到个人威望的过渡可从圣路易的例子来说明，他不再是一位神圣的国王，而是一位圣徒国王。世俗化与神圣化是相辅相成的。从一边得到的从另一边失去。对历史上神赐权力的研究应该能够为理解 20 世纪的一个非逸闻性的现象即人格的崇拜做些什么。

所有的末世论信仰、所有的千禧论最终都定位于这一视角下，它们标志着社会和文明的各个部分向神圣的回归。这些千禧论并非仅限于古老或者“原始”社会，它们表现出这些被技术加速进步所裹挟的社会中人们适应（或者屈服）的失败。诺曼·科恩说过这些启示录末日论的间歇发作在中世纪和文艺复兴时代的意义。今
343 日邪教、占星术、嬉皮士运动的成功表现出“放弃名利”(gran-
rifiuto)* 的信徒——在一些确定的历史局势中——的常量。

V

弗朗索瓦·菲雷更关注从人种志角度把握历史的“野蛮”一面，

---

* 源出但丁《神曲·地狱篇》第三首第 60 句“他就是那出于怯懦而放弃重要权位的人”。——译者

而我则主要强调它日常的一面。

人种志对历史的直接贡献当然是对物质文明(或文化)地位的提高。历史学家也持有保留意见。比如在波兰,从 1945 年以来这一领域的飞跃是惊人的,出于一些国家和“唯物论”动机而受到鼓励(出自认识论上误解),一些严格的马克思主义者害怕看到物质的迟钝侵入社会的活力。在西方费尔南·布罗代尔的伟大著作《物质文明与资本主义(15—18 世纪)》在让这一新领域侵入历史领地的同时也将它下属于一个纯粹历史现象,即资本主义。

对于让历史学家好奇与遐想的这一巨大的领域,我记取它的三个侧面:

1)对技术的强调。我认为其中最有益的问题可能就是重新审视人种志强加给历史学家的发明与发明家的概念。马克·布洛赫就中世纪的“发明”展开了问题论。在这一点上,我们从列维-斯特劳斯的视角下也会看到“热”社会与“冷”社会的对立或者不如说同一社会内部“热”阶层与“冷”阶层的对立。围绕着 14 世纪米兰主教教堂建设的讨论就建筑师与泥瓦匠的冲突阐明了科学与技术的对立。法国的学者建筑师们说:“Ars sine scientia nihil est”(没有科学的技术一文不值),伦巴第的泥瓦匠们回答:“Scientia sine arte nihil est”(没有技术的科学一钱不值),在另一个知识体系中,他们同样是学者。不管怎样,这种关注开始开创一种对物资与原材料的历史研究,它们不一定是贵重材料,比如盐或者木材。

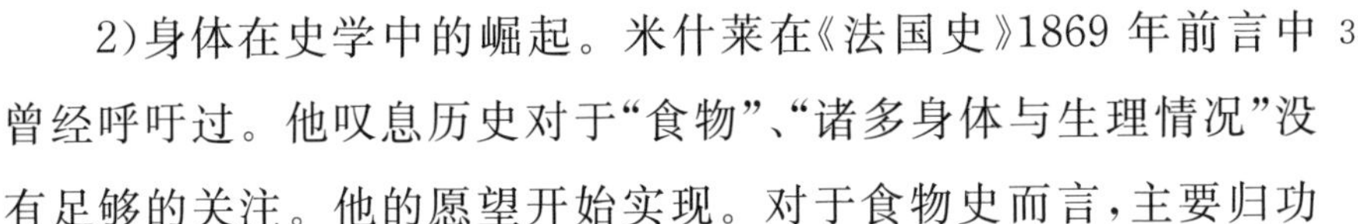

2)身体在史学中的崛起。米什莱在《法国史》1869 年前言中 344
曾经呼吁过。他叹息历史对于“食物”、“诸多身体与生理情况”没有足够的关注。他的愿望开始实现。对于食物史而言,主要归功

于一些刊物与中心的推动，比如《年鉴》（费尔南·布罗代尔共同主编），哥廷根的威廉·阿贝尔（Wilhelm Abel）主持的《农业史与农业社会学学刊》，斯利希尔·范·巴特（Slicher van Bath）领导的瓦格宁根高等农业学院《农业史专业学刊》。

生物学历史在启动。《年鉴》1970 年的一期专刊指出了一些研究视角。弗朗索瓦·雅各布这位从生物学家改行的历史学家的大著《活体的逻辑》（遗传史）表明历史与生物学的遇合是可能的。

回到一个更多属于纯粹人种志的领域，我们希望历史学家们走上马塞尔·莫斯在其著名的关于“身体的技艺”的文章中指出的道路，从历史的角度认知“身体的技艺”对于认识社会与文明的特征应当是有决定意义的。

3）住所与服装应当为历史学家-人种学家提供机会来进行静止与变化之间的对话。品味与时尚的问题在这些领域是最主要的，只有通过跨学科合作来研究，审美学家、符号学家、艺术史家应当与历史学家和人类学家联合。在这方面，弗朗索瓦兹·皮波尼耶和雅克·黑斯的著作表现出历史学家渴望将自己的研究根植于已经由经济与社会史检验过的这片沃土。

4）最后是个巨大的问题，历史学家与社会学家应当联合研究传统这一现象，这是对于彼此都至关重要的。在最近的著作中，一位人种学家、民间舞蹈专家让-米歇尔·吉尔谢的著作非常具有启示性。

VI

我不会去强调人种志的视角为历史学家提供了新史料，与他所习惯的史料不同。想法，人种学家并不忽视书面材料。他遇到 345
书面材料的机会如此稀少以至于他的研究方法可以将之忽略不计。

所以，现在历史学家被号召去研究日常的人，在没有文本与文字的世界中，日常的人不操心——过去也不操心——那些无用的废纸。

历史学家首先遇到的是考古学，但并非传统的考古学，它转向文物或与艺术史密切相关的对象，而是研究日常性、物质生活的考古学。英国的莫里斯·贝雷斯福德对“失落的村庄”的发掘，波兰的威托尔德·亨塞尔与合作者在原斯拉夫语地区的村落中的发掘，高等实验学院第6部的波兰-法国联合考古队在中世纪法国各村落的发掘都是很好的证明。

随后他会遇到图像表现研究，但也不是传统艺术史的与审美思想与形式相关的研究，而是对动作、有用的形态、易消灭的不值得记载的物件。虽然物质文化的图像研究开始形成，但是在链条的另一端困难然而必须的对心态的图像研究仍然渺茫。这种图像研究应当已经纳入普林斯顿大学艺术与考古系的研究范围。

最后，历史学家碰到了口头传统。其中包含的问题是巨大的。如何把握过去中的口头传统？能够等同口头与民间吗？在多种历史性的社会中“民间文化”的表述有怎样的含义？学者文化与大众文化的关系是怎样的？

VII

对于人种志对历史的影响的某些重要但显而易见的侧面，我将更为简要。

人种志加剧了历史学现有的某些倾向。比如人种志要求将比较方法和逆推方法普遍化。它加速了对欧洲中心论视角的抛弃。

346 VIII

在结尾处我相反要强调人种志与历史学合作的局限，提到有关它们的关系的几个问题，在对历史性的社会的研究中用人种志视角简单地替代历史学视角所带来的某些困难与危险。

应当特别关注在传统上属于历史研究内容的社会与属于人种志研究的文化之间相互接触的那些区域与时期。也就是说“文化濡化”研究可以使我们更好定位人种志相对于历史学的位置。历史学家尤为关注的是了解“文化濡化”的词汇与问题论在何种程度上和何种条件下能够推广到对一个社会的内部濡化的研究：比如在大众文化与学者文化之间、地域文化与民族文化之间、北方与南方之间等等。如何在这些文化之间提出“两个文化”的问题、等级与主宰的问题？

词汇应当加以明确。一些错误的类比应该被消除。列维-斯特劳斯向索绪尔和雅各布森借用“历时性”的概念，将它成功引进到人种志研究，我怀疑它与人们常常混淆的“历史性”概念是非常不同的，弄混的人希望并相信由此找到了语言学与全部社会科学的一种共同工具。索绪尔打造“历时性”概念用来为他所创造的语言这个抽象对象释放出一个动态空间，我想知道这个概念的运用所依照的一些抽象的转型系统是否与历史学家用来把握所研究社会变化过程的那些演进模式大致相同。我并非想要借此恢复人种志与历史学的区分，认为人种志是对活着的现象直接观察的学科，而历史学是对死去的现象重构的学科，我认为这是错误的。只有抽象才有科学，人种学家与历史学家一样，都要面对“他者”。他们应当彼此会合。

从另一个角度看，在过于偏重变化的、发展快的东西之后，历史学家-人种学家是不是有些过于仓促地偏重发展慢、不太变化或 347
者不变的东西呢？为了接近人种志，他是否陷入结构与局势、结构与事件的对立而立足于结构一方，然而今天历史问题论的需要提出要超越结构与局势尤其是结构与事件的虚假的两难问题？

难道历史学家不应当意识到一种在包括人种志在内的各社会科学中普遍的对于不动性的批评？在人种志重新获得历史性的时刻，当乔治·巴朗迪耶指出不存在没有历史的社会而且静止不动的社会的概念是一种幻觉，对历史学家而言投身于某种超出于时间之外的人种志研究是合理的吗？如果按照列维-斯特劳斯的话，不存在热社会和冷社会，而只有比较热或者比较冷的社会，那么将热社会当作冷社会来研究是合理的吗？那么对于那些“温”社会又怎样说呢？

虽然人种志帮助历史学家摆脱对一种线性、同质和持续进步的幻想，但历史进化论的问题仍会被提出。让我们看看相邻学科，史前历史学科也是与一些没有文字的社会联系在一起的，那么相对于历史学而言，它是真正的史前史还是另一种历史？

如果过于接近一种人种志的视角，如何解释“增长”？这是历史学家所研究社会中的最主要现象，它是（必须祛魅的）进步概念的现代的、经济的、隐性的形态（如同皮埃尔·维拉尔所做的，他揭示了罗斯托夫市的“腾飞”的意识形态上的预设），但它同样也是一种需要加以解释的现实。

难道不需要区分出几种人种志？欧洲人种志大概是与美洲印第安人、非洲、大洋洲这些保存比较好的区域的人种志不同的一个类型。

作为研究变化的专家（通过“转型”这个词，历史学家可能与人种学家处于同一领域，只要不涉及历时性研究），历史学家应该当心对于变化变得不敏感。他的问题不在于寻求从原始到历史的通路或者将历史简化为原始，而是要解释同一社会中不处于同一时代、不处于同一演进阶段的一些现象与群体的共存与运作。这是
348 一个分层与分级的问题。至于历史学家向人种学家学习的方式，如何承认——和尊重——“他者”，这也是一个不容低估的教训，因为除了那些往往令人遗憾的论战以外，人种志如今向我们展示出否定或者摧毁“他者”并非是社会研究学科的专利。

臣属关系的象征仪式 349

引论：中世纪象征系统

社会生活中的象征性的动作，通过这个非常宽泛的题目我想就中世纪社会的一项根本制度即臣属关系来探讨象征系统的问题。

任何社会都是象征性的，因为它使用一些象征做法，因为对社会的研究可以归属于一种象征类型的诠释。

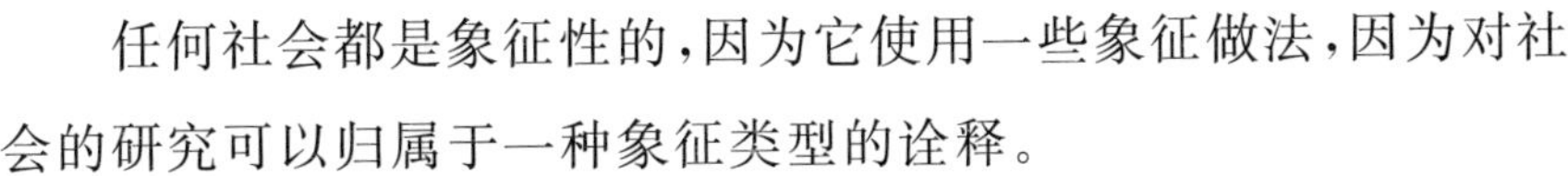

但是中世纪社会尤其如此，因为它通过将一套象征诠释的意识形态体系运用在它的大多数活动之中而加强了内在于任何社会中的象征体系。

然而，据我所知，中世纪的教士们（除了部分的解释）没有对其根本社会制度中第一位的即臣属关系的仪式做出象征意义的解释。这是一个首要问题。

有一种简单的解释不可抛弃，但却不尽让人满意，即臣属关系仪式的寓意是如此显而易见，对于那些进行或旁观仪式的人来说是不必解释的。

不管怎样，应该注意到一些相近的仪式是得到了比较明白的象征诠释的。

头一类与王权有关。权力的徽记、加冕仪式、葬仪、接位仪式引起人们做出象征意义的解释。中世纪西欧的象征参照的重要系
350 统是《圣经》尤其是《旧约》，还有在《旧约》与《新约》之间建立起本质联系的类型象征系统，它首先提供了大卫王的象征形象，如果我没有弄错，大卫王是被查理曼首次使用[1]，到了骑士时代，人们又使用耶路撒冷国王麦基洗德这位祭司国王(rex sacerdos)。对于领主或者臣属的仪式没有任何类似的内容。

而且——更有甚者——册封骑士的仪式是用象征词汇、宗教神秘词汇来描述的，把这一仪式展现为一种宗教的入门接引仪式，当然是打上了基督教印记的。以至于骑士册封仪式看着就像一场圣事，是按照圣奥古斯丁在《上帝之城》(10,5)中确定的方向，他将圣事(sacramentum)表现为一种神圣的印记(sacrum signum)，圣维克托的休格在《论圣事》中发展了这一概念，那差不多就是在骑士册封开始表现为宗教形式的时候。臣属关系的仪式也没有类似的内容。

一些薄弱而稀少的迹象可以让人认为中世纪的人们或者作为意识形态的向导与解释者的教士对臣属关系的仪式建立起一种象征意义的解读。

我们知道中世纪不知道我们今天所使用的意义上的象征、象

1　W. 厄尔曼:《加洛林王朝的文艺复兴和王权思想》,“伯克贝克阅读”,1968—1969,伦敦,1969。

征体系、象征系统这些词，我们主要是从16世纪以来才用作现在的意义的。教士们在中世纪对Symbolum(印记)这个词只是使用在“信条”的专门和有限意义上——最令人信服的例子当然就是尼西亚信经(Symbole de Nicée)。“象征”的语义内容主要由signum(印；符)、figura(形)、imago(像)、typus(相)、allegoria(譬喻)、parobola(比喻)、similitudo(相仿)、speculum(镜)这些词占据着，signum据我们的“象征”最近，奥古斯丁在《论基督教道统》第二卷中定义过，其他的词则定义一种独特的象征系统[2]。

然而，有时关于一些授予采邑时交付的物品，我们遇到sig- 351
num(表记)这个词。比如保存于昂热的圣尼古拉修院文书集中的1123年一份文书中：“基尔马洛克和他两个儿子用1个里弗尔奉献南特的圣彼得教堂，以此为圣尼古拉的僧侣格拉德龙的授职礼服，给他一个亲吻来标志这一信仰的奉献；用来给僧侣馈赠的这个

2 我感谢杰拉尔·热内特为我提供约翰·齐德纽斯文章在《诗学》第23期1975，p. 322—341发表之前的法译《中世纪象征理论》(英文发表于《芬兰学会会刊》，1960)。

这份研究可以有各种索引来补充尤其是米涅的《拉丁教会诸教父著作合集》的索引，后者索引不完全，需要核实，但是经常能提示线索。可以参阅索引第2卷123—124栏《论圣书》题目下《论譬喻》词条，还有给出一些对定义，allegoria(据圣哲罗姆所言，就是“说与此不同之事，寓不同之义”)，figura或typus(圣奥古斯丁认为“反语，用相反的词来说”，他举例“亚当的违犯是上帝公正的意思，洗礼是基督之死的意思”，指出其语义范围包括praefigurae[预示]、praesignare[预示]、designare[指示]、interpretari[被解释为]、exprimere[表达]等等)，parapolae(“用事物的相似者相比，用此物说彼物”等等)，同前，919-928栏，关于symbolum米涅只是反映出这个词在拉丁文中极少的使用。在标注这个词希腊文意思的旁边(附拉丁文同义词indicatio[指示]和collatio[集])，唯一给出的意思为“信条”(regula fidei)。希腊词义和现代词义的symbolum在拉丁文中的缺失，我们找到的几处例外证实了我们的规则：在极少数接触到希腊神学的拉丁神学家的著作中，比如约翰·斯科特·埃里金纳的作品里。

里弗尔钱币让他们象征性地放在圣彼得教堂的祭坛上[3]”。

如同埃米尔·谢农指出的，我们也遇到（但是很少见）将 osculum 即表示忠诚的亲吻解释为献礼的象征。比如按照 1143 年利穆赞地区奥巴金娜修院文书集的一个文本：“这个馈赠是在蒂雷纳城堡大厅举行，交给奥巴金娜修院埃蒂安院长之手，子爵夫人亲吻院长的手作为献礼的真实表记[4]”。

对臣属关系仪式中的忠诚亲吻的另一个象征诠释是在 13 世纪末由一个罕见的文本提供的，在某些方面对臣属关系仪式提供一种象征解释，这就是纪尧姆·迪朗的《法律之镜》（*Speculum juris*，1271 年，1287 年修改）：“因为效忠者跪着，手捧主公的双手，对他效忠；他许诺他的忠信，而主公给他一个亲吻作为相互忠诚的表记”。还有：“在相互的永久之爱的表记之后是和平之吻[5]”。

352 但此处让我关注的，不仅仅是找到一些现代意义的象征即对

某种抽象现实的具体化，“接近于作为标志的类比”，我要从形成臣属关系的所有行为中寻找一种象征仪式。其中，对中世纪这种仪式的有意识的思考更为少见。比如阿德尔的朗贝尔在他 11 世纪末的《诸位吉纳伯爵的历史》（*Historia Comituem Guinensium*）[6]

3　引文见迪康热的词条：《授职：中晚期拉丁语注释》，1733 年版，卷 3，1533 栏。我们要指出地康热取 investitura［授职］这个词的广义，不仅包括教士是“授职”，也包括象征仪式上的各种馈赠。

4　E. 谢农：《在法兰西古法中忠诚亲吻的司法作用》，载《法国古董商学会论文》，第 8 系列，6，1919—1923，p. 133，注 2，引用勒内·法热对奥巴金娜修院文书的引文，《中世纪下利穆赞地区的乡村财产权》，巴黎，1917，p. 260。

5　纪尧姆·迪朗：《法律之镜》，第 2 部分，卷 4，3，§ 2，n°8，引文见 E. 谢农，前引书，p. 139，注 2。

6　阿德尔的朗贝尔：《诸位吉纳伯爵的历史》，载 *MGH*，*Scriptores*，卷 16，p. 596。

中写了“弗拉芒人的臣从礼是按照蒂埃里伯爵的仪式（rite）进行的”，但 rite 这个词能理解为仪式吗，看作对某种真正效忠仪式的有意识的表达？或者它仅仅是一个过时的、贬值的、失去最初语义的副词＊？

暂时将中世纪文献缺少对臣属仪式的明确的象征诠释这个问题放在一旁，现在我想提出假设，这些仪式构成了一种象征仪礼，人种志的研究可以阐明臣属制度的一些主要侧面。

这并非是因为我无视运用这样的方法来研究中世纪西欧臣属关系的风险。一个在传统上由历史学家来研究的社会接受人种学家研究其他社会的方法不是没有困难。正是在保留对差异，对某种差异的意识的同时，我将尝试这种研究取径。

I. 描述

首先，让人吃惊的是臣属仪式运用了三类绝佳的象征元素：话语、动作、物件。

领主与附庸选读一些话语，执行一些动作，交付或者接受一些物品，我们重复奥古斯丁对 signum（表记）的定义，这些物品“除了它们对感官留下的印象，还让我们了解更多的东西”。

所以，让我们简要回顾中世纪人们进入臣属关系的三个步骤，他们之后的研究中世纪制度史的历史学家，其中走在最前面的是 353
我们的老师与同事刚朔夫，他们区分出：投身效力、许诺忠信、授予

＊ 拉丁文 rite 是个副词，表示隆重地，合乎宗教习惯地。——译者

采邑[7]。

作为起始还有两点看法。不仅中世纪文献没有为我们提供对臣属仪式的象征诠释，而且对这些仪式很少详细描述。甚至像布鲁日的加尔贝尔讲述1127年向新弗兰德斯伯爵威廉效忠的经典文本也在细节上很吝啬。然而，如同我们将会看到的，对这些现象的人种志的研究方法恰恰包含有中世纪文献很少提供我们所希求的答案的一些问题。

第二点看法。如同大家注意到的，我在这次课上经常借助一些比"中世纪早期"更晚近的文献，即使"研讨周"在传统上是将"中世纪早期"作宽泛的理解的。这是因为古老的文本通常比11—13世纪的更加精简，我认为有权利使用11—13世纪的文本，因为它们表述的是一些从9—10世纪以来没有明显改变的现实。在我试图解释臣属仪式的象征仪式的时候，我将努力恢复时序性的视角，主要使用一些"真正中世纪早期"的8—10世纪的文献。

布鲁日的加尔贝尔的文本区分进入臣属关系的三个阶段。

"第一步他们以下面方式献身投靠……"这便是人身依附(hommage)。

"第二步，献身投靠的人许诺自己的忠信……"这便是许诺忠信(foi)。

"然后，用他手里持着的细枝，伯爵给他们所有人授职……"这便是授予采邑(investiture du fief)[8]。

7　F. L. 刚朔夫：《何为封建制？》第3版，布鲁塞尔，1957。

8　布鲁日的加尔贝尔：《布鲁日伯爵"好人"查理刺杀案的故事》，H. 皮雷纳校勘，巴黎，1891，p. 89。我们能在R. 布特吕什的《领地与封建制》文献集，卷1，巴黎，1968，p. 368—369找到这一文本和F. L.刚朔夫的《何为封建制？》中的译文，p. 97。

第一阶段：hominium，人身依附。一般包含两个行为。第一个是语言上的。习惯上是臣属的宣告、献身，表达自己愿意成为领主的“人”。在布鲁日的加尔贝尔的文本中，臣属回答领主即伯爵 354
的一个问题。“伯爵问[未来的臣属]他是否愿意毫无保留的成为他的人，后者回答：‘我愿意’。”只有对现存描述效忠的文献进行统计研究才能使我们比较准确地回答这个非常重要的问题，从人种志角度看尤其如此：即这两个行为人中谁采取主动，谁说话，谁不说话？统计只是相对的精确，因为不用我说，这种统计依赖于书面文献保存下来的偶然性，依赖它们相对的精确性，可能要考虑到地区的差异和时代的演变。

但是这话语是象征性的，因为它已经是领主与臣属关系的符号，它超出对答的意义。

在一个类似案例中——虽然提出的是国王之间的臣属关系问题，我们下文还会谈到——按照“黑人”埃尔莫尔德的说法，“丹麦人”哈罗德在 826 年成为“虔诚者”路易的附庸的时候，他的表述更加明白。

“接受我吧，皇帝”，他说，“连同我的王国也臣服于你。全心全意的，我为你效劳[9]”。

与新基督徒的洗礼仪式一样，通过他之口或者教父之口以施洗神父作为中介来回答上帝：“你愿意成为基督徒吗？——我愿意”，从第一个步骤开始，臣属对他的领主做出总体的却明确的

9 “黑人”埃尔莫尔德《路易的荣誉》，“法国历史经典”，E. 法拉尔校勘与翻译卷，1932，2484—2485 句，另见 R. 布特吕什，前引书，p. 366。

承诺。

第二个行为补充了建立臣属关系的这第一个步骤：immixtio manuum(合手)，臣属将双手放在领主双手中，后者将之握住。布鲁日的加尔贝尔在此处非常明确："然后，他的双手与伯爵的手相合，伯爵握住它们"。

关于臣属仪式的最古老的文献记载这种合手仪式。

7 世纪上半叶马尔库尔夫的文书程式 43 在谈到国王的近臣时宣称："我们看到他握着我们的手发誓忠诚(in manu nostra trustem et fidelitatem)[10]"。

依据《法兰克王国年鉴》，757 年拜恩公爵塔西隆来到贡比涅
355 请求为丕平国王的附庸，"通过双手请求成为臣属[11]"。

第一点见解。此处动作的相互性是肯定的。臣属的动作不足以完成。必须要领主给他回应[12]。

10 《马尔库尔夫文书范例》，1，18 载 MGH，《墨洛温王朝与加洛林王朝时代的文书规范》，措伊默校勘，第一部分，1882，p. 55，还有 R. 布特吕什的译文，前引书，p. 364—365。

11 《法兰克王国年鉴》，F. 库尔策校勘，1895，p. 14，载 *MGH*，《供学院使用的日耳曼历史学家的记载》，卷 6，引文与译文见 R. 布特吕什，前引书，p. 365。

12 尽可能全面和准确地统计所使用的表述是有益的。根据 F. L. 刚朔夫，前引书，p. 89—93，我觉得可以从我关注的角度即动作相互性的角度，可以首先要区分出那些臣属采取主动的表述("把双手交给对方"，"递到对方的双手里"，"把他的手与国王的双手合在一起，为他效力"，谈到"长剑"威廉，诺曼底的第二位伯爵，他在 927 年成为"真诚"查理的附庸)，与那些强调领主接受的表述("用手接受对方")，还有那些主要表达两个动作的连接与相互承诺的表述("曾为皇帝效力的所有人……把手与国王握住一起")，这是根据梅泽堡的蒂特马在谈到在 1002 年于德国东部边界向亨利二世效忠的描写，或者还有 D. C. 道格拉斯研究征服者威廉时代一份英国文书上的表述"与人群中他的臣属合手"，《征服者威廉时代一份授封采邑的文书》，载《英国历史学刊》，1927，p. 427。

另一方面，我们在此涉及中世纪的和普遍意义的象征体系中的重要一项，即手的象征意义。这一多义性的象征表述教育、禁止、谴责，但主要同此处一样表述保护或者不如说臣服与权力的交合。这一动作更新了古罗马法律术语中的一个过时形象，同时恢复的它的影响：manus（手）是 potestas（权力）的一个表述，特别是 pater familias（一家之长）的一个主要象征[13]。但是我们先不要跨越太大。

这里必须注意到臣属仪式这一阶段的一个值得重视的变体。是西班牙的情况。

如同克劳迪奥・桑切斯・阿尔波诺斯在《封建制的起源》[14]中以及后来他的学生希尔达・格拉索蒂的由该中心出版的《卡斯蒂利亚和莱昂省封建附庸制度》[15]第一卷中指出的，在卡斯蒂利亚和莱昂的人身依附仪式习惯上通过一种独特仪式：即吻手。如同希 356
尔达・格拉索蒂所写："臣属向领主宣布想成为他的人，吻他的右手。"我们要注意到宣告伴随或者不如说领先于动作。此处，我不关心寻找臣属吻手礼起源于西班牙——唐克劳迪奥・桑切斯・阿尔波诺斯努力证明其西班牙起源——还是起源于东方，更确切地说起源于穆斯林，希尔达・格拉索蒂倾向后一种看法。不管怎样，我认为在关于卢奇斯修道院建立的 775 年的著名文献中反映的吻

13　除了下文中引述的 P. 乌利亚克和 J. 德・马拉福斯的著作，关于古罗马法我主要使用了爱德华多・沃尔泰拉的重要著作：《罗马私法的基本原理》，罗马，1961。

14　Cl. 桑切斯・阿尔波诺斯：《围绕着封建制的起源》，门多萨，1942。

15　H. 格拉索蒂：《卡斯蒂利亚和莱昂省封建附庸制度》，2 卷本，斯波莱托，1969；尤其是卷 1《臣属制度》，第 2 章，《吻手》，p. 141—162。

足礼与西班牙臣属效忠的吻手礼之间没有关系。认为加泰罗尼亚、纳瓦拉和阿拉贡可能在加洛林王朝及其后法国的影响下引进“用手来表示人身依附”(hominium manuale)、“用手来托付”(commendatio in minibus),这种看法引起的争论,我不多阐发。眼下,我仅限于注意到西班牙的“吻手”(osculatio manuum)与“合手”(immixtio manuum)不同,至少因为领主在仪式中明显高于附庸,因为他除了不拒绝人吻他的手什么也不做,臣属的谦卑举动要显著得多[16]。

我们将会回到布鲁日的加尔贝尔的文本作为主线,我认为这个文本提供了一个异常之处,因为它将“人身依附”当作臣属仪式的第一阶段,这个礼节习惯上是被看作属于第二阶段即“许诺忠信”中,也就是亲吻礼,领主与臣属交换“忠诚的亲吻”。“然后他的双手与伯爵的手相合,伯爵握住它们,他们互相亲吻”。

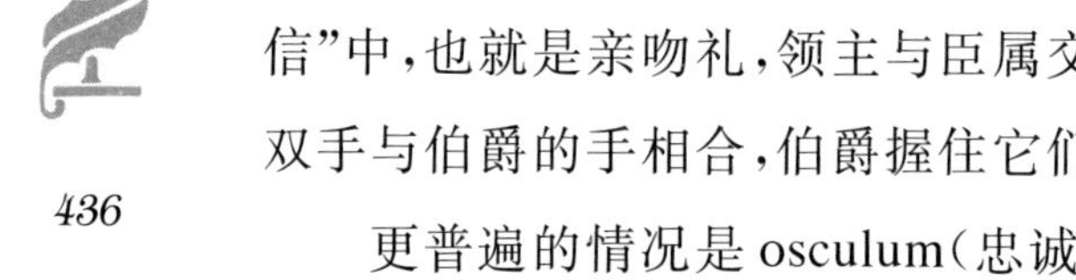

更普遍的情况是osculum(忠诚之吻)、osculatio(亲吻礼)是与

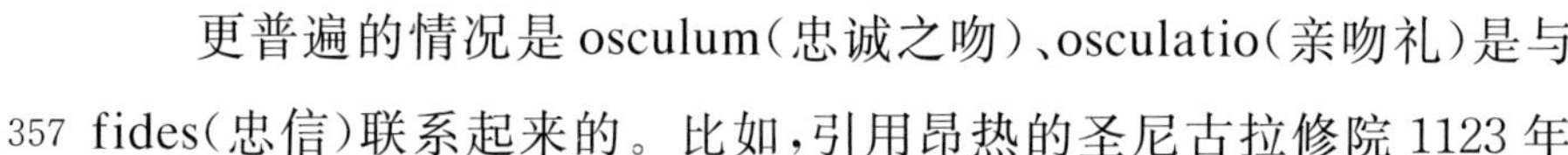

357 fides(忠信)联系起来的。比如,引用昂热的圣尼古拉修院1123年

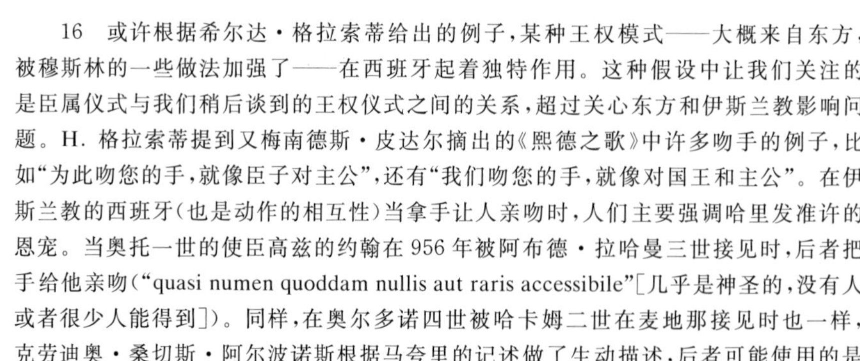

16　或许根据希尔达·格拉索蒂给出的例子,某种王权模式——大概来自东方,被穆斯林的一些做法加强了——在西班牙起着独特作用。这种假设中让我们关注的是臣属仪式与我们稍后谈到的王权仪式之间的关系,超过关心东方和伊斯兰教影响问题。H. 格拉索蒂提到又梅南德斯·皮达尔摘出的《熙德之歌》中许多吻手的例子,比如“为此吻您的手,就像臣子对主公”,还有“我们吻您的手,就像对国王和主公”。在伊斯兰教的西班牙(也是动作的相互性)当拿手让人亲吻时,人们主要强调哈里发准许的恩宠。当奥托一世的使臣高兹的约翰在956年被阿布德·拉哈曼三世接见时,后者把手给他亲吻(“quasi numen quoddam nullis aut raris accessibile”[几乎是神圣的,没有人或者很少人能得到])。同样,在奥尔多诺四世被哈卡姆二世在麦地那接见时也一样,克劳迪奥·桑切斯·阿尔波诺斯根据马夸里的记述做了生动描述,后者可能使用的是中世纪史料。

文书,“他们给他一个吻来标志这种信仰的奉献[17]”。

有一些文本,通常较晚近,一般是13世纪的,比如《论司法与辩护》,它们强调亲吻是“以忠信的名义”给出的[18]。

一个细节可能显得无关紧要,从我们的角度即人种志的角度看有着相当的重要性。这便是这个吻的性质、它进行的方式。根据谢农收集的材料,似乎没有什么好怀疑的。臣属的“忠信亲吻”是吻在嘴上的,ore ad os(嘴对嘴),如同蒙莫里永修院文书集在关于一份类似合约时所说的。按照我们的风俗来看有个值得关注的细节,女性似乎是免于臣属亲吻礼的,稍晚时期的14世纪的诠释提到这不得体,propter honestatem(由于荣誉)[19],我认为这种诠释是错误的,我将在稍后证明。

中世纪法律史的研究者对于“亲吻礼”提出一种区分,如果能够对文本尽可能详尽的研究可以确认这种区分,那么它是有些价值的——但我认为并不是最重要的。他们认为必须区分习惯法的地区和成文法的地区,习惯法的地区是领主进行“亲吻礼”,而成文法的地区相反是臣属给领主亲吻,“后者仅是还礼[20]”。但是此处在我看来重要的并非动作由谁采取主动,而是随处存在的相互性。领主与亲属之间,亲吻礼是一个相互的亲吻仪式。一方付出,另一

17 见注3。

18 《论司法与法庭》,12,22,§1(拉佩蒂校勘,巴黎,1850,p. 254)引文见E. 谢农,前引书,p. 138。

19 在1322年一份文书中卡班特拉斯新当选的主教休格接受一个少年和他的女监护人的效忠。他拿起效忠和许诺忠心的孩子的双手和他监护人的手,但他只亲吻孩子,“由于名誉而拒绝亲吻那位监护人女士”。引文见迪康热《词汇注释》,词条Osculum和E.谢农,前引书,p. 145—146和146,注1。

20 E. 谢农,前引书,p. 149。

方还礼。

臣属仪式的第二阶段，即许诺忠信的阶段，如我们所知是由一段誓言来补足的。所以这里我们看到对话语的使用，但是这句话
358 的象征力度要比人身依附阶段更强，因为这是一个誓言，习惯上是手按圣经或者圣物盒来进行的。

人们经常将《圣加尔修院纪事》（*Casus S. Galli*）中一个文本当作关于"亲吻礼"的最古老文学，叙述971年选为圣加尔修院院长的诺特科尔如何成为奥托一世的附庸。它将这一仪式与誓言仪式连在一起，这一事例中是用福音书发誓。"终于你将成为我的，皇帝说，在双手接受他之后，亲吻他。立刻一部福音书被拿过来，院长发誓忠诚[21]。"

在布鲁日的加尔贝尔作品中，文本因其精确和分析介绍而非常珍贵，但是不应把它当作建立臣属关系的仪式的唯一模式，即把"亲吻礼"放在人身依附仪式的第一阶段，许诺忠诚的仪礼阶段被分解成两个步骤：首先是许诺，然后发誓，这一次是用圣物来发誓的。"第二步，人身依附的人用这些话来约定忠诚：'我以信仰许诺忠诚，从此刻起忠于威廉伯爵，完全效忠于他，没有虚假'。第三步，他以圣徒圣物发誓。"

依据我提到过的《法兰克王国年鉴》中的著名段落，早在757年，拜恩公爵塔西隆已经向"矮子"丕平使用这种方式，在"用手托付人身"之后"他以许多誓言发誓，将手按在圣物盒上。他向丕平

21　《圣加尔修院纪事》，第16章，冯·阿克斯校勘，MGH，SS，卷2，p. 141，引文和译文见R. 布特吕什，前引书，p. 367。

国王和前边提到的国王的儿子们许诺忠诚，即查理和卡尔罗曼，就如同按照法律一个臣子应当做的那样……[22]”。

到了仪礼的这个阶段，臣属已经成为领主的“以嘴和手表示效忠的人”。比如在1110年卡尔卡松子爵贝尔纳·阿东四世用下面这些话为了某些采邑而向格拉斯圣母修道院院长莱昂效忠：“以所有人和每个人的名义，我有手和嘴向你我的主公莱昂院长和你的继任者效忠[23]”。

在1109年给乌拉卡夫人的《馈赠文书》中，以更为明确的方式，“威武者”阿方索对他妻子用了经常使用的表述：以嘴和手表示效忠的人（“今天或者未来从你手中获得采邑（honor）的所有的附庸（homines），所有人都要对您发誓忠诚，并成为您的以嘴和手表 359
示效忠的臣属”[24]）。

从各方面看，这个表示都很重要，因为它表明了身体象征系统在中世纪文化与心态系统中的重要地位。身体不仅是灵魂的显现者，而是它是人类命运——各种形式下——实现的象征场所。直到彼岸，至少直到最后审判日，灵魂也是以身体的形态上天堂或下地狱，或去炼狱。

最后，建立臣属关系的仪式以授予采邑结束，通过领主向臣属授予一个象征物品来进行。

“随后——布鲁日的加尔贝尔说——伯爵用手中一根细枝给

22　见注11。

23　特莱：《掌玺官档案》，卷1，n° 39，引文见E. 谢农，前引书，p. 141，注1。

24　拉莫斯和洛斯塞塔尔斯：《阿方索六世的继位》，载《西班牙法律史年鉴》，13，p. 67—69，引文见H. 格拉索蒂，前引书，p. 169。

他们授予采邑……”

此处我们遇到臣属仪式象征系统的一个我认为相对次要的侧面，运用的不再是话语或者动作，而是象征物。不管怎样，这一侧面有其价值，由于迪康热在《词汇注释》中出色的“授职”词条中探讨过这一问题，我们可以更好地切入[25]。

说这一词条出色至少有三个理由。首先因为它汇集一系列的文本，构成授职仪式中使用象征物品与动作的一个真正的文本集：有 99 个变体[26]！

360　再者，因为它是以一篇真正的关于中世纪授职象征系统的论文开始的。

最后，因为它提供对中世纪授职仪式使用的象征物品进行分类的一种尝试。迪康热指出授职的进行不仅仅是口头的或者借助

25　迪康热：《词汇注释》，“授职”词条，卷 3，1520—1538 栏。我认为以当时的考据来说这个词条是了不起的。当然，我们同时可以批评它。特别是如我上文在注解 3（原文）中所指出的，investitura 的意思过于宽泛。但是当它指的是教会“授职”或者普通捐赠中使用的象征物品时，我使用迪康热的资料，因为对于采邑-臣属仪式的这个部分来说，我认为仪式与其象征意义是与之相同的。

26　在附录中可看到这个列表，下文，p. 415—417（原文）。当然，尽管迪康热考据的范围之大，还必须加以补充，我们可以尽可能广泛地梳理列表的内容，从中取得统计结果，当然对于结果要审慎对待，它只是近似值。

比如本雅明·盖拉尔在《夏特尔的圣父修道院文书集》，卷 1，巴黎，1840 的引论中简略研究了（p. 224—226）“授职的象征”。我们从中看到小刀、小木棒、香匙、细枝（virga，virgula 或 ramusculus）。文本明确说出 virga 或 ramusculus 的木质（比如 virgula de husso：冬青细枝；savinae ramusculus，细柏枝）。在下文引用的冯·阿米拉文章中，他从民族史的角度对象征权杖的木质给予重视。同样从中可看到“折断”的动作，在下文注 28（原文）中我们会再谈到（比如 quam virgam... in testimonium fregit 折断树枝作为证明）。纯粹意义的授职象征中混杂在一些“馈赠”与“证明”的象征。

在后文中我将解释对一份墨洛温时代和加洛林时代法律象征物的表格的关注，同样放在附录中，是由 M. 泰弗南在所引述文本的校勘本中摘出的，见参考书目。

一份简单文献或文书，而且通过某些象征（sed per symbola quaedam）。这些象征物应当符合两个意图：标志一个人对某个事物的占有（dominium rei）转到另一个人那里，服从既定习俗以便被所有人看作一个具有法律意义的行为。

迪康热将他从一些关于授职的文献中摘出的各种象征物相继按照两种分类法加以整理。

在一种分类中，他区分出那些与移交物品有关的物件比如树枝、土块或草，意味着授予土地。还有那些表明移交权力（potestas）的物件，主要以一根小木棒（festuca）的形式。然后是那些除了象征权力移交还意味着有使用暴力的权利（ius evertendi, disjiciendi, succidendi metendi 夺取、毁约、分割、瓜分的权利）：主要是小刀或剑。还有两类授职象征物与习俗、传统、历史有关。一类与古老传统有关，比如指环、军旗。一类是古老传统之外的在中世纪成为象征的，主要来源于武器装备：头盔、弓、箭或者平常用的东西：号角、杯子等。

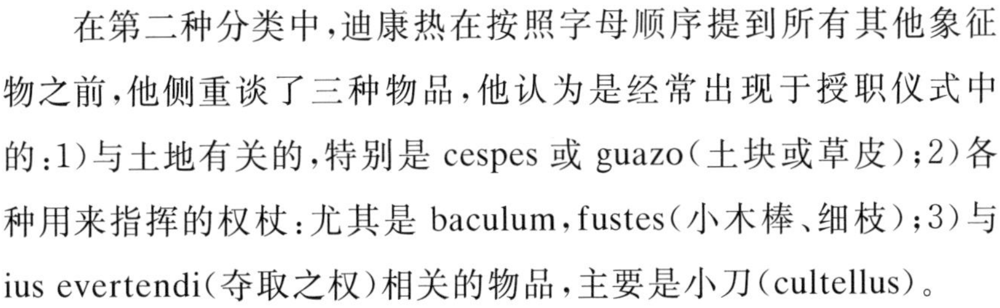

在第二种分类中，迪康热在按照字母顺序提到所有其他象征物之前，他侧重谈了三种物品，他认为是经常出现于授职仪式中的：1）与土地有关的，特别是 cespes 或 guazo（土块或草皮）；2）各种用来指挥的权杖：尤其是 baculum，fustes（小木棒、细枝）；3）与 ius evertendi（夺取之权）相关的物品，主要是小刀（cultellus）。

我无意于在此对迪康热所统计的 98 种象征物做深入研究，也 361
不对这份研究做具体批评，我要重复说他的研究是了不起的。

我仅限于三点意见：

第一点，我认为另一种分类更可取，它考虑到：

a)人种志性质的参照；

b)它们文献中出现的频率。

在初步研究之后——这种分类有待于校正——我区分出：

1.社会-经济的象征物——其中与土地相关的占优势，似乎更倾向于自然的，未开垦的土地。

比如：per herbam et terram，per festucam，per lignum，per ramum，per virgam vel virgulam 等等(用草和泥土，用麦秆，用木头，用树枝，用细枝或细杆)，很少与渔业有关(per pesces[用鱼])或者与货币经济有关(per denarios[用银币])。

2.社会文化的象征物(此处我取文化的人类学意义，与自然相对立)，有两个亚群：

a)身体动作

per digitum，per dextrum pollicem，manu，per capillos，per floccilum capillorum(用手指，用伸直的拇指，用手，用头发，用发绺)

b)服装

per capellum，per corrigiam，per gantum，per linteum，per manicam，per mappulam，per pannum sericum，per pileum，per zonam(用帽子，用皮革腰带，用手套，用衬衣，用无袖披肩，用手帕，用丝毯，用弗里吉亚锥帽，用腰带)(强调腰带与手套)。

3.社会职业象征物，以两种首要职能的社会阶层的象征为主：教士阶层(per calicem，per claves ecclesiae，per clocas ecclesiae，per ferulam pastoralem 等等[用圣餐杯、教堂钥匙、教堂钟、教士戒尺])和骑士阶层(per gladium，per hastam[用剑、矛]，但

是对于教士阶层要区别出与书籍和书写有关的物件，它们很常见（per bibliothecam，per chartum，per librum，per notulus，cum penna et calamario，per pergamenum，per psalterium，per regulam，per textum evangelii［用图书室、契约、书籍、文书、羽笔和墨水瓶、羊皮纸、圣诗集、直尺、福音书文字］）。我们还注意到一些 362
农民的象征物——往往既是工具又是武器：（per cultellum，per cultrum vel cultellum，per forfices，per furcam ligneam，cum veru［用小刀、犁刀或小刀、剪刀、木柄是尖头的木叉］）。

第二点，分类的基础应该重新审视，因为它们不符合中世纪的文化与心智工具系统也不符合我们现代的科学范畴。它们的基础是一些罗马法的概念：dominium（产权），ius evertendi（夺取权），potestas（权力）等，至少我们认为在这里对于本质内容而言是不切题的[27]。

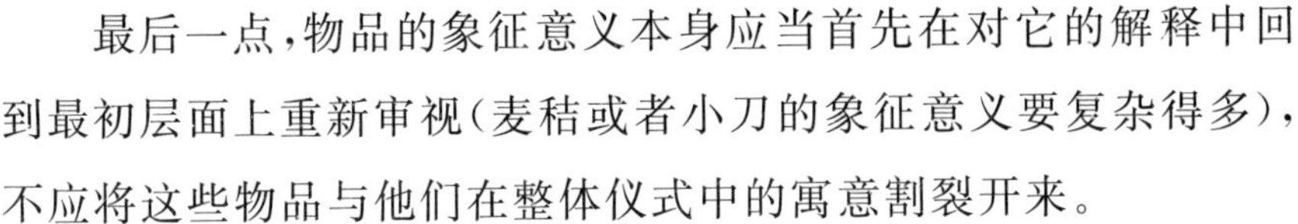

最后一点，物品的象征意义本身应当首先在对它的解释中回到最初层面上重新审视（麦秸或者小刀的象征意义要复杂得多），不应将这些物品与他们在整体仪式中的寓意割裂开来。

为了把握整体，对于我们刚刚描述与分析的建立臣属关系的仪式，必须补充终止臣属关系的仪式。

此处必须提到我所知道的唯一研究，它使用了恩斯特·冯·

27　当然，这一意见不会让罗马法的范例对中世纪法律的影响这一问题失去价值（在下文谈到麦秸时将提到这点，主要参考已经提到的 E. 沃尔泰拉的著作，见注 13）。而且，这一意见也不适于 P. 乌里亚克和 J. 德·马拉福斯的出色作品《罗马法与古代法》，卷 1，《义务》，巴黎，1957，是一部少见的明智地探讨“麦秸礼”的中世纪早期起源的著作。

默勒 1900 年的文章:《折断木棍的法律习惯》和卡尔·冯·阿米拉 1909 年的“大作”:《日耳曼法律象征系统中的木棍》[28],这篇文章
363 试图从象征系统比较和法律人类学的角度探讨效忠仪式。这就是马克·布洛赫的出色的青年之作:《在古老封建法律中终止人身依附关系的形式》,发表于 1912 年[29]。

我认为这一研究有着三重价值。首先,它提醒我们应该从我所说的两个侧面来研究臣属仪式,即建立和解除的仪式:对于人身关系的解除,必须要补充放弃权利。一个旨在创建某种社会联系的仪式,它的象征意义只能在同时审视这种联系的形成与破除的条件下来把握,即使破除的情况很少发生。

再者,这一研究指示出臣属制度的典仪形式只能通过与一些类似或相近仪式的比较来阐明。

最后,在马克·布洛赫的附录中评释了恩斯特·冯·默勒所引用的一个撒利克法兰克人法律文本,将对臣属仪式的研究引向一个有关“封建制起源”的假设——这是他本人后来部分地抛弃的

28　在关于这一主题的简要法文书目中,我们可以引述 A. 拉福莱:《木棍(木棍,权威的标志,主教和院长权杖。权杖、王杖与正义之手)》,载《马赛科学院论文》,21(1872—1874),p. 207 及下文和 22(1874—1876),p. 193 及下文。关于恩斯特·冯·默勒,一系列仪式更多与军官、法官、匪徒有关,超过与臣属的关系,其最重要内容是折断木棍。他对之进行了简单化的诠释:折断是关系破裂的象征。从这个词的希腊词源上看,相反折断的两截重新合在一起,这建立起两个人的联系。冯·阿米拉对于冯·默勒的诠释有中肯的批评,由马克·布洛赫引用。另外——我们重复这一点,因为这是人种志研究视角下一个主要方法——必须比较的范围扩大,但不要夸大到产生混淆。马克·布洛赫说得很好:“折断木棍……与折断麦秸,这是由于表面的偶然相似才被看作解除人身关系的仪式”(所引书,p. 209)。

29　见篇尾的简要书目。我遗憾未能从比较研究的角度参考 M. 格卢克曼《东南非洲的叛乱仪式》,曼彻斯特,1954。

问题论(我们还记得在他的《为历史辩护》中对寻找起源的批评),但在今天或许可以为我们充当向导来诠释臣属关系象征系统——去从亲属关系的象征系统来探寻。

马克·布洛赫汇集了 exfesctucatio(解除人身依附关系)的例子,通常从 12 和 13 世纪一些编年史与武功歌中借用的,包括的一些例子中扔掉的是麦秸以外的物件。他尤其对 12 世纪末武功歌《康布雷的拉乌尔》中一段做了阐发,这一段中拉乌尔的马夫贝尔尼耶对拉乌尔破除人身依附关系,因为后者想剥夺贝尔尼耶家的合法遗产:贝尔尼耶透过铠甲的锁环拔了他的白鼬皮衣的三根毛,把它们扔向拉乌尔;然后对他说:“那个人!我收回我的忠信。不
要说我背叛你”(2314—2318 句,P. 迈耶和 A. 隆尼翁校勘)。他 364
同样引用一个特别有价值的文本,一个布道示例(exemplum),西斯廷教派的海斯特巴赫的西撒尔在其《神迹对话》(约 1220 年)中讲述一个年轻骑士如何解除他对上帝的效忠,而转向魔鬼:“他用嘴否认了他的创造者,用手扔麦秸解除了他的效忠,转向魔鬼效忠。”我们又看到用嘴和手效忠的人的概念,在谈到 manu(用手)时马克·布洛赫指出:“必须从一个手的动作来寻找主要行为”。马克·布洛赫将 exfestucatio 等同于放弃权利,我不同意他的看法。我认为谢农是正确的,他将这个词专用于“去职”或者经领主与附庸双方同意“放弃权利和财产”,我敢说这是用“亲吻礼”来订立的分离协议[30]。

30 E. 谢农,前引书,p. 130—132。E. 谢农也注意到“亲吻礼”可能出现在仪式中来代替象征物,这也许值得进一步研究(同前,p. 132—134)。

仍然是布鲁日的加尔贝尔对解除关系的仪式提供了珍贵的指示。在弗兰德斯伯爵“好人”查理被刺杀后，新伯爵威廉·克里顿与他的某些大臣与附庸之间出现了分歧。如我们已经看到的，臣属们在布鲁日向威廉行了臣属效忠礼。但是有些人，首当其冲的就是阿洛斯特的伊凡，他们认为新伯爵未履行承诺，根特市民支持他们反对伯爵。如果他敢于面对市民反叛的话，伯爵原本会愿意解除伊凡对他的人身依附（igitur comes prosiliens exfestucasset Iwanum si ausus esset prae tumult civium illorum），但是他仅限于象征性的话语，说他愿意通过放弃他的效忠而屈尊降贵成为与旧臣属平等的人来同他开战（volo ergo rejecto hominio quod michi fecisti，parem me tibi facere，et sine dilatione bello comprobare in te...）。

与伯爵的这种决裂的愿望对应的实际上是前一年即1127年布鲁日的领主的家臣们做出一次真的决裂，这位领主接纳了杀害“好人”查理的凶手们，这里的“解除效忠关系”不仅仅是口头宣布的，具体通过一个象征动作来进行：“他们手持麦秸，扔掉以解除人身依附、忠信和被围困时的安全”。

另外，不像马克·布洛赫所认为的那样，不仅仅是因为文本中
365 没有提到我们拥有的关于破除效忠关系的细节比建立臣属关系的内容还要少。因为一些显然的理由，解除关系的仪式更简短——破除约定不像定约那样需要复杂仪式。但是必须注意到，臣属关系仪式的两个侧面是不对称的。两者的象征阶段并不彼此一一对应。或许应该更切近地研究这种不对称性。

在这份简要研究中我们仅限于弄清楚有我们刚刚描述过的不

同阶段和不同动作构成的系统。

II. 系统

必须强调这个事实，即臣属关系象征仪式与动作的整体不仅构成一种典礼，一种仪式，而且构成一个系统，也就是说只有在每个主要元素都不缺少的情况下它才运行，它的寓意和有效性只有通过它每个元素来取得，而每个元素的意义只能参照整体来获得。人身依附、许诺忠信和授予采邑以必然方式衔接在一起，构成一种象征仪式，而在这个案例中，仪式的不可侵犯性较少与力量和传统的近乎神圣的性质相关，而是更多地与系统的内在一致性相关。而且，同时代的人似乎是将它这样看待的。

行为与动作的接续：人身依附、许诺忠信、授予采邑，不仅仅是时间上的程序，也是合乎逻辑的必然程序。我们甚至会想，对臣属关系仪式的描述简短的一个原因是否来源于或多或少有意识的愿望，不离主题地指出主要内容已经依照所有必需步骤进行。往往仪式这三个阶段的整体内容被用一句话表达，这句话是关于人身依附和许诺忠信。我们重新看看已经提到的例子：

a）当“长剑”威廉 927 年成为“真诚”查理的附庸的时候：“他将自己托付到国王的手中成为他的战士，他许诺忠信并用誓言来确认[31]”。

b）按照梅泽堡的蒂特马的说法，当亨利二世 1002 年到达德国 366

31　见注 12。

东部边境:“曾经侍奉先皇的所有人将手与国王的手合在一处,用誓言确认忠实地扶助他[32]”。

象征动作在时间上和必要性上与系统相关联的方式往往由一些关联词(et,ac,que)强调。

当叙述分解为几个情节和几个阶段,通常会强调相继的情节之间时间的短暂。

a)“黑人”埃尔莫尔德有关丹麦王哈罗德在826年成为“虔诚者”路易的附庸并接受采邑的叙述:

很快,合着手,他自愿献身给国王……

而王上自己将他的双手接纳到他高贵的双手之中……

很快王上按照法兰克人的古老习俗,赐给他马匹和武器……

这时王上送礼给哈罗德,他从此忠实于王上[33]。

b)在讲述圣加尔修院当选院长诺特科尔在971年成为奥托一世的附庸时:

最终你将是我的人,皇帝说,在用双手接纳他后,他亲吻他。立刻,一部福音书被拿过来,院长发誓忠诚[34]。

对于这一系统,我们所拥有的最详尽的叙述是布鲁日的加尔贝尔关于各位弗拉芒领主1127年在新弗兰德斯伯爵威廉即位时的建立臣属关系和授予采邑的叙述,鉴于叙述较长,叙述者感觉需要强调句子的接续:“第一步,他们以下面的方式献身投靠……第二步,献身投靠的人用这些话许诺自己的忠信……第三步,他对圣

32　见注12。

33　见注9。

34　见注21。

徒遗物立誓。然后，用他手里持着的细枝，伯爵给他们所有人授职……”一切是不可分解地联系在一起，每个相继动作都不可避免地导致下一个动作使系统自我圆满，为了加强这种印象，加尔贝尔在结尾时在结论句中回顾了开始的情节：“……他们所有人用这一 367
约定向他许诺安全，献身投靠，同时发誓[35]”。

但只有在提出可信服的诠释的情况下，这一象征动作系统的存在才能被证明，或者至少让人觉得真实。我将尝试从两个层面来进行诠释。

第一个诠释层面立足于象征仪式的每个阶段，定义两个行动元之间的关系：即领主与附庸。

提前谈谈我后文将会进行的西欧中世纪臣属制度与其他社会体系中臣属制度的比较，我将借助雅克·马凯在其研究《非洲的权力与社会》中的分析，因为我认为这些分析可以阐明我此处所研究的社会关系的意义[36]。第一阶段先看“人身依附”，即使不使用人种志分析在后文中揭示的特征，我认为重要的是附庸对于领主比较明显的下属关系的表达。当然，如我们已看到的，行为的主动可以来自领主，“合手”(immixtio manuum)——我还会谈到——是一个会合动作，相互定约的动作。从这种证明中我排除西班牙吻手礼变种这个太过明显的例子，这一礼节中更多强调附庸的下级地位。地位和态度的不平等表现在各个例子中，不论是动作中，还是言语上。在合手礼中，显然进行接纳的双手是属于地位高于双

35 见注8。

36 J. 马凯：《非洲的权力与社会》，巴黎，1970，第8章，《依附领主》，p. 191—215。

手被接纳者的那个人。根据布鲁日的加尔贝尔，弗兰德斯伯爵的臣属在合上双手时，他是被接纳的对象，但他是被动的（动词语法形式表明这一点），他被亲吻，被伯爵用手接纳：“他合着手，被伯爵用手握住”。当然在领主的动作中有对帮助、保护的许诺，但确切地说通过这种许诺存在着对更高级权力的炫耀——从权力这个词的各个意义上来说都是如此。这是一种依附关系。关于非洲的一些例子，雅克·马凯说这样定义的：“依附，这种要他人帮助才得以存在的需求在某些关系中是占主导的，这些关系在一些社会中是被人承认的或者甚至被制度化。由于这种优越，让我们称这些关
368 系为依附。它们是不对称的：一方帮助和支持，另一方接受这种帮助，这种支持，却要向他的保护人提供各种服务。关系不能逆转：保护与服务不是同一类东西[37]。”还有：“为了履行职责，保护人应当有这样做的手段。这意味着在关系开始前他已经超过未来的依附者[38]”。

如果从附庸这方面看，动作中如果说没有屈辱，但至少有尊崇和低下的标志，通过简单动作“将双手交给对方”，“交到对方手中”或者动作的寓意：“把自己……交给他”（“长剑”威廉面对“真诚”查理），“将自己托付给他”（塔西隆面对丕平），“把自己交出去”（哈罗德面对“虔诚者”路易）。如果从领主这方面看，是优越者“用双手接纳对方”。这一表述强调双手相合时，句中的某种东西表达出领主的优越。亨利二世的东方臣属“抓住国王的手”，但是这些已经

37　J. 马凯，前引书，p. 192。
38　J. 马凯，前引书，p. 193。

是上一代皇帝的臣属或者军中的下级，“那些曾经侍奉先皇的人”。

在词汇中表现出同样的不平等。虽然，在布鲁日的加尔贝尔的文本中是领主向附庸发话，但他使用一些证明他优越地位的词，这几乎是一种强求：“伯爵问（requisivit）［未来的臣属］他是否愿意毫无保留地（integre）成为自己的人”，integre 这个词几乎在要求一种“无条件投降”。但臣属回答“我愿意”（volo），这个词是下级做出承诺的表述，而非一个平等的人的意愿[39]。

最后，那些大致上用来定义“人身依附”的词对于这一事实是没有疑问的，即在这一阶段，首先是臣属承认臣服的条件，他以仪式的方式来确认他最初的下级地位。加尔贝尔说：“……是否他愿意成为（fieri）他的人”，前文引用的英国的文书更明确地说到“成为（fore）他的附庸”。面对地位高的人，献身投靠使一个地位低的人成为下属。“fieri”，“fore”很好表达了这种转变，即一个附庸的诞生。至于 homo（人）这个词，我们不要忘记在一个长期以来人 369
面对主（dominus）不算什么的社会中，地上的领主只是天主的形象和代表，人这个词标志着臣属，在社会等级的两端有两种人（homines），一边专指附庸的意义，另一边指农奴。

因此，仪式的第一环节即体系的第一个结构，它创造了领主与臣属之间的不平等。

第二环节，许诺忠信，它明显将事情改变了。我提醒——因为我觉得细节上最主要的——标志这一环节的象征动作即 osculum（亲吻礼）是一个嘴上的亲吻。我再次重复，我承认不确信某些法

39 见注 8。

律史专家的这个假设——相对动作的最主要意义而言——的重要性，假设这个假设准确吧，他们认为在习惯法地区是领主亲吻，而在成文法地区是附庸采取主动[40]。我重复说，对于法律文化史和更广义的文化传统史来说，这个事实是有价值的。但是，我还要重复，最主要的是这些文本在此处主要强调双方态度的结合和身体动作的不平等。布鲁日的加尔贝尔作为一位好的公证人，他说如此精确，如此关注用词准确，在强调了“双方合手”的不对称性之后，他说：“他们用一个亲吻相互结盟”。而纪尧姆·迪朗在其《法律之镜》中，虽然是在一个成文法地区写作，他将亲吻的主动给了领主，强调说这个象征动作的意义和目的就是肯定一种相互的忠信：“领主亲吻他［附庸］作为相互忠诚的标志[41]”。

但我们不要满足于这些文本的见证。如果说合手是定位于一种非常丰富却非常明确的手势象征系统中，那么亲吻——我还会再次提到——属于一个同样丰富的象征系统，但却不够明确——做法与寓意的变体非常多和复杂。

此处，我将开始求助于人种学家。尽管人种志理论多样，嘴上的亲吻似乎属于一些信仰，它们推崇气息[42]或者口水[43]的交换。
370 它让人联想到在其他类型的隆重定约或联盟中遇到的血液的交换。当然，我不认为中世纪西欧的领主与臣属们意识到自己正在进行这类交换，虽然他们的基督教承载着“异教成分”，但我看不出

40　E. 谢农，前引书，p. 149。

41　见注 5。

42　见 Cl. 盖涅贝《狂欢节》，巴黎，1974，第 7 章《气息的传播》，p. 117—130。

43　R. 基德里和 Cl. 卡尔努研讨班里收集的信息，我感谢他们提供这份研究。

这些做法中潜在的信仰如何能够以有意识的方式通过他们表现出来。但是我认为领主与臣属保留了仪式开始部分的主要象征寓意。气息或者口水的交流，同血液的交流一样——除了我还会谈到的其他一些后果之外——是平等的双方之间进行的，或者不如说它使双方变得平等。亲吻礼将领主与臣属的嘴从对称的位置合在一起，将他们至于同一平面，使他们成为平等的人[44]。

最后，显然授予采邑属于“馈赠/还礼”(don/contre-don)的实践。在不平等－平等的阶段之后，系统通过一种真正的相互联系、一种互助性的契约来完成。只要重新看看布鲁日的加尔贝尔1127年讲述的仪式的结尾就可知道：“然后，伯爵用手持的细枝授予他们所有人采邑，他们用约定向他许诺了安全，人身依附并同时立下誓言[45]”。所有内容都在其中：对仪式的定义是一个约定、一个契约的达成，对授予采邑的还礼对应着奉献出人身和忠信(誓言)。

在这一程序的时序起点上，塔西隆在787年收到了对拜恩公爵领地的认可，作为交换他立下忠诚誓言(“当塔西隆已经重立誓言，他们便许诺他保留公爵领地[46]”)，而哈罗德——以一种更接近臣属关系的方式——在826年从“虔诚者”路易那里收到一些葡萄园和肥沃地区，这是作为对效忠与誓言的交换，这使他成为一位忠

44　但是从 N. J. 佩雷拉的书中没有太多收获，《神圣与世俗的吻：对亲吻的象征意义与相关宗教伦理主题的阐述史》，加州大学，1969，虽然用意良好，但没有利用人种志文献，最终只不过是一本关于骑士典雅之爱的书而已。

45　见注8。

46　见注11。

实于皇帝的人：

这时皇帝赐哈罗德礼物，一些葡萄园和肥沃地区，他从此忠实于他[47]。

371 雅克·马凯从非洲制度中重新发现以“馈赠/还礼”为基础的封建制的这个侧面，人身投靠并许诺效劳的人被授予的采邑是由畜群构成，这让我们想到中世纪采邑在词源上的可能的起源。在卢旺达采邑是 ubuhake。“一人用 ubuhake——这个词来自一个动词，意思是‘投靠’——向另一人许诺向他提供实物、劳务性质的贡献，请求他准许他使用一头或几头牲畜。”ubuhake 在领主（shebuya）与附庸（garagu）之间建立起一种相互联系[48]。

因此这个系统是完备的。

无疑，相互性的侧面从人身依附仪式就得到肯定，更加由“亲吻礼”加强，但是唯有授予采邑通过领主的物质性的还礼来回应臣属在人身依附和许诺忠信时的诺言馈赠，它确定了臣属契约的相互性。马克·布洛赫强调这种相互性，它校正了——却未使之消失——领主与臣属之间的不平等。他将封建关系与其他文明特有的自由依附形式加以比较——为了强调其差异——，他写道：“仪式本身成功表达出反命题：与俄国臣属的‘抵前额礼’，与卡斯蒂利亚武士的吻手礼相对立的是我们的人身依附礼，用双手握住双手的动作和两嘴相吻使领主成为一份真实契约的参与者，而非一位

47　见注 9。

48　J. 马凯，前引书，p. 197。作者指出，同前，p. 200—202，在非洲大湖地区发现一些与 ubuhake 类似的制度，比如在安哥拉、布隆迪和布哈酋长管辖地。

普通的只需收取的主人[49]”。

最后应注意到，虽然人身依附、许诺忠信和授予采邑构成一个独一无二的完备系统，但接连的象征礼节的寓意不是互相抵消而是互相补充。并不矛盾，臣属关系系统是两人之间的契约，其中一方即臣属虽然比另一方低微（通过献身投靠被“象征化”的低微），但由于一份相互契约的作用（其“象征”是采邑）与他成为同等的人，平等是相对于这种契约系统之外的所有人而言的。我们引用雅克·马凯的话，臣属关系“是与整个社会相关的关系，起源于一种网络，它被认同于一个被整体社会的所有成员所知的词语[50]”。 372

对臣属关系象征动作系统的第二个诠释层面应该不再着眼于系统的每个阶段和各个元素，而是定位于从整体看待的系统层面。

我们在西欧中世纪社会中所观察的臣属关系仪式的确构成一个“整体象征系统”，这个系统是“独特”的，这是我下文要证明的。

但是构成一种独特的整体性，这不妨碍这个系统是按照一种普遍参照模式构成的。

我认为社会系统可能象征性地得到表述，或以一些经济模式为参照，或以一些政治模式为参照，或以一些家庭模式为参照。

人们可能想到一种经济类的模式，因为授予采邑构成对人身依附和许诺忠信的必要补充，它代表着一种还礼，其经济寓意——不论采邑是何种形式——是根本性的也是显而易见的。但是前工业社会所提供的相互性的两个主要模式中，任何一个都无法适用

49　M. 布洛赫:《封建社会》,巴黎,1968,p. 320。

50　J. 马凯,前引书,p. 196。

于采邑-臣属系统。

一方面，北美印第安人散财宴“赠礼”(potlatch)* 系统不能成为封建制“馈赠/还礼”的参照，因为当在一个社会中这种实践在经济上不是普遍性的，便不能谈到“赠礼”体系。不存在仅仅限于一种用途的“赠礼”。然而，不论采邑-臣属系统在中世纪西欧社会的经济结构与经济实践中有多么重要，这一系统并不涵盖中世纪经济的全部范围。处于属于自由私有地产经济与属于前资本主义类型的交换经济之间，纯粹意义的封建经济模式只应用于中世纪社会的经济习规中的一部分。另一方面，封建的“馈赠/还礼”虽然在交换系统中运用了威信和女性，但它被纳入一些经济和社会结构之内，它们不同于印第安人“赠礼”系统起作用的那些经济与社会结构。以一种更为笼统的甚至是简单化的方式，我们可以说这一参照模式不适用于采邑-臣属系统，因为中世纪西欧的经济与社会
373 虽然由于某些侧面而让人联想到那些所谓“原始”的经济与社会，但却与之非常不同。

另一方面，我们主要在古罗马世界看到的那种契约系统(和它所建立的法律)同样不能成为采邑-臣属系统的模型，因为在这一系统中存在所有权转让，比如在一份“买卖”(emptio/venditio)契约中，而在采邑-臣属关系契约中不存在由领主放弃“主权”(dominium)给臣属。还需要提醒吗？虽然中世纪社会并非如人们所说的那样不知道所有权的概念和实践，但是采邑-臣属关系的契

*　北太平洋沿岸印第安人，尤其是夸丘特尔人，他们在冬季的散财宴节日里向客人赠送礼物，而客人须还礼，否则地位低下。该词来源于 potshatl，意为礼物。——译者

约特别是授予采邑确立了一种权利与义务的等级，而非领主将重大的所有权让与臣属。

人们可能想到一种政治类型的参照系统。与采邑-臣属关系象征系统中“馈赠/还礼”的侧面和前面所肯定的契约关系一样，建立臣属关系的象征动作中一部分（如果不是全部的话），可以被定位于“权力”世界。“合手礼”可能让人想到罗马法中的手（manus），它是权力（potestas）的化身，归根结底是其同义词，但是在臣属关系象征仪式中，手并非一个抽象概念，重要的内容，有寓意的内容，有象征性的内容，是手所做的事情，而不是手本身。同样，“亲吻礼”可能让人想到某种生命力的传递，因而成为势力的传递，一种神奇的权力移交。但是，我要重复，即使亲吻在社会中或者某些社会中的原初意义正在于此，但是这种意义不属于臣属关系的“亲吻礼”，或者至少在臣属许诺忠诚从属于一个既成系统的时代，这种意义已经消失了。虽然它具有与基督教瞻礼仪式中的“和解之吻”相近的意义——我在后文将排除这一点——但它在领主与臣属之间建立起一种不同于权力移交的关系。但这种嘴对嘴亲吻正如同合手礼一样，我觉得它应当首先是从等级意义上定位了两个行动元彼此的关系，在第一阶段两者处于不平等关系，在第二阶段相反处于平等关系。最后，在授予采邑的象征物品中，人们可能——如同某些人所做的那样——侧重于从中遇到的那些权力标志（指环、主教权杖、长剑、国王权杖），特别是频繁遇到的小木棍，人们把它等同于指挥权的标志。但是，关于权力的标志，历史学家和法学家——我还会再谈到——错误地混淆了（正如中世纪人们 374
有时也会混淆——但他们有自己的原因）教会或国王的授职仪式

与臣属关系中的授予采邑，在我看来这是截然不同的系统。至于小木棍，我参照冯·阿米拉和马克·布洛赫对冯·默勒的观点所做的批评[51]。最终，让我们在此记住一些众所周知的东西。臣属关系契约创立一个相互义务的系统，它并非领主对臣属就采邑进行的权力移交。

最后我们应避免利用普通的领主权，对于人们在其中发现并恰当地强调了其重要性的那些权力形式，我们应避免将之运用到采邑-臣属关系系统。首先，普通领主权代表着地产制度的一种发展，它并不代表采邑-臣属系统的本质，虽然强调采邑与领主权之间的联系上合理的，但这两种现实应当仔细区分。

所以我们现在应当说出并尝试解释这一课的中心论题。臣属关系象征系统的主要参照是家族模型，亲缘模型。

词汇似乎已经要求我们从这个方向来探察。

对于附庸的最主要定义是“嘴和手的人”。

对于手，让我们重复说，重要的是手所做的事情。在仪式的每个阶段手都有参与。在人身依附阶段，手通过一种不平等的交合将领主与臣属结合在一起。在许诺忠信阶段，手通过按着圣经或圣物的动作来伴随平等之吻。在授予采邑阶段，手一方面付出，一方面接受订立契约的物品。我排除了对罗马法中的 manus（手；权；势力）的参照，因为早在古罗马时代这个词就已成为与权力同义的一个抽象名词，但是我不能忘记手尤其指一家之主（pater fa-

51　见注 28。

milias)[52]的权力，在中世纪基督教义中，如果可以这样说的话，有一只手是高于任何其他的手的：即圣父上帝之手，从图像表现开始，它是无所不在的。

至于嘴，也就是亲吻，我觉得它的作用与基督教礼仪中古老的
亲吻礼不同，基督教亲吻礼大概始自圣保罗时代，它与和解之吻也 375
不同，虽然关于和解之吻，其传播大概是在 11 和 12 世纪，那个时代在文书中关于各种契约常常谈到 osculum pacis（和解之吻）和 fidei（忠信）。如果臣属关系的亲吻可以同另一种仪式亲吻相比较的话，我认为是订婚亲吻，E. 谢农同样对此做过出色研究[53]。更普遍地讲，亲吻标志着进入某个非自然的家族群体，尤其是婚姻。这个习俗是早于基督教的。德尔图良早就将之谴责为异教信仰而徒劳无功[54]。

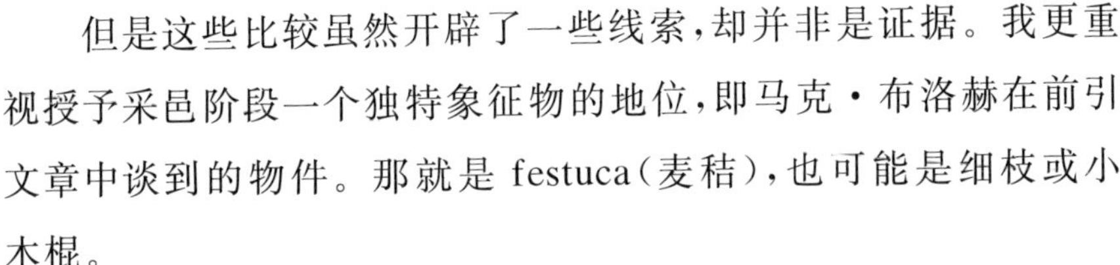

但是这些比较虽然开辟了一些线索，却并非是证据。我更重视授予采邑阶段一个独特象征物的地位，即马克·布洛赫在前引文章中谈到的物件。那就是 festuca（麦秸），也可能是细枝或小木棍。

该词与该物有着漫长历史。

我们已经从罗马法中谈到过它（是在一开始吗？也许不是）。爱德华多·沃尔泰拉在评释盖尤斯《制度》的时候，在肯定了构成法律行为（legis actio）的一些权利之后，在这些行为的第二项中如

52　见 E. 沃尔泰拉，前引书，p. 205—207。

53　E. 谢农：《关于某些婚仪的历史研究》，载《法国与国外法律历史新刊》1912。

54　卡布罗尔神父《基督教考古与仪礼词典》，“亲吻”词条，卷 2/1，1910。图尔德良的文本见《少女的面纱》，*PL*，卷 1，904—905 栏。

下描述了“实物担保”(Sacramentum in rem):“行为者手持一根细枝(festuca)即军人长矛的象征,确认该物(或者该物的一部分),宣布隆重的话语……以对审的方式,宣告者将细枝放在所要求之物上面。”他补充说:“如同盖尤斯所解释的,因为细枝象征着军人长矛,这一行为代表战争占领(occupatio bellica),意味着对于该物的合法所有权(signo quodam iusti dominii)……如果相反,对方进行同样宣告,也同样以对审的方式将他的细枝放在同一物之上,那么就有了两个同等的所有权宣告和两个象征意义的战争占领……[55]”。

376 我将重新谈到我的这种确信,即这一象征系统不适合用来阐明采邑-臣属关系仪式,当领主与附庸使用 festica(麦秸),既不涉及所有权,也不涉及通过军事占领取得的权利。象征物仍在,象征意义却改变了。

然而,在早期中世纪制度中 festuca 以新面目出现了。

最好还是让保罗·乌里亚克和 J. 德·马拉福斯来发言:

“在法兰克人中存在一个奇怪行为,托管遗产(affatomie,《撒利克法拉克人法》,46)或遗产继承权收养(adoptio in herediatate,《里普里安法兰克人法》,48)。涉及一种遗产的传递,包含一

55　E. 沃尔泰拉,前引书,p. 206。我们注意到罗马私法立誓的另一种形式,即“以人身担保”(Sacramentum in personam),它的目的在于取得权力的实施(manus iniectio)。但在我看来,不应当在罗马法的 festuca(细枝)与 manus(手)与臣属仪式的细枝与手之间寻找寓意的任何对仗、任何连续性。一个社会区分人身权利与物权是很正常的,让我们跟从 E. 沃尔泰拉来重复说,manus(手;权)在罗马帝国法律中仅具有一个抽象意义,象征意义比象征物更重要。只有具体的历史研究才能区别——的确经常是很困难的——延续性的份额和变化的份额。Festuca 的情况需要我们关注,因为这个词与物的对应并不“显而易见”。

些非常复杂的方式：

a)拥有者应当到法庭(mallus)出庭，面对百夫长(thunginus)，同时还有一个家庭外的第三者，通常称作受托人(salmann)。

b)他对受托人用象征意义的麦秸交付象征的财产(见卷2，p. 318)，同时指示出他想要指定为继承人的真正受赠人的名字(illo quem heredem appellat similiter nominet 叫出名字就像叫的是继承人)。

c)于是中介者去捐赠者的家里，在那里住下，在那里至少接待三个客人，让他们吃饭，接受他们的谢意：文本补充说，这是为了他拥有至少三个证人来证明这种占有的取得。

d)最后，在12个月之后，中介者应当回到法庭(mallus)来清空双手：他应当‘将麦秸抛在真正继承人的胸上’并对他们交付一切，‘既不多，也不少’。

伦巴第人的法律有类似制度即thinx(长矛集会)：当着拿武器的民众(这让人想到罗马人面对民会立遗嘱)，thingans(财产拥有者)将长矛传给受赠人，这是权力的象征，同时接受一份回礼(lau-negild，guiderdone)。这里，收养的概念是非常明确的，因为财产拥有者不能有男性继承人(罗思校勘，157，158，170，172；柳特普兰德校勘，65)[56]”。

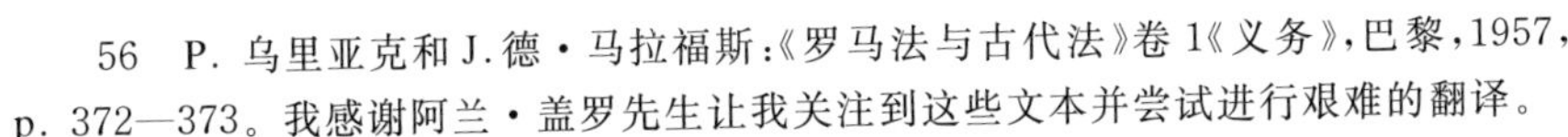

56　P. 乌里亚克和J. 德·马拉福斯：《罗马法与古代法》卷1《义务》，巴黎，1957，p. 372—373。我感谢阿兰·盖罗先生让我关注到这些文本并尝试进行艰难的翻译。

在他们出色的研究中，P. 乌里亚克和J. 德·马拉福斯提出几点重要见解，与我这篇文章的想法相合。

a)关于中世纪象征系统(p. 58—59)：

“撒利克法兰克人法的一个重要特征就是所有原始法律的特色的象征系统。人们

377 伦巴第人的法律使用长矛来作为象征，虽然这与罗马法中将麦秸诠释为长矛的象征相合，但是很清楚，让我们最关注的是里普里安法兰克人法律的文本尤其是撒利克法兰克人的法律文本。

使法兰克人仪式与采邑-臣属关系仪式相区别的全部内容是显而易见的：即中间人的角色、法律行为完成的时限、缺少相互性——我们仅限于文本，不考虑完全不同的背景：没有人身效忠，
378 也没有立誓，是财产的转让而非权利转让——，这一切在采邑-臣

通过传交稻草或 wadium（抵押）来交付财产，这看起来是个没什么价值的东西（见迪康热，Wadia 词条）；一切都可成为象征：一块草皮，一根葡萄藤，一个树枝，一把小刀、一些丝卷、一些发卷；他们补充以手势模仿和适当话语；有时还要物品与文书连在一起：777 年的一份文书（《新档案》，32，p. 169）仍保存着拴在羊皮纸上的交付用的树枝。教士们倾向于将某些宗教附属品来代替世俗物品：比如一份祈祷书，但还有指环或权杖”。

b）关于象征的多义性（见下文）：同样我们不脱离上下文来考察麦秸，而是在我们认为适于同采邑-臣属关系仪式相比的一整套制度和象征系统中研究（p. 59）：

“这类象征适合包含财产传递、出卖或分割的契约；但麦秸还被用在其他一些契约：司法委托代理（《马尔库尔夫范例》，I，21，27—29）；许诺出庭、保证书。还出现其他象征：比如在人身效忠中合上双手，或在婚礼上戴戒指。文书的制作（或交付）不久也将成为一种象征。我们认为在南部日耳曼人象征的运用更加有限；那里进行定金交付（确认性的）来表明协定的达成。这种做法在订婚中通行。这种象征物的兴盛标志着法律生活，给出其发展的节奏。”

c）关于象征系统整体：动作、物品、话语（p. 59）：

“象征系统是与形式主义相连结的：动作与话语是受到习俗的制约的。文书经常提到证人们‘看到并听到’；另外契约经常是在法庭达成，在加洛林时代是在教皇特使的法庭上。”

d）最后，“反向贡献”，“象征性的还礼”，谈到托管遗产中麦秸的作用，我们又看到相互性的实践（p. 69）：

“一份给与总是意味着反向的贡献；一次捐赠如果没有象征性还礼便没有效力，这给了它一种交易的样子。对于这一点，我们可以看一看伦巴第人的制度，还礼（launegild）：受赠人将一个物件交给赠与者，比如一个指环，其词源本身证明了报答的性质。麦秸或抵押品的象征可以用同一种思想来解释：它是作为债主提供之物的对等物的。”

属关系仪式中都不存在。

但是还有：行为的隆重、证人的在场、一位上级的角色、同样的象征物品（麦秸）、动作的必要性（是扔，而不是合手与折断的传统）。

然而虽然我们已经看到以赠送物品和建立某种人身关系为特征的结盟，虽然距离采邑-臣属关系仪式尚远，但我们感觉到人们已经决定性地远离了罗马的"实物担保"中麦秸的用途。主要强调的是"收养"，是对一份遗产的转让，是进入一个家族内容。撒利克法兰克人法的校勘者K. A. 埃克哈特在《德国历史文献》中，在该书的索引中，他毫不犹豫地将指称"托管遗产"的acfatmire这个词翻译为ankinden（收养）[57]。这个德语词明确表达了进入家庭的意思。

在采邑-臣属关系仪式的一些象征物品中，之所以我们强调festica（麦秸），这不仅仅因为罗马法和早期中世纪法兰克人法律可以让我们追踪这一物品的前期历史，而且它的常见译法"小木棍"使我们与考据者们意见一致，从迪康热到冯·阿米拉，他们特别关注过去制度中的这些象征物，尤其是中世纪制度中。

这是因为，据我所知，采邑-臣属关系仪式的象征物中只有festica（麦秸）产生一系列同根词，似乎证明了它在实践中和臣属关系象征系统中的作为基本指示器的作用。

当然，似乎——缺少关于这些词的专门研究——这些festuca

57 《撒利克法兰克人法律契约》，K. A. 埃克哈特校勘，载MGH，《法律部》，卷1，4/1，汉诺威，1962。

的派生词只要用来指退出臣属关系和放弃权利。马克·布洛赫在我们已多次提到的先锋之作中提供了动词 exfestucare 和名词 exfestucatio 的许多例子，指的是通过扔掉 festuca 来结束人身依附的行为[58]。但是迪康热证实动词 festucare 的存在，特别是这个例子是从弗兰德斯伯爵菲利普 1159 年的一份文书中找到的，来自圣贝尔坦修院文书集"triginta septem mensuras, quas a me tenebat, in manus meas reddidit et festucavit"（麦秸长 37，他拿着，他把它交在我手里并立下约定），迪康热还引用了一个 infestucare，
379 意思是 in possessionem mittere（交由其所有）、adheritare（继承）[59]。

前面我们已经指出 festuca 属于授予采邑时领主交给臣属的象征物，所以我们明白 festucare 或 infestucare 可以被看作"获得所有权"，而 exfestucare 可被看作"放弃所有权"。但是，J·弗拉赫将抛麦秸诠释为"授职的对等交换物"（埃蒂安·帕斯基耶早在 16 世纪就做过这一诠释），针对于此马克·布洛赫提出了这一重要见解："这些文本意见一致而且很明确：没有一个文本说：feodum exfestucare（放弃采邑）；几乎所有文本都在说：hominium ou dominum exfestucare（解除人身依附或者领主权）。臣属否认的是人身依附即将臣属与领主联系在一起的人身关系，是领主权即一整套使领主高于臣属的权利[60]"。我认为我们在此一方面看到从中世纪早期以来 festuca 在一种实践中起着主要作用，这种实践

58　见篇尾的简要参考书目。

59　迪康热，《词汇注释》，同前引，卷 3，412—413 栏。

60　M. 布洛赫，前引书，p. 197。

不仅是转让财产或权利，而更多是一种收养程序——所以 exfestucatio（解除）主要针对人身关系——，另一方面采邑-臣属象征体系构成一个整体，其各个部分都至关重要。我不同意马克·布洛赫的地方是当他补充说臣属在通过 exfestucatio 破除人身依附之时想的不是放弃采邑而是想剥夺领主的权利，领主被否认了对采邑的权利，权利转让给新领主，臣属将人身依附关系给予新领主。臣属想要保留采邑，这是很可能的，他以领主的不称职来解释自己的 exfestucatio（解除关系）行为，由于领主没有尽到义务，他认为领主应当被剥夺臣属的效劳和他对采邑的权利，这同样是很可能的。但是，由臣属完成的 exfestucatio（解除关系）可以让他合法保留邑地，我对此有所怀疑。而且，在马克·布洛赫所评释的布鲁日的加尔贝尔的文本中，是领主即弗兰德斯伯爵想要（由于当时的力量对比，他未能做到）解除他的臣属阿洛斯特的伊凡的依附（exfestucasset Iwanum）。这里，如同马克·布洛赫所看出的，放弃的仍是人身，人身联系被打破，但是领主在打破臣属的人身依附的同时，他想到的也是或者主要是他渴望收回的邑地。授予采邑同人身依附和许诺忠信在法理上（如果可以这样说的话，是象征意义上 380
的）构成一个不可分解的整体。如果臣属“effestue”（解除）给予领主的人身依附，他应当同时交还邑地。如果他不这样做，那么这就属于一种既成事实的情况，在法律层面上应当按照另一系统由另一种实践来实行[61]。

61 M. 布洛赫对博马努瓦的《博韦的习惯法》中一个文本感到棘手（13 世纪末，属于半官方性质），他努力限制其影响力，同前，p. 197，注 4。

为了说明我们刚提出的假设：即臣属关系象征体系的参照模式是一个亲缘关系模型，它要求我们从研究亲缘系统的方向上深入对封建制系统的理解[62]，我做出几点明确，来结束课程的这一部分。

很明显，我们认为是采邑-臣属象征系统的参照的亲缘关系模型并非“自然”亲缘关系的模型。人们可能想到——从罗马法方面看，还有向其他世界看——被保护人关系的模型和收养模型。被保护人关系是要排除的。对于这两个系统之间的根本区别，我们只提及一个，但它是我们看来最主要的区别。成为被保护人是通过私人文书，而成为附庸是通过一个公开仪式。收养的模式应当进一步研究，比如根据托管遗产可能起到的作用来研究。但是中世纪的收养问题，至少据我所知，是不太为人了解的。另一方面，虽然托管遗产为诠释臣属关系仪的象征系统提供了一条线索，但是这两种仪式之间的区别——这在象征系统领域至关重要——是非常大的。

人们可能还想到一种友谊关系的结构。对于友谊这个词，中世纪的人们不仅给予了一种非常强烈的内容（由文学证实：在武功歌中友谊的作用是非常大的，奥利维耶与罗兰的友谊就是其原型），而且给了它一种近似法律、制度的特性（只要提一下家系系统中“血缘朋友”的作用就足以说明[63]。这里的线索也需要探寻，但

62　这是乔治・杜比在法兰西学院的课上提出的方向。对亲属结构和亲缘关系的研究在最近提出的一些论点中占有重要地位，P. 图贝尔《中世纪拉齐奥的结构：9 世纪到 14 世纪末的南部拉齐奥和萨宾》，2 卷本，罗马，1973，和 P. 博纳西耶《从 10 世纪中叶到 11 世纪末的加泰罗尼亚》，2 卷本，图卢兹，1975—1976。

63　M. 布洛赫：《封建社会》，新版，巴黎，1968，p. 183—186。

对这一方向我也没有什么期待。）

对中世纪社会中亲缘关系结构、家族关系、人际纽带的研究还 381
应当有所进步。我们应当期待从中得到一些具有重大影响的成果。但是，对于我们的研究与证明而言，这方面的研究对我们认为最重要的两点见解来说也许没有什么补充，我将以这两点见解——暂时地——结束我们关于臣属关系象征系统的课程的这部分内容。

首先，必须明白我并不是声言这一系统仿照某种亲缘关系系统，必须找出领主与附庸之间父亲与养子的关系，朋友（中世纪意义的）对朋友的关系。我想说的是，出现于建立臣属关系或解除臣属关系仪式中的这一系统的象征意义应当被人们（或多或少有意识地——我将重新谈到这重要的一点）看作是属于家族象征系统领域的，结构也是按照家族系统。我不认为一个社会仅拥有几种参照性的象征系统，还有其他系统可参照。以臣属关系的象征性动作为例，我认为它们是参照亲缘关系象征系统的一些动作。

最后，这一系统并不包括社会所有成员，构成这一系统的那些动作的象征意义如同亲缘类型的象征系统一样，更多是排斥（家族模型之外的内容）而不是接纳，它不仅仅表现出这种排斥，而且它的功能——除了其他功能之外——就是实现排斥。

通过臣属关系象征仪式建立起的亲缘社会是一个男性社会，或者说阳刚的和贵族的社会。也就是说它排斥女性和平民。男性社会：如果我们重新看看 E. 谢农引述的一个未成年儿童 1322 年向他的领主卡班特拉斯的新当选主教效忠的例子[64]，我们看到虽

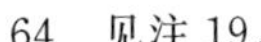

64　见注 19。

然孩子需要女监护人参与他的人身依附仪式(领主将孩子与女监护人的手握在手中),但只要孩子给予(或接受)领主的吻,女监护人被排除了("remisso ejusdem dominae tutricis osculo" 拒绝亲吻那位监护人女士),我在前文中表达了对文书起草者所提供的解释的怀疑,他以不得体为理由("propter honestatem"由于荣誉)。我认为真正的理由在于社会等级制度与建立臣属关系的象征系统中的等级关系。人身依附仪式是一个不平等的阶段。女性在仪式
382 上是被接纳的。许诺忠信——其组成部分是亲吻——是合作者之间的不平等。从社会与宗教的角度看,女性等同未成年人,她不能接受亲吻。但是,现实有时是被容许这样做的,但是主要在高级贵妇这一水平,尤其是拥有皇家权威的比如乌拉卡夫人,"威武"阿方索在著名的1109年《捐赠文书》中对她使用了"您的用嘴和手效忠的人"的表述[65]。

从表面看,一种非常有力的反驳是骑士典雅之爱的仪礼。骑士典雅之爱是否纯属文学性,在此我不讨论这个问题。在骑士之爱中,男人是女人的附庸,典雅之爱的象征系统的一个关键时刻就是亲吻,这是事实。但是我要提醒大家,至少在原则上,典雅之爱在12世纪是一种不满现实的现象,是轰动性的,是对颠倒世界的一种表现[66]。还有,典雅之爱系统以圣母马利亚信仰作为其最高表述,此处臣属关系仪式对圣母马利亚崇拜的仪礼的影响是显著

65　见注24。R. 布特吕什可惜没有提供参考信息,他注意到在有关女性的时候,"在右手上亲吻一下"就足够了。

66　见埃里希·克勒关于典雅爱情的不满现实的特性的著作,特别是《游吟诗人与嫉妒》,载《让·弗拉皮耶纪念文集》,日内瓦,1970,卷1,p. 543—599。

的。我认为能够说明问题的是，乔治·杜比经典论文《马孔地区11—12世纪社会》中只有一次谈到社会生活中手势动作的象征意义，那就是关于圣母马利亚的。他写道：“自我奉献的仪式似乎与人身托付（commendise）仪式不同，在11世纪还没有被人遗忘：克吕尼的奥迪隆院长想要表示他对圣母的臣服，他围着脖子系上象征性的链子，成为她的奴仆（servus）[67]”。这里虽然不是臣属关系，低下地位的象征行为也不是人身依附（hommage），这里我们看到颠倒正常社会关系的一个早期案例，马利亚崇拜将这种关系发展到极致。基督教义始终都在——通过谦卑和苦行的实践——将这些社会地位颠倒的轰动事件加以神圣化。但是典雅之爱与马利亚崇拜虽然在最初证明11—12世纪大发展时中世纪社会中妇
女地位的某种提升，但我觉得它们的主要功能在于将罗曼时期的 383
“女权”运动凝固、挪用和回收利用在哥特时期的感性、审美与宗教的理想化与异化之中。尽管在表面上切题，但我不认为典雅爱情的亲吻适用于此处。

被排斥在平等等级之外的还有——如果允许我使用这一矛盾的表述——平民，即庶民。在这里引用一个文本就足够了，它充分表明这种排斥。这是纪尧姆·德·洛利斯的一段文字，是在《玫瑰传奇》的第一部分：

为了你的好处，我想要
立刻就让你对我效忠

---

67 G. 杜比《马孔地区11—12世纪社会》，新版，巴黎，1971，p. 116，注35。

让你亲吻我的嘴
它是任何平民都没有触动过的
出身低微的人
我不许他动我分毫
任何平民，任何猪倌；
我接受他效忠的
必是典雅和高贵的[68]。

至少在某些地区，平民甚至农奴取得过邑地并进行作为农奴的人身依附仪式，虽然这种令人关注的现象有待于切近研究，但这是一个不可否认的事实。但是领受邑地的平民永远不会成为真正的臣属。如同对妇女拒绝给予亲吻，osculum（亲吻礼）也是拒绝给平民的。

农奴的人身依附仪式中存在臣属仪式的某些成分，这是显然的。但是平民，更不要说农奴，没有进入完整的象征系统中。所以，对于这个主题可以用夏尔－埃德蒙·佩兰的有益见解作为结论，他发现在12世纪初在洛林，交给佃农佃地在法律文书中是通过“授职”（investire）来表述的[69]。

因此，这些“排斥”确认了我们对臣属关系象征动作系统的诠

68　引文见E. 谢农，前引书，p. 144，根据弗朗西斯克·米歇尔的校勘本，p. 63，见达尼埃尔·普瓦里翁最新的出色刊本，巴黎，1974和A. 朗利的翻译本，巴黎，1972—1977。

69　Ch.-Ed. 佩兰：《根据最古老的年贡登记簿来研究洛林的乡村领主领地，9—12世纪》，巴黎，1935，p. 437—438。

释：即一种结成亲缘的做法，通过由邑地所确立的相互承诺，将领主与附庸通过许诺忠信变成平等的人，成为有人身依附区分出等 384
级的一对。

III. 回归时-空视角

为了更好理解这一系统的功能与运作，应该从它在地理上的和时序上的各变体来审视它。

对于这一主题，我将会很简短，是出于两个相反理由。

一方面，对臣属关系仪式的详细的地理研究和时代研究仍有待于开展，虽然一些经典著作关注过这些问题，而许多专题论文也提供了一些珍贵材料。但是它演进的地图与曲线图还远未画出，这种缺失使我们在这种不全面的往往不可靠的背景上重新定位我们的研究视角变得非常冒险。

相反，地域上的或者甚至是“民族”的某些独特性成为大家某种共识的对象，对此不必加以阐发——因为我对这些已被接受的想法无法进行核实，因为我觉得它们在整体上是站得住脚的，是正确的。

A. 地理的视角

依照我们的地理研究的取径，在臣属关系象征仪式中唯一独特的重要元素，如我们所见，就是“吻手礼”(baisemain)，它在西班牙的人身依附仪式中似乎全面代替了合手礼(immixtio manuum)。普遍看来，这种习俗加强了不平等的象征意义，这种意义标志着仪式的这第一个阶段。从更为狭窄的视角看,这一习俗确认了中世纪西班牙封建制的某些独特特点:东方影响(但阿拉伯影响只是加强了一下更早的影响:即西哥特人的和拜占庭的影响)、王权的突出地位(从根本上看,仪式是一个王权仪式)。

前文说过,从E.谢农和一些研究中世纪法律的传统历史学家
385 那里开始,他们谈到习惯法地区与成文法地区之间在"亲吻礼"(osculum)中动作的差异[70],但不能完全让我信服,他们强调北方地区与南方地区之间的文化边界、法律的不同形式和罗马影响力在两地的不平均,我觉得这只是对更遥远和更深层的某种文化分隔的补充因素——当然也是重要的。同样,对此应当进行扩展到仪式整体的系统比较研究[71]。

同样,应该从象征仪式的视角研究意大利的情况,假设意大利在这方面和其他方面构成一个统一整体。

在这个动作、话语和物品的象征世界中,意大利引入这种刻板的仪式风格并不算早——因为在更早时候就有文字的影响,文字的东西比非文字的东西更难改变。吉纳·法索利的一个具有启发

70 见前文,注20。

71 罗伯特·布特吕什看出了亲吻的寓意:"这是个有寓意的动作!它是和解、友谊、'互相忠诚'的象征。他将上级与'用嘴和手效忠的人'拉近"(前引书,卷2,p. 154),他补充说:"但是,亲吻并非必不可少。在法国和公元千年之后诺曼人征服的那些地方是'典型'的,然后是东部拉丁国家,它在意大利很少传播。在13世纪之前在德国是少见的,大概因为这里比其他地方社会分化更为分明,对等级的考虑更多。"对于更多研究法律而非历史的某些考据中的刻板与抽象,我不想用过于"系统化"的人种志模式来加以替代。罗伯特·布特吕什有理由强调与一些传统不同的历史区域相关的这种多样性。但我认为亲吻礼在中世纪德国的扩展不仅仅是一个扩展的问题,这表示这个系统在这个空间里的实现,那里不同的社会和政治结构(与帝国系统有关)在此前迟滞了这一系统的实现。

性的看法可以让我们想到这一点:“意大利的另一种倾向是通过文字来定型那些制约封建关系的习俗规范……”加洛林王朝发给意大利的一个文本可以支持这一假设,文本中要求:“如果领主在附庸通过双手放在他手中来将自己人身托付给他时没有接纳他,那么之后附庸便可以收回他对领主的人身依附[72]”。法索利强调:“臣属关系所承担的双方义务特征首次得到清楚表述”[73]。这一见解再次提醒我们,如同我们现在为了陈述的清晰所做的这样将空 386
间上的考察与时间上的考察分隔开来是人为的做法。

同样需要对所谓“输入”的封建制进行调查:西班牙在某种程度上是这样(还有意大利,如同吉纳·法索利引用的文本所提到的),但主要是诺曼人占领的英格兰和东方拉丁国家。那里的臣属关系象征仪式中能否找到某些人所乐见的那种封建制的“纯粹性”? 对于定义象征“系统”而言这是极能说明问题的,因为我对于“输入的封建制”概念的现实性也有所怀疑。这还因为我不相信制度或文化仿效的成功乃至其历史真实性。外来模式要想扎根就必须找到一块有准备的土地,并适应一些原生的条件。此处与别处一样,“纯粹性”的概念——伴随着输入的概念——让我觉得是反科学的,具体而言是反历史的。

相反,研究那些文化濡化(前面提到过)发生的地域和那些——往往被中世纪研究者忘记——曾经是中世纪基督教世界和封建制的区域边界、边缘的地区,我相信这对于理解历史现象是有重要意义的,除了研究那些与外部主要竞争者和对手(拜占庭或伊

72 MGH,《法兰克诸国王政令集》,1,104(p. 215)C. 3。

73 G. 法索利:《意大利封建制研究导论》,博洛尼亚,1959,p. 121。

斯兰世界）接触的区域，它们主要是冲突与拒绝的区域，还有与“异教”的边界：爱尔兰、苏格兰、冰岛、斯堪的纳维亚半岛、斯拉夫族国家——从各个方面，按照不同的时序来进行研究。

B. 时序的视角

尽管存在空白、证据及其保存的偶然性，还有我们已经注意到的中世纪教士对记载采邑-臣属关系仪式的不关注，但存留至今的文献可以使我们对这些证据确定年代。

空白是肯定的。这一系统主要是在 8 世纪末建立的，这一时代应当是其形成期——之前文本中的沉默与我们所知的中世纪早期社会相符，它还不是——严格意义上的——“封建”社会。

但是应当提出两点看法。

387 第一点看法，多数证据与高层人物之间——通常是国王一级——关系有关。

在《马尔库尔夫文书范例集》（7 世纪上半叶）中涉及的是国王的近臣，这份“已知的臣属关系誓言的首例”是国王丕平与拜恩公爵塔西隆定约（757 年）。在 787 年的文本中我们看到臣属的许诺是通过一个象征物，“一个顶端雕刻人形的小木棍”（cum baulo in cujus capite similitudo hominis erat scultum），这一文本是关于拜恩公爵塔西隆三世与查理大帝，它是最早描述仪式整体的文本之一——人身依附、立誓、授予采邑，连同动作、话语和象征物。“黑人”埃尔莫尔德的文本（826 年）表现的是丹麦王哈罗德和皇帝“虔诚者”路易[74]。

74 引文和译文见 R. 布特吕什，前引书，p. 364—366。

当然，文书与见证的撰写者主要保留的和认为值得记载的是那些与“明星”们有关的约定，比如《法兰克王国年鉴》（*Annales regni Francorum*）讲述塔西隆向丕平臣服（757 年）的一个文本强调这一行为与附庸对领主的行为无异：“就像一个附庸按照法律应该做的那样，带着忠诚精神和坚定热忱，如同附庸对领主应该做的[75]”——这肯定了臣属关系在法兰克贵族阶级中的传播和某种臣属关系仪式的存在。

但是这些见证的有选择性强调了这一事实，即在臣属关系仪式中，在这一时代，最重要的是第一个元素即人身依附，这是承认领主优越地位的象征，至少是臣服的象征。这没什么好奇怪，如果想到确保臣属制度成功的正是加洛林王朝对这一制度的使用，其意图是为自己构成一个忠实者网络。

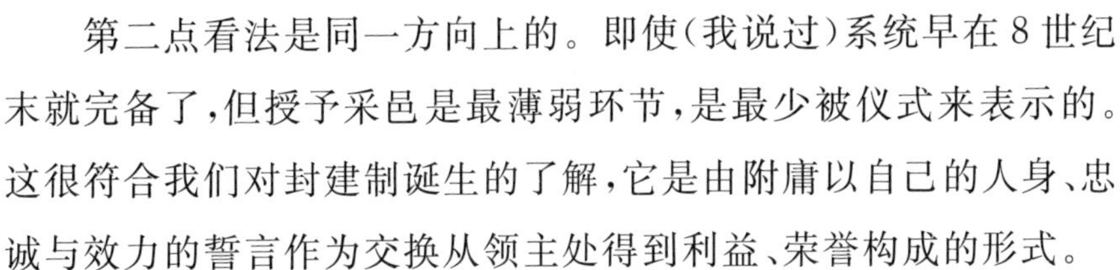

第二点看法是同一方向上的。即使（我说过）系统早在 8 世纪末就完备了，但授予采邑是最薄弱环节，是最少被仪式来表示的。这很符合我们对封建制诞生的了解，它是由附庸以自己的人身、忠诚与效力的誓言作为交换从领主处得到利益、荣誉构成的形式。

似乎还没有发生（假设事情是这样的——但是对臣属关系象 388
征系统的产生做这种解读是可以允许的）创立人身依附关系的仪式与另一种仪式比如托管遗产仪式之间的汇合，后者通过 festica（麦秸）作为象征，主要目的在于通过中间人转让遗产、财产，中间人有某种人身联系、收养关系，他更多是作为转让财产的手段，而不是制度与仪式的本身目的。

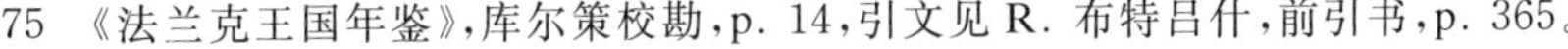

75 《法兰克王国年鉴》，库尔策校勘，p. 14，引文见 R. 布特吕什，前引书，p. 365。

还有，在一个问题上——我认为是至关重要的——这一系统或许是在10世纪末才得以完备的。那就是osculum即确立誓言、忠信的亲吻。圣加尔修院文书集中的文本讲述该修院院长诺特科尔如何在971年成为奥托一世的附庸："最终你将是我的人，皇帝说，在用双手接纳他之后，亲吻他。立刻，一本福音书被拿过来，院长发誓忠诚"。一位最优秀的研究封建制的历史学家将此作为臣属关系亲吻的"最古老例证之一[76]"。但我们要注意此处亲吻是先于立誓的。

如果亲吻礼真的——还需通过对11世纪之前文本尽可能全面的研究来证明或者基本确定——是在10世纪末才进入系统的，那么这一发展与我们所知的整体历史的演进相符。

如果的确象征性的亲吻是在领主与附庸之间建立某种平等关系的元素，并代表着定约双方之间最具信任的约定，即最能保证忠诚和安全的约定，那么它是处于一种双重演变中的。

第一个演变，就是"和解"运动的出现，在公元千年前后它取得了无可阻挡的大发展。虽然，如同我已经说过的，我不认为臣属关系之吻是基督教和解之吻转移到封建象征系统之中，但它显然带有某种宗教氛围的影响，即那个时代的普遍的宗教氛围，尤其是和解运动[77]。

亲吻礼进入臣属关系仪式主要与第二个现象相一致，那就是
389 公元千年前后对于武士阶层取得集体意识，武士阶层同样也是——

76 《圣加尔修院纪事》，冯·阿克斯校勘，载MGH. SS. 卷2，p. 141，引文与译文见R. 布特吕什，前引书，p. 367。

77 见G. 杜比，《公元千年》，巴黎，1967。

我没有忘记——大地产主阶层,因此教会的那些主保圣徒也属于这个有采邑-臣属制度相关的阶层。10 世纪末和 11 世纪初或许是社会三等级、三功能结构形成、传播的时期,拉昂的阿达尔贝隆在 1027 年对此进行了最清楚的表述。面对教士(oratores)和农夫(laboratores),武士(bellatores)不仅通过他们的军事作用而且通过制度、实力、伴随着军事作用的象征物即堡垒和采邑-臣属系统来确立自己的地位。亲吻礼是这一平等等级关系的一种象征物、黏合剂,它排斥女性与平民,亲吻礼在由教会引导的和解运动中占有核心地位,教会在某种程度上是反对武士阶层的,但也是与他们合作的,它想让武士阶层成为文明社会的保障,在这一社会中他们的军事作用的实施应当——借助采邑-臣属关系网络——主要有利于保护社会其他阶层[78]。

现在我想强调中世纪西欧封建体系的一个主要特点,对其象征表述的研究和人种学方法已经加以阐明:也是它的独特性。我在前文尝试证明了这一点[79],否定了人们可能将封建系统与之前一些制度——特别是古罗马制度——的所有混同以及人们想要在它们与封建系统之间建立的延续性。我将在下文通过与现代和同时代欧洲之外的社会的相近系统进行比较来努力证明这一点。我曾将撒利克与里普里安法兰克人法律与伦巴第人法令中的托管遗

78 在《关于 9 世纪到 12 世纪基督教社会中的三等级社会、君权意识形态和经济复苏》中我受 G. 杜梅齐尔的出色著作的启发探讨了中世纪三等级社会问题,载《9—11 世纪的欧洲》(华沙研讨会,1965),A. 杰斯托尔和 T. 万特菲尔编,华沙,1968,p. 63—71。G. 杜比在法兰西学院的课程上深入探讨了这些问题,并正就这一主题写作一部书。

79 见 p. 375 及下文(原文)。

产和 festuca(麦秸礼)当作主线,它仅仅引我到达两个假设:采邑-臣属象征仪式的参照系需要到亲缘关系方面寻找,在中世纪早期蛮族社会中出现一些制度与仪式,它们揭示出的这种社会,其结构似乎将生出采邑-臣属仪式的象征系统。仅此而已。从中我不关心臣属关系系统及其象征仪式的起源。当然,这一系统有着某种
390 创生过程,我已尝试标识出 8 世纪末到 10 世纪末的几个关键点和关键时期。但是,我虽不想过多玩弄文字,但我认为它是独特的(original),它没有起源(origines)。这一系统利用它之前的模型中的一些元素,它确立起一些解决方法,它们部分近似于其他时代乃至其他大洲的其他一些社会中的制度。如果没有这些选择、这些“仿效”、这些亲缘关系,那么历史学与比较研究都不会存在,或者它们将是没有意义的。但是,对臣属关系的起源的研究——连同许多其他制度的起源研究——在我看来是徒劳无益的。

我们知道马克·布洛赫在其短暂一生终结时的立场。与他年轻时代写作《在古老封建法律中终止人身依附关系的形式》时的立场不尽相同。请允许我长篇引用这一先驱之作,因为我认为这一段落对我们的研究有重大意义。

“但是直到此刻我都没有提到冯·默勒从法兰克人法律中摘取的一个例子,现在见如下内容。撒利克法兰克人法的第 60 条指出想要放弃家族、‘亲族关系’的人所使用的程序;这一程序的主要特征如下:这个人拿三四根小木棍——数目因法律抄本不同而有所差异——在自己头上折断,并将各部分扔在法庭(mallum)的四角。在法兰克人法律中用来标志放弃家族的仪式与 12 世纪法律中有时用来标志放弃领主的类似仪式之间,很容易让人承认一种

亲子关系。在破除家族关系(无疑在古老日耳曼社会中是最牢固关系)的隆重仪式与6个世纪之后用来破除臣属关系(构成这个新社会的主体)的仪式之间建立起一种亲子关系,这对于说明'封建制起源'问题该具有何等意义!我不认为可能提出任何严肃论据来反对这样的理论。但是我同样不认为可能以任何可靠证据来支持它:从一个仪式到另一个仪式,也许不存在亲子关系,而仅仅存在相似。对于刚刚提出的假设,按照人们自己对臣属关系起源的总体想法,人们会同意或者否定[80]。"

所以,我搁置"起源"问题,我认为它是不说明问题的。但是, 391
马克·布洛赫有可观的考据功夫,他的灵敏嗅觉将他引向一种重要的直觉。不是为了阐明臣属关系系统——尤其是它的象征手段——的起源而是为了其结构与功能,应当考察中世纪早期日耳曼民族——特别是法兰克人——的法律。布洛赫作为真正的历史学家的直觉——在他那里,假设中谨慎与大胆相结合,对差异与创新的敏感与他对比较研究和延续性的关注相结合——已经使他远离起源研究中使用的问题论。对"古老的日耳曼社会",他以一种"新社会"与之对立——即封建社会。在比较"仪式"的时候,他最终倾向于"相似"而非"亲子关系"。

这便是我们的立场。从中世纪早期日耳曼人社会中应当寻找的不是起源而是表现系统、象征参照系统,臣属关系象征动作系统建立在此之上。

既然这是一次课,请允许我论述的这部分的结尾对于历史学

80 M. 布洛赫,前引书,见简明数目,附录,p. 421(原文)。

中的象征系统研究提出简短的三点关于方法的见解。

在研究象征物的历史的众多陷阱之中，有三种是尤为可怕的：即虚假的延续性（象征的意义令人迷惑地发生了改变）、虚假的相似——比较研究始终是难于操作的，在这里虽然更加必要，却也更具风险。最后一点，象征物的多义性使对它们的诠释变得不确定：在所有可能的意思中（往往包括某个意思以及它的反义）哪个才是正确的？这加强了从其背景或者从其整体上所属的系统来考察的必要。

最后，另一个非常重要的问题提了出来，而且文本的缺失使问题复杂化：象征行为的行为者或旁观者对于自己的象征系统有怎样的意识？不管怎样，如果我们接受人种志的方法，它提出一个象征系统可以有效运作而不取得任何明确的意识[81]。

480

392

IV. 问题

前面的论述包含了一些假设，呼吁从一些可靠的有文献依据的论题进行研究。然而，我还要提出几个重要问题，同时将明确我所提出的方法并进行一些补充。

A. 臣属关系象征仪式的领域

某些历史学家将其他一些我认为意义与功能截然不同的仪式

81　当然——我们不加以分析——鉴于我认为一个社会对于自身的意识或没有意识是非常重要的，我仔细研究了（在此文中提到的）中世纪人们——至少那些进行描述的教士——可能拥有的对臣属关系象征系统的认识的证据。

与臣属关系仪式置于同一平面或者与之混同。

虽然作为这一仪式的参照我曾提到亲族关系模型，但这并不意味着我将家族仪礼等同于臣属关系仪式。虽然亲吻礼在订婚仪式中作用也值得关注，但我不认为应当将臣属关系象征动作与订婚仪式象征动作置于同一集合。E. 谢农相继研究了两个制度和两种仪式中的亲吻礼，他进行了有益的比较，阐明一个非常说明问题的现象，即亲吻礼在解除权利仪式中的使用[82]。如同对 festica（麦秸）的使用，亲吻出现于仪式的两个侧面即开始与结束，它肯定了我们的确信，这是同一个系统。但是将亲吻礼的意涵扩展成某种保证履行契约的模糊概念，我认为这削弱了其象征意义，使得它没有太多含义了。一种研究象征物的尝试——也是一种危险——是想要为一些实际各自不同的实践、功能、寓意找出一种共同点[83]。

同样，出现于中世纪某些契约中的象征系统，我认为是与属于 393
采邑-臣属关系系统的象征系统根本不同的。在两种情况中只不过使用了相同象征物罢了。这些细节——因为归根结底只有细节——并非没有意义。一个社会只拥有为数有限的象征物储备，比较有相同象征物出现的各个领域中所使用的全部象征物品的整

82 E. 谢农，前引书，p. 130 及下文。“第二，亲吻礼用于进行对有争议权利的放弃；它是一个解除权利（guerpito）的象征。”

83 我认为 E. 谢农堕入了谬误，即对同一象征物找寻相同象征意义而非尊重象征物的多义性，他写道：“不论仪式的形式如何，不论象征物的意义如何：是确认、放弃、传统，都可以归纳为同一思想：即以亲吻礼缔结的契约，它所建立的局势将会被遵守……‘和解与信仰之吻’这些话中的思想经常出现于文书中。”（《订婚仪式的亲吻：对某些婚仪的历史研究》，节选自《法国与国外法律历史新刊》，巴黎，1912，p. 136）。

体，对于界定中世纪社会的实质是非常重要的。迪康热看到的正是中世纪象征物的整体。虽然受到错误的罗马法的视角的指导，他的词汇评释中“investitura”（授予）词条是用“traditio, missio in possessionem”（交付、使其占有）来定义，但是透过这种不准确定义，他把握到了我们在契约和授职中所遇到的这些象征物的某种统一性。因此他对于象征系统功能的肯定是值得关注的：“交付和授职不仅仅通过话语，或简单文献，或一份文书，而是通过各种象征”[84]。同样，我认为应该提供由 M. 泰弗南列出的墨洛温王朝与加洛林王朝时代“使用于契约的形成、法律程序等等中的法律象征物”的清单。将它与迪康热摘录的更晚的真正封建时期的清单作比较，我们首先会注意到多数情况下出现相同的词，两份清单大致吻合。Festuca（麦秸）的重要性是显著的，说明问题的。钱币象征物（denarius 银币）的频繁使用标志着货币仍保存着价值的时代，如果不是经济价值，至少是象征价值。亲吻礼的唯一一次出现不说明太多问题，因为这恰巧是按照始终生效的罗马法进行的婚礼仪式[85]。我们还要重复，虽然泰弗南的清单与迪康热的清单之间的这些相似让人想到在 7—9 世纪之间建立起——臣属关系系统以之为参照的——一种社会结构，一整套象征系统，但是这些相似
394 却根本不能证明采邑-臣属联系与由一系列契约确定的这些联系属于同一性质，更不能证明这些契约是臣属关系的起源。

将订婚与契约排除在外，我们遇到王权仪式这个重大问题。只

84　迪康热，《词汇注释》，“investitura”词条，1520 栏。

85　M. 泰弗南：《墨洛温王朝与加洛林王朝有关授职仪式的文本》，p. 263—264。见简短书目，后文，p. 418—419（原文）。

要看看埃尔策教授的课程[86]就会立刻发现这是两种仪式。即使在加冕礼或神圣“授职”的时候，人们印象中国王是某种象征体系中的受益人，这一系统使他成为上帝的附庸，但只要观察仪式和象征物就能明白这个系统不可简化为另一个。一方面，是一种完全神圣化的仪式，使国王进入一个宗教体系，另一方面是一种世俗仪式（尽管借助了基督教的权威），使附庸进入一个社会－经济系统。存在两个系统：一个王权系统和一个贵族的“家族”系统，有两种象征体系，一个是转让宇宙的、超自然的权力，另一个是家族的接纳。

混淆有时来自于加洛林王朝、神圣罗马帝国的皇帝和教皇们（至少有些教皇）对附庸财产和封建系统的利用。但是这两个象征领域是根本不同的。

我认为某些研究非洲的人种学家的一个谬误——我还会谈到——在于他们试图将封建的概念引入到对非洲社会的研究，他们在王权仪式中寻找共同特征，想要以政治系统、权力结构分析为基础建立一些相似性。政治的参照是与中世纪西欧采邑-臣属关系系统完全无关，或者是次要的。

还有一个大问题：即教会授职仪式和它们所参照的象征系统的问题。这里有两个事实无法否认：借助两种权力即精神与世俗权力的理论，中世纪教会长期混淆各个级别的世俗授职系统与教会品级系统。教会僧侣与帝国的所谓“授职争论”保持并加强这种混淆，对于这一点，沃尔姆斯主教会议（1122 年）没有真正消除其不明之处，主教会议准许教皇的宗教授职仪式使用主教权杖和指

86 《象征与象征学》，讨论周 23，斯波莱托，1976。

395 环，准许皇帝的世俗授职仪式使用国王权杖。我认为授予教会品级和——可能发生的——还俗仪式（这是同一系统的两个侧面）更加加剧了混淆。但是，应当切近地研究这些象征仪式，这里的混淆并非来自于现代的历史学家而是来自中世纪的人们，这应该让我们慎于肯定臣属关系仪式也是本地原生的，虽然它是独特的。教会职务与采邑之间有过很多接触影响，迪康热对它们的混淆也并非没有根据。至多，在研究的现阶段，我们可以提出教会的“授职”是效仿臣属关系授职的，建立臣属关系的仪式无疑充当了授教品仪式的样本。

B. 人种志类型的解读尝试

至今，对于我倡导并试图用来阐明臣属关系象征动作的人种志方法，我尚未界定如何来使用。当然，我曾指出这种方法通过暂时搁置地点与时间问题让我们与习惯上由人种学家而非历史学家研究的其他社会进行对比，我向雅克·马凯借用过一个非洲社会的例子。我还强调过这一事实，即这种方法导向对某种仪式的定义与研究——同样仪式系统的研究在传统上更多属于人种学家而非历史学家。最后，我指出过对仪式的研究要求我们不孤立地研究仪式的元素——阶段与所使用象征物——而是在整体系统中找寻其寓意。

但是，依据历史学家们收集的证据，依据他们从中得出的元素、阶段和文本切分，我分析了建立臣属关系的仪式。这一分析搁置了习惯上历史学家们忽略的一些重要元素。这些资料往往更多来自于仪式描写的背景而非仪式本身，这些资料是由超出了我们从历史学家的分析中所能得到的动作-话语-物品系统之外的一些信息、一些元素构成。

现在我想要尝试的是对臣属关系仪式的人种志类型的更为全面的解读。这只是其大概，因为必须将材料收集与诠释推展得比我更远。 396

这一分析关于仪式的地点、旁观者、定约双方的相互位置和对仪式的记忆。

a)建立臣属关系并非在任何场所进行，而是在一个象征空间，一个仪式场地。让-弗朗索瓦·勒马里涅在一份经典研究中指出过边界作为臣属仪式完成场所的作用：这是“行进中的臣从仪式[87]”。在梅泽堡的蒂特马的文本中已经使用过，臣从仪式是在皇帝亨利二世在德国东部边界旅行的时候。

更普遍地说，人们常常指出定约双方动身上路完成臣属关系仪式。有时是领主来接受附庸的臣从，有时是附庸去领主那里进行一些象征行为。比如在《法兰克王国年鉴》的文本中，在谈到757年的事件时说：“丕平国王在贡比涅与法兰克人召开司法大会。这时拜恩公爵塔西隆来到，他将自己以双手托付作为臣属。”同样，在布鲁日的加尔贝尔的文本中，弗兰德斯的新伯爵诺曼底公爵罗伯特·克里顿来到弗兰德斯接受他的新附庸的臣从，但是这些人来到布鲁日到他的身边来向他宣誓臣从。历史学家罗伯特·布特吕什在其著作的《文献》部分的节选文本中将臣属仪式开始的时刻作为开头，忽略了前面旅行的阶段，相反我们认为旅行的部分

87　J.-F. 勒马里涅：《行进中的臣从仪式与采邑边界研究》，里尔，1945。

属于完整仪式的一部分[88]。

397　说实话，虽然领主通常是来到一个合适的地点，但是从象征意义的角度看有寓意的旅行是臣属总是来到领主身边。旅行有着双重功能：将仪式定位于一个象征场所、开始确定领主与附庸之间将要建立的联系，是附庸即下级通过前往领主身边开始表达他对领主的尊敬[89]。

完成臣属仪式的象征空间，在多数情况下，是由下面地点中的某一个构成：一座教堂或者一座领主城堡的大厅（或者一座城堡）。

如果是教堂，那么地点的象征功能在于其本身就是一个神圣的、受认可的空间，使那里完成的仪式、订立的契约更隆重。而且

88　R. 布特吕什，前引书，p. 368。

加尔贝尔写道："Non. aprilis, feria tertia Aqua sapientiae, in crepusculo noctis, rex simul cum noviter electo consule Willelmo, Flandriarum marchione, Bruggas in subburbium nostrum venit... Octavo idus aprilis, feria quarte, convenerunt rex et comes cum suis et nostris militibus, civibus et Flandrensibus multis in agrum consuetum in quo scrinia et reliquiae sanctorum collatae sunt... Ac deinceps per totum reliquum dies tempus hominia fecerunt consuli illi qui feodati fuerant prius a Karolo comite piisimo..."［"4月，节日第三天，智慧之水日复活节星期二，夜色降临时，国王也是新当选的行政官弗兰德斯侯爵威廉来到我们布鲁日郊镇……4月8日闰日，节日第四天，国王与廷臣同他和我们的军队、市民和许多弗兰德斯妇女集合在习惯的场地，那里集聚着圣物盒与圣物……那些过去臣从最虔诚的查理伯爵的人他们一整天时间接连用所有圣物向执政官效忠……"］，校勘 H. 皮雷纳，p. 86—89。仪式发生在"习惯的场地"，同时为了遵从传统、容纳群众以及一个弗拉芒特色即联合市民。人们带来的圣物将这个场所神圣化。

89　我们注意到附庸的旅行同样发生在解除臣属关系的情况中。布洛赫研究过的布鲁日的加尔贝尔关于阿洛斯特的伊凡解除依附关系的仪式的叙述中，这位布鲁日的公证人记载："Illi milites... sese et plures alios transmiserunt consuli Willelmo in Ipra, et exfestucaverunt fidem et hominia...［这些军人还有许多其他人来到伊普拉，到执政官威廉那里，他们解除了誓言和人身依附］。"

经常明确提到那些定约行为是在建筑最中心、最神圣的位置进行，即祭坛，“super altare”（在祭坛上）。人们是在祭坛上立誓，在那里放置授予仪式的象征物[90]。

另一个地点更具有寓意，切近的考查或许可以证明这是采邑-臣属关系象征仪式的绝佳场所。这是领主的 aula（大厅；宫殿；神庙）[91]。仪式在领主的领土上进行，处于这个领地的中心，在他的职位与势力得到表现的场所，在这里他审案、举行节庆，节庆通过奢华——服装、食物、景观上的——表达他的地位与作用。我认为旅行到领主土地（因为即使在教堂里领主也有着——合法的—— 398
突出的位置）另外还确认了将臣属仪式用收养来解释的不恰当。发生的事情更像是颠倒的，是附庸“选择”其领主。

90 比如前文注 3 中（原文）提到的保存于昂热的圣尼古拉修院文书集中 1123 年的文书。“De hoc dono revistivit Quirmarhocus et duo filii ejus Gradelonem monachum S. Nicolai cum uno libro in escclesia S. Petri Nannentensis... librum quoque quo revestierunt monachum posuerunt pro signo super alture S. Petri［基尔马洛克和他两个儿子用 1 个里弗尔奉献南特的圣彼得教堂，以此为圣尼古拉的僧侣格拉德龙的授职礼服，给他一个亲吻来标志这一信仰的奉献；用来给僧侣衣装的这个里弗尔钱币让他们象征性地放在圣彼得的祭坛上］”。在勃艮第公爵罗伯特 1043 年的一份文书中：“Hune oblationis chartam, quam ego ipse legali consessione per festucam, per cultellum, per wantomem, per wasonem super altare, posui...［我自己将依法通过麦秸、小刀、手套、草皮为凭在祭台上转让的捐赠文书放在……］”（迪康热，前引书，1525 栏）。

91 比如：“Hanc concessionem fecit Dominus Bertrandus in aula sua, et pro intersigno confirmationis hujus eleemosynae, tradidit quendam baculum, quem manu tenebat, Armando priori Aureae Vallis［领主在他的大厅进行捐赠，作为确认捐赠教会财产的表记，他交出手里持着的一根小棍给金谷修院院长阿曼多］”（蒙贡图尔的贝特朗的文书，引文见迪康热，前引书，1525 栏）。1143 年蒂雷纳子爵夫人想奥巴吉纳修院捐赠几座庄园是在蒂雷纳城堡大厅举行“hoc donum factus fuit in aula Turenensi［捐赠是在蒂雷纳的大厅］”（E. 谢农，前引书，p. 133，注 2）。

b)臣属关系象征仪式不是私下进行的。它要求有旁观者在场。这是必须的。通常旁观者人数众多而且经过选择。旁观者不仅是为了给仪式提供担保、证人。旁观者是属于象征系统的。在象征物的空间中,旁观者建立了一个象征性的社会空间。

在证明旁观人数众多的重复出现的表述中,我记下"当着许多人","在所有旁观者的建议下","面对很多人"等等[92]。

旁观者是在象征空间的尽头,在两边,还是围绕着缔约人?后期的图像的证据,据我所知也很少被研究过。我们希望某个图像研究将为我们了解臣属系统提供信息,希望可以同P.沃尔特在对大公会议的图像表现的出色研究中收集和确定的那些信息相媲美[93]。

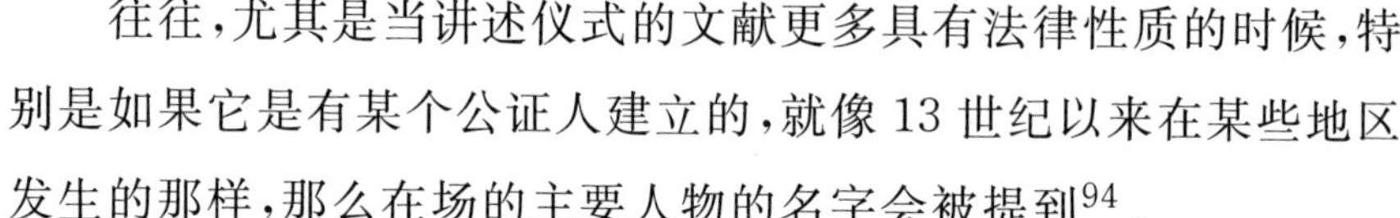

往往,尤其是当讲述仪式的文献更多具有法律性质的时候,特别是如果它是有某个公证人建立的,就像13世纪以来在某些地区

399 发生的那样,那么在场的主要人物的名字会被提到[94]。

92　比如在马尔穆蒂耶的一份文书中(迪康热,1530栏):"Quod donum... posuit super altare dominicum per octo denarios, in praesentia multorum[当着许多人他将捐赠以8个银币为凭放在主的祭坛上]"。有时,证人的功能、集体记忆的保证的功能是被旁观者明确承认的:比如在迪康热引述的马尔穆蒂耶修院的这份文书中,前引书,1596栏:"Testes habuimus legitimos, qui omni lege probare fuerunt parati, quod Hildegardis ad opus emerit, et per pisces ex ejus piscaria investituram de derit in vito sua monachis Majoris Monasterii[我们有合法证人,他们所有人可用来依法证明,希尔德加德得到大修道院的僧侣们用他们鱼市的鱼来授权]"。

93　Chr.沃尔特:《拜占庭传统中大公会议的图像表现》,巴黎,1970。

94　在马尔穆蒂耶的文书中,修道院长被作为主要(充分的)证人提及:"Quodam fuste, qui apud nos nomine ejus inscriptus servatur in testimonium, praesente Abbate Alberto, fecit guerpitionem[他用小棍为凭放弃了权利,在我们这里名字被记下当作证人的在场的阿尔贝院长]"(迪康热,前引书,1521栏)。

雅克·马凯注意到进行与臣属仪式相近仪式的某些非洲社会中有旁观者、公众的在场——这使得这种制度有别于保护人制度——他做了如下解释："仪式公开了封建联系。人们知道某个人成为了某个领主的附庸[95]"。

我认为旁观者只起到证人的作用——主要是被动的——但他们具有一种更为主动的功能。他们与领主一起接纳附庸进入这个男性的贵族社会，真正的"封建"社会。他们是证人，是领主与附庸相互承诺的担保人。我认为，如果说场所的功能加强了臣属系统中等级制的不平等关系的因素，那么旁观者的功能则巩固了相互性因素。

c)还应该考虑到在仪式进行中缔约双方的相互位置。可惜，关于这一主题文献上很少细节。

领主是坐着吗？坐在什么样的座位上？他说坐在高处吗？

附庸是站着还是跪着？

在仪式进行中两个人物的相互位置有变化吗？

是否我们会再次看到我们认为从臣属仪式中揭示出的那一整套象征意义：等级、平等、相互性[96]？

两个缔约者的位置是参照亲缘关系的象征系统吗？前面研究

95 J. 马凯，前引书，p. 195。

96 文书很少提供臣属在人身依附阶段跪下的描述：比如在拉巴斯滕斯 1244 年 1 月 18 日的一个文书中，引文见 E. 谢农，前引书，p. 142，注 3："et inde vobis homagium facio, flexis genius……[所以我屈膝对你臣从]"，这是纪尧姆·迪朗在《法律之镜》中提供的唯一细节，第 21 部分，IV，3，2，注 8："Nam is qui facit homagium, stans flexis genius...[行臣从礼的人一个膝盖曲着立着]"，臣属 Stans(立着)似乎指领主如同我们所想的是坐着的。

过的两个元素即地点与旁观者，虽然它们没有提供补充证据来支持我们的假设，但它们与假设是兼容的：教堂与aula（大厅）是婚礼的场所，旁观者可以说一个家族契约的证人，但是这些资料过于笼统，过于模糊，使我们无法从中得出这个意义或那个意义的论据。

d）最后是以仪式的留存、记忆为目的的元素。

证人是其中之一——当然，虽然有时也有起草一些书面文献，
400 但书面文献只是努力进行记忆的一种特例，在长时间里记忆并不偏重书面文献。

另一个元素是对象征物的保存。

让我们首先注意到，物品并不总是随手可及的。E.谢农注意到在这种情况下，奇怪的是，亲吻礼可以替代交予物品[97]。能证明这一点的那些文本应当切近研究。

物品被保存下来吗？谁来保存？在哪里？在考察的现阶段，我只能提出一些假设：习惯上物品是被保存的，如果是缔约双方某一方保存它的话，那通常是领主，但是更经常的是物品被保存在神圣的中立地带，在一座教堂里，哪怕仪式并不是在那里进行的[98]。

97 E.谢农，前引书，p.132—133。“最后，更奇怪也更稀少的是，亲吻礼可以用来进行交付；它代替人们可能不轻易得到的象征物。”真是如此吗？

98 迪康热提供几个保存授职象征物的例子，比如在谈到一次捐赠时：“Facto inde dono per zonam argenteam, ab altari in armario S. Petri repositam...[用银腰带为凭证进行捐赠，保存在圣彼得教堂祭台的柜子里]”（前引书，1521栏）。他在词汇注释中引用温德林：“Hujusmodi cespites cum sua festuca multis in Ecclessiis servantur hactemus, visunturque Nivellae et alibi...[至今一些教堂里保存着这种方式的草皮连同许多麦秸，在尼维拉和其他地方都能看到]”他宣称自己在圣德尼修院档案中看到几个附有象征物的文书（下文，注122）：“complures chartas, in quarum imis (limbis intextae errant festucae, vel certe pusilla ligni fragmenta)[有许多文书，在它们里面（边上系着麦秸或者小木头块）]”（同前，1522栏）。

分割象征物，领主与附庸各自保存一部分，这种情况似乎很少见[99]。

F.L.刚朔夫重新利用了日耳曼封建法律研究者的一个传统区分，他肯定说当象征的是一个行为象征，它由领主保存（权杖、小棍、金指环、手套），如果价值微薄的话就折断（比如小刀）。如果象征是一个物品象征，那就由附庸来保存[100]。

对于这种区分，我表示怀疑。首先，我看不出“行为象征”（Handlungsymbol）和“物品象征”（Gegenstandsymbol）之间的区别。再者，我认为列在这一类的物品更多是属于君权仪式的（权杖、小棍、金指环），而非采邑-臣属关系仪式。不管怎样，必须一一 401
审视这些文本。最后，我不认为答案是这么明确的。

但是，不应该忘记象征仪式的保存、记忆是属于仪式中的。

C. 在其他社会中的参照

我将主要向欧洲以外的尤其是非洲的一些社会借用这些参照，因为我认为由于它们的社会经济与文化结构的性质，也由于非洲学专家们所采用的研究方法，它们提供了最适合阐明西欧中世纪系统的独特性的比较研究的可能。

99　迪康热在谈到折断麦秸时，他提到罗马人的承诺（stipulatio），引用塞维利亚的伊西多罗（《起源》，卷 3）：Veteres enim quando sibi aliquid promittebant, stipulam tenentes frangebant, quam iterum jungentes sponsiones suas agnoscebant[古人在向他人承诺时，折断手持的麦秸，把它们重新合在一起让他承认自己的诺言]（《词汇注释》，Festuca 词条，411 栏）。我不肯定折断麦秸（或用小刀）是为了提供两段作为凭证，缔约双方各保存一段。

100　F. L. 刚朔夫，前引书，p. 143—199。

我将中世纪研究者们熟知的中世纪西欧采邑-臣属系统与明治时代之前日本封建系统的平行比较搁置起来。这种平行比较是有益的，能说明问题的，但是我认为 F. 茹翁·德·隆格雷宝贵而精确的著作尤其让我们识别出两者的一些主要的不同点。我们通过研究象征仪式对西欧封建系统的分析肯定并加强了这一认识，即臣属关系与采邑是牢不可分地联系在一起的。采邑是最后的结局或者系统的基础，但只有授职仪式——构成这一仪式的象征动作的证据是明确的——完成了相互性的环节，这是系统中最主要的。然而，臣属关系与采邑之间这种联系的牢不可破似乎是日本系统中没有的[101]。

这一主题值得详加研究。在此，我仅限于几点参照[102]和列举两三个想法。

在比较研究框架中大家对日本谈论甚多，部分地因为日本“封建制”大约与中世纪西欧出现在同一时期，一般的意见认为日本直
402 到 1867 年之前都是“封建”的，它的现代时期拥有丰富文献，对于这种“遗存”提供更好的资料。就封建制来说，远东与西欧之间的影响问题被排除，时序上的考察也没有什么意义。

为何不去看看中国那方面？那里我们称作“封建”的制度比西欧建立的制度早很多，因为专家们认为中国封建制的“典型”时期

101　F. 茹翁·德·隆格雷《东方与西方》，日本与西欧制度的比较（法律社会学的六篇研究），东京，1958。在 R. 布特吕什，前引书，卷 1，p. 463—464 中可看到其他一些西文的研究日本“封建制”的著作的篇目。

我认为马克·布洛赫和罗伯特·布特吕什在他们的比较研究中也过多具有排他性地关注日本的情况。

102　我感谢马克·奥热提供给我非洲研究领域中的有益参照。

是周代（约公元前1122—256年）。

亨利·马伯乐审慎排除了一些关于中国“封建制”的证据，这是一些汉学家当作依据的一部著作：《礼记》，是写作于公元前4世纪末到公元前1世纪的儒教礼仪文集。按照他的看法，很难确定这是对现实的描述还是一部臆想之作[103]。相反，他正确地对于公元前8世纪的一段铭文非常重视，它描述一位皇家官员的“授职”：“早晨，国王去穆王庙就位……口官从大门进来，在庭中就位，面对北方。国王喊道：‘殷氏的首领，用书板记下给口官的任职’。国王这样说：‘口，我过去任命你作我的传令者。现在我提升你的职位……我将郰地封给你……’口跪伏行礼[104]”。

我搁置所涉及的制度问题，这里涉及的更像是官职的封地而非附庸关系和封邑，或许可以与俄国的tchin（贵族品级表）来比较。我注意到中国人比西欧人对仪式的象征意义更敏感，他们仔细记录了仪式完成的时刻（早晨），象征性地点（穆王庙），两个主要行动者的位置（国王……就座，口官……在庭中就位，面对北方），每个行动者都做了旅行，虽然是国王到庙里，但他们准确强调了官 403
员的旅行和他进行神圣象征场所的情况（口从大门进来）。那里至少有一位列席者，而且他是一位书吏或者公证人，他是书写书板的殷氏首领。话语介入到仪式中，但是似乎只有国王被允许说话，他宣布一些仪式性的套话。作为回应，受封者“跪伏行礼”，显然这代表着一个“尊敬高位者”的行为，但我不知道他是对国王行礼，还是

103　H. 马伯乐：《古代中国的封建制》，载《让·博丹学会文集》，卷1，《臣属联系与豁免》（1935），1936，第2版，布鲁塞尔，1958，p. 89—127。涉及《礼记》的内容见p. 91。

104　同上，p. 94—95。

向交给他官职与土地的“领主”行礼，他表达的是普通的感谢还是“附庸关系”意义的人身依附。

在R.科尔伯恩编辑的关于历史上封建制度比较研究的内容丰富的研讨会文集中，德克·博德对于周代的授封仪式提供了重要的细节[105]。

下面是他的描述：“贵族对领地的拥有是由一个仪式来确认，仪式在周朝的祖庙进行。在那里，新的附庸在从国王那里接受了要他恪尽职守的庄严训示之后，他跪伏在国王面前，接受一个玉制的权杖和一个刻着授封内容的书板。这些馈赠伴随着其他有价值的礼物，比如青铜器、餐具、服装、武器、战车等等[106]……”在此，我们又看到象征场所（周朝祖庙），国王的话语（庄严劝勉）、附庸的肃静与跪伏、证明授封的书板。他还补充关于典礼中象征物的细节。除了一些相似之处，与中世纪西欧采邑-臣属仪式的不同处是显而易见的。文化内容不同：书板形式的文字在中国占有西欧所没有的优势地位，象征物更为丰富，与书板同时交付的还有一个权杖（玉制），似乎表明权力移交，我认为这一点在中世纪西欧被大为隐去的。臣属的肃静与跪伏更强调他对领主的臣服，而不是将两个

404 人联结在一起的约定。的确，这里的领主是国王，使我们很难与正常的西欧领主与附庸的关系作比较，后者没有处于这么高的社会与象征水平。

105　D. 博德：《中国的封建制》，载R. 科尔伯恩编《历史上的封建制》，普林斯顿，1956，p. 49—92。作者引用了一篇齐思和（Ch'i Ssu-ho）的中文作品。《周代的授封仪式》，载《燕京史学年报》，第32期，1947年6月，p. 197—226，显然我未能参考。

106　同上，p. 56。

德克·博德提供了其他一些细节："当新的封邑被建立，受封贵族从国王那里接受一个土块，是从社稷坛中取的，这个土块成为贵族在自己封地上建立的当地祭坛的核心[107]"。

如果我们仍旧搁置领主就是国王这个事实，可以提出两点见解。在前面文字中，制度与仪式的宗教性被更多加强。在典礼中不仅第一次出现了一种"土地"象征，而且通过土地神的作用强调了农业参照物的中心地位。人们可能提出这样的问题：这是土地的参照物还是领土的参照物？

依据德克·博德的看法，与西欧封邑（fief）这个词对应的指称这种制度的词的词源是什么？"用来指称这种仪式的封字，它的意思是'一个土丘'，建起一个土丘，种下（一棵植物），一个界限，划出一个邑地的界限，封为邑地等等[108]。"

看起来这里仪式的寓意主要是领土上的——当然也没有忽略邑地是一块领土、一块土地的事实。因此，中国的制度引起我们对边界的象征系统的关注——这是我们已经遇到过的——特别是对于边界的物质现实与象征意义的关注，我们知道它们在罗马世界的作用，它们在中世纪西欧的作用还没有被人充分研究[109]。

中国的情况有重要价值，特别需要在考虑到"缔约者的地点-位置和移动——动作、话语和物品的相互性的价值——旁观者的作用"的同时来进一步分析，但是出于我们已经提到的理由，转向非洲，我们有机会收获比较研究的最佳成果。

107　同上，p. 61。

108　同上，p. 51。

109　见 T. 华索维奇在本次研讨周中所做的解释。

我的信息在于两部整体研究的著作，已经引用的雅克·马凯
405 的著作《非洲的权力与社会》（巴黎，1970）和M.福特斯和E.E.埃文斯-普里查德编的文集《非洲政治系统》（伦敦，1940；法译本，巴黎，1964）以及一系列的文章[110]。

如同许多非洲学专家指出的，这些著作中研究的制度通常与

---

110 贝蒂（J.H.M.）《尼约罗王权仪式》，载《非洲——国际非洲研究所学刊》，卷29，第2期，1959，p. 134—145；齐尔弗（E.M.）《湖间诸王国的封建制》，载《东非酋长》，A. 理查兹编，伦敦，1960；福特斯（M.）《关于就职仪式》，载《1967年大不列颠和北爱尔兰皇家考古学会会刊》（1968），p. 5—20；卢金·威廉斯（F.）《安哥拉人的穆加贝（国王）就职仪式》，载《乌干达学刊》，4，1937，p. 300—312；奥贝格（K.）《乌干达的安哥拉人王国》，载《非洲政治系统》，M. 福特斯与E. E. 埃文斯-普里查德编，前引；理查兹（A. P.）《在某些非洲部族中移交政治权利的社会机制》，载《皇家人类学会会刊》1960，p. 175—190；斯诺克斯尔（R.A.）《加冕礼与乌干达习俗》，载《乌干达学刊》，卷4，第4期，1937，p. 277—278；托尼（J.J.）《Ugabire：瓦哈人中的封建习俗》，载《坦加尼加说明与记录》，第17期，1944，p. 6—9；K. W.《在布尼约罗-基塔拉王国中被任命的国王的登座仪式》，载《乌干达学刊》，卷4，1937，p. 289—299。

我的研究对象并非封建制，我未使用J. F. 纳德尔的经典著作《黑色拜占庭》，伦敦，1942（法译本，巴黎，1971），也未使用J. 马凯早期著作《古代卢旺达的社会关系系统》，特弗伦，1954，以及对非洲封建制研究的一个假设，载《非洲研究》，2，1961，p. 292—314。我同样未使用J. 隆巴尔关于北达荷美地区"封建类型"社会的著作，也未使用I. I. 波特金在第15届国际东方学大会上的发言《论阿沙尼的封建制》，莫斯科，1960。我与杰克·古迪的文章《非洲的封建制?》观点一致，载《非洲历史学刊》，1963，p. 1—18，尤其是当他写到：1）"将保护人关系或封地的存在当作一种封建制，我看不出有什么大价值（可能还是某种损失）。从宽泛的政治或经济标准上看，将非洲社会看作封建制就更得不到什么好处……"2）"用'封建'概念来思考非洲社会是不会有什么成果的，这种看法并不意味着欧洲中世纪研究者会拒绝对非洲制度进行比较研究……可能恰恰相反，非洲研究者肯定有要从中世纪历史学家的研究中学习的地方。"但是，虽然我同意他不用"封建制"作为比较项，而是从比较研究的视角分析那些特别的制度，我认为就我的主题即采邑-臣属系统而言，在非洲研究领域中的比较项很少，所研究的仪式主要是些王权仪式。但是我仍想与杰克·古迪一起强调，如果预先认为"制度由于它们的独特而拒绝比较研究"（同上，p. 2），那就会让人文学科的研究大大缩水，包括历史学在内。

大湖地区有关，更广泛地说，有中部和东部黑非洲有关。弄清楚这一事实是否更多因为这些社会的独特性（社会结构中的亲缘关系），还是因为非洲学专家由于某种原因而将这一地区当作关注焦 406
点，我先搁置这个问题。

除了马凯自己的和他所使用的那些著作和J.J.托尼关于瓦哈人中的一种封建习俗的文章，所有其他研究都是关于一种“王权”仪式。此处不必讨论“国王”这个词是否适合这些研究中的对象人物。这些著作中所表现的仪式与采邑-臣属仪式的区别仍然是显著和深刻的。两者之中，象征物的移交上几乎没有表现出相似之处。但是在非洲仪式中，象征物是一些“权力标志”，所涉及的显然是“政治”力量，在臣属关系建立仪式上并非如此。有人群代表着民众，几个人物具有特别地位：王室成员、祭司或贵族，但只有一个主角，即“国王”。仪式的功能是确保某种“延续性”和保持或产生丰产与繁荣。更普遍意义上——这一看法也适用于我们从考察范围内排除的中世纪西欧王权仪式——如同迈耶·福特斯所提到的，引用马塞尔·莫斯在其著名的《论馈赠》（1925）中的一个表述，这些仪式是关于某些“整体制度”，它们集中了“政治和法律、地位与亲缘、宗教和哲学的概念与价值、排外与好客系统、制度表现的审美与象征，最后，也许主要是民众参与的社会心理[111]”。

这是否意味着对于我们的研究来说从这些研究中得不到什么？

我将记取这些杰出非洲学专家关于王室“授封”仪式的两点

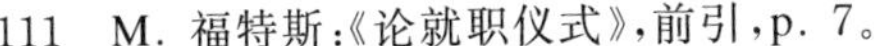

111 M. 福特斯：《论就职仪式》，前引，p. 7。

看法。

第一个是奥德丽·I.理查兹谈及罗德西亚北部本巴人时称作“社会记忆法”(social mnemonies)的概念[112]。在这些仪式中,必须仔细记录所有针对社会记忆的东西,所有旨在保证象征性承诺的延续的东西。而且,我认为A.I.理查兹对本巴人最高首领就职
407 仪式的看法也适用于中世纪西欧建立臣属关系仪式:“作为政治职位的授权证明,更重要的是圣物本身和移交圣物的仪式[113]”。当然,在中世纪西欧出现的圣物属于另一种性质,与非洲王权仪式中使用的圣物有着不同功能。在那里,它们只是许下的承诺、立下的誓言的担保,而在非洲,它们“批准权威的施行,是到达这种权威所依赖的超自然力的一种手段”。但是在两种情况中旁观者和保存下来的象征物的证据具有超过文字的影响力。无疑,为了解释众多权利的合理性,建立并拥有授权文书在中世纪西欧有更大影响(虽然由受益人汇集的文书收藏并不像19世纪考据家们建立的——非常有用的——那些文书集让我们认为的那么系统化和数量众多),但是,一方面是一些与采邑-臣属系统同样具有根本性的制度,另一方面是君权制度,它们都在努力延续仪式、象征物移交和集体记忆,这要超过那些“使用文书”(per chartem)的授封书面文本或者起草一份建立臣属关系的文件,书面的东西只起到次要作用。

另一方面,我认为迈耶·福特斯关于“就职仪式”所写的内容

112 A. I. 理查兹,前引书,p. 183。
113 同上。

中至少有一部分适用于建立臣属关系仪式和授封仪式。他强调只有人类学的观察与分析可以让我们看到“被占据的职位与它所根植的社会之间联系的相互性[114]”。对就职仪式的结构，他指出“族群应当直接参与，既通过代表为中介，也亲身参加[115]”。无疑，这种要求是因为这里涉及一种“整体制度”。但是我想知道对采邑-臣属仪式旁观者的详细考察能否揭示出旁观者的作用超过普通证人的作用，仪式的象征系统应当扩大，超过它的两个主角即领主与附庸。

还有，至少从我的信息出发，非洲社会中收集到的比较研究材 408
料是有限的和令人失望的。也许这个线索或多或少是个死胡同。但我认为王权仪式与臣属关系仪式的混淆直到现在都封锁了比较研究之路。错误往往在于历史学家、中世纪研究者，他们从错误的视角利用了人类学家的成果[116]。

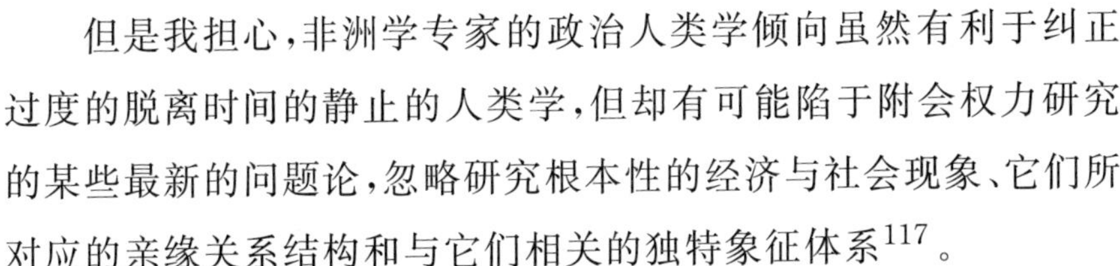

但是我担心，非洲学专家的政治人类学倾向虽然有利于纠正过度的脱离时间的静止的人类学，但却有可能陷于附会权力研究的某些最新的问题论，忽略研究根本性的经济与社会现象、它们所对应的亲缘关系结构和与它们相关的独特象征体系[117]。

当某些非洲学专家研究一些与中世纪西欧封建制相近的制度

114 M. 福特斯，《论就职仪式》，前引书，p. 7。

115 同上，p. 8。

116 比如M. 福特斯在评论英国女王伊丽莎白二世加冕礼时，将典礼后的效忠仪式与P. E. 施拉姆所说“‘大臣以亲吻礼’臣从”进行比较，臣从礼“用来突显殿下的崇高地位”——施拉姆为中世纪研究者提供很多线索，《英国加冕的历史》，牛津，1937，p. 147。

117 G. 巴朗迪耶的有启发性的论述《政治人类学》，巴黎，1967，也许没有充分考虑到这种危险。

与仪式时,差别与相似出现了。

除了关于卢旺达的 ubuhake(采邑)和相似制度我所使用过的一些分析,雅克·马凯提出一个重要看法,他写道:"依附关系的一个主要特点是保护人与依附者按照他们的个人身份来相互选择……除了婚姻结盟,所有其他网络都将所有其他行为者强加给每个行动者……有时依附关系也成为世袭的……但即便如此还有选择的痕迹存在:两位继承人必须确认(也可能不这样做)将他们的前任结合在一起的这种联系的延续性。这种最初的选择赋予其后的关系一种个人属性,它涉及信任甚至友谊……[118]"。

对于婚姻联盟或者友谊的参照,我不做发挥,它们虽然值得关
409 注,但更多是属于隐喻的层面而非科学层面。我还要强调臣属关系中相互的意愿。就此而言,对象征性仪式还要详加审视。除了表达这一选择、这一意愿的话语(见布鲁日的加尔贝尔文本中"伯爵问未来的臣属他是否愿意毫无保留地成为他的人,后者回答:'我愿意'。"),还要审查是否仪式表达出这种意愿的微妙意义即相互性的个人选择。

最后,关于 J. J. 托尼作为"封建习俗"研究的瓦哈人的 ugabire,我认为它更多地接近于"不确定占有"(précaire),因为它指的是一个穷人将自己置于一个更富有的人的保护之下,问他是否愿意给自己畜群作为对服务的交换。当然,此处畜群代替了土地、佃地,而通常不确定占有的对象是佃地[119]。

118 J. 马凯,前引书,p. 194。

119 J. J. 托尼,前引书,见注 109(原文)。

而且，托尼没有说 ugabire 契约的结成会举行典礼，包含仪式。

但是对于获得 ugabire 的 Mgabire 与他的雇主之间的关系和它所包含的象征表示，作者提供了一些值得关注细节："Mgabire 和雇主的关系是微妙的；Mgabire 在某些场合必须向他行礼，部分因为存在这样的感觉即雇主是更高等级的，部分是为了确定 Mgabire 在所有人面前表示这种关系的延续。对地位差异的感觉不强，不至于产生怨恨；相反，它与作为这种关系背景的感情连在一起，因此 Mgabire 也沾了他雇主的荣光；Mgabire 用 Databuja 来称呼雇主，意思是'父亲-主人'，但他却是唯一能以此来称呼他的人。如果其他人称呼 Mgabire 的雇主，他们叫他'Shebuja'"[120]。

不平等被一些相互联系纠正了，部分是感情的联系，是由外部世界见证的，利用"亲属"类的词汇。尽管在社会意义上与采邑-臣属契约差别很大，我们又来到了熟悉的领域[121]。

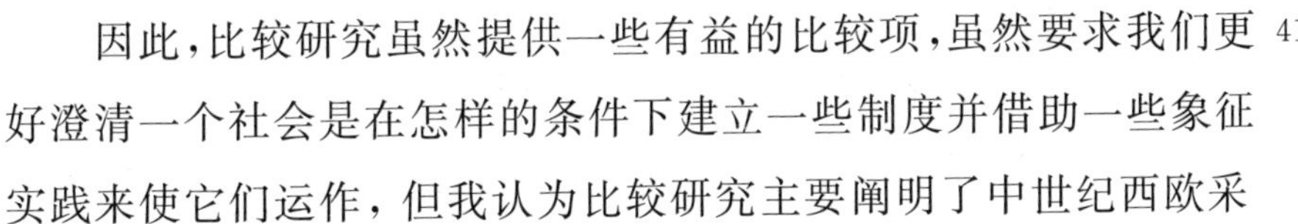
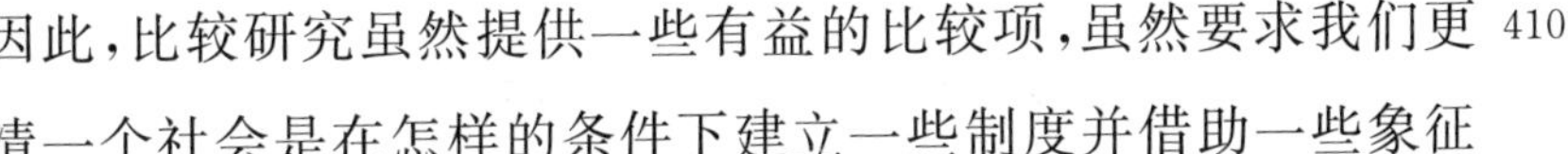

因此，比较研究虽然提供一些有益的比较项，虽然要求我们更 410
好澄清一个社会是在怎样的条件下建立一些制度并借助一些象征实践来使它们运作，但我认为比较研究主要阐明了中世纪西欧采

120 同上，p. 7。

121 K. 奥贝格在其文章《乌干达的安哥拉人王国》中，同前引，注 109，提供了一些有价值的细节，关于解除他所说的"保护人"关系，即 okoutoiz ha"畜群的所有者 mouhina 去 Mongabe 或国王面前，发誓追随他作战。为了保持这种有效联系，他承诺定期交给 Mongabe 一定数量的牲畜。另一方面，被保护人拒绝效忠即 omoutoizha，可以打破这种保护人关系。终止关系的这一手段是得到承认的。只有当很多 Bahima（被保护人）共同以这一方式来更有效地对抗国王时，这种行为才被看作叛乱。即使在这一情况下，如果叛乱者重新效忠，他们是得到宽恕的"（p. 113）。可惜作者未描写同一制度的各种实践所举行的仪式。

邑－臣属系统的独特性、特殊性。

D. 基督教的作用

如同人们可以预料到的，基督教义几乎出现在采邑-臣属仪式的每个阶段。首先，即使缔约双方任何一方，领主和附庸都不是教士，但建立臣属关系的典礼仍可在教堂举行，这是被人偏爱的场所——还有领主领地的 aula（大厅）。甚至常常明确说典礼是在教堂最神圣的部分完成，即“祭坛上”（super altare）。

立誓构成忠诚的一个主要元素，多数情况下是手按一个宗教物品，尤其是神圣物品，圣经或圣骸盒。

如同我们在迪康热的“授职”（investitura）词条列出的清单中所见的，授封的象征物品有时是一个教会或宗教物品（用权杖和指环，用圣体杯，用主教权杖，用大烛台，用教堂钥匙，用修道院十字架，用院长帽子，用领圣体［行为代替了物品，如同亲吻礼可以代替］，用香面包，用祈祷书，用直尺，用诗篇集等等）。确实，迪康热从与教会相关的授职仪式中摘录了很多，甚至常常是一些纯粹的教会授品仪式，我说过我认为相对于纯粹意义的采邑-臣属授封仪式来说这是成问题的。但即使是在采邑-臣属仪式中，象征物也被保存在教堂，而缔约者都是世俗人。

相反，虽然一些教士是缔约人而且参加认可缔约的典礼，象征物仍可能是世俗物品。我将举一个例子，它提供了一些值得关注
411 的细节。弗雷德里克·茹翁·德·隆格雷对埃塞克斯郡的皇家哈特菲尔德修道院的文书做了出色研究，这个修院依附于布列塔尼

的雷恩的著名的本笃会的“圣梅莱纳”修院[122]。在 1135 年，一位英格兰的王家侍从，奥布里·德·维尔将在厄格雷的雷金纳德·小彼得领地的两份什一税地作为封地隶属修道院。他这样做是以一把折断的小刀作为象征，小刀的刀柄是黑色角质长 8.2 厘米，折断的刀刃长 3.1 厘米，用竖琴弦系在文书的左侧，文书上穿了孔，在 F.茹翁·德·隆格雷写文章的时候仍然保存在（应该始终在那里）剑桥圣三一学院图书馆。传统上这份文书被人称作“deed with the black hafted knife”（附有黑柄小刀的契约）。在这份文书中提到一个宝贵的细节。奥布里·德·维尔将什一税田作为邑地转让给哈特菲尔德·里吉斯修院的僧侣们，是“为了他的祖先和后代的灵魂”[123]。因此，邑地-臣属契约的宗教性有可能出自领主的意图。

这一切并没有什么可奇怪的。中世纪西欧社会是一个基督教社会，中世纪基督教有丰富的仪式与象征，主流意识形态的印记出现于它的某个根本制度的仪式里是正常的，这些根本制度是要举行公开典礼的。

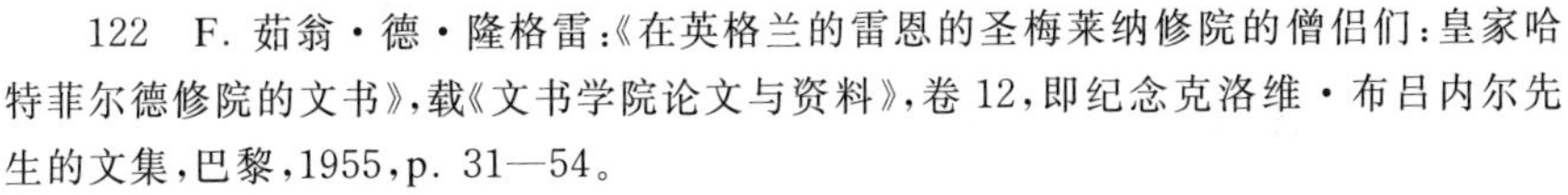

122 F. 茹翁·德·隆格雷：《在英格兰的雷恩的圣梅莱纳修院的僧侣们：皇家哈特菲尔德修院的文书》，载《文书学院论文与资料》，卷 12，即纪念克洛维·布吕内尔先生的文集，巴黎，1955，p. 31—54。

123 契约的文本如下（同前，p. 52）：“Per istum cultellum feoffavit Albericus de Veer primus ecclesiam de Hatfeld Regis monachorum de duabus partibus decimarum de dominico Domini Reginaldi filii Petri in Uggeleya die Assumpcionis beate Maris Virginis, pro animabus antecessorum et successorum suorum. Anno...[用这柄小刀为凭，奥布里·德·维尔一世将厄格雷的雷金纳德·小彼得领地的十分之二作为邑地赠给僧侣们的皇家哈特菲尔德教堂，此于真福圣母马利亚升天节，……年]”。我感谢柏辽兹先生提供给我一些保存至今的象征物（似乎很少见）的照片。

此处,我们又看到中世纪教会的几个重要职能:它的垄断神圣场所(教堂)的倾向,它为手按圣经与圣物(加强了圣经的作用和对圣徒的崇拜)起誓所提供唯一的绝对担保,它作为集体记忆的诠释者与拥有者的突出地位,它将上帝的荣光、教会的福祉、个人或集体的灵魂得救作为对一些最重要的社会实践——首先是那些具有很强经济成分的实践——的合理化解释的热忱。皇家哈特菲尔德
412 修院文书的例子中,我们又看到 12 世纪的那场伟大运动,它使封建贵族阶级牢固地扎根于一种家族的长时段历史之中,为死者的祈祷(pro animabus antecessorum et successorum 为祖先与后代的灵魂)将导致人们发明炼狱,它方便人们建立一个生者与死者的网络。

然而,臣属仪式并非是基督教的,甚至也没有被基督教化。它与大约在 12 世纪中叶兴起的授封骑士仪式——完全被基督教化了——没有任何共同之处。既没有宗教类的准备工作如未来骑士的斋戒和守夜,也没有纯粹基督教意义的祭礼,也没有那些受《旧约》影响的礼仪来操弄那种在 12 世纪非常普及的类型化的象征系统。即便教会世界在三个方面与采邑-臣属制度相关:因为教会本身在世俗意义上也进入到臣属系统中(存在属于教会的领主与附庸),因为在世俗授封与教会"授品"之间有接触影响,因为这一系统的大部分与教会的意识形态相符(等级、相互性),虽然这一系统中存在与宗教的混淆之处,但那不是在亲吻礼而是在许诺忠信礼中(fides 信任或 fidelitas 忠实?)。但是教会世界对于臣属仪式没有取得它对骑士授封仪式几乎取得的那种成功,这是特鲁瓦的克雷蒂安——出色地——从艺术和意识形态层面上表达出来的:骑

士阶层与教士阶层的密切结合。

如果，如同我所认为的，一种制度可以通过对它的仪式进行人类学研究来得到阐明，那么在采邑-臣属仪式中没有任何专属基督教的成分。我已经谈到过这一点，希望我已经对于亲吻礼(osculum)证明了这一点，手的作用，特别是在表示人身依附的合手礼(immixtio manuum)中的作用也不应该搞错。手的丰富的多义性不应导致对制度的混淆，也不应导致对象征系统的混淆。

这些混淆是如何发生的，通过 1925 年卡布罗尔神父主编的《基督教考古与仪礼词典》中 H. 勒克莱尔神父的 Hommage(臣从；人身依附)词条可以看出来。在词条中，作者将人身依附的仪式比作入教仪式。比如，他引用 801 年法尔法修道院的一个文书：“再一次，佩尔库尔夫将自己交付到莫罗德院长大人的手中，在修

道院按照神圣戒律生活[124]”，他提到依据圣本笃的戒律，由父母交 413

给修道院的孩子被带到祭坛，孩子的手被包在桌布里，他补充说这个动作“等于将人身交到上帝手中”。“等于”这个词是非常危险的！这是将孩子奉献给上帝的仪式——早于采邑-臣属制度，与之没有任何关系。在法尔法修院的文书中，应该看到“用手托付”(commendatio manibus)或“交在手里”(in manus)的古老习俗的一个例子，如同勒克莱尔神父自己所说“这一习惯法被用在任何性质的雇主关系、保护人关系中”。

相反，必须注意到在 7 世纪马尔库尔夫的文书范例[125]这一最

---

124 乔治与贝尔特拉蒂：《法尔法文件集》，卷 2，p. 37，注 165。

125 见注 10。

早宣告“合手礼”(immixtio manuum)的文本中,如同勒克莱尔神父承认的,当国王说新的臣侍“来我的宫中,带着他的武器,他曾当着所有人在我的手中发誓忠诚”,这里所涉及的不是“用手托付”,而是“在国王的双手中”立下誓言。

在采邑-臣属仪式中,与骑士授封仪式中相反,基督教只提供一个背景、一些附属品——不管它们多么重要——,既不提供内容,也不提供象征系统。采邑-臣属仪式是一个本质上世俗的仪式,而非异教的仪式,因为虽然这一系统向一些基督教之前的实践借用了某些元素,但在我看来仍旧只是些细节,是一些孤立的物品或动作[126]。

用两个问题来结束对这最后一个主题的快速审视。

在已引用的例子中,我们看到在黑非洲以及中国,宗教、神圣的特征更加明显。这是由于涉及的往往是王权仪式或者牵涉到国王?在中世纪西欧也一样。或者说,这些文明、这些社会曾经是或者现在是比中世纪西欧更加神圣化的吗?

最后,我们知道标志着骑士授封仪式的宗教特征的一个元素是仪式经常是——12和13世纪时——在一个重要基督教宗教节

126　用象征物来进行授封是一个基督教之外的仪式,我认为证据可由迪康热引用的993年与比利时有关的这一文书来提供(前引书,1523栏):“Mox post haec subsequenti die, ut firmius et stabilius esset, infra terminum praedicti comitatus, in villa quoque Thiele nuncupata, eisdem praenominatis testibus et aliis nonnullis astantibus, sine alicujus retractatione cum ramo et cespite jure rituque populari, idem sanctitum est, rationabiliterque sancitum[第二日后不久,为了让契约生效,在前面说到的时限内,人们被召集在蒂埃里农庄,前面提到的证人和一些其他人列席,不用按照民间法律和仪式用树枝和草皮再次定约,这同样是得到确认的,是被合理地确认的]”。这里,民间的几乎就是异教的同义词。

日时举行，即五旬斋节。其中异教信仰的延续性是明显的，这个日子对于那些进入夏季的仪式是非常重要的，无疑应当从中看出基督教会处心积虑地抹去骑士授封仪式中的任何异教渊源。在采邑-臣属仪式中则无任何必要。另一方面，建立臣属关系和授予采邑的仪式在实践上不可能确定在一个固定日期，即便有过这样的先例或有一些宗教日历上的对应关系。对于重续契约与仪式而言，领主们的出行、领主或附庸死亡的日期这些封建阶级"臣属政治"的不可预测因素解释了建立臣属关系和授予采邑仪式的日期（如果我们掌握的话）是非常多变的。难道不存在——除了巧合之外——一些优先的日期？为了诠释臣属关系的象征仪式，最好先确认这种仪式不包含任何与宗教节日的对应关系。 414

结论：忠诚故而臣属

我所做的尝试包含了太多的假设，在这一粗略研究的结尾，我想提出两个笼统的看法作为结论。

第一点，对采邑仪式的这种诠释将人身关系放在显要位置，它不会将封建制当作普通的心态现象[127]。

中世纪西欧封建制的独特之处在于将授予采邑与某种个人承诺联系起来，我们可以通过区别心理动机与客观原因来区分上层

127　G. 杜比：《封建制？一种中世纪心态》，载《年鉴》，1958，p. 765—771，重新收录于《中世纪的人与结构》，巴黎-海牙，1973，p. 103—110。乔治·杜比正确地回应了对封建制的过于偏重法律的那些概念，要求历史学成为研究心态的先驱，在他作品的其余部分，他显示出他没有将封建制简化为一种心态现象。

建筑与底层基础，而且某些受马克思主义启发的[128]人类学家在方法论上的思考引向这一认识，即任何社会的运作都是通过一些结
415 构为中介，这些结构中一部分上层建筑同样作为下层基础在起作用。

在采邑授封仪式的例子中，如果采邑授封不是立足于人身依附和忠信承诺，那么便不存在臣属关系。象征系统证明这是一个整体。并非是“忠诚或者臣属”。是“忠诚故而臣属”。

第二点，也是最后一个看法，虽然我们考虑的这个事实，即中世纪基督教社会中的人们拥有一种象征类型的科学思想即从表相之下破解出一种深层现实，那么我们对象征意义的读解是不能令人满意的。

引用丹·斯佩珀在其论文《普遍意义上的象征系统》(1974)中最新提出的概念，一个象征系统本身没有含义。这不是一种反射，一种反映。这是一个话语、动作、物品的集合，它们以某种方式形成结构，这种方式应当在本质上保持不可触犯，它提供了某种东西给这个集合，这不是与这些元素的简单叠加或组合，这种东西让整个集合进入神圣的、具有某种神圣意义的世界。就此而言，比如说在许多其他例子中(比如“政治的奥古斯丁主义”)中世纪的象征思维将奥古斯丁更广泛和更深刻的概念变得模式化和贫乏。就采邑授封仪式来说，我认为象征系统在走进亲族关系的神圣世界。

作为结尾我将用一个比喻，我要说它并不表达采邑授封仪式

128 我尤其想到法国的马克·奥热和莫里斯·戈德利耶。见 Cl. 列维-斯特劳斯、M. 奥热和 M. 戈德利耶《人类学、历史学、意识形态》，载《人类》，90(3—4)，1975 年 7—8 月，p. 177—188。

的本质，但它是一种更为简单的方式，用它可更清楚陈述我提出的诠释采邑授封象征系统的假设。基督徒们通过洗礼而成为基督教大家庭的成员，他们同样成为忠实者——忠实故而是基督徒，与此相同，附庸们通过授封仪式而成为领主的家庭成员，他们成为忠诚者——**忠诚故而臣属**。

附录

I.象征物清单

A.依据迪康热（inverstura 词条）列出的臣属关系系统的象征物：

1）Per cespitem 用草皮 416

2）Per herbam et terram 用草和泥土

3）Per ramum et cespitem 用树枝和草皮

4）Cum rano et guasone（vel wasone）用树枝和草皮

5）Per guazonem，andelaginem et ramos de arboribus 用草皮、护手和树枝

6）Per baculum 用手杖

7）Per bacculum et annulum 用手杖和指环

8）Per fustem 用细枝

9）Cum ligno 用木头

10）Per cultellum 用小刀

11）Per cultellum plicatum（incurvatum）用折刀

12）Per amphoram 用水罐（装满海水，奥托三世文书）

13）Per annulum 用指环

14）Per beretam et beretum

15）Per berillum（绿柱石，14—15 世纪文本 besicle，brille）

16）Per bibliothecam（Biblia）用图书

17）Per calicem 用圣餐杯

18）Per cambutam episcopi 用主教权杖（进行一个修道院长的授职）

19）Per candelabrum 用大烛台
20）Canum venationum apprehensione 用关于猎狗狩猎的书
21）Per capillos capitis 用头发
22）Per chartam super altare 用祭坛上的文书
23）Per chirothecam 用手套
24）Per claves ecclesiae 用教堂钥匙
25）Per clocas ecclesiae 用教堂的钟
26）Per coclear de turibulo 用香炉勺
27）Per colonnam 用王冠
28）Per coronam 用王冠
29）Per cornu 喝酒用的角
30）Per corrigiam 用腰带
31）Cum crocia abbatis 用院长的权杖
32）Per capellum prioris 用院长的帽子
33）Per cupam auream 用金罐子
34）Per cultrum，vel cultellum 用小刀
35）Per communionem 用领圣体
36）Per denarios 用银币
37）Per digitum vel digito 用指头
38）Per dextrum pollicem 用右手拇指
39）Per elemosynariam，hoc est marsupium 出于向善的表示，这是一笔捐赠
40）Per ferulam pastoralem 用牧羊的棍子
41）Per floccilum capillorum 用发卷
42）Per folium 用叶子
43）Per folium nucis 用核桃叶
44）Per forfices 用剪刀
45）Per fossilem chartae inhaerentem 用装订文书的（fusciola 绶带）
46）Per funes seu chordas campanarum 用钟绳
47）Per furcam lignean 用木叉
48）Per gantum 用手套

49）Per gladium 用剑

50）Per grana incensi 用火烧的种子

51）Per haspam 用门铰链 417

52）Per hastam 用矛

53）Per herbam et terram 用草和泥土

54）Per juncum 用灯芯草

55）Per lapillum 用界石（原书少第 56）

57）Per librum 用书

58）Per librum manualem 用袖珍书

59）Per librum missalem 用弥撒书

60）Per librum collectarium 用税簿

61）Per librum evangeliorum et calicem 用福音书和圣餐杯

62）Cum libro regulae et cum regula 用戒律和直尺

63）Per lignum 用木头

64）Per linteum 用衬衣

65）Per lini portiunculam 用小块亚麻

66）Per malleolum 用禾苗，葡萄苗

67)Per manicam 用手套

68)Per mappulum 用手帕

69）Cum marmore 用大理石

70）Per particulam marmoris 用大理石块

71）Per marsupium de pallio 用呢子或丝绸钱袋

72)Per martyrologium 用圣徒名录

73）Per unam mitram 用主教冠

74）Per nodum 用绳结，西西里骑士团的绳结

75）Per notulas 用文书

76）Per osculum 用亲吻

77）Per ostium domus 用家门

78）Per palam 用祭台布？

79）Per pallium seu pallam 用披风或女大衣

80）Per panem et librum 用面包和书

81）Per pannum sericum 用丝绸服装

82）Cum penna et calamario 用羽毛笔和墨水瓶

83）Per pergamenum 用羊皮纸

84）Cum duobus phylacteris 用两页圣经

85）Per pileum 用弗里吉亚锥帽

86）Per pisces 用鱼

87）Per pollicem 用拇指

88）Per psalterium 用诗篇集

89）Per ramum filgerii 用蕨枝

90）Per regulam 用直尺

91）Per sceptrum 用权杖

92）Per scyphum 用杯

93）Per spatae capullum 用剑柄？

94）Per tellurem 用泥土

95）Per textum evangelii 用福音书

96）Cum veru 尖头棍，长棍顶上装铁尖

97）Per vexillum 用旗帜

98）Per virgam vel virgulam 用细枝

对此还要补充 manu 或 per manum（用手），共 100 个左右。

418 注意：这份如此出色而有启发性的清单，我对其中潜在的分类法进行了批评，对此我要补充说由于他材料的性质和他对中世纪社会的观念，迪康热向教会授品仪式借用了许多例子，在我们看来，尽管有显著的说明问题的触染影响，但应该区别于纯粹意义的臣属仪式，就像要区别于皇家加冕仪式一样。同样，他过分迷恋于 baculus（小棍；手杖）和指挥权的象征物。冯·阿米拉也未进行这些区分，他在其著名文章中说明了小棍的象征意义可见于不同的社会与仪式。此处，人种历史学的分析可以使我们区分传统考据家易于混淆的历史与法律。西欧中世纪臣属关系的独特之处——重新置于广阔的比较研究背景下看——能够由此更好得到说明。

B.依据 M.泰弗南(前引书,p. 263—264)列举的契约中的象征物

在契约成文,在法律程序等等中所使用的法律象征物。

1)Andelangum 护手,42,76,117,124

2) Anaticula 雏鸭,30——Axadoria 门铰链,124

3) Arbusta 灌木, 98

4) Atramentarium 墨水瓶, 50, 52, 136

5) Baculum 小棍, 135

6) Brachium in collum, et per comam capitis 前护甲和头发, 38

7) Claves 钥匙, 37

8) Cibum et potum 食物与饮料, 84

9) Cultellus 小刀, 50, 52, 105, 136, 143

10) Corrigia ad collum 领带, 110 —— Cordas ad collum 领带, 155

11) Denier 钱币, 42. Quatuor denarii super caput 头顶 4 个银币, 151, 155, 157, 161, 162, 171

12)手指: incurvatis digitis, 148, 159

13) Ensis 剑, 48

14) Festuca 麦秸, 16 (见 p. 18, 注 2,29,42,52,73,103,105,107,108,124, 136,143,148。Jactare et calcare 投掷和脚踩(麦秸),137,141

15)fuste buxae 黄杨木棍,116

16)Herba 草,29,30,100,ter(et cespitem) 泥土和草皮, 124

17) Gazon 草皮。见下面 Wasonem

18)Launegild 回礼, 48. Camisia 衬衣 6. Facetergis 手帕,61

19)Ligamen serici 丝带,170

20) Medella 药, 70

21) Osculum 亲吻, 177

22) Ostium 门, 30, 124

23) Ramum arboris 树枝, 52, 136, 143

24) Radicem 根, 121

25) Secmento 折断, 170

26）Terra 泥土，29，30，98，124．带来的土，79

419 27）Vinea 葡萄枝，98．Vinea faciebat et ad radicem fodicabat et operas faciebat per potestatem，用葡萄树来定约，挖到根部，用力完成工作 121

28）Virgula 细枝，173

29）Wantonem 手套，48，52，136，143

30）Wasonem terrae 草皮，52，105，136，143

31）Wadium 构成抵押品，见抵押契约

C.采邑-臣属象征系统的图示

Hominium	Fidelitas	Investitura
领主 附庸	领主＝附庸	领主←——→附庸
Immixtio manuum （合手礼）	Juramentum 立誓 （以亲吻礼来确认）	Investitura per signum （用象征物授予采邑）

Don　　　　Contre-don

领主←————————————————→附庸

Osculum 亲吻礼	Exfestucatio 掷麦秸
放弃权利	破除人身依附和效忠 （解职？） Per festucam 用麦秸

II.关于 festuca（麦秸）

我在斯波莱托的授课和讨论之后，我收到都灵大学师范学院现代哲学研究所亚历山德罗·维塔莱-布罗瓦罗内先生一封有益的信件，收录于研讨周论文集，23，p. 775—777。

简明参考书目

A.文献

Du Cange, *Glossarium mediae et infimae latinitatis*, 1678, 词条 Festuca 和 Investitura.

Théverin (M.), *Textes relatifs aux institutions ... mérovingiennes et carolingiennes*, 1887, 特别是象征物表单, p. 256—264。*Lex Salica*, XLVI ; *Lex Ripuaria*, XLVIII ; d. Rotharii, 157, 158, 170, 172 ; d. Liutprandi, 65.

B.关于臣属关系的普遍研究 420

Boutrouche (R.), *Seigneurie et féodalité*, 2 vol., Paris, 1968 et 1970.

Fasoli (G.), *Introduzione allo studio del feudalesimo italiano*, in *Storia medievale e moderna*, Bologne, 1959.

Ganshof (F. L.), *Qu'est-ce que la féodalité?* Bruxelles, 3e éd., 1957.

Grassotti (M.), *Las instituciones feudo-vasallaticas en Leon y Castilla*, t. I, cap. Seg *Entrada en Vasallaje*, p. 107 及下文.

Mor (G.), *L'età feudale*, t. II, Milan, 1952.

Ourliac (P.)和 De Malafosse (J.), *Droit romain et Ancien Droit*, t. I, *Les Obligations*, Paris, 1957.

Mitteis (H.), *Lehnrecht und Staatsgewalt*, Weimar, 1933.

C.专门研究

Amira (K. von), "Der Stab in der germanischen Rechtsymbolik", in *Ab-*

handlungen der Kg. Bayerischen Akademie der Wissenschaften, Philologische und historische Klasse, 35, Munich, 1909.

Bloch (M.),"Les formes de la rupture de l'hommage dans l'ancien droit féodal", in *Nouvelle Revue historique de droit français et étranger*, 1912。重新收录于 Mélanges historiques, I, Paris, 1963, 189—209.

Chénon (E.),"Recherches historiques sur quelques rites nuptiaux", in *Nouvelle Revue historique de droit français et étranger*, 1912.

Chénon (E.),"Le rôle juridique de l'Osculum dans l'ancien droit français", in *Mémoires de la Société des Antiquaires de France*, 8e série, 6, 1919—1923.

Moeller (E. von),"Die Rechtssitte des Stabsbrechens", in *Zeitschrift der Savigny-Stiftung für Rechtsgeschichte*, G. A., XXI, 1900.

D. 比较研究

1. 历史上的封建制

Coulborn (R.)主编,Feudalism in History, Princeton, 1956 (特别是 Bodd (D.), Feudalism in China, 49—92).

2. 非洲的封建制

Fortes (M.),"Of installation ceremonies", in *Proceedings of the Royal Anthropological Institute...*, 1967(1968), 5—20.

Fortes (M.)和 Evans-Pritchard (E. E.)主编, *Systèmes politiques africaines*, 法译本, Paris, 1970.

Maquet (J.), *Pouvoir et société en Afrique*, Paris, 1970.

Maquet (J.), *Systèmes des relations sociales dans le Ruanda ancien*, Tervuren, 1954.

Maquet (J.),"Une hypothèse pour l'étude des féodalités africaines", in *Cahiers d'Études africaines*, II, 1961, p. 292—314.

图书在版编目(CIP)数据

试谈另一个中世纪:西方的时间、劳动和文化/(法)雅克·勒高夫著;周莽译.—北京:商务印书馆,2017
(汉译世界学术名著丛书:120 年纪念版:珍藏本)
ISBN 978-7-100-14292-2

Ⅰ.①试… Ⅱ.①雅… ②周… Ⅲ.①中世纪史—研究—西方国家 Ⅳ.①K503

中国版本图书馆 CIP 数据核字(2017)第 139313 号

汉译世界学术名著丛书
(120 年纪念版·珍藏本)

试谈另一个中世纪
——西方的时间、劳动和文化

〔法〕雅克·勒高夫 著
周 莽 译

商 务 印 书 馆 出 版
(北京王府井大街 36 号 邮政编码 100710)
商 务 印 书 馆 发 行
北京中科印刷有限公司印刷
ISBN 978-7-100-14292-2

2017 年 12 月第 1 版　　开本 710×1000 1/16
2017 年 12 月北京第 1 次印刷　　印张 32½

定价:168.00 元